भारत का
दलित-विमर्श

भारत का दलित-विमर्श

सूर्यकान्त बाली

प्र
प्रभात
प्रकाशन

प्रकाशक • **प्रभात प्रकाशन प्रा. लि.**
4/19 आसफ अली रोड,
नई दिल्ली–110002

संस्करण • 2025
मूल्य • छह सौ रुपए
मुद्रक • आर–टेक ऑफसेट प्रिंटर्स, दिल्ली

BHARAT KA DALIT-VIMARSH
by Shri Suryakant Bali ₹ 600.00
Published by Prabhat Prakashan Pvt. Ltd., 4/19 Asaf Ali Road, New Delhi-2
e-mail: prabhatbooks@gmail.com ISBN 978-93-5322-580-3

अकारण मित्र, विचार सहचर

अवनिजेश अवस्थी

को

स्नेहोपहार

पूर्वकथन

'मजहब' और 'रिलीजन' की विचारधाराएँ भारत की विचारधाराएँ नहीं हैं। भारत के अपने मौलिक स्वरूप में न तो मजहब है और न ही रिलीजन है। भारत में तो धर्म है, जिसे भारत की संपूर्ण संस्कृत परंपरा में 'एष धर्मः सनातनः' कहा गया है और भारत की ही संपूर्ण पालि-प्राकृत-अपभ्रंश परंपरा में 'एस धम्मो सणन्तओ' कहा गया है। भारत में धर्म है, जिसे हम पिछले दस हजार साल से भारत का 'सनातन धर्म' कहते हैं। अपने स्वभाव और आचरण से 'मजहब' और 'रिलीजन' की इसलामी और क्रिश्चियन विचारधाराएँ धर्म नहीं हैं। वे शुद्ध रूप से राजनीतिक विचारधाराएँ हैं। चूँकि मजहब और रिलीजन सिर्फ और सिर्फ राजनीतिक विचारधाराएँ हैं, इसलिए वहाँ धर्म पर, धर्मसंबंधी तत्त्वज्ञान यानी मेटाफिजिक्स पर कभी विमर्श, विचार या संवाद होता ही नहीं है। वहाँ सिर्फ और सिर्फ धर्मांतरण होता है।

इस धर्मांतरण-राजनीति का नवीनतम शिकार दलितों को बनाया जा रहा है। मजहब और रिलीजन, ये दोनों ही राजनीतिक विचारधाराएँ पिछले कुछ समय से दलितों का धर्मांतरण करने में लगी हैं। पर दलितों के धर्मांतरण का इनका तरीका पुराना नहीं, नई शैली का है । वे दलितों को सीधे-सीधे मुसलिम या क्रिश्चियन नहीं बना रहे हैं, बल्कि उनके साथ सामाजिक, राजनीतिक गठजोड़ कर सामाजिक और इस आधार पर उनकी राष्ट्रीय शक्ल को ही बदलने में व्यस्त हो गए हैं। दलित-मुसलिम सरीखे गठजोड़ धर्मांतरण की इस नई शैली का बयान कर रहे हैं। यही कोशिशें हिंदुओं के पिछड़ा वर्ग में भी जोर-शोर से की जा रही हैं।

डॉ. भीमराव आंबेडकर सरीखे महर्षि की राजनीतिक दूरदृष्टि ने आजादी के आंदोलन के दौर में ही ताड़ लिया था कि आने वाले समय में भारत को तोड़ने की मजहब और रिलीजन आधारित कूटनीति में लोकतंत्र के नाम पर दलितों को

भारत से तोड़ने का हथियार बनाया जा सकता है। इसलिए बाबा साहब ने भारत के संपूर्ण दलित समुदाय को आगाह किया था कि बेशक दलितों पर सदियों से अन्याय-अत्याचार हुए हों, पर उनका भविष्य सवर्णों के साथ ही है, मुसलिमों और क्रिश्चियनों के साथ नहीं है। अपनी इसी वैचारिक स्पष्टता के कारण वे पाकिस्तान में रह गए सभी दलितों को भारत ला पाने में सफल हुए थे।

बाबासाहब आंबेडकर से प्रेरणा प्राप्त कर हम पिछले कई वर्षों से भारत के दलित समुदाय को भारत की सनातन विचार परपंरा से जोड़कर देखने के प्रयास में हैं। हमारी पुस्तक 'भारत गाथा' में और हमारी एक अन्य पुस्तक 'भारत को समझने की शर्तें' में हमने अपने इस दलित विमर्श की प्रारंभिक प्रस्तुति की थी, पर वह प्रस्तुति सिलसिलेवार नहीं थी। 'उत्तरायण' पुस्तक में हमने इसी सिलसिले को थोड़ा आगे बढ़ाया है। अपने दलित विमर्श को हमने अपनी नवीनतम पुस्तक 'भारत का दलित विमर्श' में विस्तार से, सिलसिलेवार और विचारधारा के सनातन संदर्भों के परिप्रेक्ष्य में प्रस्तुत करने की कोशिश की है।

स्पष्ट है कि हमारा प्रस्तुत दलित विमर्श चारों वेदों, रामायण-महाभारत नामक प्रबंधकाव्यों, पुराण-उपपुराणों, ब्राह्मण ग्रंथों व उपनिषदों की परंपरा से जोड़कर किया गया है। इतना ही नहीं, यह दलित विमर्श गौरवपूर्ण साम्राज्य निर्माताओं, स्मृति-ग्रंथों, बौद्ध धर्म-दर्शन संप्रदाय की पृष्ठभूमि में किया गया है और 'मूलनिवासी' सरीखी भारत विरोधी, बेशक हास्यास्पद नारेबाजी के संदर्भों में भी किया गया है।

—सूर्यकान्त बाली

अनुक्रम

1

परस्पशा : भारत में दलित विरोधी राजनीति करनेवाले विधर्मी

'विधर्मी'—इस शब्द का प्रयोग हम कर रहे हैं और इस पर नाक-भौं सिकोड़ने की कोई जरूरत नहीं है। हम 'विधर्मी' शब्द का प्रयोग भारत की लेखन-परंपरा में, विचार-परंपरा में कोई पहली बार नहीं कर रहे हैं। आधुनिक संवाद की भाषा में और यहाँ तक कि आधुनिक संस्कृत साहित्य में भी 'विधर्मी' शब्द का प्रयोग खूब होता आया है। 'आधुनिक संस्कृत साहित्य'—इस विधा का नाम सुनते ही आप अब तक, आप यानी वे जो निहायत पश्चिम परस्त हो चुके हैं, वे अब तक फिर से नाक-भौं सिकोड़ चुके होंगे। पर आधुनिक काल में ही नहीं, वैदिक काल से लेकर आधुनिक काल तक संस्कृत साहित्य निरंतर लिखा जाता रहा है और आज भी लिखा जा रहा है। इस सत्य से वे ही लोग अपरिचित होने का नाटक कर सकते हैं, जिन्हें भारत में सबकुछ खराब ही खराब, पुराना ही पुराना, असंगत ही असंगत मानकर अपनी बौद्धिक और आर्थिक आजीविका चलाने का अभ्यास हो चुका है। आजादी की लड़ाई के और उसके आस-पास के दशकों में ही अंबिकादत्त व्यास सरीखे महाकवि ने 'शिवराज विजय' शीर्षक गद्य काव्य लिखा था। मथुरा प्रसाद दीक्षित जैसे महाकवि ने 'भारत विजय नाटकम्' लिखा था। आधुनिक काल के साहित्यकारों में, यानी संस्कृत साहित्यकारों में, जो अनेक हैं और गिनती से परे हैं, मूर्धन्य नाम डॉ. सत्यव्रत शास्त्री का है, जो साहित्य अकादमी और भारत के राष्ट्रपति द्वारा पुरस्कृत और सम्मानित हो चुके हैं और जिनका अन्यतम महाकाव्य 'श्री रामकीर्ति महाकाव्यम्' है, जो बैंकाक से प्रकाशित है। हम दोहरा रहे हैं कि जो ग्रंथ बैंकाक से प्रकाशित है। यह सब बताने का उपक्रम हमने अचानक से ही इसलिए किया है, ताकि संस्कृत का नाम सुनते ही

फिर से नाक-भौं सिकोड़नेवालों की जानकारी की सीमाओं का विस्तार हो जाए।

इसी आधुनिक परंपरा में हमारे साहित्य में, संस्कृत ही नहीं, लगभग सभी भारतीय भाषाओं के साहित्य में इसलामवादियों, क्राइस्टवादियों और पश्चिम परस्त वामपंथियों को विधर्मी कहा जाता रहा है और इस पर कोई भारतवासी नाक-भौं नहीं सिकोड़ता। क्यों ? इसलिए कि इसलाम और क्रिश्चियनिटी भारत के अपने धर्म नहीं हैं, भारत से बाहर से आए विदेशी धर्म है, विदेशी धर्म यानी विधर्म हैं, जो भारत के अपने धर्म, सनातन धर्म को, जिसे आज सारा भारत 'हिंदू धर्म' इस नाम से जानता, पहचानता और बखानता है, ऐसे सनातन हिंदू धर्म को समाप्त करने के उद्देश्य से ही भारत में आयातित हुए थे। पश्चिम-परस्त वामपंथी भी इसलिए विधर्मी कहे जाते हैं, क्योंकि वे भारत के धर्म की भर्त्सना करते रहते हैं और ऐसे परधर्म की तारीफें करने, भारत-विरोधी वामपरस्त विचारधाराओं को पालने-पोसने में लगे रहते हैं, जिन्हें भगवान् कृष्ण ने अपनी 'गीता' में (3.35) बेशक व्यापक संदर्भों में ही, 'परधर्म' यानी विधर्म ही कहा है और अर्जुन को उपदेश दिया है कि अपने धर्म का पालन करते हुए मनुष्य को जीवन बिताना चाहिए क्योंकि परधर्म को अपना लेना जीवन-विरोधी भयानक परिस्थिति है—'स्वधर्मे निधनं श्रेयः परधर्मो भयावहः।' मुहम्मद बिन कासिम जैसे अरबी सभ्यता के नायक खलीफाई चेले तो भारत के अपने धर्म को, सनातन हिंदू धर्म को जड़ से उखाड़ने के लिए ही भारत पर हमलावर हुए थे। यह बात अलग है कि अंततः वे खुद ही उखाड़ दिए गए, पर उखाड़े जाने से पहले भारत के, अखंड भारत के कुछ इलाकों को इसलामी बना देने में सफल हो गए, जिन इलाकों में अपनी हिंदू पहचान और अपने विचार को पुनः प्राप्त करने की प्रसुप्त महत्त्वाकांक्षा जन्म ले चुकी है, जिसके परिणाम देर-सवेर लोगों के सामने आ ही जाएँगे। क्राइस्टवादी तो व्यापार के बहाने हमलावर हुए थे और उन्होंने हमारे साहित्य पर, हमारी अपनी, हमारे अपने जीवन की विचारधारा पर खूब हमले किए और एक हद तक, बल्कि काफी हद तक हमारा हुलिया बिगाड़ने के मिशन में सफल भी हुए। भारत के पश्चिम-परस्त और वामपंथी इन्हीं इसलामवादियों और क्राइस्टवादियों के, यानी विधर्मियों के हस्तक बनकर भारत को हर तरह से अपमानित और नष्ट कर देने की मुहिम में लगे हुए हैं। पर अब स्थितियाँ बदल रही हैं और खुद इसलामवादी और क्राइस्टवादी नेता ही भारत से पलायित होने की कगार पर आ सकते हैं।

भारत से पलायित होने की कगार पर पहुँचा दिए जाने पर भी विधर्मी समुदायों ने अपनी हार ठीक से अभी भी नहीं मानी है। अखंड भारत के दस से भी अधिक इलाकों को पूरी तरह से इसलामी और कुछ इलाकों को क्राइस्टवादी बनाने में विधर्मी

सफल हो चुके हैं, जिनमें गांधार (अफगानिस्तान) और पारसीक (फारस) से लेकर पूर्व बंग (बांग्लादेश) और उत्तर-पूर्व में नगालैंड, मिजोरम तक के इलाके शामिल हैं और भारत के कुछ वनवासी क्षेत्रों में उन्हें विधर्मी बना देने की मुहिम में वे लगे हुए हैं। इसलामवादी ग्रुप तो काश्मीर से लेकर उत्तर-पूर्व तक की संपूर्ण हिमालय की तराईवाली पट्‌टी को 'मुगलिस्तान' के नाम से विधर्मी बनाने की लंबी और दूरगामी योजना पर 1947 में मिली आजादी के बाद से लगे हुए हैं, इस तरह की पुष्ट-अपुष्ट खबरें भी भारत के कुछ हिस्सों में छनछनकर आती रहती हैं और अब तो गज्बा-ए-हिंद की हिंदू विरोधी, भारत विरोधी मुहिम छेड़ने की बातें चलाई जा रही हैं। इन तमाम अभियानों को, यानी इन तमाम विधर्मी अभियानों को भारत के पश्चिम-परस्तों तथा वामपंथियों का पूरा समर्थन रहता है। इसे समझने के लिए किसी रॉकेट-साइंस को जानने की जरूरत नहीं पड़ती। सभी को सभी कुछ समझ में आ रहा होता है।

भारत को और अधिक तोड़ने के इरादों से असफल हो जाने के बाद इन विधर्मियों ने अब एक नया हथियार पैना करना शुरू कर रखा है। अब वे दलितों का हमदर्द बनने का नाटक करना शुरू कर चुके हैं और इसके माध्यम से दलितों को शेष हिंदुओं से अलग करने के राजनीतिक मिशन में जी-जान से जुट गए हैं। वे जब भी दलितों के बारे में बोलते हैं, तो वे 'हिंदुओं, मुसलिमों, क्रिश्चियनों, दलितों, अल्पसंख्यकों' इस तरह की शातिर भाषा में दलितों का वर्गीकरण करते हैं कि जिसके परिणामस्वरूप दलित और हिंदू एक-दूसरे से पृथक्, यकीनन एक-दूसरे के बरक्स नजर आएँ। इसी शातिर भाषा को वे अपनी शातिर राजनीति में इस तरह से पेश करना शुरू कर चुके हैं कि वे अब दलित-मुसलिम, जाट-मुसलिम, यादव-मुसलिम जैसे सामाजिक दिखनेवाले, पर वास्तव में राजनीतिक संदेश देनेवाले गठजोड़ों को बनाने में लग गए हैं। सारा भारत ही नहीं, सारी दुनिया जानती है कि यादव, जाट, दलित आदि सभी हिंदू है। यादव भगवान् कृष्ण के वंशज और अनुयायी हैं। जाट भगवान् राम को अपना आराध्य माननेवाले हैं। दलित तो भगवान् वाल्मीकि, भगवान् वेदव्यास और भगवान् सूतजी महाराज के अनुयायी, शिष्य और उपासक हैं। वैसे तो पश्चिम व मध्य एशिया के तमाम मुसलिम भी भगवान् शिव के उपासक रहे हैं, इस धारणा पर, हिंदुओं में परिव्याप्त हो रही इस धारणा पर खोज होनी चाहिए और इसलाम के धर्मस्थलों व धर्म प्रतीकों का इस दृष्टि से फिर से अध्ययन हो जाने में कोई हर्ज तो हैं नहीं। इससे इसलाम की गुणवत्ता को ही ताकत मिलेगी। पर अभी हम उस विषय पर बात नहीं कर रहे हैं। भारत की जातिप्रथा, चाहे वे दलित हों, यादव हों, जाट हों, सवर्ण हों या ठाकुर हों या कायस्थ हों, निषाद हों या भील हों, ऐसी तमाम जातियाँ

और इन सब पर अवलंबित जातिप्रथा सिर्फ और सिर्फ हिंदुओं में प्रचलित है और जाहिर है कि ये सभी जातियाँ हिंदू जातियाँ हैं और ये सभी हिंदू हैं।

सत्य तो यही है। वस्तुस्थिति भी यही है। पर अब भारत के विधर्मी यानी इसलामवादी, क्राइस्टवादी और पश्चिम-परस्त राजनेता और तथाकथित चंद बुद्धिजीवी अपनी शातिर राजनीति के तहत इन तमाम हिंदू जातियों को इस तरह से मुसलिमों के साथ जोड़ने लगे हैं कि जैसे मानो वे दलितों के और अन्य जातियों के सबसे बड़े खैरख्वाह हों। भारत में दलितों पर अत्याचार हुए, इस पर कोई शक ही नहीं। पर ये अत्याचार तो भारत में इसलामवादियों के भारत में घुसपैठ करने के बाद ही शुरू हुए और फिर क्राइस्टवादियों ने इस परिस्थिति को और आगे बढ़ाया है। हम इसी पुस्तक में आगे चलकर बतानेवाले हैं कि कैसे भारत में हमलावर इसलाम के आने के बाद और इसलामवादियों के कारण भारत के दलित पूरे समाज में क्षीण, दीन-हीन, अस्पृश्य बना दिए गए यानी अछूत बना दिए गए। डॉ. आंबेडकर भारत विभाजन के बाद पाकिस्तान में रह गए तमाम दलितों को भारत जाने को यूँ ही नहीं कहते थे, और वैसा फिर हो भी गया। बाबा साहब का तर्क था कि बेशक दलितों पर भारत के सवर्णों ने भूतकाल में अत्याचार किए हों, पर दलितों का भविष्य इसलामवादियों के साथ नहीं, हिंदुओं के साथ ही हैं।

बाबा साहेब ने जब अपना धर्मांतरण करने का फैसला किया तो इसलामवादियों ने, यहाँ तक कि क्रिश्चियन मिशनरियों ने उन्हें अपने-अपने मजहब और रिलीजन में धर्मांतरित करने का भरपूर प्रयास किया ही होगा। पर बाबा साहब ने भारत की अपनी धर्म-दर्शन-परंपरा से जुड़े रहने का ही फैसला किया और अंततः किसी विदेशी धर्म अर्थात् विधर्म को अपनाने के बजाय भारत के जीवन-दर्शन को ही बतानेवाले किसी धर्म-दर्शन-संप्रदाय से जुड़े रहने का फैसला किया और वे औपचारिक रूप से भी बौद्ध धर्म-दर्शन संप्रदाय में ही दीक्षित हो गए। इसी धारणा के हृदयंगम होने के कारण ही उन्होंने भारत के सभी दलितों को पाकिस्तान के बजाय भारत में रहने का आह्वान किया और वैसा हो जाए, इसकी पूरी चिंता भी की। भारत के, यानी अखंड भारत के सभी दलितों को भारत के जीवन-दर्शन का स्वाभाविक हिस्सा मानते हुए ही उन्होंने यह सब कहा और वैसा हो जाए, ऐसा उपक्रम भी किया, इस पर शक करने का कोई कारण तो हमारे पास है ही नहीं।

दलित हिंदू ही हैं। भारत के हिंदू समाज का अभिन्न हिस्सा हैं। वे किसी भी आधार पर हिंदू से अलग, पृथक् कुछ भी नहीं है, फिर वह आधार चाहे भारत के जीवन-दर्शन का हो, भारत की अपनी विचारधारा का हो या भारत के इतिहास का हो।

इस समग्र विचार प्रस्तुति का अध्ययन होना ही चाहिए। डॉक्टर बाबा साहब आंबेडकर के आह्वान का सम्मान करते हुए सारा भारत, जिसमें हमारे जैसे लिखने-पढ़ने लोग भी यकीनन शामिल हैं, अब उस वर्ग को 'दलित' कहता है, जिसे वैदिक काल से 'शूद्र' कहा जाता रहा है। शूद्र कभी भी तिरस्कार का, उपेक्षा का या अवमानना का शिकार, प्राचीन काल में किसी उपेक्षा, तिरस्कार अथवा अवमानना का शिकार कभी नहीं रहे। हमारे द्वारा कहा जा रहा यह निष्कर्ष हमारी इसी पुस्तक में प्रस्तुत किए गए शोध और तज्जन्य विचारधारा पर आधारित है। इस विचारधारा को हमने अपनी ही पुस्तकों, 'भारतगाथा' और 'उत्तरायण' खासकर 'भारतगाथा' में भी विस्तार में तर्क और प्रमाणों के साथ देश के सामने रख दिया है। दलितों का पूर्व नामधेय शूद्र था। जाहिर है कि इसका अर्थ खराब कर दिया गया। पर सभी शूद्र उसी वर्ण-व्यवस्था का हिस्सा थे, जिस वर्ण-व्यवस्था का हिस्सा वे तमाम ऋषि, कवि, साहित्यकार, मंत्रकार, उपनिषद्कार और लेखक थे, जिनमें स्त्री और पुरुष, सभी शामिल रहे, जिन्होंने वैदिक मंत्रों की रचना की थी, ब्राह्मण-क्षत्रिय-वैश्य-शूद्र, सभी वर्णों के विचारवाले लोगों ने की, रामायण, महाभारत, पुराण जैसे कथा ग्रंथ लिखे, ब्राह्मण ग्रंथों तथा उपनिषद् साहित्य की रचना की। ब्राह्मणों ने भी की और शूद्रों ने भी की। स्त्रियों ने की और पुरुषों ने भी की। सभी ने की।

ऐसा बताकर हम कोई नई या अनोखी बात नहीं कर रहे हैं। सारी दुनिया, संपूर्ण विश्व इस ऐतिहासिक तथ्य से भलीभाँति परिचित है, सुपरिचित है। वैदिक काल की यही वर्ण-व्यवस्था, जिसमें किसी का अपमान, उपेक्षा और अवमानना नहीं थी, यही वर्ण-व्यवस्था आगे चलकर जाति-व्यवस्था हो गई। व्यवस्था को प्रथा बनते देर भी भला कितनी लगती है। इसलिए समयचक्र में वह जाति-व्यवस्था जातिप्रथा बन गई। जातिप्रथा के जात-पाँत बनने के दौर में ही यह वर्ण-व्यवस्था अत्याचारी और बर्बर इसलामी काल में छुआछूत का शिकार वैसे ही बन गई, जैसे भारत की सर्वस्वातंत्र्यशाली स्त्री पर्दे में सिमटा दी गई। इसी जात-पाँत को अब देश को तोड़ने में ही मशगूल रहनेवाले विधर्मियों ने खतरनाक, भारत को तोड़ देने की सामर्थ्य रखनेवाली जात-परस्ती में बदलकर रख दिया है। इस संपूर्ण इतिहास की तर्क-शृंखला का पहला हिस्सा करीब नौ हजार साल का कालखंड सकारात्मक था। सकारात्मक ही था। नकारात्मक होने का न कोई कारण था और न ही कोई अवसर था और हमारी मौजूदा किताब इसी का प्रामाणिक विवरण है। इस इतिहास का दूसरा हिस्सा यानी अंतिम सहस्राब्दी की सदियों का हिस्सा नकारात्मक इस रूप में बना दिया गया कि इसलामी बर्बरता के दारुण प्रभाव के परिणामस्वरूप एक ओर स्त्री को

पर्दे में तथा दूसरी ओर दलितों को अस्पृश्यता की पीड़ा में धकेल दिया गया। इस सच्चाई में से ही यह निष्कर्ष समझ में आ रहा है कि दलित यानी पुरानी शब्दावली का, ब्राह्मण-क्षत्रिय-वैश्य-शूद्र इस शब्दावली का हिस्सा बने, यानी शूद्र दलित हिंदू समाज का ही हिस्सा है। नई शब्दावली की बात करें तो वहाँ भी सवर्ण-मध्यम-दलित ये सभी जातियाँ भारत के हिंदू समाज का ही हिस्सा हैं, अभिन्न हिस्सा हैं, आज भी हैं। और इस सत्य को बदल देने की कोशिश में लगे इसलामवादी, क्राइस्टवादी और पश्चिम-परस्त यानी भारत के विधर्मी अपनी इस भारत-विरोधी और हिंदू-विरोधी कोशिश में कभी सफल नहीं हो पाएँगे। उन्हें भला कौन सफल होने देगा? सत्य तो हिंदू इतिहास के साथ है।

ये तमाम विधर्मी लोग भारत को तोड़ने की, दलित ही क्यों, किसी भी हिंदू को अब विधर्मी बनाने की कोशिश में सफल नहीं हो पाएँगे। ऐसा मानने और कहने का ठोस कारण और ठोस आधार हमारे पास है। उस ठोस कारण और ठोस आधार को समझने का तर्क, प्रमाण और प्रमाणसम्मत मंतव्य हमारे पास है, जो हम 'भारतगाथा' और 'उत्तरायण' में विस्तार से बताते आए हैं। आज के विधर्मी षड्यंत्रों के दौर में इस मंतव्य को फिर से बता देने में कोई हर्ज नहीं। संक्षेप में बता देने में तो कोई हर्ज ही नहीं है।

दलित उसी वर्ण-व्यवस्था का हिस्सा शुरू से ही रहे हैं और आज भी हैं, आगे चलकर जिसे जात-पाँत कहा गया। यह तमाम इतिहास इसी सामाजिक वर्ण-व्यवस्था का हिस्सा है, जो हिंदू व्यवस्था है। इसके अतिरिक्त, यानी एक सामाजिक व्यवस्था के अतिरिक्त भारत के जीवन-दर्शन के आधार पर भी भारत के सभी ब्राह्मण-क्षत्रिय-वैश्य-दलित समुदाय इसी जीवन-दर्शन का, एक सरीखे जीवन-दर्शन का हिस्सा हैं। भारत का जीवन-दर्शन, भारत की विचारधारा 'पुनर्जन्म' इस जीवन-दर्शन पर टिकी है और पिछले दस हजार साल से इसी हिंदू जीवन-दर्शन के आधार पर चल रही है। भारत का कर्मयोग, भारत का जीवन-दर्शन, यानी कर्मयोग का जीवन-दर्शन संपूर्ण विश्व को भारत की अद्भुत और मौलिक देन है। भारत का अध्यात्म-दर्शन जन्म-बंधन-मोक्ष पर आधारित भारत की संपूर्ण जीवनदृष्टि को विस्तारित करता है। भारत की आश्रम-व्यवस्था में चार आश्रमों की व्यवस्था है, ब्रह्मचर्य आश्रम, गृहस्थ आश्रम, वानप्रस्थ आश्रम और संन्यास आश्रम। इन चारों आश्रमों पर आधारित हिंदू पारिवारिक जीवन की व्यवस्था है। ठीक वैसे जैसे चार वर्णों यानी जातियों पर आधारित हिंदू की सामाजिक जीवन की व्यवस्था है। अगर अध्यात्म-दर्शन और उसके साथ अविनाभाव से जुड़ा कर्मयोग हिंदू जीवन के व्यक्तिगत जीवन की श्रेष्ठता को

सुनिश्चित करता है तो चार प्रकार की आश्रम-व्यवस्था हिंदू के पारिवारिक जीवन की और चार जाति वर्गों की जाति-व्यवस्था हिंदू के सामाजिक जीवन की श्रेष्ठता को संपादित करने के उद्देश्य से शुरू की गई थी। मनुष्य और संसार के जीवन का अपरिवर्तनीय नियम है कि हर व्यवस्था में उतार भी आते हैं और उठान भी आते हैं। पर हर व्यवस्था को बनाने के पीछे दृष्टि यही होती है कि जीवन को श्रेष्ठ से श्रेष्ठतर कैसे बनाया जाए? हिंदू समाज चार जातियों पर टिका हुआ है—ब्राह्मण, क्षत्रिय, वैश्य और दलित। हिंदू का जीवन चार आश्रमों पर अवलंबित हैं—ब्रह्मचर्य आश्रम, गृहस्थ आश्रम, वानप्रस्थ आश्रम और सन्यास आश्रम। ऐसे ही हिंदू का व्यक्तिगत जीवन, धर्म, अर्थ, काम, मोक्ष इन चार पुरुषार्थों पर टिका हुआ है। ये सभी व्यवस्थाएँ व नियम जीवन को अधिकाधिक श्रेष्ठ बनाने के इरादे से सोची और बनाई गई हैं।

बेशक ये सभी व्यवस्थाएँ—कर्मयोग, वर्ण-व्यवस्था, आश्रम-व्यवस्था, पुरुषार्थ-व्यवस्था जैसी ये सभी व्यवस्थाएँ, हिंदू जीवन को श्रेष्ठ से श्रेष्ठतर बनाने के लक्ष्य को प्राप्त करने के लिए ही बनाई गई थीं। आज इनमें कुछ अवनति देखने को मिल रही है। कल को फिर से वहाँ श्रेष्ठता और उठान देखने को मिल सकते हैं। अवनति और उठान, दोनों ही मनुष्य और उसके द्वारा बनाए गए समाज और संसार के साथ जुड़ी हुई स्वाभाविक परिस्थितियाँ हैं। पर ये तमाम व्यवस्थाएँ हजारों साल से चलती आ रही ये तमाम व्यवस्थाएँ हमारे हिंदू जीवन के संस्कारों में आ चुकी हैं और ब्राह्मण, क्षत्रिय, वैश्य के समान दलित हिंदुओं में भी ये सभी संस्कार बनकर बसी हुई हैं। इसलामवादियों के लिए यह संभव ही नहीं है कि वे हिंदुओं के इन सभी संस्कारों को खत्म कर सकें। इससे उलट इन संस्कारों से विहीन बना दिए गए संपूर्ण भारत के, अखंड भारत के, अखंड भारत से अलग कर दिया गए इन सभी इसलामी इलाकों के मुसलमान अपने संस्कारों के साथ फिर से जुड़ने को लालायित हो रहे हैं। पश्चिम एशिया के अरब समाज की जीवन-शैली से परेशान होकर वे देर-सवेर अपने हिंदू संस्कारों से फिर से जुड़े बिना रह नहीं पाएँगे। जो बात भारत से अलग कर दिए इलाकों के मुसलमानों के बारे में सच है, वही भारत के मुसलमानों के बारे में भी सच है। ऐसे इसलामवादी अगर दलितों के साथ राजनीतिक और सामाजिक विभेद पैदा करने का षड्यंत्र करेंगे तो इनका हश्र क्या होगा, इसका उत्तर पाना कोई कठिन काम नहीं।

भारत का जीवन-दर्शन पुनर्जन्म की मौलिक और अद्भुत हिंदू अवधारणा पर टिका है, जिसकी अभिव्यक्ति भारत के 'कर्मयोग' में होती है। इस बात को हम 'उत्तरायण' पुस्तक में कई तरह से विस्तार से बता आए हैं। शिव, राम, कृष्ण, बुद्ध, महावीर ऐसे पंचपरमेश्वर ने, इन पाँचों ईश्वरीय महाव्यक्तित्वों ने इसी पुनर्जन्म

आधारित जीवन-दर्शन को ही पुष्पित-पल्लवित किया है, हजारों सालों से किया है। वाल्मीकि, वेदव्यास, सूतजी महाराज—इन तीन विशिष्टतम दलित महर्षियों के हर कथन और कर्म के माध्यम से इसी पुनर्जन्म आधारित जीवन-दर्शन की प्रस्तुति और पुष्टि हुई है। भारत के सभी जाति समुदाय, फिर चाहे वे ब्राह्मण हैं या क्षत्रिय, वैश्य हैं या दलित, इसी जीवन-दर्शन को माननेवाले हैं और इसी में पल-पुसकर बड़े हुए हैं। कोई इक्का-दुक्का व्यक्ति अपनी ढाई पाव की खिचड़ी अलग से पका सकते हैं। चार्वाक ने भी ऐसी खिचड़ी पकाई थी। भारत की विचार परंपरा के इतिहास में ऐसी सोचवाले व्यक्ति दर्ज होकर रहते रहे हैं, पर वे मुख्यधारा कभी नहीं बने। बन भी नहीं पाएँगे, क्योंकि कर्मयोग आधारित पुनर्जन्म का वैचारिक प्रताप ही कुछ ऐसा है कि उसका तेज निरंतर बढ़ता ही जा रहा है। स्वयं भगवान् बुद्ध का 'संबोधि' दर्शन भी पुनर्जन्म की इसी अवधारणा की पुष्टि करता है, जिस जन्म-जन्मांतर के चक्र (चक्कर) से मुक्ति पाने के लिए भगवान् बुद्ध ने संबोधि यानी मुक्ति की संबोधि यानी मुक्ति का ज्ञान पा लिया था।

भारत के कुछ इसलामवादी, जो भारत को इसलामी बनाने की गलतफहमी पाले बैठे हैं, वे दलितों को साथ लेकर अपना संख्या बल बढ़ाने के फेर में हैं। भारत के इन पथभ्रष्ट विधर्मियों को पता रहना चाहिए कि अखंड भारत से छिटककर जो इलाके इस्लामवादी बना दिए गए, जबरन इसलामवादी बना दिए गए, यानी सिंध, बलोचिस्तान, पाकिस्तान, अफगानिस्तान आदि जो इलाके इसलामी हो गए, उन्हें अब समझ में आ रहा है कि अपनी हिंदू मौलिकता को छोड़कर जब से ये इसलामवादी अरब राष्ट्रीयता का हिस्सा बने हैं, तब से वे अपना स्वभाव, अपना चरित्र, अपना व्यक्तित्व ही नहीं, अपनी राष्ट्रीयता तक खो चुके हैं, अरब व्यक्तित्व को गिरवी रख दिए जा चुके हैं और इसलिए फिर से हिंदू राष्ट्रीयता और हिंदू व्यक्तित्व के बारे में सोच-विचार करना शुरू कर चुके हैं। उन्हें अब यह सवाल कचोटने लगा है कि अरे, हम तो हिंदू थे। हम अरब राष्ट्रवाद का गुलाम क्यों हो गए? हमने अपनी पहचान अरबों को क्यों गिरवी रख दी? इतना सब होते हुए भी अगर भारत के इसलामवादी भारत के दलित हिंदुओं को इसलाम के आस-पास ले जाने की कोशिशों में जी-जान से जुटे हुए हैं तो जाहिर है कि वे भारत को और ज्यादा तोड़ने की जानी-पहचानी मुहिम का हिस्सा बने हुए हैं, जिस मुहिम को भारत के दलितों की ओर से कोई स्वीकृति या समर्थन नहीं मिलनेवाला है। शुरुआती राजनीतिक सफलता के बावजूद यह समझ में आ जाने के बाद कि उन्हें भारत तोड़क इसलामवाद का (इतिहास जिसका साक्षी है) मोहरा बनाने की कोशिशें चल रही हैं, संपूर्ण दलित समुदाय इसलामवादियों के खिलाफ वैसे ही फिर से खड़ा हो जाएगा, जैसे कभी भारत का

दलित समुदाय मुसलिम गुलामी की सदियों में इसलाम के खिलाफ खड़ा हो गया था और उसने भक्ति-आंदोलन से देश को सराबोर कर दिया था। भारत का अद्‌भुत भक्ति-आंदोलन भारत के दलित हिंदुओं का ही हिंदू-आंदोलन था। हिंदुत्व की रक्षा का अद्‌भुत वैचारिक-आंदोलन था।

एक और आयाम। भारत के इतिहास के भयानकतम गृहयुद्ध 'महाभारत' के बाद की सदियों में जब देश में वैचारिक और राजनीतिक अँधेरा छा गया था, उस समय भगवान् बुद्ध और भगवान् महावीर के बौद्धिक नेतृत्व में भारत की वैचारिक परंपरा की ठीक से पुनः स्थापना हुई तो नंदवंश और मौर्यवंश के प्रभाव में उस राजनीतिक स्थिरता को फिर से प्राप्त किया, जिसका माध्यम थे—दोनों दलितवंश, नंदवंश और मौर्यवंश। ये दोनों दलित राजवंश ही थे। भारत के दलितों ने भारत के इतिहास का यह स्वर्णिम अध्याय खुद लिखा, अपने हाथों से लिखा, जिसे लिखने में सुबुद्धि शर्मा 'राक्षस' (नंदवंश) और विष्णुगुप्त चाणक्य (मौर्यवंश) जैसे ब्राह्मण धुरंधरों ने अपना-अपना जीवन खपा दिया और इन दोनों साम्राज्य संचालक राजाओं, दोहरा रहे हैं कि दलित राजाओं के शौर्य और मेधा के सहारे अखंड भारत का राजनीतिक दर्शन भारत राष्ट्र को दिया। हम जानते हैं कि, हम ही क्यों, सभी जानते हैं कि भारत को अपने इन दलित सम्राटों के यानी दलित राजनेताओं के अपने इस सामर्थ्य का पता है। वे फिर से इसी अखंड भारत का सपना पूरा करने में अपनी मेधा और क्षमता का उपयोग करेंगे या भारत को तोड़ने की सामर्थ्य रखनेवाले विधर्मियों और भूतकाल के जैसे भारत तोड़क राष्ट्र-विरोधियों की ओर खड़े होंगे? इस प्रश्न का उत्तर स्पष्ट है कि भारत सबसे ऊपर है, भारत की राजनीतिक एकता सबसे ऊपर है, भारत का गौरव और स्वाभिमान सबसे ऊपर है। यही भारत के भविष्य के राजनीति का शीर्षस्थ विचार है, सर्वोपरि विचारधारा है। वाल्मीकि, वेदव्यास और सूतजी की विचारधारा के वंशज अब भारत के दलित हिंदुओं के रूप में राम और कृष्ण का नया रूप धारण कर चुके हैं। फिर वे कौन हैं, जो दलितों को भारत का विरोध करने को बरगलाने का कुत्सित प्रयास कर रहे हैं?

तो, हमने सामाजिक इतिहास का पक्ष बनाया। भारत के जीवन-दर्शन की दस हजार साल की परंपरा का पक्ष बनाया और भारत, 'अखंड भारत' की अवधारणा को स्थापित करनेवाले मगध राजवंशों के नायकों-राजाओं का पक्ष बताया। देश के नागरिक, दस हजार साल के इतिहास के वारिस भारत को महाशक्ति बनाने का माध्यम बनेंगे, इसमें किसी को कोई शक है ही नहीं। गलतफहमी में वे विधर्मी जी रहे हैं, जो भारत को तोड़ने का दुःस्वप्न, दिवास्वप्न और दुःसाहस पाले बैठे हैं।

□

2

'मनवे ह वै प्रातः' : मनु के जीवन की वह खास सुबह : कहाँ है मनुवाद?

हमारी इस पुस्तक का विषय है—भारत का दलित-विमर्श, यानी भारत के दलितों को लेकर किया गया विमर्श। पर इस अध्याय का शीर्षक है, 'मनवे ह वै प्रातः' यानी 'मनु के जीवन की वह खास सुबह।' पुस्तक और पुस्तक का यह अध्याय, इन दोनों शीर्षकों में बेशक ऊपरी तौर पर कोई तालमेल आपको न दिख रहा हो, पर शीर्षक में लिख दिए गए एक छोटे से उपशीर्षक 'कहाँ है मनुवाद?' में ही इस जिज्ञासा का जवाब छिपा है कि दलित-विमर्श पर लिखी इस पुस्तक में मनु से जुड़ी किसी पुरानी कथा को एक अध्याय के रूप में क्यों लिख दिया जा रहा है? भारत के दलित-विमर्श पर कुछ लिखा जाए और उसमें मनु का उल्लेख न हो, यह संभव ही नहीं है। उसी से ही इस अध्याय 'मनवे ह वै प्रातः' का महत्त्व अपने आप स्पष्ट हो जाता है और कथा पढ़ने के बाद तो और भी अधिक स्पष्ट हो जाएगा।

मनु से जुड़े इस अध्याय 'मनवे ह वै प्रातः' को ठीक से समझने के लिए भारत राष्ट्र के स्वरूप से जुड़ी छोटी-सी भूमिका को भी पढ़ लिया जाए, क्योंकि हमारे लिए भारत के दलित-विमर्श का राष्ट्रीय और राष्ट्रवादी महत्त्व है। सवाल है, भारत एक राष्ट्र है तो क्यों है? भारत एक राष्ट्र राज्य है तो क्यों है? भारत एक हिंदू राष्ट्र राज्य है तो क्यों है?

ये तीनों प्रश्न वास्तव में एक ही प्रश्न हैं, जिसके, जिस प्रश्न के ये तीन पक्ष हैं और ये तीनों पक्ष, भारत राष्ट्र, भारत राष्ट्र राज्य और भारत हिंदू राष्ट्र राज्य, ये तीनों पक्ष परस्पर आश्रित हैं, एक-दूसरे से जुड़े हुए हैं, एक-दूसरे के आधार पर टिके हुए हैं। इसलिए जब हम भारत की सभ्यता को समझने के लिए मानकों का

निर्धारण करते हैं, इन मानकों का अध्ययन करते हैं तो ये तीनों मानक मिलकर एक ही प्रश्न का उत्तर हमको दे देते हैं कि भारत एक हिंदू राष्ट्र राज्य है।

वैसे सामान्य रूप से कोई पूछे कि भारत हिंदू राष्ट्र कैसे है तो इस प्रश्न का सकारात्मक उत्तर यह है कि भारत में पिछले दस हजार साल से जिस सभ्यता का विकास हुआ है, वह हिंदू सभ्यता है, जिसने अपनी निगम-परंपरा, आगम-परंपरा तथा कथा-परंपरा के सहारे जिस सभ्यता का विकास किया है, अध्यात्म, धर्म और धर्म-दर्शन-संप्रदायों पर आधारित वह सभ्यता हिंदू सभ्यता ही है। जिन लोगों को प्रश्नों के उत्तर नकारात्मक तरीके से जानने का अभ्यास हो गया है, वे झट-से पूछ लेना चाहते हैं कि अगर भारत हिंदू राष्ट्र है तो क्या इस सभ्यता के निर्माण में इसलाम तथा क्रिश्चियनिटी का कोई स्थान नहीं है ? हमारा कहना है कि भारत में मुसलमान हैं, भारत में क्रिश्चियन भी हैं, पर भारत की सभ्यता के, भारत के स्वरूप के, भारत की विचारधारा के निर्माण में इसलाम तथा क्रिश्चियनिटी का योगदान या तो नहीं है, या फिर नकारात्मक है या फिर हाशिए का, छोटे-से हाशिए का है। क्यों ? इसलिए कि किसी देश का अर्थ उसकी विचारधारा होता है, उसका जीवन-दर्शन होता है, उसके निर्माण में, भारत की विचारधारा और भारत के जीवन-दर्शन के निर्माण में इसलाम और क्रिश्चियनिटी का योगदान या तो शून्य है या नकारात्मक है या फिर छोटे-से हाशिए का है।

यह सत्य है। चूँकि सत्य कड़वा भी हो सकता है, इसलिए उसे समझने, भारत के स्वरूप के सत्य को समझने के लिए भारत की विचारधारा के निर्माण और विकास के इस सत्य को ठीक से समझ लिया जाए। भारत की सभ्यता का निर्माण पिछले दस हजार साल से हुआ है। इसलाम इस सभ्यता को, भारत की दस हजार साल पुरानी सभ्यता को, भारत की इस हिंदू सभ्यता को नष्ट कर इसके इसलामीकरण के लिए भारत आया था। सिंध में मुहम्मद बिन कासिम के आने के बाद से भारत में इसलाम के आगमन की यही कहानी है, यही इतिहास है। सात-आठ सौ साल से पहले के तब के अखंड भारत में से कुछ हिस्से इसलामी होकर भारत से अलग हो चुके हैं। जाहिर है कि इसलाम भारत की दस हजार साल पुरानी अध्यात्म, धर्म, धर्म-दर्शन-संप्रदाय की परंपरा को आगे बढ़ाने नहीं आया था। वह उस परंपरा का ध्वंस करने के लिए जिहादी उन्माद के साथ ही भारत में आया था। भारत आए ये सभी आक्रांता व तथाकथित सूफी भी इसलाम को ही भारत में स्थापित करने आए थे। जिनको सूफियों के बारे में गलतफहमी हो, वे काश्मीर का उदाहरण देखकर अपनी गलतफहमी दूर कर लें, जहाँ के बारे में अफवाह है कि वहाँ इसलाम सूफियों

के माध्यम से आया था। पर आज सारा काश्मीर, भारत के हिस्सेवाला भी सारा काश्मीर इसलामी हो चुका है और वहाँ कथित सूफी विचार का कोई नामलेवा भी नहीं है। भारत में इसलाम को स्थापित करने आए इसलामी और सूफी आक्रांताओं को अपने इस मिशन में आंशिक सफलता जरूर मिली है और दुनिया देखेगी कि भारत को जल्दी ही इससे मुक्ति भी मिलेगी। क्यों? इसलिए कि इसलाम और क्रिश्चियनिटी की विचारधारा व जीवन-दर्शन भारत के अपने नहीं हैं, वे भारत की विचारधारा व भारत का जीवन-दर्शन नहीं हैं। इसलाम और क्रिश्चियनिटी ये दोनों ही भारत के पश्चिम से आए विदेशी धर्म हैं, विधर्म हैं। विधर्मी हैं।

यह जो सब हमने भारत के बारे में इसलाम को लेकर लिखा है, वही निष्कर्ष क्रिश्चियनिटी को लेकर भी सत्य है कि क्रिश्चियनिटी भी भारत के अपने अध्यात्म, भारत के अपने धर्म और भारत के अपने धर्म-दर्शन-संप्रदायों के विकास के लिए नहीं, अपितु उन्हें स्थानापन्न कर, उन्हें हटाकर क्रिश्चिनिटी के विस्तार के लिए आई और वही काम वह आज भी कर रही है।

इसलिए इतिहास से, यानी भारत के अपने इतिहास से जुड़े मानकों पर हम आगे बात शुरू करें, उससे पहले ही यह बात समझ लिया जाना जरूरी है कि यह सत्य है कि भारत में मुसलमान भी रहते हैं, क्रिश्चियन भी रहते हैं और ये दोनों समुदाय, और भारत के सिर्फ दो समुदाय ही अल्पसंख्यक हैं। पर इस आधार पर भारत इसलामी राष्ट्र या क्रिश्चियन राष्ट्र नहीं बन जाता। भारत हिंदू राष्ट्र ही है और वैसा रहने ही वाला है। इस सत्य को हृदयंगम करने के लिए दो दिमागी खरपतवारें हटा दिया जाना जरूरी है।

पहली खरपतवार यह है कि बेशक भारत के पास अपना एक समग्र संविधान है और उस संविधान में, उसके बनने और स्वीकार कर लिए जाने के काफी बाद, इमरजेंसी के दबाव में 'धर्मनिरपेक्षता' को उसकी प्रस्तावना में जोड़ दिया गया, पर इससे भारत एक धर्मनिरपेक्ष राष्ट्र नहीं बन जाता। हम सभी जानते और समझते भी हैं कि धर्मनिरपेक्षता राज्य संचालन में सहायक तत्त्व तो है, पर वह भारत राष्ट्र की विचारधारा का मानक नहीं बन सकता। जिस भारत का संपूर्ण विकास पिछले दस हजार साल से अध्यात्म, धर्म और धर्म-दर्शन संप्रदायों को अपनी आत्मा, अपना स्वभाव, अपना चरित्र मानकर हो रहा हो, उसे अचानक ही मिला कोई नेता या तानाशाह मनमर्जी करते हुए उसे धर्मनिरपेक्ष घोषित कर दे, यह देश को स्वीकार्य भला कैसे हो सकता है? अध्यात्म, धर्म और धर्म-दर्शन-संप्रदायों की हजारों वर्षों की परंपरा से, दस हजार साल की अविच्छिन्न और प्राणभूत परंपरा से अलग करके

रख देंगे तो यह अपने इस देश को भला कैसे स्वीकार्य हो सकता है ?

भारत संबंधी इस सत्य को समझने के रास्ते में बाधा पहुँचानेवाली दूसरी खरपतवार वे तथाकथित निष्कर्ष हैं, जो पश्चिमी शोधकर्ताओं ने भारत के व्यक्तित्व को विरूप या कुरूप बनाने के इरादे से निकाले हैं और अब वे तथाकथित निष्कर्ष हम भारतवासियों के अपने अज्ञानवश और प्रमादवश हमारे साथ जुड़ जैसे गए हैं। मसलन, हम भारत के लोग भारत के नहीं हैं, कहीं बाहर से यहाँ आकर बसे हैं। कहाँ से यहाँ आकर बसे हैं, यह भी पता नहीं। इन कथित निष्काषों के परिणामस्वरूप कुछ पता नहीं कि भारत की सभ्यता का प्रारंभ कब से हुआ, क्रमशः विकास कैसे हुआ, कैसे-कैसे हुआ ? इन सभी खरपतवारों का ठीक से मुकम्मल तरीके से इंतजाम न कर सकने के कारण हम भारत को लेकर कुछ भी अनाप-शनाप निष्कर्ष निकालते रहते हैं और भारत का इतिहास, भारत का विचार और भारत का चेहरा बिगाड़ते रहते हैं। इसलिए हम इन पश्चिम शोधकर्ताओं को कथित शोधकर्ता कहते हैं और उन्हें शोधकर्ता कहने के बजाय कूटनीतिज्ञ कहते हैं, जिन्होंने भारत का अध्ययन भारत के व्यक्तित्व को बिगाड़ने और ध्वंस करने के इरादे से किया था, जिसमें वे एक हद तक सफल भी हुए हैं और यही वे खरपतवारें हैं, जिनसे मुक्त होकर हमें भारत के चिंतन को उसकी ठीक पटरी यानी इसकी पश्चिमी पटरी से उतारकर भारत की अपनी पटरी पर लेकर आना है। यही वह दूसरी खरपतवार है, जिसे समझ लेना और उस हिसाब से फिर ठीक कर देना निहायत जरूरी है।

इन दोनों खरपतवारों को ठीक करने के लिए हमें अपनी पृष्ठभूमि की ओर देखना, उसे समझना, इसे जानना जरूरी है। अर्थात् हमें भारत की निगम-आगम-कथा परंपरा को जानना, इसे समझना और उसे फिर आधुनिक भारत की मौजूदा विचार-प्रक्रिया से जोड़ना निहायत जरूरी है। जरूरी ही क्यों, अनिवार्य है। क्या है यह निगम-आगम-कथा परंपरा ? यह परंपरा इतनी प्राचीन है, इतनी सशक्त है, इतनी निर्णायक है कि स्वयं गोस्वामी तुलसीदास ने अपने युग के विराट्तम प्रबंध काव्य 'रामचरितमानस' में कहा है कि इनका ग्रंथ 'नाना पुराण निगमागम सम्मतम्' है, अर्थात् निगम, आगम और पुराण (यानी कथा) से सम्मत है, उस पर टिका हुआ है। क्या है यह परंपरा ?

निगम, आगम और कथा—ये वे ग्रंथ हैं जिन ग्रंथों में भारत की पूरी विचार परंपरा का मर्म भी छिपा हुआ है और उस मर्म का विस्तार भी लिखा पड़ा है। 'निगम' के अंतर्गत चारों वेद, समस्त ब्राह्मण-आरण्यक-उपनिषद् साहित्य आता है और इन्हें 'निगम' कहा गया है। 'आगम' में हमारी परंपरा में वे तंत्र ग्रंथ आते हैं,

जो तंत्र वैदिक साहित्य से भी और वैदिक इतर परंपरा से जुड़े हैं, वे समस्त जैन ग्रंथ और त्रिपिटक आदि वे समस्त बौद्ध ग्रंथ आते हैं, जो भारत की वेद-इतर प्राचीन परंपरा को प्रस्तुत करते हैं। 'निगम' और 'आगम' के अतिरिक्त भारत की एक विराट् कथा परंपरा रही है, जिसमें रामायण, महाभारत, पुराण, उपपुराण, जैन पुराण, जातक कथाएँ, अट्ठ कथाएँ आती हैं। यह एक अति प्राचीन, अति विशाल, अति प्रभावशाली कथा परंपरा है, जिस कथा परंपरा में भारत के उस अध्यात्म-दर्शन का बीज और विस्तार छिपा पड़ा है, सुरक्षित लिखा पड़ा है, जिस अध्यात्म-दर्शन का प्रामाणिक प्रस्तुतीकरण भारत की निगम और आगम और कथा परंपरा के ग्रंथों में किया गया है। भारत अगर एक विचारधारा है, जो कि वह यकीनन है, भारत अगर एक जीवन-दर्शन है, जोकि वह यकीनन है, भारत का अगर अपना एक व्यक्तित्व है, जोकि वह यकीनन है, तो भारत की अपनी निगम-आगम-कथा परंपरा में भारत की विचारधारा, भारत का जीवन-दर्शन, भारत का व्यक्तित्व रिकॉर्डिड है, सुरक्षित है और हमारे पास पिछले दस हजार साल से है।

हम अपनी ही अभिव्यक्ति शैली में भारत की इस संपूर्ण निगम-आगम-कथा परंपरा के रिक्थ को, उसके इस प्रदाय को, इसके इस शरीर और आत्मा को और मनोभाव को भारत की शक्ति कहते हैं और इसलिए भारत को इस संपूर्ण परंपरा को, इस संपूर्ण निगम-आगम-कथा परंपरा को भारत के व्यक्तित्व को शक्ति कहते हैं, इस संपूर्ण प्रस्तुति को भारत का शक्तिपर्व कहते हैं और हम इस शक्तिपर्व का अध्ययन भारत के इस दस हजार साल के इतिहास की उस विशिष्टतम घटना से करते हैं, जो भारत के इतिहास की, भारत के दस हजार साल के इतिहास की पहली घटना है। जाहिर है कि इस घटना का संबंध भारत के इतिहास के प्रथम पुरुष मनु के साथ है, मनु के साथ ही जुड़ी है यह घटना।

जिस घटना का संदर्भ हम कर रहे हैं, वह घटना भारत के सर्वाधिक महत्त्वपूर्ण ग्रंथों में से एक 'शतपथ ब्राह्मण' में सुरक्षित (1.8.1) है, और उसे ही आकर्षक तरीके से, 'मनवे ह वै प्रातः' 'उस एक प्रभात की वेला में मनु' इस शीर्षक से दर्ज की गई है। घटना तब की है, जब भारत धरा पर खंड प्रलय की ऐतिहासिक परिस्थिति घटित हो चुकी है। 'प्रलय' पूर्ण विनाश का नाम है तो 'खंड प्रलय' उस आंशिक विनाश का नाम है, जिसके घटित हो जाने के बाद सृष्टि का समारंभ फिर से हो जाता है। उस खंड प्रलय में 'देवयुग' की जलसमाधि हो चुकी है। 'देवयुग' अब हमारे लिए कोई नई शब्दावली नहीं है और अपनी दोनों पुस्तकों 'भारतगाथा' और 'उत्तरायण' में हम इसका तरीके से विवरण दे आए हैं। 'देवयुग' की जलसमाधि

के बाद मनु हिमालय पर्वत की किसी ऊँचाई पर अकेले बैठे हैं। नीचे संपूर्ण पृथ्वी, जितनी पृथ्वी मनु को देखने में आ रही है, वह पृथ्वी पानी में डूबी है। पर यह कहानी यह नहीं बताती कि जब सब ओर प्रलय था, तो मनु कैसे बच गए? शायद इसलिए बच गए कि वह प्रलय नहीं था, खंड प्रलय था। इसलिए मनु हिमालय में ही किसी ऊँची जगह पर पहले से ही सुरक्षित पहुँचे हुए थे। धीरे-धीरे पानी उतरा। मनु भी नीचे उतरते गए। उतरते हुए मनु नीचे तो आ गए, धरा पर आ गए, हम भारत की धरा की बात कर रहे हैं, पर चूँकि सब ओर पानी-ही-पानी था, तो उस एक जगह पानी में एक मछली तैर रही थी। मनु ने देखा वह मछली कुछ बोली और मनु तथा मत्स्य के बीच जो संवाद हुआ, वही सारा संवाद 'मनवे ह वै प्रातः' शीर्षक विवरण में सुरक्षित है।

कहानी का तात्पर्य क्या है? क्यों इस कथा में उन पात्रों का उल्लेख है, जिनका उल्लेख वहाँ हमें मिलता है? यह सब तो आपको पढ़ने पर ही पता पड़ेगा, पर पढ़ने पर यह कहानी काफी कुछ कह रही है, जिसे समझने के लिए भारत की मेधा को माथापच्ची करना पड़ेगी। अभी तक हम भारत के लोगों ने ऐसी कोई मेहनत नहीं की है तो स्पष्ट है कि अपना भारत अभी तक भी उसी निद्रित अवस्था में है, जिससे जागने की प्रार्थना विश्व कवि रवींद्रनाथ ठाकुर ने अपने लिखे राष्ट्रगान 'जन गण मन' में की है और अपने इस गान के तीसरे छंद में भारत माँ से 'निद्रित भारत जागे' इन शब्दों में प्रार्थना की है, सोए पड़े भारत से प्रार्थना की है, ताकि भारत का 'शक्तिपर्व' समझ में आ सके। आपको यह देखकर सुखद आश्चर्य होगा कि जिन्हें हम भारत का राष्ट्रगान 'जन गण मन' और भारत का राष्ट्रगीत 'वंदे मातरम्' इस शीर्षकों के माध्यम से जानते और पहचानते हैं, इन दोनों कविताओं में, भारत राष्ट्र को समर्पित इन दोनों कविताओं में भारतमाता की स्तुति की गई है। 'वंदे मातरम्' के बारे में हम जानते हैं, 'जन गण मन' में भी (जिसमें कुल पाँच छंद हैं) 'तव शुभ आशिष माँगे' (छंद-1), 'तव सिंहासन पासे' (छंद-2), 'तव शंख ध्वनि बाजे' (छंद-3), 'स्नेहमयी तुमि माता' (छंद-4) और 'तव चरणे नत माथा' (छंद-5) आदि शब्दों से भारत माता से प्रार्थना की गई है कि वह निद्रित पड़े, नींद में बेसुध पड़े भारत का जगा दे, ताकि वह अपना स्वरूप, अपनी शक्ति, अपनी वाणी को पहचान और समझ सके।

हम जैसे अल्पबुद्धि लेखक को भी यह समझ में आ रहा है कि इस कथा में भारत की सभ्यता के प्रारंभ युग का मार्मिक उल्लेख है, जो घटनाएँ आज से दस हजार साल पहले घटित हो चुकी थीं। अपनी दो पूर्व पुस्तकों—'भारतगाथा' और

'उत्तरायण' में हम कई तरह से स्थापित कर आए हैं, कई तरह से बता चुके हैं कि भारत की सभ्यता का प्रारंभ आज से दस हजार साल पहले हुआ और 'मनवे ह वै प्रातः' यह कथन इसी घटित की तरफ इशारा कर रहा है। यह घटना भारत के कलि युग (चार हजार वर्ष पूर्व), द्वापर युग (पाँच हजार वर्ष पूर्व), त्रेता युग (छह हजार वर्ष पूर्व), सत्ययुग या कृतयुग (सात हजार वर्ष पूर्व) से भी पूर्व हुए मनु महाराज के समय की है, जो मनु आठ हजार वर्ष पूर्व हुए थे और देवयुग के बाद के और खंडप्रलय के बाद की है, जो देवयुग आज से दस हजार साल पूर्व का माना जा रहा है और हम मनु की संतानें यानी हम मनुज, (मनु+ज) यानी हम मनुष्य, (मनु+स्य) उसी देवयुग के देवताओं की संतान हैं, जिस युग का प्रारंभ, विकास और प्रलय आज से दस हजार वर्ष हुआ था और यह समग्र इतिहास हमारे देश के अपने इतिहास ग्रंथों में सुरक्षित लिखा पड़ा है।

देवयुग भी इसी भारत धरा पर घटित हुआ था, जिस पर हमारा शोध जारी है और शीघ्र ही इस शोध के परिणाम एक महत्त्वपूर्ण पुस्तक के रूप में सामने आएँगे। पर अभी तक हमें जो कुछ बातें समझ में आ रही हैं, उनको अभी भी हम पूरी प्रामाणिकता के साथ रेखांकित करते हुए बता सकते हैं—

1. हम यह कह सकते हैं कि मनु महाराज हमारे देश के प्रथम व्यक्ति हैं, प्रथम शासक हैं, जिन्होंने सूर्यवंश के प्रथम राजा के रूप में अयोध्या पर शासन किया। देश के प्रथम, प्रथम यानी प्रथम राजा होने के कारण उन्होंने ही हमें यानी अपनी प्रजा को, अपनी प्रजा को यानी अपनी संतानों को, जीवनयापन का, श्रेष्ठ जीवनयापन का संदेश दिया, उपदेश दिया, कहीं-कहीं आदेश भी किया। राजा से ये सभी कुछ अपेक्षित है। इसलिए मनु भारत की अपनी इस प्रजा को धर्म का उपदेश करनेवाले प्रथम उपदेष्टा हैं, प्रथम शास्ता हैं, धर्म अर्थात् श्रेष्ठ आचरण का पाठ पढ़ानेवाले प्रथम प्रवक्ता, धर्म के प्रथम शास्ता हैं।

2. मनु हमारे देश के प्रथम राजा होने के कारण हमारी प्रजा के लिए धर्म के प्रथम शास्ता भी हैं, धर्म का उपदेश करनेवाले हैं, धर्म का प्रथम कथन करनेवाले हैं। यहाँ तक तो बात तर्क की चारदीवारी में है, पर जैसे ही हम कहते हैं कि मनु महाराज ने 'मनुस्मृति' ग्रंथ लिखा, तो स्पष्ट है कि हम तर्क की चारदीवारी को छलाँगकर टुच्ची राजनीति में पड़ जाते हैं। अरे भाई, 'मनुस्मृति' ग्रंथ मनु की 'स्मृति' में, मनु की यादगार में, मनु की याद को बनाए रखते हुए लिखा गया। कोई भी व्यक्ति अपनी याद में, स्मृति में, कोई स्मृति ग्रंथ, कोई कमेमोरेशन वॉल्यूम कैसे लिख सकता है? अब हमारा काम यह है कि हम खोज करें कि ऐसा 'मनुस्मृति'

ग्रंथ कब और किसने लिखा? किसने लिखा, यह बता पाना आसान नहीं है, क्योंकि किसी भी स्मृति में कोई भी कमेमोरेशन वॉल्यूम का कोई भी एक लेखक नहीं होता। कोई इसका संकलन ही कर सकता है और 'मनुस्मृति' नामक इस ग्रंथ का संकलन यानी लेखन कब हुआ, तो इसका फैसला 'धर्मशास्त्र का इतिहास' लिखनेवाले परम विद्वान् लेखक 'भारत रत्न' डॉ. पांडुरंग वामने काणे ने अपने पहले ही खंड में (हिंदी समिति, सूचना विभाग, उत्तर प्रदेश, लखनऊ, हिंदी समिति ग्रंथमाला संख्या-74, सन् संवत् नहीं दिया है, पृष्ठ संख्या-14) 'मनुस्मृति' का रचनाकाल 200 ई.पू. से 100 ई.पू. के बीच का माना है। काणे का लिखा 'धर्मशास्त्र का इतिहास' चार खंडों में है।

3. इन दो जानकारियों के बाद, जो शोध आधारित हैं और हर तरह से प्रमाण सम्मत हैं, इन दो जानकारियों के बाद देश की राजनीति में अपनी जात-परस्ती की छौंक लगनेवाले क्षुद्र मानसिकतावाले नेताओं को 'मनुवाद' शब्द के प्रयोग से बाज आ जाना चाहिए। क्यों? इसलिए कि हम मनु महाराज को तो जानते हैं, हम किसी अज्ञातनामा लेखक या लेखकों द्वारा मनु के करीब आठ हजार साल बाद लिखे गए स्मृति ग्रंथ 'मनुस्मृति' को भी जानते हैं, पर मनु महाराज के साथ छलपूर्वक जोड़ दिए गए शब्द 'मनुवाद' को नहीं जानते। हम किसी 'मनुवाद' को नहीं जानते। इसलिए 'मनुवाद', 'मनुवादी' जैसे नकारात्मक अर्थों में इन शब्दों का प्रयोग करने से इस क्षुद्र मानसिकतावाले लोगों को अपने इस क्षुद्र कर्म के लिए माफी माँगनी चाहिए और मनु महाराज का, मनु की संतानों, हम मनुष्यों का, पूरी मनुष्य जाति का अपमान करने से बाज आ जाना चाहिए। 'मनुवाद' और 'मनुवादी' या ऐसा कोई भी शब्द मनु-विरोधी ही नहीं है, दलित-विरोधी भी है, इसलिए भारत-विरोधी भी है। भारत को नष्ट करने पर आमादा शातिर विचारधाराओं का पोषण करनेवाला अगर कोई अपना शब्द प्रयोग ठीक नहीं करता, तो जाहिर है कि कोई भी दलित महानुभाव अब ऐसे भारत विरोध और ऐसे दलित विरोध को कतई स्वीकार और सहन नहीं कर पाएगा।

□

3

भारत की सभ्यता : अध्ययन के तीन विशिष्टतम मानक

(क) भारत की सम्यता के दस हजार साल

(ख) पूर्वांचल में हुआ भारत की सभ्यता का उदय, प्रारंभ।

(ग) ऐसी सभ्यता के निर्माण और विकास में दलितों, पिछड़ों व स्त्रियों का बराबर का और महत्त्वपूर्ण योगदान

जब हम यह कहते हैं कि भारत की सभ्यता को जानने व समझने के कुछ मानक हैं, तो हम कोई ऐसी बात नहीं कह रहे, जो विचित्र है या अनोखी है। किसी भी देश और समाज की सभ्यता को समझने के कुछ मानक होते हैं, जो मानक वह देश और समाज स्वयं बनाता और विकसित करता है और विकास की लंबी कालावधि में ये मानक फिर विकसित होकर स्थापित हो जाते हैं। चूँकि हम भारत के लोग हिंदू सभ्यता को ही ठीक से समझ सकते हैं, इसलाम, क्रिश्चियनिटी या ऐसे किसी दूसरे विदेशी धर्मों यानी विधर्मों और विदेशी विचारधाराओं को अपनानेवालों यानी विधर्मियों को उतनी स्वाभाविकता से नहीं समझ सकते, इसलिए हम सिर्फ और सिर्फ हिंदू सभ्यता को अर्थात् भारत नामक हिंदू राष्ट्र की सभ्यता को ही ठीक से समझ सकते हैं और उसे समझने के मानक भी तय कर सकते हैं। एक ही उदाहरण से यह बात शत-प्रतिशत समझ में आ जाती है।

भारत को समझने के लिए भारत की समाज-संरचना, भारत की परिवार-संरचना और भारत की व्यक्ति-संरचना का ठीक से जानना और समझना जरूरी और स्वाभाविक भी है। भारत का व्यक्ति अपने परिवार से जुड़ा है और भारत का हर परिवार भारत के समाज से जुड़ा है। हो सकता है कि ऐसी परिस्थिति हर देश

और वहाँ के हर समाज में भी हो, पर हम तो भारत नामक हिंदू राष्ट्र की ही बात कर रहे हैं, क्योंकि भारत का हर हिंदू (फिर वह चाहे भारत में रह रहा हो या किसी कारणवश किसी अन्य स्थान पर रह रहा हो, ऐसा हर हिंदू) व्यक्ति अपनी इसी हिंदू परिवार-व्यवस्था और हिंदू समाज-व्यवस्था से जुड़ा हुआ है। भारत का पूरा हिंदू समाज, संपूर्ण हिंदू समाज सामाजिक तौर पर—ब्राह्मण, क्षत्रिय, वैश्य, दलित—इन चार वर्गों या इन चार जाति वर्गों में व्यवस्थित होकर विकसित हुआ है। बेशक इस व्यवस्था के गुणों और अवगुणों के साथ ही विकसित हुआ है। पर भारत ही नहीं, संपूर्ण विश्व में फैला हिंदू समाज इसी सामाजिक व्यवस्था में पल-पुसकर बड़ा हुआ है, विकसित हुआ है, सदियों और सहस्राब्दियों से विकसित हुआ है। भारत का यह संपूर्ण हिंदू समाज, चार हिंदू जातियों में अवस्थित यह संपूर्ण हिंदू समाज हिंदू परिवार व्यवस्था से जुड़ा हुआ है और इस परिवार-व्यवस्था को जो चार तत्त्व व्यवस्थित करते हैं, उन्हें हम चार आश्रमों के रूप में जानते हैं और इन आश्रमों को हम—ब्रह्मचर्य आश्रम, गृहस्थ आश्रम, वानप्रस्थ आश्रम और संन्यास आश्रम के रूप में जानते हैं। यह अध्ययन का विषय हो सकता है कि क्या कभी हिंदू समाज की पारिवारिक व्यवस्था, इतनी ही सटीक रह पाई होगी या इसमें भी विचलन होता रहा होगा? पर दोनों अवस्थाओं में, व्यवस्थित रही है या कभी-कभी विचिलत भी होती रही होगी, इन दोनों अवस्थाओं में भारत का संपूर्ण हिंदू समाज पिछले दस हजार साल से इसी तरह की पारिवारिक व्यवस्था के रूप में भारत के हिंदू समाज का हिस्सा बनकर, हिंदू समाज का अंग बनकर चला है ओर आगे बढ़ता रहा है। तीसरा अंग है, हिंदू व्यक्ति। जैसे हिंदू समाज चार तरह की जाति-व्यवस्था में पिछले हजारों साल से रहा है, जैसे हिंदू परिवार चार तरह की आश्रम-व्यवस्था में हजारों सालों से रहा है, वैसे ही भारत का प्रत्येक हिंदू व्यक्ति भी चार तरह के पुरुषार्थों यानी चार तरह की कर्मशीलताओं के साथ बना रहा है और ये चार पुरुषार्थ हैं—धर्म, अर्थ, काम और मोक्ष। ये चारों पुरुषार्थ हैं, जो हर हिंदू को हमेशा, संपूर्ण जीवन के लिए, पुरुषार्थ से, उद्यमशीलता से, कर्मशीलता से जोड़े रहते हैं।

भारत इसीलिए और, ठीक ही, स्वाभाविक रूप से हिंदू राष्ट्र कहा जाता है, क्योंकि अपने समग्र मानकों के साथ हिंदू जीवन के ये तीनों पक्ष भी—समाज, परिवार और व्यक्ति—इन तीनों आयामों से जुड़े ये पक्ष भी भारत को हिंदू राष्ट्र ही स्थापित और घोषित कर रहे हैं, क्योंकि देश और समाज की यह त्रिआयामी व्यवस्था सिर्फ-और-सिर्फ हिंदू में है, भारत में है, हिंदू और भारत के अलावा और कहीं नहीं है, और भारत का संपूर्ण इतिहास, दस हजार साल का संपूर्ण इतिहास

इसी हिंदू समाज की, हिंदू देश की, हिंदू राष्ट्र की निर्माण और विकास यात्रा को हमारे सामने प्रस्तुत करता है। इसलिए पिछले दस हजार साल से हिंदू और भारत दोनों पर्यायवाची ही रहे हैं। उसे कोई भी दूसरा नाम दे दें, इससे कोई फर्क नहीं पड़ता। पर्यायवाची ये दोनों ही हैं, ये दोनों पर्यायवाची ही हैं।

अर्थात् चार जातियाँ, चार आश्रम और चार पुरुषार्थ ही वे मानक हैं, जो भारत के हिंदू जीवन को समझने में हमारी सहायता करते हैं और इस आधार पर हम भारत की सभ्यता को ठीक से समझ पाते हैं।

अभी हम उस भारत की बात कर रहे हैं, उस प्राचीन भारत की बात कर रहे हैं, जब भारत का, देवयुग के बाद के भारत का क्रमशः उदय और विकास हो रहा था। इस प्राचीन काल को हम कई बार वैदिक-काल भी कह दिया करते हैं, जो कि ठीक ही है, स्वाभाविक ही है। हमने इस प्राचीनकाल के अध्ययन के तीन मानक तय किए हैं। सभ्यता के मानक का अर्थ यह है कि इन मानकों की सहायता से हमें यह समझने में सहायता मिलती है कि भारत की सभ्यता का, यानी हिंदू सभ्यता का उदय और विकास किस रूप में हुआ है, किन दिशाओं में हुआ है। हिंदू सभ्यता को समझने का पहला मानक यह है कि भारत की सभ्यता दस हजार साल पुरानी है अर्थात् भारत की हिंदू सभ्यता का प्रारंभ आज से दस हजार साल पहले हो गया था और पिछले दस हजार साल से इस सभ्यता का क्रमशः निर्माण और विकास हो रहा है।

आप कह सकते हैं कि, यानी आप पूछ सकते हैं कि कैसे भारत की हिंदू सभ्यता का उदय आज से दस हजार साल पहले हो गया था? हमारा निवेदन है कि हम ऐसा कह सकते हैं। हम इस महत्त्वाकांक्षा से पीड़ित नहीं हैं कि भारत की सभ्यता को अधिक-से-अधिक पुराना करके बताएँ। इसलिए इस बात का ठीक से विश्लेषण कर लिया जाए। अभी हम भारतवासियों के बीच भारत की सभ्यता की प्राचीनता को लेकर दो धारणाएँ चल रही हैं। एक धारणा यह चल रही है कि भारत की सभ्यता पाँच हजार साल पुरानी है। होगी और जरूर होगी, पर हम नहीं जानते कि भारत की सभ्यता को पाँच हजार साल पुराना कहने के पीछे क्या तर्क है? क्या कारण है? क्या आधार है? कह सकते हैं कि एक घुप्पल है, जो चल रहा है कि हिंदू सभ्यता पाँच हजार साल पुरानी है। पर हमें ज्यादा आनंद आएगा अगर कोई उसे तर्क और प्रमाण का आधार भी दे दे। हमारे पास यह कहने और मानने का कोई तर्क या प्रमाण है ही नहीं कि भारत की सभ्यता पाँच हजार साल ही पुरानी है। हम तो यह जानते हैं, हम ही क्या सारा भारत यह जानता और मानता

है कि कृष्ण का इस देश में आगमन पाँच हजार साल पहले हुआ था, जब कौरवों और पांडवों के बीच एक भयानक महासमर हुआ था, जिस समय, इस महासमर के ठीक बाद व्यासदेव ने 'महाभारत' और 'भागवत महापुराण' जैसे कालजयी महाग्रंथों की रचना की थी। तब से यानी पाँच हजार साल से भगवान् कृष्ण की स्मृति में भारत का श्रीकृष्ण संवत् भी चल रहा है। इसलिए लोक लुभावन लगनेवाली होने पर भी हम पाँच हजार साल की इस अवधारणा से सहमत हो ही नहीं सकते कि भारत की सभ्यता पाँच हजार साल पुरानी है, क्योंकि कृष्ण तो द्वापर युग में आए और इनसे पहले त्रेता युग, सत्य युग और इनसे भी पहले भारत में देवयुग रहा। इन अनेक युगों का इतिहास, हजारों वर्षों का इतिहास इसी भारत धरा पर घटित हो चुका था, जिसे हम दस हजार साल का पुराने इतिहास शोध के आधार पर स्थापित और प्रतिष्ठित कर चुके हैं।

भारत की सभ्यता की ऊपरी कालसीमा का एक मानक पश्चिम के विद्वानों ने भी तय कर रखा है। इस मानक में एक खास बात यह है कि इसमें कोई कालचिंतन है ही नहीं। शुद्ध रूप से राजनीति है और भारत को नीचा दिखाने की स्वार्थी दुरभि-संधि है। पश्चिमी विद्वान् यानी इंग्लैंड, फ्रांस और डच आक्रांताओं (हम राजनीतिक आक्रमण की बात कर रहे हैं) के साथ आए विभिन्न यूरोपीय देशों के विद्वान्, जिन्होंने भारत के ग्रंथों का अध्ययन करने की सोची, तो इन्हें यह देखकर बड़ा दुःख हुआ कि भारत की सभ्यता तो हजारों-हजारों साल पुरानी जाकर ठहर रही है। विद्वान् होने के कारण इनसे इस सारस्वत ईमानदारी की अपेक्षा तो की ही जा सकती थी कि वे भारत के इस सुप्रतिष्ठित कालचिंतन पर आधारित निष्कर्षों को स्वीकार कर लेते, पर ये कथित विद्वान् तो सारस्वत ईमानदारी के मानको को मानकर अध्ययन कर ही नहीं रहे थे। इसलिए उन्हें यह देखकर बड़ा दुःख हुआ कि भारत की सभ्यता तो हजारों, हजारों साल पुरानी जाकर ठहर रही है।

ये पश्चिमी विद्वान् ऊपरी सीमा को इसलिए सहन नहीं कर पा रहे थे, क्योंकि वे जिस पश्चिम से आए थे, उस पश्चिम से आए लोगों ने भारत को अपनी क्रिश्चियनिटी के हाथों गुलाम बनाकर रखा हुआ था और इसलिए पश्चिम से आए ये विद्वान् इस बात को कभी हजम नहीं कर पा रहे थे, इस सच को पचा नहीं पा रहे थे कि यूरोप की सभ्यता ईसा से आठ-नौ सौ साल से पीछे नहीं जा रही रही थी, जबकि इनके द्वारा 'गुलाम' बना दिए गए भारत की सभ्यता इनकी सभ्यता से कहीं, कहीं पुरानी है, हजारों-हजारों साल पुरानी है। इसलिए उन्होंने अपनी गप-शप के आधार पर, जिसे वे शोध या रिसर्च कहकर हमारे बीच परोसने के चक्कर में थे, उन्होंने

महाभारत का समय 400 ई.पू. राम का समय छह-सात सौ साल ई. पूर्व और वेदों का समय 1100 ई.पू. के आस-पास तय कर दिया और चैन की साँस भर ली कि हमारे गुलामों की सभ्यता भी काल के हिसाब से हमारी सभ्यता के आस-पास ही ठहरती है। और वे यहाँ भी नहीं रुके। अपनी समझ या नासमझी से उन्होंने भारत का इतिहास प्राचीन काल, मुसलिम काल, आधुनिक काल जैसे निरर्थक या गुलामी का बखान करनेवाले अपने बनाए कालपात्र में स्थापित कर दिया। शोध और रिसर्च की आड़ में भारत को छोटा और बदनाम करनेवाली इस धारणा को, या कह दें कि इस कुत्सा को हम भला कैसे स्वीकार कर सकते थे? चंद पश्चिम-परस्त भारतीयों के अलावा किसी ने आज तक स्वीकार भी नहीं किया। अपनी पुस्तक 'भारतगाथा' में हम इस पर विस्तार से लिख आए हैं।

इसलिए हम अपनी तर्क शृंखला को फिर से पेश कर देते हैं कि भारत की सभ्यता दस हजार साल पुरानी है। आज से पाँच हजार साल पूर्व कृष्ण हुए, जब महाभारत संग्राम लड़ा गया और 'महाभारत' प्रबंध काव्य की रचना हुई। आज से छह हजार साल पहले राम हुए, जब राम और रावण के बीच युद्ध लड़ा गया, जिसके लिए नलसेतु या रामसेतु का निर्माण किया गया और जब 'रामायण' प्रबंध काव्य की रचना हुई। अब तो सेटेलाइट आधारित रिसर्च की सहायता से भी रामायण आधारित इस संपूर्ण कालक्रम को स्वीकार कर लिया गया है। सात हजार साल पहले महर्षि विश्वामित्र हुए, जब उन्होंने राजस्थान के पुष्कर तीर्थ में गायत्री महामंत्र की रचना की थी। आठ हजार साल पहले मनु महाराज हुए और मनु से पहले के दो हजार साल का समय भारत के देवयुग का है और हम उसी देवयुग की उत्तराधिकारी हिंदू संतानें हैं, जिस युग का विस्तृत और लगभग संपूर्ण विवरण भारत के अठारह महापुराणों में लिखा पड़ा है, जिनकी रचना आज से 3,500 वर्ष पूर्व हुई नैमिषारण्य की महासंगोष्ठी में उस महासंवाद के आधार पर हुई जो महासंगोष्ठी सूतजी महाराज के नेतृत्व में भारत भर से आए अट्ठासी हजार ऋषि-मुनियों के बीच बारह साल तक निरंतर चलती रही। 'भारतगाथा' की इसी समस्त प्रस्तुति के आधार पर हमने इस मानक का निर्धारण किया है कि भारत की सभ्यता का उदय और आरंभ आज से दस हजार साल पूर्व हो गया था।

भारत की सभ्यता के अध्ययन का दूसरा मानक यह है कि भारत की सभ्यता का प्रारंभ भारत के पूर्वांचल में हुआ। भारत के देवयुग का सभ्यता विस्तार पूरे भारत पर, खासकर मध्यदेश पर और वहाँ भी खासकर हिमालयी पर्वत शृंखला (उपत्यकाओं) पर और हिमालय के ही मैदानी इलाकों (अधित्यकाओं) पर पसरा

हुआ था। देवयुग के बाद की भारत की सभ्यता का अगला चरण इसी देवयुग की सभ्यता के बाद शुरू होता है। देवयुग का बाकायदा अध्ययन अभी होना शेष है। हम अपनी क्षमता अनुसार इस शोध व अध्ययन में लगे हुए हैं। पहला, भारत के कोटि-कोटि हिंदुओं, के हृदय में यह संपूर्ण देवयुग और उसकी सभ्यता की स्मृतियाँ और संस्कार विभिन्न पुराण गाथाओं व कथाओं के माध्यम से अपने देश के इतिहास के रूप में बसे हुए हैं। भारत के इतिहास के इस देवयुग की स्मृतियाँ उस खंड प्रलय की घटना के रूप में हमारे दिमागों में दर्ज है, जिसकी ओर हमने 'मनवे ह वै प्रात:' (आलेख-2) में संकेत किया है और जिस इतिहास को एक पुस्तक का आकार देते हुए महाकवि जयशंकर प्रसाद ने 'कामायनी' महाकाव्य की रचना की है।

भारत के सत्ययुग का इतिहास, जिसे विशिष्ट भाषा में 'कृतयुग' कहते हैं और बोलचाल की भाषा में 'सतयुग' कह देते हैं, इसी देवयुग के अंत को बतानेवाले खंडप्रलय के बाद का इतिहास है। यह इतिहास तब से शुरू होता है, जब मनु हिमालय से उतरकर अयोध्या में आए। अयोध्या इसी 'पूर्वांचल' में है, जो 'पूर्वांचल' आज के पूर्वी उत्तर प्रदेश और पश्चिमी बिहार तथा आस-पास के इलाकों को मिलाकर बनता है। यानी मनु महाराज पूर्वांचल के थे। मनु के बाद, कुछ पीढ़ी बाद महाराज पृथु भी इसी पूर्वांचल की अयोध्या में हुए, जिनका राज्याभिषेक हुआ था, जो भारत के इतिहास का पहला औपचारिक राज्याभिषेक हुआ माना जाता है। यह घटना भी पूर्वांचल की है। भारत के चारों वेदों में वर्णित वैदिक सभ्यता इसी पूर्वांचल की सभ्यता है, जिस पूर्वांचल में चारों वेदों की रचना लगातार तीन हजार साल तक होती रही (देखिए, भारतगाथा, गाथा संख्या 4)। राम इसी पूर्वांचल में हुए और उनके जीवन काल की घटनाओं पर आधारित प्रबंध काव्य 'रामायण' की रचना भी आदिकवि वाल्मीकि ने सरयू के पास बहने वाली तमसा नदी के किनारे बने अपने आश्रम में, यानी पूर्वांचल में ही की। इसके बाद व्यासदेव ने 'महाभारत' प्रबंध काव्य की रचना हिमालय के उत्तराखंड के बदरिकाश्रम में यानी इसी पूर्वांचल में ही की, जो आश्रम स्वाभाविक निकटता के कारण पूर्वांचल में ही मान लिया जाएगा।

आगे चलकर समस्त पुराणों का अधिकांश इसी पूर्वांचल में रचा गया। पूर्वांचल के इसी वैशिष्ट्य को देखते हुए और उसका विशिष्ट राजनीतिक महत्त्व स्वीकार करते हुए इस संपूर्ण पूर्वांचल को यानी पूर्वांचल और उसके साथ सटे हुए समस्त इलाकों को नाम दिया गया 'मध्यदेश' (मध्यदेश यानी मध्य देश, न कि मध्य प्रदेश)। (नेपाल के 'मधेसी' इसी मध्यदेश से जुड़े होने के कारण ही शायद खुद को

'मधेसी' कहते रहे हों तो क्या आश्चर्य ?) और फिर 'मध्यदेश' के इसी भौगोलिक-राजनीतिक महत्त्व को देखते हुए 'मध्यदेश' को भारत की समस्त गतिविधि का आधार मानते हुए इसे भारत का केंद्र सरीखा मानकर भारत के मध्यदेश से पूर्व, पश्चिम, उत्तर और दक्षिण का अध्ययन किया गया। तदनुसार भारत के पश्चिम में यवन-दरद-पिशाच जातियाँ हैं, भारत के पूर्व में किरात व उत्कल जातियाँ हैं, भारत के दक्षिण में आंध्र, तेलंग, द्रविड़ व कर्णाट जातियाँ हैं और भारत के उत्तर में आर्य जातियाँ हैं। इस प्रकार भारत के विशिष्ट और संपूर्ण अध्ययन की परंपरा शुरू हो गई, जिसका विस्तृत विवरण भारत के स्मृति ग्रंथों में मिल जाता है। जिन लोगों को भारत को खंड-खंड कर देखने में आनंद आता हो, उन्हें भारत के इस समग्रतावादी रूप का अध्ययन होता देखकर काफी निराशा होगी। भारत की दलित जातियाँ भारत के संपूर्ण अध्ययन की इसी संपूर्णता का वैसा ही स्वाभाविक हिस्सा हैं, जैसे आज की सभी चारों हिंदू जातियाँ हैं, चार आश्रम हैं और चार पुरुषार्थ हैं।

हम फिर से अपने विषय यानी पूर्वांचल पर लौट आए। वेदों और प्रबंध काव्यों की रचना के बाद आगे चलकर संपूर्ण उपनिषद्-दर्शन का विकास इसी पूर्वांचल में हुआ। उसी दर्शन के आधार पर फिर इसी पूर्वांचल में ही भारत की दो विराट्तम बौद्धिक प्रतिभाओं, भगवान् महावीर और भगवान् बुद्ध का आविर्भाव हुआ, जिन्होंने उसी उपनिषद्-दर्शन का ही आगे विस्तार और स्थिरीकरण किया। भगवान् बुद्ध ने इसी उपनिषद्-दर्शन की पुनः स्थापना के लिए 'धर्मचक्र प्रवर्तन' किया था, जिसका ह्रास इससे पहले की कुछ सदियों में कुछ कारणों से हो गया था, ठीक वैसे ही जैसे कुछ कारणों से इसी धर्म की हानि हो जाने से कृष्ण ने फिर से धर्म संस्थापनार्थाय अपना सारा जीवन लगा दिया, जिसके दर्शन हमें 'गीता' के रूप में होते हैं। हम 'भारत को समझने की शर्तें' पुस्तक में उसका ठीक-ठाक अध्ययन कर आए हैं। महाभारत के ऐतिहासिक युद्ध के बाद के अँधेरे से भरी राजनीतिक सदियों के उपरांत यानी राजनीतिक-ऐतिहासिक बियाबान के बाद 'नंदवंश' और 'मौर्यवंश' द्वारा एक के बाद स्थापित साम्राज्यों की प्राप्ति हमें पहली बार भारत के इसी पूर्वांचल में होती है। वे दोनों साम्राज्य पूर्वांचल में ही प्रारंभ हुए और फिर क्रमशः सारे भारत में फलते-फूलते गए अर्थात् भारत की सभ्यता के अध्ययन का दूसरा मानक यह है कि भारत की सभ्यता का उदय, प्रारंभ और विकास भारत के पूर्वांचल में हुआ।

तो दो मानक समझ में आ गए। एक कि भारत की सभ्यता दस हजार साल पुरानी है और वर्तमान है, बरकरार है तथा दो कि भारत की सभ्यता का उदय और

प्रारंभ भारत के पूर्वांचल में हुआ। अब तीसरे मानक की ओर आते हैं। भारत की सभ्यता के अध्ययन का तीसरा मानक यह है कि आज से दस हजार साल पहले भारत के पूर्वांचल में जिस सभ्यता का प्रारंभ हुआ, उस सभ्यता के निर्माण और विकास में भारत के दलितों, पिछड़ों व स्त्रियों का योगदान बराबर का है और बराबर का ही महत्त्वपूर्ण है। अब तक हमारे पाठकों को भलीभाँति समझ में आ चुका होगा कि 'मानक' शब्द का अर्थ है मानदंड, अंग्रेजी में कहें तो बेंचमार्क या यार्डस्टिक अर्थात् वह स्थिति जिसके आधार पर हम किसी तर्क, कारण या परिस्थिति को समझ पाने में समर्थ हो सकते हैं। स्पष्ट है कि यदि आप भारत की सभ्यता को समझना चाहते हैं तो आपको इस बात का ठीक से पता रहना चाहिए कि भारत की सभ्यता दस हजार साल पुरानी है, कि उसका उदय और प्रारंभ भारत के पूर्वांचल में हुआ और कि इस सभ्यता के निर्माण और विकास में दलितों, पिछड़ों व स्त्रियों का योगदान बराबर का है और महत्त्वपूर्ण है। ये तीनों स्थितियाँ मानक हैं, समझने का आधार हैं यानी आधारभूत हैं। इन तीनों में से किसी एक भी मानक को आप ठीक से नहीं समझेंगे, ठीक से हृदयंगम नहीं करेंगे, ठीक से ग्रहण नहीं कर लेंगे तो भारत को समझने की अपनी कोशिश की ऐतिहासिक और विचारधारा संबंधी क्षमता अधूरी रहेगी, पंगु रहेगी, प्राणहीन, बेजान रहेगी। चूँकि पश्चिमी विद्वान् इन तीन मानकों को ठीक से हृदयंगम नहीं कर पाए, इसलिए भारत की सभ्यता से जुड़े निष्कर्षों में वे अर्थ से अनर्थ करते रहे। इसी का परिणाम है यानी इन तीनों मानकों को ठीक से न समझने का ही परिणाम है कि भारत के पश्चिम-परस्त लोग, विद्वान् भी, पत्रकार भी, भारत की सभ्यता को लेकर उलटबाँसियाँ करते रहते हैं। स्पष्ट रहे कि भारत की सभ्यता को समझने के तीन ही मानक नहीं हैं। जैसे-जैसे सभ्यता का प्रसार, विकास और दृढ़ीकरण होता जाता है, और भी मानक बनते और उभरते रहते हैं। हम इस समय केवल इन्हीं तीन मानकों की बलपूर्वक चर्चा इसलिए कर रहे हैं क्योंकि जिस थीम को, जिस विषय को, जिस कथ्य को हम मौजूदा पुस्तक में प्रस्तुत करने का प्रयास कर रहे हैं, उसे जानने और समझने के लिए इन तीन मानकों का पता रहना, इन तीन मानकों की समझ रहना अनिवार्य है, अपरिहार्य है।

आज की भारत-भक्ति-विहीन राजनीति का शिकार बनाए जा रहे देश के लोगों की, इस तीसरे मानक के संदर्भ में पहली प्रतिक्रिया यही हो सकती है कि हम भारत के दलितों, पिछड़ों व स्त्रियों को प्रभावित करने के लिए ऐसा कर रहे हैं। इस घटिया विचार को लेकर हमारा कहना यह है कि हमें ऐसा करने की, किसी वर्ग विशेष को प्रभावित करने की कोई जरूरत है ही नहीं। जरूरत इसलिए

नहीं है, क्योंकि इससे न तो हम कोई राजनीतिक लाभ उठानेवाले हैं और न ही कोई व्यावसायिक लाभ उठानेवाले हैं। ऐसा इसलिए है, क्योंकि न तो हम किसी राजनीति में हैं और न ही किसी व्यवसाय में हैं। राजनीति में हम हैं ही नहीं कि जिससे कुछ वोट संग्रह कर हम कोई राजनीतिक लाभ उठाने की सोचें या कि हम एक राजनीतिक प्राणी ही बन जाएँ। अपनी नवीनतम पुस्तक 'उत्तरायण' में हम यह मान्यता स्थापित कर आए हैं कि राजनीति को हम देश के निर्माण में सर्वोपरि मानते हैं। इस रूप में कि बेशक किसी देश के निर्माण में और उसकी शक्ल-ओ-सूरत बनाने में देश के प्रतिभाशाली विद्वान्, विज्ञ, कलाकार, साहित्यकार, कवि, अर्थशास्त्री, वैज्ञानिक, कृषक, श्रमिक आदि सभी जनसमूह अपना-अपना निर्णायक योगदान करते हैं, पर इन सभी अनुपम और ऊर्जस्वी योगदानों के बावजूद देश की दिशा वही बनती है, जो दिशा देश की राजनीति के द्वारा बनाई जाती है। देश के निर्माण में इन तमाम ऊपर उल्लिखित प्रतिमानों व विचारकों का योगदान शुरू से रहा है। पर इन सबके रहते हुए भी देश कभी अपनी ऊँचाई का स्वर्णकाल प्राप्त कर सका था और इन सबके रहते हुए भी देश कभी तानाशाहों और इसलाम तथा क्रिश्चियनिटी सरीखे विदेशी धर्मों और विदेशी विचारधाराओं अर्थात् विधर्मियों का गुलाम बन गया और छह-सात सदियों तक गुलाम बना रहा तो इसका कारण इसी राजनीति की गुणवत्ता के उठान और गिरावट में ढूँढ़िए। जाहिर है कि देश की राजनीति देश को सही दिशा नहीं दिखा पा रही थी, तभी तो जगद्‌गुरु, चक्रवर्ती और सोने की चिड़िया भारत भी गुलामी की छह-सात सदियाँ झेलने को मजबूर कर दिया गया। यानी हम स्वयं राजनीति में नहीं हैं, इसीलिए इस तीसरे मानक की चर्चा ठीक से कर पा रहे हैं, अकादमिक निष्कर्ष के रूप में कर पा रहे हैं, किसी व्यक्तिगत राजनीतिक लाभ-हानि को सामने रखकर नहीं कर रहे हैं।

हम देश के दलितों, पिछड़ों व स्त्रियों को खुश करने के लिए भी आज की भाषा में कहें तो इन सामाजिक वर्गों के तुष्टीकरण करने के लिए भी ऐसे निष्कर्ष की चर्चा नहीं कर रहे हैं। सत्यकाम जाबाल, श्वेतकेतु, पिप्पलाद, अगस्त्य जैसे दलितों व पिछड़ों के और इन सबके शीर्ष पर वाल्मीकि, वेदव्यास, सूतजी महाराज जैसे दलित महर्षियों के योगदान हमारे सामने हैं, तो हम क्यों किसी का तुष्टीकरण करेंगे? वाल्मीकि, वेदव्यास और सूतजी महाराज जैसे तेजस्वी दलित महर्षियों ने देश को क्रमशः राम कथा, कृष्ण कथा और पुराण कथाएँ प्रदान कीं, जिन्हें पढ़कर, सुनकर और जान-समझकर ही देश बड़ा होता है, संस्कारशील व्यक्तित्व बनता है, तो हमें दीवार पर लिखे इन प्रदायों के तुष्टीकरण की जरूरत ही क्या है?

एक 'ब्रह्मबंधु' दलित विचारक श्वेतकेतु ने देश को 'तत्त्वमसि श्वेतकेतो' सरीखा वेदांत-दर्शन का महावाक्य प्रदान कर दिया और महादार्शनिका गार्गी वाचक्नवी ने महावशी जनक द्वारा आहूत ब्रह्मसभा में उस समय के दर्शन धुरंधर याज्ञवल्क्य को भी शास्त्रार्थ में पसीने छुड़वा दिए तो योग्यता और प्रतिभा के सामने हम काहे को तुष्टीकरण जैसा घटिया हथियार अपनाने की सोच भी सकते हैं?

तो जाहिर है कि जैसे भारत की सभ्यता को पढ़ने-जानने-समझने के लिए इस मानक को समझने की जरूरत है कि भारत की सभ्यता ढाई तीन हजार साल पुरानी नहीं दस हजार साल पुरानी है और कि भारत की सभ्यता का प्रारंभ अपने ही देश भारत के पूर्वांचल में हुआ, वैसे ही इस मानक को भी तरीके से हृदयंगम कर लेने की जरूरत है कि पूर्वांचल में आज से दस हजार साल पूर्व भारत की जिस सभ्यता का उदय और विकास हुआ, उसके निर्माण में भारत के ही अपने दलितों, पिछड़ों व स्त्रियों का योगदान बराबर का है और बराबर का महत्त्वपूर्ण है। हमने तो उदाहरण के तौर पर कुछ नाम भर अभी गिनवाए हैं। अब हम अपनी इस पूरी पुस्तक में इसी तीसरे मानक को विस्तार के साथ उदाहरण के रूप में पेश करनेवाले हैं। पर उससे भी पहले यह बता दिया जाना ज्यादा जरूरी लगता है कि हम जिन महर्षियों, ऋषियों, विचारकों, साहित्यकारों को आज की परिभाषा के हिसाब से दलित कह रहे हैं, वे किस-किस आधार पर दलित वर्ग में सम्मिलित किए जा रहे हैं? मसलन, अगस्त्य दलित कैसे हैं? सत्यकाम दलित कैसे हैं? आदि-आदि। अगला आलेख इसी पर है।

□

4

दलित निर्धारण की कसौटियाँ, गलतफहमियाँ तथा मनमानियाँ

दलित-विमर्श पर आधारित अपनी इस पुस्तक के प्रस्तुत आलेख में, जैसा कि उसके शीर्षक से स्पष्ट है, उन कसौटियों को समझने की कोशिश की गई है कि जिनके आधार पर हिंदू समाज के अर्थात् भारतीय समाज के किसी व्यक्ति या वर्ण को दलित की कोटि में माना जा सके। इसी संबंध में उन गलतफहमियों को समझने की कोशिश की गई है, जो इस दलित-विमर्श में, भारत के समस्त हिंदू समाज के दलित-विमर्श की प्रक्रिया में देश और दुनिया ने पाल ली हैं। इसी संदर्भ में इन कुछ मनमानियों से भी दो-चार होने की कोशिश की गई है, जो भारत और उसके विराट् हिंदू समाज पर आरोपित कर दी गई हैं, जाहिर हैं कि चस्पाँ कर दी गई हैं, कहना चाहिए चस्पाँ कर देने का भारत द्रोह कर दिया गया है।

हम एक बात को लेकर शत-प्रतिशत सतर्क रहना चाहते हैं। देश में दलित-विमर्श की दिशा यह बना दी गई है कि यहाँ अपने-अपने राजनीतिक स्वार्थों और दुरभिसंधियों के पोषण के लिए निष्कर्ष पहले निकाल लिए गए हैं और फिर अपने निष्कर्षों को सही साबित करने के लिए, जैसे भी हो, तर्क जुटाने की कोशिश की जाने लगी है। किसी भी ऐसे निष्कर्ष को हम मनमाना ही कह सकते हैं। एक ही उदाहरण दे देना काफी है। पिछले कुछ समय से कथित आंबेडकरवादियों और उनके सहयात्रियों ने एक निष्कर्ष निकाल लिया है कि मानो सारे बौद्ध दलित हैं और इस आधार पर बौद्ध धर्म-दर्शन को, समग्र बौद्ध धर्म-दर्शन संप्रदाय को दलितों और सिर्फ दलितों से जोड़कर देखा जाने लगा है, इस हद तक देखा जाने लगा है कि मानो सारे बौद्ध दलित हैं और इसी आधार पर संपूर्ण बौद्ध धर्म-दर्शन संप्रदाय को दलितों से

इस तरह से जोड़ दिया जा रहा है कि मानो संपूर्ण बौद्ध धर्म-दर्शन संप्रदाय का संबंध सिर्फ और सिर्फ दलितों से ही। ऐसा अनाप-शनाप निष्कर्ष निकालने की सुविधा इसलिए ले ली गई है, क्योंकि आधुनिक सदियों की डॉ. भीमराव आंबेडकर सरीखी अद्‌भुत राजनीतिक, सामाजिक और वैविध्यभरी प्रतिमा ने स्पष्ट कह दिया कि वे हिंदू धर्म छोड़कर बौद्ध धर्म में दीक्षित हो रहे हैं और फिर वे वैसा दीक्षित हो भी गए।

इससे कुछ भारत द्रोहियों को इस मनमानी तर्क शृंखला को पेश करने का मौका मिल गया कि मानो बौद्ध धर्म-दर्शन हिंदू-विरोधी है। चूँकि सिद्धियों और धारणाओं को हल्के में ले लेने की आदत देश में स्वतंत्रतापूर्व की क्रिश्चियन गुलामी की सदियों से ही बनी हुई है, इसलिए किसी ने यह सोचने की कोशिश ही नहीं की डॉक्टर भीमराव आंबेडकर ने धर्मांतरण के लिए इसलाम को क्यों नहीं चुना? क्रिश्चियनिटी को क्यों नहीं चुना? बौद्ध धर्म-दर्शन को ही क्यों चुना? उत्तर स्पष्ट है कि वे धर्मांतरण करने की प्रक्रिया में भी किसी विदेशी धर्म का (जिन्हें हम विधर्म कहते हैं, ऐसी किसी विधर्मी) धर्मांतरण के लिए नहीं चाह रहे थे, भारत में जनमे किसी धर्म-संप्रदाय में ही दीक्षित होना चाह रहे थे, जैसा कि उन्होंने किया। यह बात इस सत्य से भी परिपुष्ट हो जाती है कि वे भारत में दलितों के भविष्य को सवर्ण हिंदुओं, और संभवतः मध्यम जातियों के हिंदुओं के साथ भी, जोड़कर ही देखना चाह रहे थे, इसलाम और क्रिश्चियनिटी के साथ जोड़कर नहीं देखना चाह रहे थे। पर अब इस तर्क का, या कहें कि तथाकथित आंबेडकरवादी अपने कुतर्क का विस्तार उस रूप में करने के फेर में आ गए हैं कि मानो दलित अलग हैं, क्योंकि वे बौद्ध हैं, क्योंकि बौद्ध धर्म-दर्शन दलित की बात करता है।

यह एक लफ्फाज कसौटी है, मिथ्या शब्द जाल हैं, जिसे न भारत के धर्म-दर्शन की परंपरा से कोई समर्थन प्राप्त है और न ही भारत के इतिहास से कोई समर्थन प्राप्त है। बल्कि यह कोई कसौटी है ही नहीं। यह गलतफहमी तो है ही, सौ प्रतिशत मिथ्या को स्थापित करने की हद दर्जे की मनमानी है। भगवान् बुद्ध का धर्म-चक्र-प्रवर्तन मुक्ति के संदर्भ में था, संबोधि के संदर्भ में था, ठीक वैसे ही जैसे जैन धर्म-दर्शन का संबंध कैवल्य यानी मुक्ति कामना और मुक्ति प्राप्ति से था। भारत के प्रत्येक धर्म-दर्शन संप्रदाय का चरम सत्य यही है और यही चरम सत्य भारत का धर्म-दर्शन होने के कारण बौद्ध धर्म-दर्शन संप्रदाय के बारे में भी एकमात्र सत्य है। भगवान् बुद्ध ने जिस धर्मचक्र का प्रवर्तन किया था, वह उसी उपनिषद् आधारित मुक्ति-कामी कर्म-दर्शन की पुनः स्थापना के लिए था, जिसका विचलन इससे पहले की सदियों में हो गया था। भगवान् बुद्ध के धर्मचक्र प्रवर्तन का सैद्धांतिक आधार था, उनका यह कथन,

प्रतीत्य समुत्पाद, पटिच्च समुप्पाद, जिसका अर्थ है कर्म और कर्मफल। अपनी पुस्तकों 'भारत को समझने की शर्तें' में और फिर 'भारत की राजनीति का उत्तरायण' इन दोनों पुस्तकों में हम उस बात को विस्तार से और तर्कपूर्वक कह आए हैं और दोहरा भी आए हैं। भगवान् बुद्ध किसी दलित उद्धार या किसी दलित उद्धारक विचारधारा के एजेंडा पर अपने धर्म-दर्शन की स्थापना नहीं कर रहे थे। वे शुद्ध रूप से भारत के धर्म-दर्शन की बात ही कर रहे थे, जैसे कि भारत के शेष सभी धर्म-दर्शन संप्रदाय भी कर रहे थे, फिर चाहे वह बौद्ध धर्म-दर्शन संप्रदाय हो, जैन धर्म-दर्शन संप्रदाय हो या कोई भी शैव, वैष्णव, शाक्त आदि धर्म-दर्शन संप्रदाय हो। इसलिए भगवान् बुद्ध को दलितों से जोड़कर यानी सिर्फ दलितों से जोड़कर हम न केवल भगवान् बुद्ध के धर्म-दर्शन को संक्षिप्त और सीमित कर देते हैं, बल्कि समस्त बौद्ध धर्म-दर्शन संप्रदाय को भी हल्का बना देते हैं। इस संपूर्ण कुतर्क परंपरा को फैलाकर हम देश में एक अनावश्यक वैचारिक वैमनस्य पैदा कर रहे हैं, जबकि भारत की परंपरा सभी तरह से वैचारिक सौमनस्य बनाने और बढ़ाने की रही है। जाहिर है कि एक कुतर्क परंपरा की विष बेल को फैलाकर हमें ऐसे गलतफहमी भी पैदा नहीं करनी चाहिए। जैसे दलित-विमर्श का कोई संबंध बौद्ध धर्म-दर्शन से कतई नहीं है, वैसे ही कथित मूलनिवासियों तथा संविधान में अलग से उल्लिखित कर दिए गए आदिवासियों का संबंध भी भारत के दलित-विमर्श से नहीं है, जैसा कि हम तर्क और प्रमाण के साथ आगे चलकर उन उनसे जुड़े अध्यायों व आलेखों में बतानेवाले हैं।

भारत के दलित-विमर्श का एक और महत्त्वपूर्ण पक्ष यह है कि सवर्ण जातियों तथा मध्यम जातियों के समान सभी दलित जातियों के हिंदुओं में भी इतने लेयर्स हैं, इतने स्तर हैं और इतनी श्रेणियाँ हैं कि इन सभी को ठीक से समझे बिना हम किसी भी जाति अध्ययन को ठीक से कर ही नहीं पाएँगे। मसलन, एक ही उदाहरण ले लेते हैं। एक वैदिक कथा है, जो ऋग्वेद की मंत्र-रचना से जुड़ी है। एक राजा ने इस शर्त पर वरुणदेव से संतान प्राप्त कर ली कि वह संतान हो जाने पर उसे वरुणदेव को समर्पित कर देगा। कहानी पर नाक-भौं सिकोड़ने की जरूरत ही नहीं है, इसके संदेश को ठीक से समझने की जरूरत है, ठीक वैसे ही जैसे हर बोधिसत्व कथा के संदेश को, कर्म संदेश को ठीक से समझने की जरूरत है। तो, इस कहानी (भारतगाथा, गाथा संख्या-15) में राजा हैं अयोध्या के राजा त्रिशंकु के सुपुत्र राजा हरिश्चंद्र और उन्हें मिली संतान का नाम है—रोहित। आगे चलकर जब रोहित की समझ में आ गया कि उसका पिता उसे वरुणदेव को बलि स्वरूप दे देनेवाला है, तो वह भागकर जंगल में जाकर छिप गया। रोहित की ढूँढ़ हुई, पर कुछ पता नहीं चला। ब्राह्मणों

ने कहा कि रोहित के भाग जाने पर, किसी स्थानापन्न को, बदले में किसी को देना पड़ेगा। कहानी है, सुनते जाइए और फिर जाकर जातिप्रथा से जुड़ा निष्कर्ष निकाल लीजिए। पैसे का लालच देकर अजीगर्त नामक ब्राह्मण के तीन पुत्रों में से एक पुत्र शुनःशेप को बलि के लिए तैयार किया गया। जैसे ही बलि देने का समय आया तो शुनःशेप चिल्लाया और वरुणदेव से प्रार्थना करने लगा और इसी मनोभूमिका में लिखे उसके मंत्र, जो दया और करुणा के भावों से ओत-प्रोत हैं, ऋग्वेद खोलकर पढ़कर देख सकते हैं (ऋग्वेद,-1.24 और 1.25)। घटनाचक्र ऐसा घटित हुआ कि सार्थक और क्रांतिकारी हस्तक्षेप करके विश्वामित्र ने शुनःशेप को बचा लिया और फिर उसे अपना पुत्र भी मान लिया। आगे चल शुनःशेप ने ऐसे सौ मंत्र लिखे, जिसके आधार पर इतिहास ने उसे नाम दिया, शतर्ची यानी जिसने सौ मंत्र लिख दिए हों, जो फिर अपने आप में एक मानदंड बन गया।

विश्वामित्र क्षत्रिय थे, पर तपस्या करके वे ब्राह्मण हो गए थे। 'वाल्मीकि रामायण' (बालकांड, सर्ग संख्या-61-65, गीता प्रेस) में उस सारी तपश्चर्या का वर्णन है। तपस्या कर विश्वामित्र क्षत्रिय से ब्राह्मण हो गए थे। विश्वामित्र का एक गोत्र नाम कौशिक है। इसलिए विश्वामित्र की संतानें कौशिक जाति नाम से भी जानी जाती हैं। शुनःशेप भी कौशिक माने गए, शायद सबसे पहले कौशिक ब्राह्मण। पूरी कथा का एक कोना यह भी है कि खुद ब्राह्मणों के बीच भी यह बहस चलती रहती है कि श्रेष्ठता के मानदंड के आधार पर कौशिक ब्राह्मणों की प्रतिष्ठा कहाँ पर की जाए। अपने देश की जाति-व्यवस्था का यही आलम है। ऐसा है तो आप कर ही क्या सकते हैं? यह पूरी कथा भी इसलिए बता दी गई है, ताकि हम जान सकें कि भारत में जातियों की परंपरा कोई इतनी सीधी और सपाट जैसी नहीं है। चूँकि दलित भी हिंदू जाति है, इसलिए यही फॉर्मूला दलित हिंदू जातियों पर भी बराबर से लागू होता है। कथा का संदेश यह है कि हिंदू जाति परंपरा की श्रेणियों को समझना कोई आसान काम नहीं है, पर इससे हमें उन महाव्यक्तित्वों को समझने में कोई मुश्किल नहीं आनेवाली, जिन्होंने देश को उसकी संपूर्ण जाति-व्यवस्था के साथ-साथ बनाया, विकसित किया, अपने भीतरी अंतर्द्वंद्व को झेला और इन पर विजय भी प्राप्त की। विजय न प्राप्त की होती तो सोचिए कि इसलाम तथा क्रिश्चियनिटी द्वारा बेरहमी से चलाई गई धर्मांतरण की हिंसक आँधी से इस देश, इस भारत नामक हिंदू देश ने कैसे खुद को बचाए रखा? पर खुद को बचाए रख पाया, उसे लगातार सँभालता रहा, विकसित करता रहा, क्या यह भारत के लिए, एक अतिविशिष्ट हिंदू राष्ट्र भारत के लिए गर्व करने का विषय नहीं होना चाहिए? होना ही चाहिए कि क्योंकि अब भारत

नामक महादेश स्वयं जातियों के राजनीतिक एकीकरण में, राजनीतिक एकात्मता में, यानी राजनीतिक समरसता में स्वयं को सफलतापूर्ण ढंग से लीन और विलीन कर रहा है। भूतकाल में भारत के जो भी इलाके इसलामी और क्रिश्चियन धर्मांतरण के हमलों में भारत से अलग हो गए नजर आ रहे हैं, वे कब इसी समरसता का अमृत रस पीकर फिर से भारत राष्ट्र का, अखंड भारत का, अपने इस अखंड भारत हिंदू राष्ट्र का तेजस्वी हिस्सा बन जाएँगे, कौन जानता है? बन ही जाएँगे, हमें तो दीवार पर लिखा भविष्य का सत्य उसी प्रकार वास्तविक नजर आ रहा है, जिस प्रकार हमें गंगासागर में मिलनेवाली गंगा का सत्य नजर आ रहा है। यह सब स्वाभाविक रूप से होनेवाला है।

भारत के दलित महाव्यक्तित्वों में एक बड़ा नाम है—कवष ऐलूष, जिसको पश्चिम की इसलामी और क्रिश्चियनिटी की आँधी में हमने मूर्खतावश बिसार दिया है। कवष ऐलूष दलित थे। वैदिक मंत्रकार थे। शूद्र यानी दलित मंत्रपाठ न करें, मंत्रपाठ होता हुआ न सुनें, सुन लें तो उनके कानों में सीसा पिघलाकर डाल दिया जाए, ताकि वे बहरे हो जाएँ, इस अपप्रचार के लिए कोशिश करके भी कोई भी प्रमाण हमें आज तक तो कहीं से मिल नहीं पाया और अगर ऐसा कोई कथित प्रमाण हमें आप दिखा भी देंगे तो हम उसे इसलिए कूड़ेदान में डाल देंगे कि दलितों द्वारा की गई मंत्र रचना के वैदिक मंत्रों की रचनाओं के इतने प्रमाण हमारे पास हैं कि जिस पुस्तक में हम आपके पास यह सब प्रमाण प्रस्तुत करनेवाले हैं, क्रमशः अपनी इस 'दलित-विमर्श' पुस्तक में पेश करनेवाले हैं, उसके लिए यह पुस्तक यकीनन छोटी पड़ जानेवाली है।

कवष ऐलूष ने 'अक्ष सूक्त' (ऋग्वेद 10.34) लिखा था और ऐसे पाँच सूक्त कवष ने लिखे थे (ऋग्वेद 10.30-34)। पर 'अक्ष सूक्त' कवष का प्रसिद्धतम और सर्वश्रेष्ठ सूक्त है, जिसे शामिल किए बिना कोई वैदिक संग्रह यानी वैदिक कलेक्शन अधूरा माना जाता है। अक्ष यानी जुए के पाँसे और 'अक्ष सूक्त' लिखनेवाला कवि ऐलूष, कवष ऐलूष, अक्ष अर्थात् पाँसों वाला जुआ खेलने में भाग लेनेवाला, ऋग्वेद का श्रेष्ठतम काव्य लिखनेवाला कवि। कवष ऐलूष दलित थे, ऐसा अपनी 'भारतगाथा' की गाथा संख्या-23 में प्रमाणपूर्वक बता आए हैं। कवष के पिता का नाम है—इलूष, इसलिए कवष का पूरा नाम हुआ कवष ऐलूष। कवष का पुत्र हुआ—तुर यानी तुर कावषेप। ये दोनों वैदिक कवि हैं। इन मंत्रकारों के मंत्र वेदों में सुरक्षित हैं। ये दोनों वैदिक कवि हैं, पर दलित हैं। इस समय की शब्दावली में ये दोनों शूद्र हैं, पर इन दोनों बड़े कवि व्यक्तित्वों पर पूरी परंपरा ने कभी नाक-भौं नहीं सिकोड़ी। यानी जातीय

समरसता का माहौल वैदिक काल से चलता आ रहा है। हर विभेदकारी कोशिशों के बावजूद निरंतर चलता आ रहा है और ज्यादा-से-ज्यादा मजबूत होनेवाला है, पिछली सदियों में भारत में बनते, विकसित होते नए, नूतन, मनोभाव को देखते हुए ऐसा इत्मीनान से कहा जा सकता है।

आगे आते हैं वाल्मीकि, यानी त्रेता युग के वाल्मीकि, यानी सत्य युग के कवष और तुर कावषेय के बाद के युग, त्रेता युग के ऋषि वाल्मीकि। वे दलित महर्षि हैं, ऐसा कोई संकेत वाल्मीकि ने अपनी 'रामायण' में तो नहीं दिया है। पर सारा भारत उन्हें भारत के अन्यतम दलित महर्षि के रूप में ही जानता है और मानता है, परम सम्मान के साथ याद करता है। ऐसा कैसे हो गया? ऐसा इसलिए हो गया और प्रामाणिक रूप से हो गया, क्योंकि भारत की निगम परंपरा ऐसा मानती है।

भारत में शास्त्रों की तीन परंपराएँ हैं—निगम परंपरा, आगम परंपरा और कथा परंपरा यानी निगम, आगम और कथा। सभी वेद, सभी उपनिषद् और आरण्यक ग्रंथ, सभी ब्राह्मण ग्रंथ निगम परंपरा के ग्रंथ हैं। सभी जैन, बौद्ध व तंत्र ग्रंथ यानी जैन, बौद्ध व तंत्र साहित्य के सभी उपजीव्य, आधारभूत, बेसिक ग्रंथ आगम परंपरा के ग्रंथ हैं। केवल जैन आगमों को ही नहीं जैन, बौद्ध व तंत्र साहित्य के सभी उपजीव्य, बेसिक, आधारभूत ग्रंथ, जिनमें बौद्ध धर्म-दर्शन के त्रिपिटक सम्मिलित कर लिये गए हैं, आगम परंपरा में आते हैं। इस स्थापना को हम अपनी ही पुस्तक 'उत्तरायण' में शास्त्रीय तरीके से बता आए हैं। रामायण, महाभारत, अठारह महापुराण, उप पुराण, जैन पुराण, बौद्ध जातक कथाएँ जैसे सभी ग्रंथ कथा परंपरा के ग्रंथ हैं। भारत का संपूर्ण अध्यात्म अर्थात् संपूर्ण जीवन-दर्शन इसी निगम परंपरा, आगम परंपरा, कथा परंपरा के उपजीव्य ग्रंथों पर आधारित है। भारत का संपूर्ण धर्म इन्हीं तीनों परंपराओं से निखरकर विकसित हुआ है और भारत की संपूर्ण धर्म-दर्शन-संप्रदाय परंपरा इन्हीं से जीवनी शक्ति ग्रहण करती है। एक ही वाक्य में कह दें तो भारत का अपना संपूर्ण व्यक्तित्व इसी निगम, आगम और कथा परंपरा पर टिका है, उसी के सहारे विकसित हुआ है और आज तक बना हुआ है। इसलामी आक्रांता हमारी इस निगम-आगम-कथा परंपरा का कुछ भी नहीं बिगाड़ पाए थे, पर क्रिश्चियनिटी का प्रचार-प्रसार-धर्मांतरण करनेवाले कुटिल व कूटनीतिज्ञ, विद्वान् कहे जानेवाले लोगों ने हमारी निगम-आगम-कथा परंपरा पर सटीक तरीके से प्रहार किया, जिसका परिणाम इस रूप में हमारे सामने है कि हम न केवल इन परंपराओं के अस्तित्व से ही अपरिचित हो गए हैं, अपितु इन तीन नामों, निगम-आगम-कथा को ही भूल चुके हैं। बेशक अपनी गहरी संस्कारशीलता के कारण इन तीनों परंपराओं के सभी

उपजीव्य ग्रंथों को हमने आज तक हृदयंगम किया हुआ है और यह बड़ी बात है।

इसी निगम-परंपरा के महर्षि वाल्मीकि को हमने आज की भाषा में दलित महाव्यक्तित्व कहा है। रामकथा का संदर्भ जोड़ते हुए स्कंद पुराण (स्कंदपुराण, वैष्णव खंड, वैशाख माहात्म्य अध्याय 21) कहता है कि वाल्मीकि पूर्वजन्म में व्याध थे और इस जन्म में अर्थात् रामकथा के काल के अपने जन्म में वे इसी रामकथा के गायन के कारण महर्षि बने। पूर्वजन्म के इसी प्रामाणिक कथन को इस प्रमाण को सारा दलित समुदाय ही नहीं, संपूर्ण हिंदू समाज मानता है, स्वीकारता है और इसी आधार पर वाल्मीकि को दलित समुदाय का कहा गया है, माना गया है। यह स्थिति सारे भारत ने मानी है।

ठीक इसी परंपरा-गान के आधार पर ऋषि अगस्त्य को भी दलित माना गया है। इसी स्कंद पुराण में कहा गया है कि इस जन्म के अगस्त्य पूर्वजन्म में दलित थे और काशीवास के कारण से उन्हें इस जन्म में महर्षि का जीवन मिला अर्थात् पुराणों की निगम परंपरा के प्रमाण से त्रेता युग के वाल्मीकि को और अगस्त्य को दलित ऋषि मना गया है।

द्वापर युग की तो कथाएँ ही अद्‌भुत हैं और इनसे जुड़े संदर्भ और इनसे प्रभावित निष्कर्ष भी अद्‌भुत हैं। महाभारत कथा के रचयिता महर्षि वेदव्यास दलित है। इनकी माता, कुरु राजवंश के परम प्रतापी राजा, जिन्हें महाभारत में राजराजेश्वर भी कहा गया है, ऐसे महाराज शांतनु की महारानी सत्यवती दलित हैं, दुर्योधन और आगे चलकर युधिष्ठिर के प्रधान अमात्य बने विदुर भी दलित हैं। अठारह महापुराणों और इतने ही या इससे भी अधिक संख्या में प्राप्त उपपुराणों के प्रवक्ता सूतजी महाराज दलित हैं। अपनी ही पुस्तकों 'भारतगाथा' में और 'महाभारत के धर्म संकट' में हम अच्छे से बता आए हैं कि विदुर को क्षत्रिय वगैरह न मानकर दलित ही माना गया। उन्हीं वेदव्यास को जो स्वयं तो दलित थे, पर धृताची अप्सरा से मिली संतान शुकदेव को दलित नहीं माना गया। महाभारत काल में परिस्थिति यही थी और उसे देखते हुए ही महाराज शांतनु की पत्नी सत्यवती को दलित, सत्यवती को विवाहपूर्ण प्राप्त पुत्र वेदव्यास को दलित, वेदव्यास को नियोग माध्यम से दो क्षत्रियाणी रानियों से प्राप्त धृतराष्ट्र और पांडु को क्षत्रिय तथा वेदव्यास से ही एक दासी से प्राप्त पुत्र विदुर को दलित माना गया। इन्हीं के परवर्ती सूतजी महाराज को, जिन्हें भारत के महापुराणों व उपपुराणों के प्रवचन (लेखन) का श्रेय प्राप्त है, दलित पिता रथकार व माता राधा की परंपरा के आधार पर दलित माना गया। महाभारत काल में ऐसा ही था। उन्हीं सूत माता राधा की संतान मान लिए जाने के कारण कर्ण को भी परंपरा ने दलित मान

लिया, हालाँकि वे वास्तव में क्षत्रियाणी कुंती को सूर्य के वरदान से प्राप्त पुत्र थे, इसलिए जन्म से क्षत्रिय ही थे, पर देश और समाज के इस सत्य का पता कर्ण को इसकी मृत्यु से कुछ ही दिन पूर्व हो पाया था। कौन दलित माना गया और कौन नहीं माना गया, महाभारत की जाति-गुत्थी के सुलझाने का मंत्र यह है कि उस समय, शायद संपूर्ण द्वापर और उसके बाद के आस-पास के युग में जाति का निर्धारण माता के आधार पर होता था, पिता कौन है इस आधार पर नहीं।

द्वापर युग के संदर्भों को जान लेने के बाद हम फिर से त्रेता युग लौट आते हैं, क्योंकि त्रेता युग का एक अद्भुत विवरण 'वाल्मीकि रामायण' में मिलता है, जहाँ दंडकारण्य में अनेक मुनि कई तरह से तपस्या कर रहे हैं। जिनका पूरा विवरण इतना विचित्र और विलक्षण है कि पढ़कर हैरान हुए बिना रह ही नहीं सकते। हम 'भारतगाथा' (संख्या-32) में जो सारा विवरण विस्तार से दे आए हैं, वह वर्तमान आवश्यकता के लिए इसे दोहराना जरूरी नजर आ रहा है।

अयोध्याकांड के अंत में (सर्ग-119, श्लोक-21) एक मजेदार सूचना मिलती है। जब राम ने चित्रकूट छोड़कर दंडकारण्य जाने का फैसला किया तो वनवासियों ने उन्हें बताया कि वहाँ जाने का आसान रास्ता कौन-सा है। निश्चित ही यह वही मार्ग होना चाहिए, जो मुनि अगस्त्य ने विंध्य पार करने के लिए खासी मेहनत करके बनवाया था। दंडकारण्य में घुसते ही, यानी विंध्य पार करते ही वहाँ एक आश्रम मंडल था (अरण्य कांड, सर्ग-1) जहाँ राम-सीता-लक्ष्मण का खूब सत्कार किया गया। यह आश्रम मंडल किन मुनियों का था, इसका कोई संकेत नहीं मिलता। पर पाँच सर्ग पढ़ जाने के बाद छठे सर्ग में वाल्मीकि ने कमाल कर दिया है और इन चार श्लोकों में उन तमाम मुनियों का वर्णन कर दिया गया है, जो उस जंगल में तरह-तरह से साधना करने में लीन थे। इन रंग-बिरंगे मुनियों से परिचय न पाया तो दंडकारण्य का परिचय अधूरा ही रहनेवाला है। इक्कीस तरह के मुनि इस आदिकवि ने गिनवा दिए हैं—1. वैखानस, जो अपनी उत्पत्ति ब्रह्मा के नाखून से मानते थे। 2. बालखिल्य, जो ब्रह्मा के बाल से खिल यानी अलग होकर मनुष्य बन गया खुद को कहते थे। 3. संप्रक्षात, जो खाना खाकर शाम के खाने की परवाह किए बिना बर्तनों को धोकर समेट देते थे। 4. मरीचिप, सिर्फ सूर्य और चंद्र की किरणों के सहारे जीनेवाले। 5. अश्मकुट्टय, अनाज को पत्थर से कूटकर खानेवाले। 6. पत्राहार, पत्तों पर जीनेवाले। 7. दंतोलूखली, दाँतों से ही ऊखल का काम लेनेवाले (शायद हर वक्त कुछ-न-कुछ चबाते रहते होंगे)। 8. उन्मज्जक, पानी में खड़े होकर तप करनेवाले। 9. गात्रशय्य, शरीर को ही बिछौना माननेवाले। 10. अशय्य, न सोनेवाले। 11. अनवकाशिक,

जिन्हें काम से फुर्सत यानी अवकाश ही नहीं था। 12. सलिलाहार, सिर्फ पानी के सहारे जीनेवाले। 13. वायुभक्ष, हवा के सहारे जीनेवाले। 14. आकाश निलय, बिना कुटिया के रहनेवाले। 15. स्थंडिलशायी, वेदी पर सोनेवाले। 16. ऊर्ध्ववासी, जमीन से ऊपर की कुटिया में रहनेवाले। 17. दांत, यानी संयमी। 18. आर्द्रवासा, हमेशा गीले कपड़े पहननेवाले। 19. सजप, निरंतर जप करनेवाले। 20. तपोनिष्ठ, तप करनेवाले। 21. पंचाग्नि-सेवी, चारों ओर आग जलाकर तपती धूप में बैठकर तप करनेवाले।

हो सकता है कि इस आश्रम मंडल में ये ही ऋषि रहते हों, जो भाँति-भाँति से तपस्या कर अपना जीवन बिता रहे थे, पर इससे निष्कर्ष यह निकलता है कि त्रेता युग में दंडकारण्य तपस्या के कई तरह के प्रयोगों का केंद्र बन चुका था। हम जानते हैं कि शंबूक पेड़ से उल्टे लटककर तपस्या कर रहे थे। वे शायद तब का कठिनतम तप कर रहे थे। उधर, शबरी राम की प्रतीक्षा-भक्ति में लीन थी। जिन लोगों को शंबूक के हाथों राम की कथित हत्या में परनिंदा और उसके माध्यम से राम की, मर्यादा पुरुषोत्तम राम की निंदा करने में सुख मिलता हो, उन्हें वैसा सुख प्राप्त करने से रोकनेवाले हम कौन होते हैं? हर एक को अपनी तरह का सुख लेने का अधिकार है। पर समाज और देश को लेकर दलितों के बारे में मनमानियाँ करने का, जिन्हें अभ्यास हो चला है, इनसे हमारे दो प्रश्न हैं, बेशक अमधुर प्रश्न हैं, पर प्रश्न तो हैं ही। एक प्रश्न यह कि उत्तरकांड के जिस सर्ग में शंबूक का प्रकरण है, उसके वहाँ होने का जो पूरा प्रकरण है, ब्राह्मण बालक की मृत्यु से लेकर शंबूक के वध का जो पूरा प्रकरण है, राम के और राम कथा के और उत्तर राम कथा के पूरे संदर्भ में उस प्रकरण को सही तरीके से फिट करके दिखाने का काम क्या वे छिद्रान्वेषी करेंगे? दूसरा प्रश्न यह है कि ऊपर लिखे इक्कीस तरह के तपस्वियों की पाँत में शंबूक की तपश्चर्या को इज्जत के साथ रखकर कुछ निष्कर्ष, कुछ भी निष्कर्ष निकालने की जहमत ये परनिंदक कर पाएँगे? जाहिर है कि नहीं कर पाएँगे, क्योंकि इनका प्रयोजन दलित-विमर्श है ही नहीं। भारत निंदा, हो जाए तो भारत द्रोह ही उनका प्रयोजन है। पर देश उस प्रयोजन में यकीन नहीं करता। इसलिए अगले एक प्रकरण में हम पूरा एक अध्याय ऋषि शंबूक पर ही लिखनेवाले हैं। इसलिए कि भारत के दलित-विमर्श की प्रासंगिकता देश की जरूरत है, हिंदू समाज की माँग है, दलित स्वाभिमान की पुकार है।

पर कुछ शुरुआती विश्लेषण तो अभी कर लेना ही प्रासंगिक रहेगा। इसलिए कि 'रामायण' के दंडकारण्य के इस पूरे विवरण के साथ जोड़कर शंबूक की तपश्चर्या का विवरण पढ़ते हैं तो कतिपय निष्कर्ष अपने आप ही सामने आ जाते हैं। 'रामायण'

के अनुसार, शंबूक पेड़ से उलटे लटककर तपस्या कर रहे थे (रामायण, उत्तरकांड, सर्ग-75, श्लोक-14 तथा सर्ग-76, श्लोक-1)। उन्होंने शरीर और प्राणों तक को संकट में डालनेवाली ऐसी तपस्या क्यों की ? जाहिर है कि उस समय के सभी दलित मुनि दंडकारण्य में ऐसी ही अजीबो-गरीब तपस्याएँ कर रहे थे, और उसी तरह से पेड़ से उलटे लटककर की जा रही अजीबो-गरीब तपस्या शंबूक भी कर रहे थे। इस पर खोज होनी चाहिए कि ये सभी दलित मुनि ऐसी विचित्र और कष्टसाध्य तपस्याएँ क्यों कर रहे थे और वे भी शंबूक की तरह सभी दंडकारण्य के ही थे। जब उस कालखंड में, राम के समकालीन समय में, राम के सामने-सामने ही ये सभी दलित मुनि इस तरह की तपस्याएँ कर रहे थे तो क्यों अकेले शंबूक ही इन ब्राह्मणों की पकड़ में आ गए और इन ब्राह्मणों ने राम के हाथों केवट, शबरी और हनुमान के आराध्य राम के हाथों शंबूक का वध करवा दिया ? आगे चलकर जब हम शंबूक पर पूरा अध्याय लिखेंगे तो इस संवेदनशील प्रश्न पर गइराई से विचार करेंगे।

हमने कहा कि भारत के दंडकारण्य में इतनी बड़ी संख्या में दलित मुनि तपस्याएँ कर रहे थे। उस समय के भारत में किसी व्यक्ति का तपस्या में प्रवृत्त हो जाना सामान्य बात थी। परंतु दंडकारण्य में इतनी बड़ी संख्या में तपस्या में लीन मुनिजन ब्राह्मण थे, क्षत्रिय थे, या दलित थे ? प्रश्न महत्त्वपूर्ण है। भारत की ज्ञान परंपरा में, साधना परंपरा में इस प्रश्न का उत्तर प्रायः करके हर भारतवासी को पता रहता है। हिंदुओं के चारों वर्णों में से वैश्य वर्ण का संबंध लगभग शत-प्रतिशत रूप में व्यापार कर्म से ही रहा है, जिसमें कृषि और गोपालन भी शामिल हैं—कृषि गौरक्ष वाणिज्यं वैश्यकर्म स्वभावजम् (गीता 18.44), वैश्यों के लिए कृषि, गोपालन और वाणिज्य सहज कर्म है। हमने भारत के इतिहास में वैश्यों को प्रायः तपश्चर्या करते, यानी तपस्या कर्म में लीन हुए नहीं देखा, बेशक अपवाद सभी जगह हो सकते हैं। ब्राह्मणों का संबंध ज्ञानार्जन से, अध्ययन-अध्यापन से रहा है, ऐसा सारा भारत जानता है। ब्राह्मणों को हमने अपने इतिहास में तपस्या करते प्रायः नहीं देखा है। क्षत्रियों का सहज कर्म राजनीति और शौर्यकर्म माना जाता रहा है, पर उसमें एक भारी अपवाद यह है कि क्षत्रियों ने ब्रह्म विद्या या अध्यात्म विद्या को बड़े पैमाने पर अंगीकार किया है। यादव होने पर भी अगर कृष्ण को क्षत्रिय समकक्ष मान लिया जाए तो कृष्ण भी जनक, विश्वामित्र (जो ब्राह्मण बाद में बने), अध्यात्म विद्या के प्रवक्ताओं की पाँत में नजर आएँगे (और शायद आज की मध्यम जातियों के अनेक धुरंधर भी प्राचीनकाल के ब्रह्मवेत्ताओं में, उपनिषदकारों में माने जा सकते हैं)। इस परंपरा में दलित वर्ग के प्रबुद्ध और विद्वान् जनों ने तपस्या का कार्य चुना और इसी तर्क के आधार पर राम

कथा के सभी तपश्चर्याकार दलित ही हैं। इतने पर ही बात रुक नहीं जाती।

ये ही वे तमाम दलित मुनि और साधक व्यक्तित्व थे, जो मुसलिम शासकों के द्वारा पैदा किए गए भारत-विरोधी विपत्तिकाल में भी भारत और भारत के जीवन-दर्शन की रक्षा करने में अद्‌भुत कर्म करते हुए नजर आते हैं। मुसलिम सदियों में भक्ति साधना में लीन रहनेवालों में अधिकांश दलित साधक ही हैं। गोस्वामी तुलसीदास जैसे भक्ति-साधना करनेवाले ब्राह्मण आदि सवर्ण महानुभाव तो उँगलियों पर गिने जा सकते हैं। अधिकांश नाम दलित समुदाय से ही हैं। तमाम ब्राह्मण और क्षत्रिय समझ लें, वैश्य तो समझे-समझाए ही हैं, कि भारत की अध्यात्म परंपरा का भव्य और विशद प्रकटीकरण त्रेता युग में, द्वापर युग में और पिछली मुसलिम सदियों में भी दलित महानुभावों और मुनियों ने ही किया है। एक वाक्य में ही कहें तो भारत के इतिहास का भक्ति-आंदोलन इसलामीकरण की आँधी को दिया गया सशक्त राजनीतिक प्रत्युत्तर था और उस प्रत्युत्तर की इबारतें मुख्य रूप से संत-महात्माओं ने लिखी थीं, जो अधिकांश में भक्त कवि थे। 'संतन को कहा सीकरी सो काम' उसी एक वाक्य में यह भक्तिवादी राजनीतिक प्रत्युत्तर बड़े ही सशक्त तरीके से दे दिया गया था।

विश्व हिंदू परिषद् के लोगों से अधिक प्रामाणिक रूप से और कौन जानता होगा कि भारत में सदियों से चले अयोध्या 'राम जन्मभूमि-आंदोलन' के सूत्रधार जो भी संत और महात्मा रहे हैं, इनमें से अधिकांश या कह सकते हैं कि लगभग सभी दलित और पिछड़े वर्गों के हैं। कभी इसका डेटा बना तो निष्कर्ष आँखें खोल देनेवाले होंगे। आज उन्हीं दलित विचारकों-महानुभावों के बीच से ही भारत के धर्म की रक्षा करनेवालों की नई पीढ़ी तैयार हो रही है, बड़े पैमाने पर हो चुकी है और लगातार हो रही है, ऐसा आश्वस्तिपूर्वक कहा जा सकता है।

क्यों? हम इतना आश्वस्तिपूर्वक कैसे कह सकते हैं? हमारी इस आश्वस्ति का आधार है, डॉक्टर भीमराव आंबेडकर का राजनीतिक-दर्शन और जीवन-दर्शन। डॉ. आंबेडकर के राजनीतिक दर्शन और जीवन-दर्शन के दो पक्ष इतने अधिक सशक्त हैं, इतने अधिक ताकतवर हैं, इतने अधिक प्रभावशाली हैं कि संपूर्ण हिंदू समाज ने अर्थात् संपूर्ण भारतवर्ष ने इनका अभी पूरी तरह से विश्लेषण नहीं किया है, पर विश्लेषण बिलकुल नहीं किया, यह भी नहीं कहा जा सकता। विश्लेषण जारी है, इतना तो निश्चित रूप से कहा जा सकता है। डॉ. भीमराव आंबेडकर के सभी भाषणों व लेखन का संपूर्ण संग्रह अनेक खंडों में उपलब्ध है, पर वह अंग्रेजी में है। इसका संक्षिप्त हिंदी रूपांतरण महाराष्ट्र के कुछ लोगों ने एक टीम बनाकर किया है। हमने वह देखा नहीं है, पर इस संक्षिप्त हिंदी रूपांतरण को लेकर एक बड़ी शिकायत यह

है कि उसमें हिंदी रूपांतरण करनेवालों ने अंग्रेजीदां विचार-शैली के असर में यह सारा काम किया है। मसलन, डॉ. आंबेडकर के राजनीतिक-दर्शन का महत्त्वपूर्ण पहलू यह है कि भारत के दलितों को बेशक बीते इतिहास में कष्टों और संकटों का सामना करना पड़ा हो, पर अब वर्तमान में दलितों का भविष्य सवर्णों के साथ जीने और रहने में है, जिसका सीधा-सादा अर्थ यह है कि भारत के संपूर्ण हिंदू समुदाय का, सवर्णों, मध्यम जातियों और दलितों का भविष्य एक साथ रहने में ही है। इसलाम या क्रिश्चियनिटीवालों की भारत की इन तमाम हिंदू जातियों के भविष्य के निर्माण में कोई भूमिका नहीं है। दूसरे, डॉक्टर आंबेडकर ने धर्मांतरण किया, पर बौद्ध धर्म-दर्शन संप्रदाय को अंगीकार किया, संभावित प्रलोभनों आदि को नकारते हुए या उन सभी को दरकिनार करते हुए उन्होंने इसलाम और क्रिश्चियनिटी की ओर नहीं देखा, भारत से जुड़ी धर्म-दर्शन परंपरा से ही प्रेरणा प्राप्त की और बौद्ध धर्म-दर्शन में धर्मांतरित हुए। इसमें से डॉ. आंबेडकर के जीवन-दर्शन का संपूर्ण परिचय हमें मिल जाता है कि वे भारत की धर्म-दर्शन परंपरा से ही हमेशा जुड़े रहना चाहते थे।

तो, निष्कर्ष साफ है। भारत में दलित कौन है, उनका जातीय निर्धारण कैसे हो, उस निर्धारण की कसौटियाँ क्या हैं और क्या होनी चाहिए? इन और ऐसे तमाम बिंदुओं पर हम उस आलेख में कह ही आए हैं, जब हमने 'जातियोग' पर विचार करते हुए 'उत्तरायण' में पूरा एक आलेख संख्या-26 लिखा। अभी तक प्रस्तुत किए गए विचारों के आधार पर, विचार सारिणी के आधार पर निष्कर्ष यही सामने आता है कि चूँकि जाति-व्यवस्था भारत की अपनी हिंदू सामाजिक व्यवस्था है और चूँकि सभी जाति-उपजाति वर्ग इसी हिंदू सामाजिक व्यवस्था से अभिन्न रूप से ही नहीं, स्वाभाविक रूप से जुड़े हुए हैं, इसलिए भारत की, भारत की अपनी इस हिदू सामाजिक व्यवस्था को मजबूत करने की जरूरत है। 'जाति' भारत का, हिंदुओं का, हिंदू राष्ट्र भारत का एक स्वाभाविक सामाजिक संगठन है, जिसने इसलामी और क्रिश्चियन धर्मांतरण और राष्ट्रांतरण को भारत पर लादने और थोपने के प्रत्येक संकट में भारत राष्ट्र को छिन्न-भिन्न करने के प्रत्येक संकटकाल में देश, समाज और हिंदू विचारधारा की रक्षा की है। हमने अपनी 'पस्पशा' (अध्याय-1) में विस्तार से बनाया कि कैसे विधर्मी समुदाय दलित-विरोधी षड्यंत्रों में मशगूल हैं। भारत की हजारों सालों की यह जाति-व्यवस्था ही हिंदुओं की अपनी यह जाति आधारित सामाजिक व्यवस्था ही भारत की रक्षा करेगी और इस भविष्य निर्माण में दलित समुदाय की भूमिका, हमेशा की तरह निर्णायक रहनेवाली है।

□

5

भारत में न ब्राह्मणवाद था और न था ब्राह्मण धर्म

जब से मैक्समूलर, मैक्डॉनल, विंटरनिट्ज, कीथ सरीखे पश्चिमी संस्कृतज्ञों ने, जिन्हें प्राय: इंडोलॉजिस्ट और ओरियंटलिस्ट कहकर काफी इज्जत बख्शी जाती रही है, जबसे इन विद्वानों ने भारत के साहित्य व शास्त्रों का अध्ययन करना शुरू किया तो उन्होंने हमारे जहन में दो शब्दों को स्थापित करने की कोशिश की। दो शब्द हैं—ब्राह्मणवाद और ब्राह्मण धर्म। ब्राह्मण धर्म का सीधा-सादा अर्थ यही समझ में आता है कि भारत में जिस धर्म की प्रतिष्ठा और स्वीकृति सदियों के विचार मन्थन के आधार पर हुई, वह ब्राह्मणों ने स्थापित किया था। इसलिए उसका नाम पड़ गया, ब्राह्मण धर्म। और उस धर्म के आधार पर जिस जीवन-दर्शन को देश ने अपनाया, उस जीवन-दर्शन या जीवनधारा का नाम है, ब्राह्मणवाद। मोटे तौर पर यही बात समझ में आती है। पर ऐसा है नहीं, क्योंकि ये दोनों स्थापनाएँ सत्य से कोसों-कोसों दूर हैं, क्योंकि भारत की सम्पूर्ण यात्रा में, दस हजार साल की अब तक की यात्रा में, 'ब्राह्मणवाद' और 'ब्राह्मणधर्म', इन दोनों शब्दों व स्थापनाओं का कभी कोई अस्तित्व रहा ही नहीं है।

हमने अपनी पुस्तक 'भारतगाथा' में अच्छे से बताया है कि कैसे इन पश्चिमी विद्वानों ने, जिन्हें हमने 'पश्चिमी कूटनीतिज्ञ' कहना ही बेहतर माना है, भारत में अनेक झूठ स्थापित किए हैं। अपनी ब्रिटिश साम्राज्यवादी हैसियत का पूरा-पूरा फायदा उठाकर और उसके आधार पर देश में क्रिश्चियन गुलामी की डेढ़-दो सदियों को हम पर थोपकर इन तथाकथित इंडोलॉजिस्ट व ओरियंटजिस्ट विद्वानों ने यानी इन प्रच्छन्न कूटनीतिबाजों ने कई झूठ फैलाने की कोशिश सफलतापूर्वक

की है। मसलन, 1. भारत में 'आर्य' नामक कोई रेस या नस्ल इस देश में रही है, 2. भारत में ये तथाकथित आर्य भारत से कहीं बाहर से आए थे, 3. वेदों के मंत्र तो यायावर अनपढ़ों के प्रलाप हैं, 4. 'महाभारत' की रचना 'रामायण' से पहले हुई थी, 5. वेदों की रचना 1100-1400 ई.पू. में हुई थी, 6. संस्कृत मृतभाषा है वगैरह-वगैरह, अनाप-शनाप।

इसी शृंखला में इन तथाकथित विद्वानों ने दो नए, नितांत मनगढ़न्त शब्दों को भी भारत की सोच में चिपका देने की सफल कोशिश की, जिस कोशिश को भारत की खोज करनेवाले, नेहरूवादी उत्साही लालों ने और पश्चिमी विद्वानों की चाटुकारिता कर धन-मान आदि अर्जित करने में लगे भारत के ही कुछ विद्वानों व संस्कृतज्ञों ने स्वीकृति की अपनी मुहर भी लगा दी।

ये दो शब्द हैं—'ब्राह्मणवाद' और 'ब्राह्मण धर्म'।

विद्वान् कहाए जाने की आड़ में भारत का संस्कार नष्ट कर देने पर उतारू इन कूटनीतिबाजों ने जो किया, वह सिर्फ इसी तर्क या कुतर्क के आधार पर जायज ठहराया जा सकता है कि भारत से जुड़े किसी भी सत्य की स्थापना करने में इन पश्चिमी कूटनीतिबाजों की कोई भी दिलचस्पी भला क्यों हो सकती थी, बल्कि इनकी दिलचस्पी सिर्फ और सिर्फ इसी बात में थी कि कैसे भारत को कम और कमतर करके दिखाया जाए, भारत को भारतीयों की निगाह में ही गिरा दिया जाए, यहाँ तक कि भारत को पूरी दुनिया में हँसी का पात्र बनाकर रख दिया जाए।

विद्वत्ता की आड़ में कूटनीति का बारीक खेल खेलने वाले पश्चिमी संस्कृतज्ञों ने जिन-जिन बौद्धिक दुरभिसंधियों के तहत भारत का संस्कार नष्ट करने के जो प्रयास किए (और काफी सफलतापूर्वक किए) उनमें से अधिकांश की बखिया हम 'भारतगाथा' में कुछ हद तक उधेड़ आए हैं। आज जिस बौद्धिक बेईमानी पर हम विचार करनेवाले हैं, उसका नाम है—ब्राह्मणवाद और ब्राह्मण धर्म। और हमारा मानना यह है कि भारत में इन दोनों कथनों का कोई अता-पता देश को कभी नहीं रहा है। इन दोनों ही अभिव्यक्यियों का, ब्राह्मणवाद और ब्राह्मण धर्म का कोई भी इतिहास इस देश में नहीं रहा है, पर भारत में ब्राह्मण धर्म नामक किसी धर्म से हमारा परिचय कभी नहीं था और न आज भी है। भारत में अनेक धर्म हैं, ऐसा कहने में राजनीतिक लुत्फ उठानेवाले लोग भी हमें बता नहीं पाएँगे कि भारत में बौद्ध धर्म, जैन धर्म, सिख धर्म आदि पर गर्वपूर्वक या किसी भी भावना से विचार करनेवाले भी हमें कभी बता नहीं पाएँगे कि भारत में 'ब्राह्मध धर्म' भी कभी रहा है। इसी तरह भारत में अनेक वाद यानी सिद्धांत यानी दार्शनिक वाद यानी दार्शनिक सिद्धांतों

पर हफ्तों-महीनों-बरसों तक सतत लगातार चर्चा-बहस करनेवाले हमें नहीं बता पाएँगे कि भारत में कभी 'ब्राह्मणवाद' रहा है। भारत में कभी कोई 'ब्राह्मणवाद' था, कभी 'ब्राह्मण धर्म' था, इसका पता हमें तो कभी कहीं से नहीं मिला। भारत की खोज करनेवालों और उनके बौद्धिक कुसंस्कारों में दीक्षित शिक्षा, राजनीति और मीडिया से जुड़े कुछ लोगों ने इसका पता कैसे लगा लिया, यह जानना कोई मुश्किल काम नहीं है। पर इस पर हम बाद में आएँगे। इसकी चर्चा हम लेख के अंत में करेंगे। अभी तो हम इन शब्दों के प्रयोग के संभावित कारणों की ही संक्षेप में समीक्षा कर लेना चाहते हैं।

अपनी 'उत्तरायण' पुस्तक के कुछ आलेखों में हमने कुछ महत्त्वपूर्ण विषयों पर, इसी समस्या से जुड़े कुछ महत्त्वपूर्ण विषयों पर गइराई से विचार किया है। हमने भारत की सभ्यता के दस हजार वर्ष की यात्रा पर विहंगम दृष्टि डाली (आलेख संख्या-2)। हमने भारत की आधारभूत विचारधारा 'अध्यात्म' पर विचार किया (आलेख संख्या-3)। हमने भारत की जातियों पर विचार किया (आलेख संख्या-4) । हमने भारत के धर्म पर, कह सकते हैं कि नितांत मौलिक व परंपरागत संदर्भों में विचार किया (आलेख संख्या-5)। हमपे भारत के संप्रदायों पर अच्छे से विचार किया (आलेख संख्या-6)। हमने भारत के पंचपरमेश्वर पर गहराई से विचार किया (आलेख संख्या-10)। हमने भारत में पिछले पाँच हजार वर्षों में चले तीन वैचारिक-आंदोलनों के बारे में सटीक विचार किया (आलेख संख्या-20) और सबसे महत्त्वपूर्ण यह है कि हमने हिंदू की परिभाषा और उससे जुड़े हर पहलू पर छह आलेखों (आलेख संख्या-14-19) में बड़े ही विस्तार से विचार किया है। पर इस पूरी विवेचना-शृंखला में हमें न तो कहीं ब्राह्मण धर्म और ब्राह्मणवाद को लेकर कोई संकेत या संदर्भ मिले हैं और न ही इनके न होने के परिणामस्वरूप अपने विश्लेषण में कभी कोई रुकावट आती दिखी है। हमारी बात मानने से पहले आप चाहें तो फिर से, सभी संदर्भित आलेख फिर से पढ़ लें और ब्राह्मणवाद और ब्राह्मण धर्म को लेकर हमारे कथन में कोई विसंगति नजर आए तो बताइए जरूर।

अगर ऐसा है, जो कि साफ-साफ लग रहा है कि ऐसा ही है तो सवाल उठ जाता है कि भारत की चिंतन परंपरा में इन शब्दों का प्रादुर्भाव कहाँ से हुआ, कैसे हुआ, क्यों हुआ? और अगर हुआ तो किन शक्तियों व स्वार्थों ने इन शब्दों को चलाए रखने में रुचि ली? ब्राह्मणवाद भी नहीं रहा है, और न है, तथा ब्राह्मण धर्म भी नहीं रहा है, और न है। अगर इन दोनों शब्दों में अर्थात् ब्राह्मणवाद और ब्राह्मण धर्म, इन दोनों अभिव्यक्तियों में 'ब्राह्मण' शब्द समान से उपलब्ध है तो क्यों न

पहले इसी 'ब्राह्मण' शब्द पर ही विचार कर लिया जाए?

पश्चिमी लोगों ने जब भी ब्राह्मणवाद और ब्राह्मण धर्म—इन दोनों शब्दों का प्रयोग किया है, उन्होंने उनका प्रयोग इस तरह से किया है कि जिससे 'ब्राह्मण' शब्द नितांत नकारात्मक व अपमानजनक अर्थों में प्रयुक्त हुआ नजर आए। पर क्या 'ब्राह्मण' शब्द इतना अधिक नकारात्मक व अपमानजनब अर्थों में ही प्रयुक्त होने के लायक है? कृपया ध्यान में रख लिया जाए कि हम ब्राह्मणों की तरफदारी या उससे उलट स्थापनाओं के फेर में कोई मनगढ़ंत किस्से सुनाने का इरादा नहीं रखते। हम अपने प्रबुद्ध पाठकों के सामने व भारत की खोज में लगे उत्साहीलालों व उनके हमसफर राजनीति व मीडिया कर्मियों के सामने ऐसे तीन आयाम रख देना चाहते हैं, जिन्हें वे अगर नकार पाएँगे तो हम उनके मुरीद हो जाएँगे व अपने दृष्टिकोण पर पुनर्विचार करने के बारे में सोचने को विवश अनुभव करना चाहेंगे।

पहला आयाम है, कोई ब्राह्मण कैसे बनता है? जाहिर है कि अपने कर्म से ही बनता है। हम सभी ठीक से जानते हैं कि शुरू-शुरू में वर्ण-व्यवस्था कर्म पर ही आधारित थी, न कि जन्म पर। 'वर्ण' का शाब्दिक अर्थ है, जिसे चुन लिया जाए। 'वर्ण' यानी चुना गया, यानी जिसका वरण, चयन, वरण हो गया। उधर 'जाति' शब्द का शब्दार्थ है, जन्म यानी जिसे जन्म के आधार पर जान लिया गया। 'ज्ञात' अर्थात् जान लिया गया, 'जाति' अर्थात् जन्म से ही पहचान लिया गया। वर्ण-व्यवस्था एक ऐसी व्यवस्था थी, जिसमें 'कर्म' की भूमिका केंद्रीभूत थी और 'कर्म' के आधार पर चुने गए लोगों ने जिस सामाजिक व्यवस्था को खड़ा किया, उसे कहा गया, वर्ण-व्यवस्था। उधर जाति कोई व्यवस्था नहीं थी, पर वह तो प्रथा ही बना दी गई। कर्म के आधार पर समाज-व्यवस्था का बनना एक व्यवस्था थी, जिसे वर्ण-व्यवस्था कहा गया, जबकि 'जन्म' (जाति) के आधार पर समाज में जो प्रथा चल निकली, जो रिवाज चल निकला, जो आदत बन गई, उसे कहा गया—जातिप्रथा। आजकल हम जो ब्राह्मण, क्षत्रिय, वैश्य या दलित-वंचित तबकों के हैं और जो सभी हिंदू परंपरा का ही अभिन्न हिस्सा है, वे सभी जातियों के लोग कर्म से वैसे हों या नहीं हों, बस आदतन वैसे हैं, रिवाज के कारण वैसे हैं, बस उस समाज में जन्म लेने के कारण वैसा मान लिए गए हैं। 'व्यवस्था' और 'प्रथा' में जो फर्क होता है, वही फर्क वर्ण-व्यवस्था और जातिप्रथा में है। चूँकि अब सदियों से वैसा फर्क चलता चला आ रहा है, इसलिए हर जातिवाले ने अपने को स्वभाव से ही, जन्म से ही, मेरा कर्म या मेरे भीतर क्या कर्म करने की इच्छा, स्वभाव या लक्ष्य है, इसका विवेक किए बिना ही जन्म से ही अपनी जाति खुद ही खुद तय करने की प्रथा, आदत या

स्वभाव जैसा बना दिया है। यानी क्रमशः जन्म को ही निर्णायक तत्त्व मान लिया गया, धीरे-धीरे क्रमशः पर निश्चित तरीके से ही मान लिया गया। कर्म पृष्ठभूमि में चला गया। जाति यानी जन्म को ही निर्णायक मान लिया गया।

इस संपूर्ण सत्य को समझने में विश्वामित्र-कथा हमारी भरसक सहायता करती है। इन तबकी बात कर रहे हैं, जब देश देवयुग के अंत में आई भयानक बाढ़ के बाद यानी 'जल प्लावन' के बाद के समय की नई दुनिया के निर्माण में तल्लीन हो गया था और जिस नवनिर्माण को नेतृत्व दिया अयोध्या के राजा, भारतभूमि के प्रथम राजा महारान मनु ने। मनुमहाराज ने नए समाज के निर्माण के लिए जो नियम बनाए उन्हें हम वेदों, रामायण, महाभारत सरीखे हमारे प्रबंध काव्यों, उपनिषदों, ब्राह्मण ग्रंथों (वेद यानी ब्रह्म की व्याख्या करनेवाले 'ब्राह्मण' ग्रंथों) के आधार पर समझ सकते हैं। अगर आप 'मनुस्मृति' के आधार पर इनको समझने की कोशिश करेंगे तो यकीनन औंधे मुँह ही गिरेंगे, क्योंकि मनु का आगमन भारत के इतिहास की हजारों-हजारों साल पुरानी घटना है, जबकि 'मनुस्मृति' ग्रंथ की रचना मनु से हजारों साल बाद की मानी जाती है। मनु के समय की भाषा 'यजुर्वेद' की संस्कृत है, जबकि 'मनुस्मृति' की भाषा उससे आठ, साढ़े आठ या नौ हजार साल बाद की मानी जाती है। वैसे भी 'मनुस्मृति' पुस्तक मनु के द्वारा नहीं लिखी गई थी, बल्कि वह तो मनु को 'स्मृति' में, स्मृति यानी यादगार में, मनु की यादगार में किसी विद्वान् द्वारा लिखी गई है या कुछ विद्वानों ने मिलकर उसे लिखा है। जो लोग, खासकर कुछ निर्लज्ज व कम पढ़े लोग 'मनुस्मृति' का नाम लेकर मनु महाराज को गालियाँ निकालते रहते हैं, कोसते रहते हैं, उन्हें पता ही नहीं कि वे आसमान को छेदने की जोकराना हरकत ही कर रहे होते हैं। 'मनुस्मृति' एक स्मृति ग्रंथ है, 'कम्मेमोरेशन वॉल्यूम' है, मनु की यादगार में लिखा गया संग्रह ग्रंथ है, जो 'मनुस्मृति' लिखे जाने के समय प्रचलित धारणाओं, प्रथाओं, इकाइयों के आधार पर लिखा गया। इसलिए 'मनुस्मृति' की समाज-व्यवस्था में 'वर्ण-व्यवस्था' की ओर संकेत भर है, अन्यथा पूरी मनुस्मृति में 'जातिप्रथा' का ही बोलबाला है।

कर्म के आधार पर ब्राह्मण तब भी थे, जैसे क्षत्रिय आदि भी कर्म के आधार पर तब भी हुआ करते थे। एक उदाहरण देख लेने में कोई हर्ज नहीं। उस समय वसिष्ठों व विश्वामित्रों में एक भारी संघर्ष हुआ। संघर्ष का आधार व कारण यह था कि वसिष्ठ तो ब्राह्मण मान लिए गए थे, पर विश्वामित्र को खुद को ब्राह्मण कहाए जाने के लिए संघर्ष करना पड़ रहा था। वसिष्ठ ब्राह्मण थे और अयोध्या के राजाओं के कुलगुरु थे। विश्वामित्र कान्यकुब्ज के (यानी कन्नौज के) राजा

थे, यानी क्षत्रिय थे और वे भी खुद को ब्राह्मण कहाया जाना चाहते थे। काफी कोशिश कर रहे थे, पर बात नहीं बन रही थी। यह एक ऐसा बौद्धिक संघर्ष था, जिसे राजनीतिक संघर्ष का नाम देकर भारत की खोज करनेवाले उत्साहीलालों व उनके सहचर राजनीतिक, शिक्षा, मीडियाकर्मियों ने राजनीतिक संघर्ष का नाम देकर खूब चटखारे मार-मारकर वर्णित किया है, पर न तो वसिष्ठ उत्साहीलाल थे और न ही विश्वामित्र उत्साहीलाल थे। विश्वामित्र ब्राह्मण कहलाए जाने के इच्छुक थे, आकांक्षी थे और वे इसी खोज में कान्यकुब्ज यानी कन्नौज का राजपाट छोड़कर अजयमेरु (आज के अजमेर) के पास पुष्कर में तपस्या करने चले गए। पुष्कर उस तालाब को कहते हैं, जिसमें कमल खिले हुए होते हैं। राम के समय में शबरी मातंगी सिद्धा का आश्रम, जिसे मतंग आश्रम कहते थे, दण्डकारण्य की एक पुष्करिणी में बना हुआ था। पुष्करिणी यानी छोटा तालाब, पुष्कर यानी बड़ा तालाब। पुष्कर की तरह पुष्करिणी में भी कमल खिले हुए थे। विश्वामित्र इसी अजयमेरु यानी आज के अजमेर में पुष्कर में तपस्या करने चले गए।

यहाँ स्वाभाविक जिज्ञासा के रूप में एक सवाल उठ सकता है। सवाल उठ सकता है कि विश्वामित्र को तो ब्राह्मण कहाए जाने के लिए भारी संपर्क करना पड़ा, पर वसिष्ठ के कर्म में ऐसी क्या विशेषता रही कि वसिष्ठ को सीधे ब्राह्मण मान लिया गया। अर्थात् आप पूछ सकते हैं कि वसिष्ठ को कैसे और क्यों ब्राह्मण मान लिया गया। 'वसिष्ठ' शब्द का अर्थ है, सबसे पुराना निवासी। जैसे 'निवासी' शब्द 'वस्' (रहना) धातु से बना है, वैसे ही वसिष्ठ शब्द भी 'वस्' यानी 'रहना' अर्थ देनेवाली वस् धातु से बना है। 'रहना' अर्थ देनेवाली वस धातु से 'ष्ठ' परसर्ग जुड़ने से शब्द बन गया वस् + ष्ठ = वसिष्ठ। संस्कृत भाषा में 'ष्ठ' इस परसर्ग का प्रयोग 'अधिकतम' के अर्थ में आता है। 'कनीयान्' यानी छोटा और 'ष्ठ' जुड़कर शब्द बनता है 'कनिष्ठ' यानी सबसे छोटा। 'ज्यायन्' शब्द का अर्थ है, बड़ा और ष्ठ परसर्ग जुड़ जाने से शब्द बन गया 'ज्येष्ठ' यानी सबसे बड़ा। 'गुरु' शब्द का अर्थ है भारी और 'ष्ठ' जुड़ जाने से 'गरिष्ठ' का अर्थ हो गया सबसे अधिक भारी। ऐसे ही वासी, रहनेवाला से 'ष्ठ' जुड़ जाने से शब्द बन गया 'वसिष्ठ यानी सबसे पुराना निवासी। वसिष्ठ लोगों में से, जो वसिष्ठ 'जल प्लावन' का पानी उतर जाने के बाद जो सबसे पहले हिमालय से नीचे आकर मैदानी इलाके में, अयोध्या, कान्यकुब्ज आदि में सबसे पहले रहने लगे, वे कहलाए, वसिष्ठ। मैदानी इलाकों में आकर रहने से पहले वसिष्ठ लोग हिमालय में निरंतर तपस्या में ही लगे रहा करते थे, जैसे कि बाकी ऋषि-मुनि भी हिमालय में तपस्या करते रहते थे। मैदानी

इलाकों में सबसे पहले आकर रहनेवालों में इन वसिष्ठों को इसी तपस्या-कर्म के कारण अपने प्रबल तपस्या-कर्म के कारण ही ब्राह्मण मान लिया गया था और इसी आधार पर अयोध्या के राजाओं ने उन वसिष्ठों को अपना कुलगुरु भी मान लिया था। यानी अयोध्या में आ जाने के बाद भी वसिष्ठों का ब्राह्मण कर्म यानी कुलगुरु के रूप में सदा चलनेवाला तपस्या कर्म, किसी न किसी किसी रूप में चलता रहा और उन्हें ब्राह्मण भी माना जाता रहा।

विश्वामित्र द्वारा पुष्कर में की गई तपस्या का रोमांचकारी वर्णन वाल्मीकि ने अपनी 'रामायण' (बालकांड, सर्ग-60-65) में किया है, जिस तपस्या के परिणामस्वरूप विश्वामित्र को गायत्री मंत्र ही उपलब्धि हुई (बालकांड, सर्ग-65, श्लोक-23) और विश्वामित्र को ऋषि ही नहीं, महर्षि पद की प्राप्ति हुई (वही, सर्ग-65, श्लोक-25-26)। विश्वामित्र भी ब्राह्मण कहलाए गए। यानी ब्राह्मण होने का संबंध ब्रह्म कर्म से है, जो कर्म कर पाना सबसे कठिन काम है। संस्कृत भाषा में शुरू से ही 'ब्रह्म' का अर्थ है 'ज्ञान', जिसकी कोई सीमा नहीं होती, इसलिए ब्रह्म को भी बृहत्तम, सीमातीत माना जाता है। स्वयं 'ब्रह्म' यह शब्द भी 'बृहत्तम' का संक्षिप्त रूपांतर है। ब्रह्म यानी बृहत्तम। जाहिर है कि ब्रह्म कर्म कर पाना, ज्ञान साधना कर पाना सबसे कठिन कर्म होता है। ब्राह्मण कहलाए जाने लायक ब्रह्म कर्म कर पाना ज्ञान साधना का कर्म कर पाना अपने आप में सबसे कठिन कर्म है, पर कोई असाध्य या असंभव कर्म नहीं है। अर्थात् ब्राह्मण का संबंध ऐसे कर्म से है, जो कठिनतम है और कर्म की कठोरता को देखकर ही ज्ञान साधना के कर्म को तपस्या कहा गया है। शरीर को साधकर किया जानेवाला ज्ञान प्राप्ति कर्म ही, ज्ञान साधना कर्म ही, उग्र बौद्धिक कर्म ही तपस्या का पर्यायवाची कर्म माना है। विश्वामित्र द्वारा की गई रोमांचकारी तपस्या को देखकर तो तपस्या को कठिनतम कर्म कहना ही समझ में आता है और ऐसी ज्ञान साधना का, ब्रह्म साधना का, जीवन की कठिनतम साधना का कर्म ही किसी को ब्राह्मण कहाए जाने की पहली शर्त है। वर्ण-व्यवस्था के श्रेष्ठ पर्वत शिखर से फिसलकर हम कैसे जातिप्रथा के अजीबो-गरीब गह्वर में जा गिरे हैं, हमारे भारत की समाज-व्यवस्था की सभी श्रेष्ठताओं के बीच बैठी यह पतनशीलता आज भी हमारा मुँह चिढ़ा रही है। देखना है कि भारत की इस श्रेष्ठ सामाजिक संरचना को कब और कैसे फिर से श्रेष्ठताओं से संपन्न कर दिया जाएगा?

विश्वामित्र ने अपनी बौद्धिक श्रेष्ठता के आधार पर वन में कभी वह कर देने की ठान ली थी, जो करना किसी भी साधक से कभी भी अपेक्षित नहीं होता।

विश्वामित्र ने सृष्टि प्रक्रिया में दखलंदाजी करने का वह काम कर डाला था, जिसे श्रेष्ठ कहना हर उस साधक के लिए परित्याग के योग्य, न करने लायक होता है, जिसने ज्ञान साधना की तपस्या के परिणामस्वरूप विशिष्ट तपोबल, तप का बल, तप की शक्ति प्राप्त कर ली हो। भारत का धर्म यह मानता है कि सारा विश्व, सारा ब्रह्मांड अपनी सृष्टि प्रक्रिया के किसी नियम के तहत चल रहा है और प्रत्येक प्राणी को सृष्टि प्रक्रिया के उसी नियम के अंतर्गत रहकर ही अपना जीवन संपन्न करना होता है, बेशक उस प्रक्रिया में रहकर ही प्रत्येक को अपना कर्म करना होता है। कर्म क्या करना है, कर्म क्यों करना है, कर्म कैसे करना है, इसका फैसला खुद कर्म करनेवाले ने ही करना है, पर वह कर्म सृष्टि प्रक्रिया के उलट नहीं जा सकता और उसी प्रकिया के तहत रहकर ही उसे बड़ी-से-बड़ी श्रेष्ठता पा सकने की खुली आजादी, खुला मौका हरेक को है। पर उस प्रक्रिया को ही, उस सृष्टि प्रकिया को ही उलट-पुलटकर रख देनेवाला कर्म करने का अवसर किसी को नहीं है। ऐसी छूट किसी को नहीं है। मसलन, जीवन और मृत्यु इस ब्रह्मांड के संपूर्ण विश्व के अनिवार्य नियम हैं, जिसमें परिवर्तन नहीं हो सकता। इसलिए कोई मृत्यु को लाँघकर अमर नहीं हो सकता। आप भारत में हुई सभी तपस्याओं का अध्ययन कर लीजिए, जिनकी सहायता से तपस्या करनेवालों ने क्या-क्या नहीं हासिल कर लिया। पर जिस किसी ने भी कभी न मरने का, अमर रहने का वरदान पाने के लिए तपस्या की, उसे वह वरदान, अमर रहने का वरदान, कभी न मरने का वरदान, सदा के लिए जीवित रहने का वरदान कभी नहीं मिला।

पर यही विश्वामित्र सृष्टि प्रक्रिया को लाँघकर अपने एक मित्र को, शिष्य सरीखे अपने एक मित्र को यानी अयोध्या के राजा सत्यव्रत को बिना मृत्यु के प्राप्त हुए ही अपने पार्थिव शरीर के साथ स्वर्ग पहुँचाने का दुष्कर फल साधने के लिए अर्थात् एक असंभव फल को साधने की कोशिश कर चुके थे, पर सफल नहीं हुए। कथा यह है कि इसी मरणशील शरीर के साथ स्वर्ग या अंतरिक्ष में जाकर रहने की असंभव इच्छा को पूरी करने की साधना यानी आज की भाषा में करें तो हठयोग विश्वामित्र कर चुके थे। लगभग सफल भी होनेवाले थे यानी सत्यव्रत को अपने इसी मरण धर्मा शरीर के साथ स्वर्ग यानी अंतरिक्ष में पहुँचाने में विश्वामित्र लगभग सफल हो गए थे। तब वे कान्यकुंज के राजा थे और उनका नाम विश्वामित्र नहीं, विश्वमित्र था। 'विश्वामित्र' यह नाम तो उन्हें गायत्री मंत्र की प्राप्ति के परिणामस्वरूप ब्राह्मण हो जाने पर मिला था, जो तब से फिर उनका यही नाम हो गया। कुछ भी कह लीजिए, विश्वामित्र थे तो एक विकट साधक ही। ब्राह्मण बनने

के लिए उन्होंने पुष्कर में जीवन की कठिनतम तपस्या की थी, जिस पर हम अभी ही बतानेवाले हैं। ब्राह्मण बनने के बाद उन्होंने कैसे शुनःशेप को मृत्यु से बचाया, इस पर हम अपनी पुस्तक 'भारतगाथा' (गाथा संख्या) में अच्छे से लिख आए हैं और ब्राह्मण बनने से पहले उनका यह विकट कर्म। जाहिर है कि विश्वामित्र थे तो एक विकट साधक।

इसी विकट साधक ने अपनी साधना की विकटता के परिणामस्वरूप विश्वामित्र अपने मित्र सत्यव्रत को वह स्थान दिलवा पाने में लगभग, इसी शरीर के साथ अंतरिक्ष पहुँचाने में लगभग सफल हो गए, जो लक्ष्य प्राप्त करवाने से अयोध्या के राजा सत्यव्रत को अयोध्या के ही कुलगुरु वसिष्ठ ने साफ मना कर दिया था। वसिष्ठ से निराश सत्यव्रत विश्वामित्र के पास अपनी कामना लेकर गए थे, पर चूँकि वैसा हो पाना असंभव था, इसलिए एक सीमा तक ऊपर उठकर सत्यव्रत नीचे पृथ्वी की ओर गिरने लगा। विश्वामित्र ने अपनी साधना से उसे थाम तो लिया, पर अंतरिक्ष तक पहुँचाकर उसे यानी सत्यव्रत को वहाँ स्थापित नहीं कर पाए। परिणाम कि सत्यव्रत अंतरिक्ष और पृथ्वी के बीच लटककर रह गए, एक त्रिशंकु की तरह। त्रिशंकु की तरह, तीन सिरों वाले आकार की तरह। अंतरिक्ष की ओर शीर्ष, पृथ्वी की ओर पैर, और शरीर का बाकी हिस्सा स्पेस में, अंतरिक्ष में। इस तरह त्रिशंकु सरीखे होकर लटक गए। तब से भारत की इतिहास-गाथाओं में सत्यव्रत का नाम ही पड़ गया—सत्यव्रत त्रिशंकु। जिन शंकालुओं को, हमेशा शंका में रहनेवाले डाउटिंग थामसों को विश्वामित्र की इस विकट साधना के इतिहास पर विश्वास न आ रहा हो तो उनको बताने के लिए इतना ही काफी है कि इस घटना के बाद से हर उस व्यक्ति को 'त्रिशंकु' कहने का चलन शुरू हो गया, जो अनिश्चय के अधर में लटका रहता है, जो चलन आज तक जारी है और फुटनोट यह है कि हर मुहावरे के पीछे कोई वास्तविक घटना का इतिहास काम कर चुका होता है। कोई मुहावरा शून्य में से पैदा नहीं हुआ करता।

अपनी साध पूरी करने में असफल रहकर, पर उसे जैसे भी हो, पूरा करना हैं, इस फेर में विश्वामित्र ने फिर अपना ही एक नया ब्रह्मांड अलग से बनाना तय किया, जो कि वे नहीं कर पाए, पर एक हद से आगे पूरा करने में असफल कर दिए गए, यह कहानी ही अलग है।

विश्वामित्र से जुड़ी इस तमाम कथा शृंखला का मतलब यह है कि विश्वामित्र की साधना की तीव्रता, निरंतता और विकटता इस हद तक थी। अपनी इसी विकटता के कारण क्षत्रिय-धर्मा विश्वामित्र को ब्राह्मण स्वीकार नहीं किया जा रहा था।

विश्वामित्र को यही कष्ट वर्षों से साल रहा था कि उन्हें ब्राह्मण नहीं माना जा रहा और वे समझ नहीं पा रहे थे कि ऐसा क्या है कि उन्हें ब्राह्मण नहीं माना जा रहा। अंततोगत्वा उन्हें ब्राह्मणत्व की प्राप्ति तब हुई, जब उन्होंने विकट कर्म की नहीं, ज्ञान की साधना की तपस्या की। अपनी इसी ज्ञान साधना की तपस्या के समय ही विश्वामित्र ने काम, क्रोध और मद पर विजय प्राप्त कर ली और इसके बाद उन्हें न केवल ब्राह्मण मान लिया गया, बल्कि उन्हें गायत्री मंत्र की भी प्राप्ति हुई, । इसी पुष्कर में की गई ज्ञान साधना की तपस्या के परिणामस्वरूप गायत्री मंत्र की प्राप्ति हुई।

कितनी बड़ी घटना है यह हमारे भारत नामक महादेश के दस हजार वर्षों के इतिहास की, पर इसे देश का दुर्भाग्य नहीं तो और क्या कहा जाएगा कि आज हम पुष्कर के अजयमेरु को (अर्थात् अजमेर को) विश्वामित्र की परम विशिष्ट ज्ञान साधना के कारण, उसके परिणामस्वरूप गायत्री महामंत्र की ऐतिहासिक रचना के कारण जानना ही नहीं चाहते और हमने अजमेर को, गायत्री मंत्र की जन्मभूमि अजमेर को, पुष्कर के अजयमेरु को किसी अज्ञातकुलशील फकीर के नाम नत्थी करके खुद को इस्लाम के सुपुर्द कर दिया है। इन फकीरों को सूफी-दर्शन का प्रस्तोता मानकर, उसे उसका हिस्सा समझकर हम कव्वालियों व मुशायरों में जाते नहीं अघाते, पर हम दो बातों की ओर कभी ध्यान ही नहीं देते। भारत में परंपरा से यह बात आम है कि जब भी भारत पर कभी इसलामी आक्रमणकारी आते थे, तब उससे पहले ये तथाकथित फकीर गाजे-बजाते-नाचते-घूमते हुए आते थे ताकि देश और समाज में इसलामी धर्मांतरण का माहौल बनाया जा सके, जिसके बाद फिर जोर-जबरदस्ती और पैसे की ताकत पर फिर बड़ी संख्या में धर्मांतरण का अपना मकसद पूरा किया जा सके, जो कि इन फकीरों की वजह से हुआ। दूसरे, हम इस सत्य पर भी कभी ध्यान नहीं देते कि जिन तथाकथित फकीरों-सूफियों को वेदांत का प्रस्तोता माना जाता है, क्या वेदव्यास, उपनिषदे, शंकराचार्य, विवेकानंद के देश को वेदांत समझने के लिए इन धर्मांतरण करवानेवाले फकीरों और उनके मृत शरीरों के ऊपर बनी दरगाहों से वेदांत सीखना होगा? आत्मा की अमरता के साधक देश को शिर्डी के साईं, निजामुद्दीन, चिश्ती सरीखे कथित फकीरों के मुर्दा शरीरों पर सलीके से बनाए मकबरों पर खड़ी दरगाहों की पूजा व उपासना के लिए मजबूर होना पड़ेगा? आखिर ऐसी भी क्या मजबूरी है? क्या हम कृष्ण की गीता में बताए गए वेदांत-दर्शन को, वेदव्यास द्वारा भागवत महापुराण व ब्रह्मसूत्रों में बताए गए वेदांत-दर्शन को, उपनिषदों में बताए गए वेदांत-दर्शन को, रामकृष्ण परमहंस, विवेकानंद जैसे ईश्वरतुल्य महापुरुषों द्वारा बताए गए वेदांत-दर्शन को

इन विवादास्पद फकीरों की इसलामी धर्मांतरण करनेवालों की आँधी के माध्यम से समझने जा रहे हैं? सैंकड़ों सालों की इसलामी गुलामी झेलकर भी हम क्यों कोई सबक सीखने को तैयार नहीं? इसलाम न तो शांति का प्रतीक है और न ही वेदांत का, तो किस मुगालते में हैं हम?

फकीरों, सूफियों व दरगाहों से यानी इसलामी धर्मांतरण को माहौल देनेवाले मृतक-पूजकों व शवसाधकों की कुछाया से बाहर निकलकर हम फिर से अपने मूल विषय पर आ जाएँ कि कोई ब्राह्मण कैसे बनता है, कैसे और और क्यों ब्राह्मण माना जाता है? विश्वामित्र से जुड़े इस तमाम वैदिक प्रसंग का जो प्रसंग आदिकवि वाल्मीकि ने अपनी 'रामायण' में बड़े ही प्रभावशाली ढंग से लिखा है, इस वैदिक प्रसंग का संदेश यह है कि ब्राह्मण होना कभी भी आसान नहीं होता था।

अब हम इस आलेख में इस सत्य से दो-चार होने की कोशिश करते हैं कि आखिर क्यों ब्राह्मण बनना, ब्राह्मण कहाना कभी भी आसान नहीं होता था। ब्राह्मण बनना, खुद को ब्राह्मण कहाया जाना इसलिए कठिन होता था, क्योंकि ब्राह्मण पर अपने देश और समाज पर दिशा दिखाने का, धर्म पर चलने का आग्रह करने का और जन समुदाय को भटकने से बचाने का बृहद् दायित्व था। ब्राह्मण पर यह दायित्व इसलिए था या कहिए कि खुद-व-खुद ही आ गया था कि भारत के धर्म की रक्षा करनी है, उसे कुमार्गगामी होने से बचाना है। भारत के धर्म की रक्षा का दायित्व पूरा करने की प्रक्रिया में ब्राह्मणों पर देश के ज्ञान-विज्ञान को, सभ्यता को, संस्कृति को बनाए रखने का, बचाए रखने का और उसे धर्मपरायण बनाए रखने का दायित्व भी स्वयमेव आ गया था। हम जब 'धर्म' की बात करते हैं तो उसका अर्थ न तो मजहब है और न ही इसका अर्थ है रिलीजन। भारत में धर्म का एक ही अर्थ है, हमारा आचरण, जाहिर है कि श्रेष्ठ आचरण। अपनी 'उत्तरायण' पुस्तक के एक आलेख (संख्या-4) में हम भारत के धर्म के स्वरूप पर अच्छे से बता आए हैं और एक दूसरे आलेख (संख्या-13) में तर्कपूर्वक बता आए हैं, कैसे भारत के धर्म की हम विदेशी धर्मों से कोई तुलना कर ही नहीं सकते। मजहब और रिलीजन तो मजहब और रिलीजन ही हैं, धर्म नहीं हैं। चूँकि ब्राह्मण पर यह दायित्व सदियों-सहस्राब्दियों की भारत की इतिहास यात्रा में स्वयमेव आता चला गया, इसलिए ब्राह्मण का महत्त्व भी बढ़ता चला गया। आज के बुद्धिजीवियों से यह अपेक्षा थी कि वे वर्तमान सदियों में देश को वैसे ही आचरण व धर्म की शिक्षा देते रहेंगे जैसे वे सदियों से देते रहे हैं। पर वर्तमान के ये ब्राह्मण इस अपेक्षा पर कितना खरा उतर रहे हैं, किसी से कुछ छिपा है क्या? हमेशा से ब्राह्मण से यही अपेक्षा रही है जैसा कि 'मनुस्मृति'

के लेखक ने स्पष्ट निर्देश किया है कि 'एतद्देश प्रसूतस्य सकाशाद् अग्रजन्मनः, स्वं स्वं चरित्र शिक्षेरन् पृथिव्यां सर्वमानवाः' (मनुस्मृति)। इस निदेशवाची श्लोक में अग्रजन्मा का अर्थ है, ब्राह्मण और पृथ्वी का अर्थ है, भारतभूमि। निर्देश यह है कि भारत में पैदा हुए सभी मनुष्यों से यह अपेक्षा हमेशा रहती है कि वे ब्राह्मणों से अपने चरित्र, व्यवहार, धर्म आदि की शिक्षा प्राप्त करते रहें।

ऊपर के दिए उदाहरणों से स्पष्ट है कि वसिष्ठ और विश्वामित्र से लेकर पिछली सदियों तक ब्राह्मणों ने अपना यह कर्तव्य निरंतर निभाया है। ब्राह्मण भी मनुष्य ही हैं, इसलिए अपने स्वभाव, चरित्र व व्यक्तित्व की सभी श्रेष्ठताओं व कमियों के साथ रहते हुए ही, या रहते हुए भी, ब्राह्मणों ने अपना यह कर्तव्य निरंतर निभाया है। इसी कर्तव्य निभान का ही नतीजा है कि वेदों से लेकर छापेखाने यानी प्रिंटिंग प्रेस के आने तक भारत के संपूर्ण साहित्य की, ज्ञान की और विज्ञान की रक्षा इन ब्राह्मणों ने ही की है। इसलामी हमलावरों द्वारा अग्नि के हवाले कर दी हमारी लाइब्रेरियों में रखे ग्रंथ-पुस्तकें जला दिए जाने के बावजूद जो बचा है, वह इन ब्राह्मणों की वजह से ही बचा है। वैसे यह सुरक्षा-कर्म किसी भी समाज का कोई-न-कोई वर्ग करता ही, पर जिस वर्ग को हम ब्राह्मण कहते हैं, उस वर्ग ने अपना कर्तव्य मानकर, अपना जिम्मा समझकर यह काम किया है और इस राष्ट्रीय धरोहर को बचानेवाले ब्राह्मण की तारीफ में चंद शब्द बोल देने में कोई हर्ज नहीं। समाज की व्यवस्था बनाए रखी, बेशक उसमें छुआछूत भी आ गई, स्त्री का वजूद बचाए-बनाए रखा, बेशक उसके साथ सती जैसी कुरीति भी आ गई, साहित्य-ज्ञान-विज्ञान को अक्षुण्ण बनाए रखा, बेशक उसमें कुछ अंधविश्वास भी साथ में जुड़ गए हो सकते हैं, धर्म, सभ्यता व संस्कारों को बनाए-बचाए-विकसित किए रखा, बेशक इस सबके साथ ही कुछ अतिवाद भी आ गए हो सकते हैं। पर कमियों पर पैनी नजर रखने के साथ-साथ क्या हमें ब्राह्मणों के विराट्, बहुमूल्य, सभ्यता रक्षक व सभ्यता निर्माता योगदान पर हम बेशक पुस्तकें न लिखना चाहें (वैसे यह लिखना भी बनता है), पर क्या प्रशंसा, कृतज्ञता और 'थैंक्यू' के दो शब्द भी हम नहीं बोलना चाहते?

हम ब्राह्मणों के इस अद्भुत राष्ट्रीय योगदान पर बेशक पुस्तकें न लिखें, बेशक उनकी तारीफ में दो शब्द भी न बोलें, बेशक उनकी गलतियाँ व कमियाँ गिनाने में ही मशगूल रहें, पर भारत को क्रिश्चियन गुलामी में धकेल देनेवाले हमारे पश्चिमी शासकों ने ब्राह्मण का महत्त्व समझा था और बखूबी समझा था। इसलिए पश्चिम से आए हमारे ईसाई शासकों व ईसाई भारतविदों ने एक स्वर से, मानो सम्मिलित

योजना बनाकर ब्राह्मणों की भर्त्सना करने का, ब्राह्मणों को लतियाने का और ब्राह्मणों को गरियाने का काम बखूबी बुद्धिमत्तापूर्ण तरीके से किया। वे समझ गए थे कि भारत नामक देश के धर्म की, सभ्यता की व संस्कारों की रक्षा अगर किसी ने की है, तो इसी ब्राह्मण ने की है। अगर भारत के धर्म को नष्ट करना है, ज्ञान को ध्वस्त करना है, संस्कारों को भ्रष्ट करना है तो इस ब्राह्मण से अपना पिंड छुड़ाना होगा। इसलिए अपने पश्चिमी आकाओं ने ब्राह्मण को ही लगातार श्रीहीन किया, कभी 'ब्राह्मणवाद' कहकर समाज की तमाम बुराइयों के लिए (और बुराइयाँ किस समाज में नहीं होतीं) हल्के और अस्तित्वहीन शब्दों का प्रयोग किया और कभी 'ब्राह्मण धर्म' का जुमला चलाकर भारत के धर्म को ही क्षत-विक्षप्त करना शुरू कर दिया। महात्मा गांधी विदेशी आकाओं की इस कूटनीति को बखूबी समझते थे, इसलिए वे हमेशा धर्म की बात किया करते थे। पर जवाहरलाल नेहरू के हाथ में राजनीति की बागडोर आते ही और सुंदरलाल के हाथ में भारत का इतिहास ज्ञान आते ही जवाहरलाल-सुंदरलाल ने धर्म का दामन छोड़ दिया, धर्मनिरपेक्षता की गुलामी स्वीकार कर ली और देश के संपूर्ण ज्ञान-विज्ञान के अस्तित्व पर मानो खड़िया पोतकर भारतवासियों को हीनताबोध और अपने ही इतिहास को नकारने के काले समुद्र में डुबो दिया। यानी 'ब्राह्मणवाद' और 'ब्राह्मण धर्म' का ढोंग रचाकर देश को जो नुकसान अंग्रेज बहादुर नहीं पहुँचा पाए थे, उसी देश को जवाहरलाल-सुंदरलाल की जोड़ी ने आनेवाले दशकों के लिए, करीब दो सदियों के लिए एक अजब हीनताबोध में आपादमस्तक, यानी सिर से पैर तक डुबो दिया जहाँ से, जिस डूब से अब देश फिर से धीरे-धीरे उबर रहा है और खुद को जानने-पहचानने की ओर अग्रसर हो रहा है।

□

6

महिषासुर, रावण, कंस आदि असुर हैं, दलित नहीं

हमारे इस आलेख के शीर्षक से एक भ्रांति पैदा हो सकती है कि मानो हम ऐसी किसी अवधारणा का विमर्श कर रहे हैं, जो महिषासुर, रावण और कंस आदि को दलित मानती है। ऐसा नहीं है। हमें अपने देश भारत के दलित-विमर्श को इस तरह का शीर्षक देने की आवश्यकता इसलिए पड़ी है, क्योंकि देश में एक नकली, देश-विरोधी, हिंदू-विरोधी और इसलिए हर तरह से नकारात्मक वायुमंडल बनाया जा रहा है कि मानो महिषासुर, रावण आदि प्रगतिशील नायक देश में रहे हैं और हिंदू समाज प्रगति विरोध, उत्पीड़न और दलित अल्पाचार का प्रतीक रहा है।

हम महिषासुर, रावण, कंस आदि पर दलित समुदाय के संदर्भों में विमर्श कर सकें, इससे पहले दो पक्षों पर दृष्टि अपने आप ही चली जाती है। एक यह कि हम पर आरोप लग सकता है कि हम बिना बात का बतंगड़ बना रहे हैं, क्योंकि इन तीनों में से किसी को भी, किसी ने भी दलितों का प्रवक्ता या दलितों का उद्धारक नहीं माना है। यह बात सही है कि देश की दलित-विमर्श परंपरा में किसी ने भी महिषासुर, रावण या कंस आदि को दलितों के साथ जोड़कर नहीं देखा है। पर हमें ऐसा कहने की जरूरत इसलिए पड़ रही है, क्योंकि अचानक पिछले कुछ दशकों से रावण और महिषासुर को महिमामंडित किया जाना शुरू हो चुका है। भारत के दक्षिण के कुछ लोग अपने जातिनाम को किसी-न-किसी रूप में रावण, लंकापति रावण के साथ जोड़कर बताना चाहते हैं। इस पर हमें कोई आपत्ति भला क्यों होनी चाहिए? हम सभी जानते हैं कि 'असुर' इस नाम से एक जाति समूह देश के दंडकारण्य और उसके आस-पास के वनवासी क्षेत्र में है। आप चाहें तो

इस 'असुर' शब्द को रावण और उसके प्रभाव क्षेत्र में कभी बसनेवाले असुरों का वाचक शब्द मान सकते हैं। चाहें तो न मानें, पर मान भी सकते हैं। अभी तक कंस के किसी जातिसूचक नाम का संबंध नहीं मिला है, पर मूर्खता से परिपूर्ण तथाकथित हिंदू-विरोध का जो माहौल पंडित नेहरू के वर्चस्व काल से ही देश में बना दिया गया है, उसे देखते हुए कल को कोई कंस को भी महिमामंडित करने का कारण तलाश नहीं कर लेंगे, इस बात का क्या भरोसा है? इसलिए, सिर्फ इसीलिए हमने महिषासुर और रावण के साथ कंस को भी अपने शीर्षक में स्थान दे दिया है, ताकि इस थीम पर विचार-विमर्श अपने संपूर्ण रूप में और समग्र रूप में हो जाए। कंस को कालनेमि नामक असुर का द्वापरकालीन व्यक्तित्व माना जाता है और इसी आधार पर संपूर्ण पौराणिक साहित्य कंस का परिगणन असुरों के साथ ही करता है। भारत का संपूर्ण जनसामान्य भी इसी धारणा का समर्थक है।

भारत के वे राम-विरोधी, जो वास्तव में हिंदू-विरोधी और इसलिए भारत-विरोधी ही माने जाएँगे, जो अपने को लंका और लंकापति के साथ जोड़कर गौरवान्वित अनुभव करना चाहते हैं, हमें उस पर कोई आपत्ति भला क्यों होनी चाहिए? जो अपने आपको महिषासुर के नाम पर या उसकी याद में, देश-विरोधी छवि बना चुके एक विश्वविद्यालय में हर साल या यदाकदा एक महिषासुर उत्सव मनाना चाहते हैं, उनकी इस उत्सवप्रियता को क्षतिग्रस्त करने का भी अपना कोई इरादा नहीं है। कंस को अगर कृष्ण के बरक्स खड़ा करके कोई विधर्मी बुद्धिजीवी कंस का गुणगान करना शुरू देकर दे तो भी हमें उनकी मंदबुद्धि पर कोई आपत्ति भला क्यों होनी चाहिए। पर जब आप महिषासुर को, लंकेश रावण को, मथुरेश कंस को दलितों के उत्पीड़क/उद्धारक के साथ जोड़कर देखने की भ्रांति पूरे देश में फैलाकर, देश की पूरी विचार परंपरा को ही, देश के पूरे इतिहास को ही तहस-नहस करने पर उतारू हो जाते हैं तो सारा विषय थोड़ा गंभीर हो जाता है, गंभीर विमर्श का विषय बन जाता है, भारत की विचार काया को क्षत-विक्षत करनेवाले विधर्मी प्रयासों के दायरे में आ जाता है।

दूसरा उतना ही महत्त्वपूर्ण पक्ष यह है कि भारत के जाति-विमर्श और उससे जुड़े दलित-विमर्श के पूरे इतिहास में महिषासुर, रावण, कंस और ऐसे ही दूसरे-दूसरे असुर नामों के लिए कोई जगह है ही नहीं। कोई छोटा-सा कोना भी इनके लिए नहीं है। क्यों? इसलिए कि महिषासुर उस समय के उस विधर्मी समूह के असुर नायक हैं, जिसे हम सत्य-त्रेता-द्वापर, कलि—इस चतुर्युगी से पूर्ववर्ती देवयुग के प्राणी ही मान सकते हैं, जिस युग में देवासुर संग्राम हुआ करते थे। ऐसे अनेक देवासुर

संग्राम हुए, जिनमें से एक देवासुर संग्राम में, दुर्गासप्तशती में महिषासुर असुरों के महानायक के रूप में हमारे सामने आता है। दुर्गा के यानी शक्ति के महालक्ष्मी रूप से महिषासुर का संग्राम हुआ। इस संग्राम में महिषासुर ने अद्‌भुत वीरता का परिचय दिया। पर अंततः वह महालक्ष्मी की वीरता और बुद्धि-चातुर्य के सामने कमजोर पड़ा और मारा गया, पूरी असुर सेना और इस सेना के सेनापतियों के सामने मारा गया। महिषासुर को मारने में शक्ति को अपने शौर्य और रणचातुरी का पूरा-पूरा प्रयोग और उपयोग करना पड़ा। महिषासुर मारा बेशक गया, पर चूँकि वह अपनी विचारधारा के, अर्थात् असुर विचारधारा के महानायक के रूप में युद्ध करते हुए मारा गया, इसलिए भारत के इतिहास में महिषासुर का स्थान महत्त्वपूर्ण है, महनीय बेशक नहीं है। महनीय क्यों नहीं है, इस पर आगे कहेंगे ही।

रावण की बात करें। भारत के विधर्मियों की बात करें तो पता नहीं क्यों उन्हें कृष्ण से कोई खास आपत्ति नहीं है, पर राम पर घोर आपत्ति है, दुश्मनी की हद तक आपत्ति है। पता नहीं विधर्मी लोग कृष्ण को क्या मानकर चलते हैं? राम का जीवन सरल है, जबकि कृष्ण का जीवन कूटनीतिक सफलताओं से भरा हुआ है। हालाँकि असुरों का वध, संख्या के हिसाब से, दोनों अवतारी महापुरुषों ने एक-दूसरे से बढ़कर किया है, कृष्ण ने तो असंख्य रूप में असुर संहार किया है। फिर भी पता नहीं क्यों वे कृष्ण के प्रति नरम रहते हैं, पर राम के प्रति गरम रहते हैं, राम की आलोचना करते रहते हैं। सीता के संदर्भ में राम को लेकर अनाप-शनाप बोलते रहते हैं, जबकि सीता को अग्निगर्भा कहा गया है और इस अग्निगर्भा सीता ने इन विधर्मियों सरीखों के समर्थन में कोई वाक्य या कोई उलाहना कहा ही नहीं है, जिसे वे उद्धृत कर सकें। इस सबके बावजूद ये असुर समर्थक विधर्मी राम की विश्वविख्यात कथा का रूप बिगाड़ने में ही लगे रहते हैं। हालाँकि जनसामान्य में इन रामकथा विकृतियों को कोई समर्थन आज तक नहीं मिला है, पर इन विधर्मियों को 'रामो द्विर्नाभिसंधत्ते' (राम एक ही बाण-प्रहार से अपना लक्ष्य पा लेता है, उसे दो बार बाण नहीं चलाना पड़ता) वाले विराट् रूप से डर लगता है। शायद इसलिए इन विधर्मियों यानी इन भारत-विरोधियों को राम से हमेशा डर लगा रहता है और वे राम के विरुद्ध अनर्गल बोलते रहते हैं, बिना यह जाने और समझे कि चक्रपाणि कृष्ण से तो उन्हें और भी ज्यादा डरने और घबराने की जरूरत है, क्योंकि कृष्ण कब शिशुपाल और जरासंध के नमूने दोहरा दें, कौन जानता है? वैसा होने का समय कब आ जाए कौन जानता है।

कंस का महिमामंडन अभी तक इन विधर्मी लोगों ने शुरू नहीं किया है, पर

कब करना शुरू कर दें, क्या भरोसा है? शायद डर के मारे ही अभी तक ऐसा महिमामंडन इन विधर्मियों ने शुरू नहीं किया है, क्योंकि देश का पूरा-का-पूरा यादव समुदाय, जो सारे भारत में हर जगह फैला हुआ है, जो कभी भी चक्रपाणि कृष्ण के पीछे देश की रक्षा में खम ठोककर खड़ा हो सकता है, विधर्मियों के विरुद्ध खड़ा हो सकता है, इसलिए उन्हें कृष्ण का विरोध करने का साहस नहीं होता। पर वही दलित समुदाय सदा से राम के पीछे भी खम ठोककर खड़ा है और जिस दिन इस समुदाय ने भी यादवों जैसा अंदाज अपना लिया तो आपको कभी भी राम विरोध करने का निर्णायक खामियाजा भुगतना पड़ सकता है। इतिहास का यही सत्य भारत के क्षत्रियों व जारों आदि के लिए भी उतना ही मुखर है।

पृष्ठभूमि तो आपके सामने प्रस्तुत कर दी गई है। अब विमर्श कर लें। आधारभूत बात यह है कि महिषासुर, रावण और कंस, इनमें से कोई जाति-विमर्श के विरोध का विषय आज तक नहीं बना। कभी नहीं बना और इसलिए दलित-विमर्श का विषय भी कभी नहीं बना। पूर्वकाल में ये तीनों भारत के जाति-विमर्श और इसी तर्क के आधार पर भारत के दलित-विमर्श का हिस्सा नहीं बन पाए, तो इसका कारण यह है कि ये तीनों व्यक्तित्व उस युग में, इतिहास के उस कालखंड में हुए जब देश में जाति विमर्श और इसी में से उपजनेवाला दलित-विमर्श अभी ऐसे विचार मंथन का विषय बना ही नहीं था, जिस तरह से पिछली कुछ सदियों में बना, जिन पिछली कुछ सदियों में देश और समाज में दलित-उत्पीड़न का वातावरण निर्माण होना शुरू हुआ, यानी मुसलिम तानाशाही की सदियों के दौरान उत्पीड़न का वातावरण बनना शुरू हुआ। उदाहरणतया, महिषासुर को हमने देवयुग का माना है, जब देवासुर संग्राम हुआ करते थे और ये संग्राम जाति आधारित नहीं थे। ये संग्राम जिस कारण और जिस आधार पर हुआ करते थे, उस पर हम अभी आएँगे। रावण त्रेतायुग के हैं, जब जाति संघर्ष जैसी कोई परिस्थिति थी ही नहीं, सिवाय इस मनोभावना के कि उस युग में हर कोई ब्राह्मण बनना चाह रहा था। उस युग में वर्ण-व्यवस्था अपना आकार ग्रहण कर रही थी, पर कौन ब्राह्मण है, कौन दलित, ऐसा कोई जातिभाव था ही नहीं, त्रेतायुग में था ही नहीं। ब्राह्मण बनने की महत्त्वाकांक्षा और उसके लिए की जानेवाली तपश्चर्या, जाहिर है कि किसी संघर्ष का परिचायक तो नहीं ही है। निषादराज गुह ने राम की सहायता की, उसमें राम का क्षत्रियभाव या निषादराज गुह का केवटभाव न किसी परिस्थिति के समर्थन में आता है और न ही किसी विरोध या उत्पीड़न का पर्यायवाची बनकर हमारे सामने आता है, न ही आड़े आता है, बल्कि रावण तो वेदों का विद्वान् था, पौलस्त्य ब्राह्मण

था। रावण ने सीता का हरण नहीं किया होता तो राम को रावण से कोई शिकायत थी ही नहीं। रावण ने कुत्सित कर्म किया, जैसा कुत्सित कर्म वह प्रायः किया ही करता रहना था, इसलिए उस पर ब्राह्मण होना नहीं, उसका असुर होना ही उस पर हावी हो गया।

उधर कंस? वह तो मथुरेश था, क्षत्रिय वर्ग में इसे आना चाहिए था, परंतु उसने कृष्ण को समाप्त करने के लिए तमाम असुरों को गोलबंद करना शुरू कर दिया। पूतना से प्रारंभ कर एक के बाद एक सभी असुरों को कृष्ण समाप्ति का लक्ष्य पूरा करने में लगा दिया, इसलिए कंस असुर माना गया और पुराण कथाओं में उसे पूर्वजन्म के कालनेमि असुर के वर्तमान जीवन का, द्वापर युग में मिले जीवन का प्रतिनिधि या वर्तमान जीवन का, इसलिए असुर मान लिया गया।

यानी महिष, रावण और कंस—ये तीनों असुर हैं। इनमें से कोई दलित नहीं। इनमें कोई दलितों का रक्षक भी कभी नहीं रहा। पर हवा बना दी जा रही है, देश में विधर्मियों की ओर से ऐसी हवा बना दी जा रही है कि मानो ये तीनों सवर्णों द्वारा उत्पीड़ित हैं और तीनों दलितों के उद्धारक हैं। इतिहास बता रहा है कि ऐसा कुछ भी नहीं है। दूर-दूर तक ऐसा कुछ भी नहीं है। उसकी छाया भी कहीं दूर-दूर तक नहीं है, इसलिए इसलामवादियों, क्राइस्टवादियों की तरह शेष विधर्मियों से भी भारत को सावधान रहने की जरूरत है, जो असुरों के नायकों या प्रतीकों को महिमामंडित करने की योजनाबद्ध कोशिशों में लगे हैं और भारत के धर्म को नष्ट करने पर उतारू हैं और भारत के धर्म को, जिसे हम सनातन कहते हैं, ऐसे भारत के धर्म को नष्ट करने के मिशन में वे देश के दलित समुदाय का दुरुपयोग करना चाहते हैं, जिन दलित समुदायों ने भारत के इतिहास के प्रत्येक कालखंड में भारत के धर्म की रक्षा की है।

असुर क्यों भारत विरोध का प्रतीक हैं? इसलिए क्योंकि वे अधर्म का ही प्रतीक हैं। भारत के धर्म का नाम है, सनातन। संस्कृत परंपरा में कहा गया है, एष धर्मः सनातनः। इसी बात को पालि, प्राकृत परंपरा में कहा गया है—एस धम्मो सणंतओ। यानी यही भारत का धर्म है, जो सनातन है, अर्थात् सदा रहनेवाला है, सनातन है। धर्म यानी श्रेष्ठ आचरण। अधर्म यानी दुष्ट आचरण। जब तक समाज में श्रेष्ठ आचरण का बोलबाला रहता है, तब तक धर्म की प्रतिष्ठा बनी रहती है। इसके विपरीत जब-जब दुष्ट आचरण का बोलबाला रहता है, तब-तब अधर्म का प्रभाव मान लिया जाता है। श्रेष्ठ आचरण धर्म का प्रतीक है तो दुष्ट आचरण अधर्म का। जब हम कहते हैं—रामो विग्रहवान् धर्मः, यानी भगवान् राम धर्म का

ही शरीरधारी रूप है तो हमें धर्म का अर्थ स्पष्ट रहता है। जब भगवान् कृष्ण ने 'धर्मसंस्थापनापर्थाय' कहा, धर्म की स्थापना की प्रक्रिया के संदर्भ में वे इसी धर्म की बात कर रहे थे। जब भगवान् बुद्ध ने 'धर्मचक्रप्रवर्तन' किया तो वे इसी धर्म के शाश्वत चक्र के प्रवर्तन की बात कर रहे थे। किसी भी देश का अस्तित्व, किसी भी समाज का अस्तित्व, किसी भी व्यक्ति का अस्तित्व श्रेष्ठ आचरण पर ही, यानी धर्म पर ही टिका हुआ होता है। दुष्ट आचरण उसे नष्ट कर देता है। जब तक ऐसा होगा, धर्म और अधर्म इसी तरह परिभाषित होते रहेंगे। इसलिए भारत में धर्म को ही 'सनातन' कह दिया गया है। क्यों? इसलिए कि श्रेष्ठ आचरण सनातन रूप से, यानी हमेशा-हमेशा के लिए, अनंत काल के लिए प्रतिष्ठित रहनेवाला है।

असुरों को इसी अधर्म का ही प्रतीक माना गया है और देवों को धर्म का प्रतीक और प्रतिनिधि माना गया है और ऐसा प्रतीक तथा प्रतिनिधि मानकर ही देवों और असुरों के बीच होनेवाले संग्राम को धर्म और अधर्म के बीच संग्राम, 'देवासुर संग्राम' कहा गया है, जो संग्राम, निरंतर चलता रहता है। आज जिस तरह से भारत के विधर्मी भारत के धर्म को नष्ट करनेवालों महिषासुर, रावण, कंस आदि के माध्यम से प्रबल होने की कोशिश कर रहे हैं और उसे दलितों के उत्पीड़न के साथ जोड़कर रख रहे हैं, इसी से स्पष्ट है कि विधर्मी यानी धर्म विमुख इसकी आड़ में दलितों को धर्म के विपरीत रास्ते पर ले जाने पर आमादा हैं। दलित-मुसलिम सामाजिक-राजनीतिक (डी.एम.) गठबंधन की कोशिशों को आप इसी धर्म-अधर्म के संदर्भों में देखेंगे तो आपको तुरंत समझ में आ जाएगा कि कैसे विधर्मी, उम्मा और गज्बा-ए-हिंद की विचारधारा के समर्थक समुदाय भारत को ही नष्ट कर देने पर आमादा हैं और वैसा भारत-विरोधी लक्ष्य प्राप्त करने में वे दलित समुदायों को अपना माध्यम और जरिया बनाना चाह रहे हैं।

महिषासुर, रावण और कंस या ऐसे किसी भी व्यक्तित्व का, जिसका कोई भी संबंध दुष्ट आचरण से है, उन्हें हम धर्म का प्रतीक मान ही नहीं सकते। वे तो अधर्म का ही प्रतीक हैं। भारत-विरोधी विधर्मी शक्तियाँ भारत के दलितों को, कवण ऐलूष, अगस्त्य, महिदास के वंशजों को, वाल्मीकि, वेदव्यास और सूतजी महाराज के वंशधरों को राम-कृष्ण-बुद्ध के अवतारी महा व्यक्तित्वों की संतानों को यानी तमाम दलितों को अधर्म के मार्ग पर चला देना चाहती है। ऐसे किसी भी धर्म-विरोधी, भारत-विरोधी विधर्मी कृत्यों को दलितों का समर्थन भला कैसे मिल सकता है? मिल ही नहीं सकता। इतिहास में ऐसा समर्थन कभी मिला भी नहीं है।

असुर और सुर, इन दोनों शब्दों का भी क्रमशः विकास हुआ है और अब हम

भारतवासियों ने अपनी विचार-सारिणी में ये दोनों शब्द अपने-अपने अर्थों के साथ प्रतिष्ठित कर लिए हैं। असुर वे हैं, जो अधर्म का यानी हर तरह के दुष्ट आचरण का प्रतीक हैं, जबकि इससे विपरीत सुर है, जो श्रेष्ठ आचरण का, धर्माचरण का प्रतीक हैं। 'महाभारत' में तथा लगभग प्रत्येक पुराण में, सृष्टि की निर्माण प्रक्रिया का विवरण देनेवाले अध्यायों में जो कथा मिलती है, उसके अनुसार, उस कथा के अनुसार ब्रह्मा के पुत्र कश्यप ऋषि की अनेक पत्नियाँ थीं, जिनमें से अदिति की संतानें 'आदित्य' अर्थात् 'देव', देवता हुए, दिति के पुत्र दैत्य हुए और दनु के पुत्र दानव हुए। आदित्य और देव शब्द पर्यायवाची हो गए। 'महाभारत' तथा लगभग सभी पुराणों में मिलनेवाली सृष्टि निर्माण और सृष्टि विकास से जुड़ी तमाम कथाओं का यही निष्कर्ष है। यही अर्थ है। यही संदेश है। आगे चलकर सभी असुरों में से यानी दैत्यों और दानवों में से जो मनुष्य भोजी, मनुष्यों को खानेवाले हो गए, वे राक्षस कहलाए। रावण द्वारा पालित लंका में जो राक्षस रहा करते थे, वे सभी मनुष्य भोजी, मनुष्याद थे। वाल्मीकि की पूरी रामकथा में ऐसे राक्षस मनुष्यभोजी होने के कारण स्थान-स्थान पर वर्णित हैं। रावण की पत्नी मंदोदरी मयदानव की पुत्री थी। रावण द्वारा पालित व रक्षित लंका में जो राक्षस रहा करते थे, वे सभी मनुष्यभोजी थे। आप चाहें तो 'वाल्मीकि रामायण' का वह प्रकरण पढ़ सकते हैं, जब राम ने स्वर्ण मृग बने मारीच का वध किया और वहीं लक्ष्मण भी राम से आ मिले थे तो राम को यही चिंता थी कि कहीं आश्रम में अकेली सीता को राक्षसों ने अपना भोजन न बना दिया हो। कुल मिलाकर सुरों और असुरों की यही मुख्य कथा है, वो लगभग प्रत्येक कथाप्रेमी, संस्कारशील भारतीय को पता है, याद है।

सुर यानी देवों को धर्म का प्रतीक तथा असुरों को यानी दैत्य+दानव+राक्षसों को अधर्म का प्रतीक माना गया। उस कथा में भी विकास का एक छोटा-सा क्रम है। ऋग्वेद के प्राचीनतम मंत्रों में 'असुर' शब्द प्राणरक्षा करने के अर्थ में था—जिसकी व्युत्पत्ति इस तरह से है—असून् प्राणान् राति इति असुरः, जो 'असु' यानी प्राणों की रक्षा करे वह असुर है। कई बार कहा गया है, इंद्रः असुरः पिता नः, वरुणः असुरः पिता नः, अर्थात् इंद्र या वरुण हमारे असुर हैं, हमारे पिता हैं। ऋग्वेद के तीसरे मंडल के सूक्त संख्या-55 (3.55) के सभी मंत्रों के चौथे चरण में एक ही अंश में बार-बार दोहराया गया है—महत् देवानाम् असुरत्वमेकम्, यानी सभी देवों में असुरत्व समान है और वह अत्यंत श्रेष्ठ है। अवेस्ता, ईरानी धर्मग्रंथ, जेंद अवेस्ता में इसी 'असुर महत्' को 'अहुर मज़्दा' कहा गया है। फिर असुर के और सुर के अर्थ में परिवर्तन कैसे आ गया? यह भाषा के विकास का एक रोचक दृष्टांत है।

संस्कृत भाषा में एक समास है नञ्, जो निषेधवाची है, और समास हो जाने के बाद उसका प्रयोग शब्द के प्रारंभ में आनेवाले 'अ' के रूप में होता है। जैसे—योग्य-अयोग्य, पठित-अपठित, ज्ञान-अज्ञान आदि। जैसे-जैसे संस्कृत भाषा का विकास हुआ, वैसे-वैसे एक अवस्था ऐसी आ गई, जब नञ् निषेधवाची अर्थवाले समास के प्रभावस्वरूप 'असुर' का अर्थ हो गया नकारात्मक और 'सुर' का अर्थ हो गया सकारात्मक और तब से सुर का अर्थ है, देवता और असुर का अर्थ है दैत्य-दानव-राक्षस। अब यही शब्द प्रयोग में आ रहे हैं, सदियों से या कहना चाहिए सहस्राब्दियों से प्रयोग में आ रहे हैं। पर भाषा विकास की किसी भी अवस्था में असुर और सुर, इन दोनों शब्दों का प्रयोग वर्ण-व्यवस्था, जातिप्रथा, दलित-विमर्श के संदर्भ में नहीं हुआ है, कभी नहीं हुआ, कहीं नहीं हुआ है।

□

7

हनुमान्, सुग्रीव, बाली, शबरी आदि गिरिवासी हैं, वनवासी हैं, दलित नहीं

क्या पवनपुत्र हुनमान दलित हैं? क्या वानरराज सुग्रीव दलित हैं। क्या सुग्रीव के ज्येष्ठ भ्राता वानरराज बाली दलित हैं? क्या पंपा सरोवर के एक किनारे बने प्रसिद्ध मातंग आश्रम की सेविका शबरी दलित हैं? ये और इस तरह के प्रश्न उठना शुरू हुए हैं, यही इस बात का प्रतीक है कि भारत में अब इन सभी विषयों पर भी वाद-विवाद-प्रतिवाद और संवाद होने लगे हैं, जिन प्रश्नों व जिन प्रश्नों के उत्तरों को लेकर विमर्श की प्रक्रिया अब और आगे बढ़ गई है। हम इसे वैचारिक श्रेष्ठता और उससे पैदा होनेवाले वैचारिक ऊहापोह का प्रतीक मान सकते हैं और देश के लिए यह एक शुभ सूचना है।

इस तरह के प्रश्न अब उठ रहे हैं और काफी जोर-शोर से उठ रहे हैं। इससे यह भी मालूम पड़ता है कि भारत में दलित-विमर्श अब संवेदना की नई ऊँचाइयों को स्पर्श करने लगा है। प्राचीन भारत में जाति-विमर्श का स्वरूप क्या था, यह हम अपनी 'उत्तरायण' पुस्तक के कतिपय आलेखों में लिख ही आए हैं। पर अब हम मौजूदा पुस्तक में अभी तक के आधुनिककालीन दलित-विमर्श में दो दृष्टिकोणों पर अपने निष्कर्ष दे ही सकते हैं। एक निष्कर्ष यह है कि डॉ. भीमराव रामजी आंबेडकर जैसे अर्वाचीन ऋषि की श्रेष्ठ और प्रतिबद्ध कर्मशीलता के परिणामस्वरूप भारत में दलितों के लिए सदियों से चलता रहा 'शूद्र' शब्द का प्रयोग अब समाप्त हो गया है और उसके स्थान पर अधिक सार्थक शब्द 'दलित' का प्रयोग होने लगा है। दूसरा दृष्टिकोण यह है कि डॉ. आंबेडकर द्वारा दी गई इस नए थीसिस के बाद आई सरकारों ने दलितों के लिए आरक्षण की व्यवस्था कर दी। हम सभी जानते हैं

कि डॉ. आंबेडकर दलितों के लिए आरक्षण के पक्ष में नहीं थे और बहुत दबाव दिए जाने पर डॉ. आंबेडकर ने केवल कुछ वर्षों के लिए, मसलन दस वर्षों के लिए आरक्षण की व्यवस्था के लिए हामी भरी थी। वे दलितों के लिए जिस जीवन दर्शन को प्रस्तुत कर रहे थे उसमें आरक्षण के लिए अन्यथा कोई स्थान नहीं था। इसके विपरीत वे दलितों के लिए 'शिक्षित बनो' और 'संघर्ष करो' इस जीवन-दर्शन की स्थापना कर रहे थे। यह एक दृष्टिकोण है, जो डॉ. आंबेडकर का दिया हुआ है। दुर्भाग्यवश, स्वतंत्र भारत के बाद देश पर शासन करनेवाली नेहरू की और नेहरूवादी सरकारों ने देश के दलितों के लिए कोई नया जीवन-दर्शन नहीं दिया और हर एक निश्चित अवधि के बाद आरक्षण-व्यवस्था को आगे बढ़ाते चले जाने में ही अपने कर्तव्य की इतिश्री मान ली।

दलितों को लेकर दूसरा दृष्टिकोण राष्ट्रीय स्वयंसेवक संघ (रा.स्व.सं.) ने और उसकी राजनीतिक भुजा भारतीय जनता पार्टी (भा.ज.पा. और उसके पूर्वावतार जनसंघ) ने दिया है। राजनीतिक शब्दावली में संघ-जनसंघ-भा.ज.पा. को संघ परिवार कहा जाता रहा है, जो ठीक ही है, उचित ही है। संघ परिवार ने दलितों के उचित मूल्यांकन और उन्नति के लिए शब्द दिया है, 'अंत्योदय'। 'अंत्योदय' एक अच्छा शब्द है, जिसमें दलितों की अब तक की अप्रिय परिस्थितियों के लिए 'अंन्त्य' शब्द है तो उनको समान रूप से श्रेष्ठ जीवन प्रदान करने के संकल्प और प्रयासों को 'उदय' शब्द से व्यक्त किया गया है। 'अंत्योदय' जहाँ राजनीतिक-आर्थिक सोच का परिचायक है तो वहीं, उसी संघ परिवार द्वारा दिया गया एक और शब्द 'समरसता' वैमनस्य और भेदभाव के स्थान पर संपूर्ण सामाजिक एकात्मता का भाव देता है।

अर्थात् संघ परिवार ने दो शब्द दिए—'अंत्योदय' और 'समरसता'। परंतु कहीं इन शब्दों और इसके पीछे से झाँक रहे संघ-परिवार दर्शन के परिणामस्वरूप दलित कहीं संघ परिवार से न जुड़ जाएँ और वैसा जुड़ जाने पर कहीं भारत में विराट् हिंदू एकात्मता का भाव पैदा न हो जाए, इस डर के मारे कांग्रेस, वामपंथ, इसलामवादी समेत सभी, भारत विमुख विधर्मी ताकतों ने मिलकर 'संघ परिवार दलितों का दुश्मन है' इस थीम पर काम करना शुरू कर दिया। पर संपूर्ण भारत जानता है, सारा हिंदू समाज जानता है, सारा मीडिया और हमारे जैसे तमाम लिखने-पढ़ने-समझने वाले लोग जानते हैं कि संघ परिवार दलितों के प्रति शुरू से ही संवेदनशील और शुभाकांक्षी रहा है।

दो बातें हो गईं। एक कि संघ परिवार दलितों का वैसा ही संवेदनशील

शुभाकांक्षी है, जैसा डॉ. भीमराव आंबेडकर थे और दूसरी यह कि तमाम भारत विमुख और हिंदू-विरोधी राजनीतिक ताकतें संघ को दलित-विरोधी बताने में रात-दिन काम करने लगीं। कहीं हम गलत न समझ लिए जाएँ, इस उत्साह में जिन भी राजनेताओं ने हनुमानजी को दलित कहा, उनका इरादा तो नेक ही था, नेक तो क्या, अत्यंत रचनात्मक था, पर हम इनके इस रचनात्मक उत्साह को भी उत्साहातिरेक, उत्साह की अति ही कहना चाहेंगे। क्यों? इसे ठीक से समझ लिया जाए।

राजनीतिक उत्साह में किए गए कुछ काम या बोल दिए गए कुछ वचन इरादा ठीक होने पर भी समस्याएँ पैदा कर सकते हैं, इसे समझ लिया जाना बहुत जरूरी है। इन दिनों राजनीतिक अत्युत्साह की दो घटनाएँ घटित हुई हैं और दोनों का संबंध संघ परिवार से है। एक का संबंध उत्तर प्रदेश के मुख्यमंत्री योगी आदित्यनाथ से है और दूसरे का संबंध भारत के यशस्वी और राजर्षितुल्य प्रधानमंत्री नरेंद्र मोदी से है। उत्तर प्रदेश के मुख्यमंत्री की बात हम कर चुके हैं और शेष पूरा आलेख इसी की छानबीन में लगानेवाले हैं। एस.सी.एस.टी. एक्ट को लेकर भारत की केंद्र सरकार ने देश के सर्वोच्च न्यायालय में जो अपना मंतव्य दिया है, इससे दलितों को संपूर्ण हिंदू समाज के साथ जोड़ने के संघ परिवार के प्रयासों को धक्का लगा है, इसमें किसी को कोई शक है क्या? पर इसे ठीक से समझना जरूरी है।

हुआ क्या है? भारत के सवर्ण समाज को लगता है कि एस.सी.एस.टी. एक्ट में सर्वोच्च न्यायालय द्वारा प्रस्तावित न्यायपूर्ण परिवर्तनों को न मानने का मोदी सरकार का फैसला समाज में सामंजस्य पैदा नहीं करेगा। इसके विपरीत, वह इसी वैमनस्य को आगे बढ़ाता रहेगा, जिस वैमनस्य का पालन-पोषण कर कांग्रेस की नेहरूवादी विचारधारा भारत के संपूर्ण हिंदू समाज को छिन्न-भिन्न किए रखने की देश-विरोधी राजनीति करती रही है। जाहिर है कि 2018 के अंत में हुए मध्य प्रदेश, राजस्थान, छत्तीसगढ़—इन तीन राज्यों के विधानसभा चुनावों में भारत के हिंदुत्व समर्थक वोटरों ने कांग्रेस को वोट नहीं दिया। 'हमारा वोट किसी को नहीं', नोटा, चुनाव आयोग द्वारा दिए गए इस विकल्प का जबर्दस्त राजनीतिक समझ के साथ उपयोग करते हुए भा.ज.पा. को वोट नहीं दिया। और किसी को तो खैर दिया ही नहीं। जबकि कांग्रेस को वोट देने का मौका और विकल्प हिंदुत्ववादी वोटर के पास था। ऐसे 'किसी को वोट नहीं' के विकल्प का उपयोग इतना अधिक समझदारी से किया गया कि हमें लगता है कि, कांग्रेस को तात्कालिक राहत देकर हिंदुत्ववादी वोटर ने केंद्र सरकार को भी अपने हिसाब से भविष्य की चेतावनी दे दी कि अगर आप राममंदिर नहीं बनाएँगे, धारा 370 समाप्त नहीं करेंगे, समान नागरिक संहिता

लागू नहीं करेंगे तो हम भी अपने हिसाब से आपको राजनीतिक झापड़ लगा सकते हैं। इस विषय पर हम फिर कभी बात करेंगे जब, क्यों भारत को हिंदू राष्ट्र घोषित नहीं किया जा रहा, इस पर हम संघ परिवार से पूछताछ करेंगे। भा.ज.पा. से तो पूछताछ अलग से भी की जाएगी, की ही जाएगी।

हम योगी आदित्यनाथ के उत्साहशील बयान की बात करें। योगी आदित्यनाथ गोरखनाथ पीठ के सर्वाधिकारी हैं। जाहिर है कि हिंदुत्व को ठीक से समझते हैं। जाहिर है कि 'हनुमानजी दलित हैं' उनका यह बयान बिना गंभीर विचारशीलता के दे दिया गया बयान है। कौन दलित है, कौन वैश्य है, कौन क्षत्रिय है, कौन ब्राह्मण है, इन और इस तरह के सभी सवालों का संबंध यानी वर्ण-व्यवस्था और जातिप्रथा से जुड़े सभी प्रश्नों का संबंध हिंदू की सामाजिक संगठनशीलता से है और हनुमानजी पर इस संगठनशीलता का कोई दबाव नहीं है। हनुमान शिव का रूप माने जाते हैं। हिंदू समाज में पौराणिक कथा सर्व ज्ञात है कि हनुमानजी के जन्म के समय शिव ने चाहा कि चूँकि उन्होंने (यानी शिव ने) अपने अनेकानेक रूपों को विभिन्न अवतारों के माध्यम से व्यक्त किया है, पर अपने रौद्र रूप को कभी व्यक्त नहीं किया। शिव ने संकल्प किया कि वे अब अपने रौद्र रूप का अवतार लेंगे और उनके इस संकल्प की पूर्ति शिव ने हनुमान को प्रकट करके की। हनुमान शिव की की ही प्रतिमूर्ति है, पर शिव न तो हनुमान के माता हैं, न पिता हैं, इसलिए कि वे शिव की संकल्प-संतान हैं। ठीक इसलिए गोस्वामी तुलसीदास ने अपनी अभूतपूर्व विश्वविख्यात रचना 'हनुमान चालीसा' में एक ही चैपाई में हनुमान को 'शंकर सुवन' (शिव की संकल्प संतति) और 'केसरी नंदन' (केसरी की संतान) कह दिया है। कथा इसलिए बता दी गई, ताकि हरेक को स्पष्ट रहे कि हनुमान जिस शक्ति का अवतार माने जाते हैं, उस पर समाज की वर्ण-व्यवस्था या जातिप्रथा या जात-पाँत का कोई दबाव नहीं है। वे शंकर की ही संतान हैं। दैवी अवतार हैं। सामाजिक वर्ण-व्यवस्था के नियमों व बंधनों से परे हैं। इसलिए यह कहना कि हनुमानजी दलित हैं, दलितों के प्रति योगी आदित्यनाथ के श्रेष्ठ और रचनात्मक मनोभावों का प्रतीक तो मान सकते हैं, पर वे दलित हैं, ऐसा विशेषण तो हम हनुमान तो क्या, किसी भी दैवी रूप को नहीं दे सकते। ज्ञात रहे कि शिव, राम, कृष्ण, बुद्ध, महावीर स्वामी तो अवतारी महाव्यक्तित्व हैं, पर हनुमान शिव का अवतार नहीं हैं, वे तो स्वयं शिव हैं, शिव का रौद्र रूप हैं।

बेशक हनुमान् वानर रूप हैं। पर हम हनुमान को सुग्रीव और उनके बड़े भाई बाली की पाँत में भी नहीं बिठा सकते। किष्किंधा एक राज्य है, जो वानरों का

राज्य है और राम के समय पहले बाली और फिर सुग्रीव इस राज्य के अधिपति हैं। 'वाल्मीकि रामायण' का 'किष्किंधा कांड' पढ़ेंगे तो आपको चकित होकर पढ़ने को मिलेगा कि कितना भव्य और सुगठित राज्य है वह। बाली इसी राज्य का अधिपति था और सुग्रीव उसी बाली का छोटा भाई है। अब सवाल है, राम ने बाली को क्यों मारा? अपनी इस 'दलित-विमर्श' नामक राजनीतिक पुस्तक में हमारा राजनीतिक उत्तर यह है कि बाली एक बलशाली राजा था, जिसे सामने पड़नेवाले शत्रु की आधी शक्ति का हरण कर लेने का चिचित्र वरदान मिला हुआ था। रावण से वह डरता नहीं था, डरना तो दूर की बात है, वह रावण को अपनी काँख में दबाए घूम चुका था। राम को विश्वास नहीं था कि ऐसा बलशाली और अहंकारी किष्किंधाराज बाली सीता को पुनः प्राप्त करने के मिशन में रावण के विरुद्ध उनकी सहायता करेगा। इसलिए राम ने बाली को मारकर सुग्रीव को अपना लिया और किष्किंधा का राजा बनवा दिया, ताकि कृतज्ञ सुग्रीव, उसकी पूरी वानर सेना और संपूर्ण किष्किंधा शक्ति रावण के विरुद्ध राम की सहायता, सीता को पुनः प्राप्त करने के मिशन में राम की सहायता करे और हम सभी जानते हैं कि घटनाचक्र ठीक वैसा ही घटित हुआ। जाहिर है कि हनुमान, बाली, सुग्रीव, अंगद आदि सभी वानर जाति के हैं। पर हनुमान तो शिव का ही रूप होने के कारण, दैवी आभा से युक्त होने के कारण एक व्यक्तित्व ही अलग है, जो सामाजिक-राजनीतिक व्यवस्थाओं का हिस्सा नहीं है, कहने को वे बेशक सुग्रीव के मंत्री हैं। ठीक ऐसे ही बाली, सुग्रीव, अंगद, नल, नील आदि भी वानर और भालू-रीछ समुदायों के हैं, जिन पर सामाजिक वर्ण-व्यवस्था का नियम आप कैसे लागू कर सकते हैं? अगर कोई सामाजिक-राजनीतिक व्यवस्था उन्हें देनी ही हो तो आप उन्हें वनवासी कह सकते हैं, गिरिवासी कह सकते हैं।

जहाँ तक शबरी की बात है, इसमें तो वैसी भी कोई समस्या नहीं है, जैसी समस्या वानर जाति का विश्लेषण करने में आ सकती है, क्योंकि शबरी भील है, वानर जाति की नहीं है और उस पर भारत की युगों पुरानी वर्ण-व्यवस्था के नियम लागू हो भी सकते हैं और नहीं भी हो सकते। सारा विषय कुल मिलाकर इस अवधारणा पर निर्भर करता है कि आप वर्ण-व्यवस्था के विचार को किस तरह और किस दृष्टिकोण से लागू करते हैं? यह समस्या हमारे क्राइस्टवादी भारत-विरोधी शासकों को भी आई थी। पर चूँकि भारत की एकात्मता का भाव पैदा करना इन क्राइस्टवादी भारत-विरोधी शासकों का ऐसा कोई लक्ष्य दूर-दूर तक नहीं था, इसलिए उन्होंने उन्हें एक विदेशी जैसा लगनेवाला नाम, शैड्यूल्ड ट्राइब्स, परिगणित जातियाँ ऐसा

निरर्थक और विचित्र नाम दे दिया। अब भारत स्वतंत्र है, हम अपने स्वामी स्वयं हैं, कोई इसलामवादी या क्राइस्टवादी शासक अब हमें पथ विमुख नहीं कर सकता, भारत-विरोधी नहीं बना सकता। इसलिए अब हमें भारत की स्वाभाविक परिस्थितियों और भारत के अपने मनोभावों को सम्मानूपर्वक व्यक्त करनेवाला शब्द देना चाहिए और वह शब्द है, वनवासी तथा गिरिवासी। जैसे हनुमान, बाली, सुग्रीव, अंगद आदि गिरिवासी हैं, उसी स्वाभाविक विवरण शैली के आधार पर शबरी आदि और उस जैसे तमाम जन वनवासी हैं और ये सभी गिरिवासी तथा वनवासी भारत की वर्ण-व्यवस्था का हिस्सा इस तरह से कभी नहीं रहे, जिस तरह से शेष भारतवासी रहे हैं। इसलिए उन पर भारत की युगों पुरानी वर्ण-व्यवस्था के नियम और उसके गुण-दोष लागू होंगे या नहीं, यह एक गंभीर विमर्श का विषय बेशक है। पर इनमें से कोई भी दलित तो नहीं ही है।

□

8

दक्षिण में राम : सभ्यता पर विमर्श

राजरानी अग्निगर्भा सीता की खोज की प्रक्रिया में राम भारत के उस हिस्से में चले गए, जिसे आज हम दक्षिण भारत कहते हैं। इसी खोज की प्रक्रिया में राम का पहले पंपासरोवर में आगमन हुआ और फिर उसके बाद सुग्रीव से सहायता पाने की अपेक्षा के साथ राम किष्किंधा आ गए और इस तरह राम भारत के उस हिस्से में आ गए, जिसे हम दोहरा रहे हैं और इस तरह से कह रहे हैं कि राम वहाँ आ गए, जिसे हम दक्षिण भारत कहते हैं।

यानी राम पहली बार दक्षिण में आ गए, पहली बार। आज के भौगोलिक मानचित्र के हिसाब से भारत का दक्षिणी भाग दो हिस्सों में हमारे सामने ज्ञात है। एक, भारत का वह दक्षिण जो विंध्य के पार, उत्तर के साथ सटा हुआ है, जिसे भारत में इसलामी आक्रमण के बाद के मानचित्रों में दक्कन या डेक्कन कह दिया जाता है, जिसमें दक्षिणी महाराष्ट्र, कर्नाटक, तेलंगाना व आंध्र प्रदेश आदि आते हैं और दो, दक्षिण, इस दक्कन से सटा वह दक्षिण, जिसमें आज के हिसाब से केरल और तमिलनाडु और पुडुचेरी सहित सारा एशिया आता है। डेकन या दक्कन और जाहिर है कि दक्षिण, ये सभी शब्द संस्कृत भाषा के दक्षिण शब्द से विकसित हुए हैं और कुछ नहीं। यानी भारत के हिसाब से डेकन, दक्कन या दक्षिण सभी दक्षिण हैं। (संस्कृत में दक्षिण का शब्दार्थ है—कुशल, दक्ष, स्मार्ट और चुस्त-दुरुस्त।)

हालाँकि भारत का स्वाभाविक वर्गीकरण चार ही भागों में है—पूर्व, पश्चिम, उत्तर व दक्षिण। पर भौगोलिक, प्रशासनिक व भाषायी अध्ययन की सुविधा के लिए पूर्व को पूर्व तथा पूर्वोत्तर, पश्चिम को पश्चिम तथा पश्चिमोत्तर (जिसमें आज का पाकिस्तान, वजीरिस्तान, हिंदू कुश तक का क्षेत्र आता है), उत्तर को उत्तर तथा पूर्वांचल और दक्षिण को दक्कन तथा दक्षिण कह दिया जाता है।

चूँकि राक्षसराज रावण द्वारा अपहृत कर ली गई जानकी सीता की खोज करते हुए राम पहले विंध्य के पार, आज के भारत में, दक्कन पहुँचे और फिर दक्षिण पहुँचे, इसलिए हम कह सकते हैं कि अयोध्या के राम अर्थात् भारत के उत्तर के, पूर्वांचल के राम प्राणप्रिया धर्मपत्नी सीता की अपनी अथक, ऐतिहासिक, भाव प्रवण व शौर्य संपन्न खोज करते-करते पहले दक्कन पहुँचे, फिर धुर दक्षिण, समुद्र के किनारे तक पहुँचे और फिर तो समुद्र को भी पार कर लंका पहुँच गए, जिसे हम आज की भाषा में श्रीलंका कहते हैं। राम और रावण के बीच हुआ युद्ध, आज की भौगोलिक शब्दावली में कहें तो भारत की भूमि पर नहीं, श्रीलंका की भूमि पर हुआ था और चालू राजनीतिक भाषा में कहें तो राम ने रावण को उसके घर में घुसकर मारा था। सोचें तो ही समझ में आएगा कि सीता को फिर से लौटा लाने के लिए गृहलक्ष्मी (भवभूति की भाषा में 'इयं गेहे लक्ष्मी:') को घर वापस लाने के लिए राम कहाँ तक गए। यह स्वाभाविक ही था, जो राम ने किया। राम ऐसा न करते तो वे फिर राम ही क्यों कहलाए जाते? राम के आलोचक यह बात आज तक नहीं समझ सके। यह उनकी समस्या है, हमारी नहीं।

भारत के ऐतिहासिक कालक्रम के हिसाब से राम त्रेता युग में हुए थे, जिसे अब निश्चित रूप से आज से छह हजार साल पहले का माना जाता है। जो बात भारत के जनमानस में शुरू से बसी है, उसी को अब विभिन्न भूगर्भीय व अंतरिक्षीय खोज के आधार पर भी समर्थन प्रदान किया गया है। वैसे पश्चिम-परस्त, भारत-विमुख लोग इस बात को आसानी से मानेंगे नहीं। मान भी तो नहीं रहे। पर सत्य को कब तक रोका जा सकता है? भारत सत्य के साथ है। पश्चिम के लोग नहीं मानते तो यह उनकी अपनी समस्या है, हमारी नहीं। महाभारत पाँच हजार साल पहले का है, जो द्वापर युग माना जाता है। भारत की जो कालगणना हम भारतीयों के हृदयों में, अंतस्तल में हजारों सालों से बसी और पैठी है, उसके हिसाब से देश में सबसे पहले देव युग रहा, जिसके बारे में अभी देश ने तरीके से खोज करना बाकी है, परंतु भारत के पुराण ग्रंथों में यह सारा कालखंड विस्तार से लिखा पड़ा है। उन पुराण ग्रंथों में, जो एक अनुपम शैली में लिखे हमारे इतिहास ग्रंथ हैं, पर जिन्हें भारत-विरोधी, पश्चिम-परस्त लोगों के दबाव में हमने अकारण ही 'माइथोलॉजी' कहकर खारिज कर रखा है। कोई देश कैसे खुद को ही खारिज कर देता है, यह उसका एक नमूना है। बहुत ही नायाब नमूना।

उसके बाद कृतयुग या सत्ययुग आता है, जिसमें यजुर्वेद के यजुषों की रचना हुई। जिसके बाद, आज से आठ हजार साल पहले कृतयुग में, जिसे हम प्राय: सत्ययुग

के नाम से जानते हैं, उस समय, करीब सात हजार साल पहले ऋषि विश्वामित्र द्वारा लिखे गायत्री मंत्र के साथ ऋचाओं की रचना हुई, जो 'ऋग्वेद' में संकलित हैं। भारत के पुराण इससे पहले के काल को देवयुग के नाम से, अनौपचारिक रूप से जानते और बतलाते हैं। यह संपूर्ण विषय हम अपनी ही पुस्तक 'भारतगाथा' में विस्तार से लिख आए हैं, पर यह हमारा आज का विषय नहीं है।

हमने तो इस ओर सिर्फ और सिर्फ इसलिए संकेत (भर) किया है कि भारत के लगभग दस हजार वर्षों के इस इतिहास के संपूर्ण कालखंडों में करोड़ों-करोड़ भारतवासी उत्तर से दक्षिण की ओर या फिर दक्षिण से उत्तर की ओर आए व गए होंगे। राम के दक्षिण आने से पहले राजनीतिक व आध्यात्मिक दृष्टि से एक बड़ा ही महत्त्वपूर्ण नाम हमें इस कड़ी में नजर आता है। यह पहला नाम ऋषि अगस्त्य का है। क्या करें? घटना ही इतनी पुरानी है कि यह घटना, यह ऐतिहासिक घटना एक बड़ी ही आकर्षक घटना के रूप में दर्ज हो गई कि एक कहानी चल पड़ी कि पहले विंध्य पर्वत बहुत-बहुत ऊँचा था, कोई इसे पार नहीं कर पा रहा था। अगस्त्य ऋषि ने इसके लिए तप किया और फिर विंध्य से अनुरोध किया, "हे विंध्य, थोड़ा नीचे हो जाओ, मुझे उसके पार जाना है।" विंध्य ने ऋषि की तपस्या का मान रखा और नीचे हो गया। हम आपको कहानी बता रहे हैं। अगस्त्य विंध्य पार हो गए। पार हो जाने के बाद मुनि अगस्त्य ने विंध्य से कहा कि अब तुम तब तक नीचा ही रहना, जब तक कि मैं वापस न आ जाऊँ और तब से अगस्त्य वापस उत्तर आए ही नहीं। वे दक्षिण के हो गए और तब से अगस्त्य दक्षिण में ही हैं, दक्षिण के ही हैं।

पर इस वृहद ऐतिहासिक घटना को पश्चिम के तथाकथित इतिहासकारों और उनके द्वारा हमें पढ़ाए गए तथाकथित इतिहास को लगातार रटते रहनेवाले पश्चिम-परस्तों ने कैसे दक्षिण भारत और शेष भारत को जोड़ने के बजाए उसे भारत के दोनों क्षेत्रों को एक-दूसरे से बाँटकर रख देने के रूप में बदल दिया है, इस कुटिल खोज की बखिया उधेड़ने हम यहाँ नहीं बैठे। वैसे पश्चिम-परस्तों द्वारा हम पर थोपी इस कथित रिसर्च की बखिया हम उधेड़ेंगे जरूर। इसका जवाब हम जल्दी ही देंगे। कुछ वैसा ही काम हम अपनी 'भारतगाथा' में शुरू कर भी आए हैं। पर हमारा आज का विषय चूँकि राम के दक्षिण प्रवास को लेकर है, इसलिए हम राम द्वारा की जा रही सीता की खोज को ही इस भारत-विरोधी शोध के परिप्रेक्ष्य में, अपने इस आलेख को केंद्र में रखकर आगे कुछ महत्त्वपूर्ण बातें कहनेवाले हैं।

यानी जिन भारत-द्रोही व पश्चिम-परस्त खोजकर्ताओं ने भारत के इस उत्तर-दक्षिण भूगोल को कुटिल राजनीतिक रंग दिया है और राम की, आर्यों की दक्षिण

पर कथित विजय बताने का प्रयास किया है, उनकी जिज्ञासाएँ बढ़ाने के लिए हमें कुछ जरूर कहना है। हम अपनी यह प्रस्तुति दो हिस्सों में, दो छोटे-छोटे हिस्सों में करेंगे। एक हिस्से में यह विचार किया जाएगा कि देश के इतिहास में राम का (या किसी का भी) द्रविड़ विनाश का कोई एजेंडा कभी या ही नहीं और दूसरे हिस्से में यह विचार किया जाएगा कि राम के समय दक्षिण भारत कोई मिट्‌टी और ढेलों का बंजर भारत नहीं था। भारत एक पूर्ण विकसित दक्षिण भारत था, जहाँ की सभ्यताएँ, वानर सभ्यता व राक्षस सभ्यता, दो सुविकसित सभ्यताएँ विद्यमान थीं, जिनका उत्तर से आए, ठीक से कहें तो देश के उत्तर के पूर्वांचल से आए राम ने परस्पर घनिष्ठ संबंध स्थापित कर दिया, जिसके प्रमाण के रूप में, हिमालय के जैसे एक अडिग प्रमाण की तरह दक्षिण का रामसेतु एक अडिग प्रमाण के रूप में खड़ा है, जिस अडिग प्रमाण को डिगाने की कोशिश पश्चिम-परस्त भारत-विमुख राजनीति करनेवाले सन् 1947 में मिली आजादी के बाद से ही लगे हुए हैं, बेशक असफलतापूर्वक लगे हुए हैं। थोड़ा ढंग से विचार कर लिया जाए।

1. सबसे पहले हमें इस बेसिक बात को ठीक से याद कर लेना चाहिए कि राम ने सीता को, अपनी प्राणप्रिया धर्मपत्नी सीता को उस रावण के चंगुल में छुड़ाने के लिए दक्षिण प्रवास किया था, जिस रावण ने सीता का अपहरण कर लिया हुआ था। जैसा कि हम बता आए हैं, शूर्पणखा-प्रकरण, खर-दूषण-त्रिशिरा की पराजय और विनाश, सीता का अपहरण—ये और उसके साथ जुड़ी हुई तमाम घटनाएँ तब घटित होना शुरू हुईं जब राम करीब-करीब साढ़े बारह-तेरह साल का वनवास पूरा कर चुके थे और उनके वनवास के बाकी एक-डेढ़ साल ही बाकी बचे हुए थे। अगर किसी कथित आर्य द्रविड़ संघर्ष का या द्रविड़ विनाश का कोई एजेंडा राम का रहा होता तो वे अपने वनवास के चौदह में से साढ़े बारह-तेरह वर्ष का अमूल्य समय पंचवटी और जन्स्थान में ही न गँवा देते, जबकि शूर्पणखा, खर, दूषण, त्रिशिरा वगैरह सभी लोग, यानी रावण के ये सभी सिपहसालार इन सभी साढ़े बारह-तेरह वर्षों से इसी जनस्थान में ही रह रहे थे। न शूर्पणखा कांड घटित होता और न ही राम-रावण युद्ध का कारण भी शुरू होता। पश्चिम के जिन कथित खोजी इतिहास लेखकों ने आर्य-द्रविड़ संघर्ष की जो पटकथा कल्पित की है, उस पटकथा की प्रेरणा-स्रोत यदि कोई है तो यही शूर्पणखा है या फिर खर-दूषण, त्रिशिरा जैसे उसी के भाई-बंधु हैं। तब से ये खोजी इतिहासकार और उनके समर्थक पश्चिम-परस्त राजनीतिबाज लोग शूर्पणखा की प्रेरणा से लिखी इस पटकथा का पालन-पोषण कर रहे हैं। हम यह नहीं जानते कि वे वैसा क्यों करते रहे हैं? शायद जानते भी हैं।

2. हमें दूसरी बेसिक बात यह भी याद रख लेनी चाहिए कि राम अपने किसी कथित आर्य-द्रविड़ संघर्ष के एजेंडे को पूरा करने को वनवास के लिए नहीं गए थे। राम को वनवास के लिए जाने का आदेश दशरथ और कैकेयी की ओर से मिला था। दशरथ की दूसरी दोनों पत्नियों, कौशल्या और सुमित्रा का कोई समर्थन इस घटनाचक्र को नहीं था और यह संपूर्ण घटनाचक्र जब घटा, तब राम के सबसे प्यारे भाई भरत तो अयोध्या में ही नहीं थे। वे तो घूमने-फिरने के लिए अपने ननिहाल गए हुए थे। इस पूरे घटनाचक्र में न किसी 'आर्य' शब्द का प्रयोग है, न किसी 'द्रविड़' शब्द का प्रयोग है और न किसी कथित आर्य-द्रविड़ संघर्ष का कोई संदर्भ कहीं है। गलती से भी नहीं है, दूर-दूर तक नहीं है। इस संपूर्ण घटनाचक्र के आधार पर, जिसे आर्य-द्रविड़ संघर्ष की थ्योरी चलाकर भारत का, सभी भारतवासियों का, भारत के संपूर्ण इतिहास का जो अपमान किया जाता है और लगातार किया जा रहा है, क्या भारत के देशानुरागी व देशाभिमानी लोग इसका बौद्धिक प्रतिकार कभी करेंगे? करेंगे ही।

3. तीसरी याद रखने लायक बेसिक बात यह है कि राम ने अपना चौदह साल का वनवास अयोध्या से ज्यादा दूर नहीं, अपितु गंगा पार करने के बाद चित्रकूट से ही प्रारंभ किया था। तब चित्रकूट आज की तरह कोई आवासीय भूमि या पर्यटन स्थल नहीं था। वह वन ही था, पहाड़ियों वाला वन था। 'चित्रकूट' इस नाम में कूट कहने का तात्पर्य ही यही है कि वह पहाड़ियोंवाला वनक्षेत्र था। कूट का अर्थ पहाड़ियोंवाला क्षेत्र है। पर वनवास शुरू होने के शीघ्र बाद भरत जब अपनी सेना, अयोध्यावासियों और अयोध्या के राजपरिवार के लोगों के साथ राम के पास चित्रकूट आ गए, राम को अयोध्या वापस आने के लिए यानी अपना वनवास तुरंत समाप्त करने का आग्रह करने लगे तो राम ने अपनी चरण-पादुकाएँ देकर जैसे-तैसे भरत व अन्य सभी को लौटाया। अगर भरत अपने मिशन में सफल हो जाते तो राम का वनवास वहीं समाप्त हो जाता, पर पिता को दी प्रतिज्ञा पूरी करने को कटिबद्ध राम ने भरत की बात नहीं मानी और सभी को लौटा दिया। इस पर जब राम को ऐसा लगा कि भरत आदि सभी अयोध्यावासी चित्रकूट क्षेत्र आ चुके हैं, वे शायद बार-बार चित्रकूट आते रहेंगे और मुनियों की तपस्या में और राम के वनवास में विघ्न डालते रहेंगे (अयोध्याकांड सर्ग-117) तो राम ने चित्रकूट वन को छोड़कर, विंध्य पार कर जनस्थान जाने का निर्णय किया और वहाँ पंचवटी में अपना आश्रम बनाया, जहाँ वे सीता-अपहरण तक फिर रहे। जैसे अगर साढ़े बारह-तेरह साल के वनवास के बाद अगर शूर्पणखा कांड और परिणामस्वरूप रावण द्वारा सीता-अपहरण नहीं

हुआ होता तो राम अपना संपूर्ण वनवास जनस्थान में ही पूरा कर देते। तो बताइए इस पूरे ऐतिहासिक घटनाक्रम में जो राम के ही समकालीन वाल्मीकि ने अपने प्रबंध काव्य 'रामायण' में लिपिबद्ध कर दिया है, इस पूरे ऐतिहासिक घटनाक्रम में कहाँ है आर्य-द्रविड़ संघर्ष? कहीं उसका कोई विवरण तो छोड़ दीजिए, कोई संकेत तक भी कहाँ है? अगर नहीं है, जो कि नहीं है, तो क्यों इस झूठ को, पश्चिम के कथित इतिहासकारों द्वारा परोसे गए इस झूठ को, अभी तक भारत विमुख पश्चिम-परस्त लोगों द्वारा दशकों से परोसा और स्कूल-कॉलेजों में पढ़ाया जा रहा है? क्यों?

4. राम के हाथों राक्षसों के वध का यह घटनाक्रम राम के जनस्थान में जाने के बाद प्रारंभ हुआ हो, ऐसा नहीं है। दशरथ से राम को वनवास की आज्ञा मिलने से काफी पहले, अपितु राम-सीता के विवाह से भी काफी पहले ही राम ने विश्वामित्र की आज्ञा से राक्षस-वध किया था। तब विश्वामित्र अपने आश्रम में चल रहे यज्ञ में विघ्न डालनेवाले राक्षसों का संकट समाप्त करने के लिए विश्वामित्र के आह्वान पर उनके साथ गए थे। तब राम के हाथों पहले ताड़का का वध हुआ, फिर सुबाहु का वध हुआ और फिर मारीच को वहाँ से भगाया गया, जहाँ से अयोध्या के समीप ही बने विश्वामित्र के आश्रम से भगाए जाने पर वहाँ से वह यानी मारीच जनस्थान में जा पहुँचा। वहाँ उसने फिर, राम से बदला निकालने के लिए रावण के हाथों सीता का अपहरण करने में, मारीच ने अपनी जान की बाजी लगाकर रावण की सहायता की। इस पूरे प्रसंग में भी आर्य-द्रविड़ संघर्ष का कोई संकेत दूर-दूर तक नहीं है।

5. अब एक बात इस संदर्भ से हटकर सिर्फ 'आर्य' शब्द के बारे में कर ली जाए। जब यह कहा जाता है कि भारत में 'आर्य' शब्द किसी नस्लवादी समुदाय का या किसी भी समुदाय का वाचक नहीं है और 'आर्य' शब्द का सिर्फ और सिर्फ एक अर्थ 'श्रेष्ठ' है, तो उस भाषायी सत्य को भी नकार देने से ये पश्चिम-परस्त, भारत-विरोधी लोग नहीं चूकते। वे इस कुप्रचार से, इस नस्लवादी कुप्रचार से अब हमेशा के लिए बाज आ जाएँ, इसलिए हम उनका इस 'आर्य' शब्द से परिचय बहुत ही महत्त्वपूर्ण संदर्भ में करवा देते हैं, बेशक प्रकारांतर से वहाँ भी 'आर्य' शब्द का अर्थ 'श्रेष्ठ' के अलावा और कुछ नहीं, बस केवल संदर्भ सर्वज्ञात और अद्‌भुत है। भगवान् बुद्ध ने भारत के दर्शन के चार 'आर्य सत्य' बताए हैं। सर्वज्ञ बुद्ध के बताए ये चार सत्य इस प्रकार हैं—1. दुःख है, 2. दुःख का कारण है, 3. दुःख का निवारण हो सकता है और 4. इस दुःख का निवारण करने के मार्ग हैं। हम यहाँ इस मूलभूत भारतीय दर्शन का, जिसे भगवान् बुद्ध ने सहजतम दार्शनिक भाषा में हमें समझा दिया है और जिसे अब देश का बच्चा-बच्चा जानता है, इस

दर्शन का विवेचन करने के लिए नहीं बैठे हैं, क्योंकि हमारे लिए वह प्रसंग अभी हैं नहीं, फिर जब आएगा तो विस्तार से ही क्यों, काफी विस्तार से चर्चा करेंगे। मौजूदा संदर्भ में हम सिर्फ इतना पूछना चाहते हैं कि कृपया आर्य-द्रविड़ संघर्ष को भारत के इतिहास में प्रतिष्ठित करनेवाले भारत-द्रोही पश्चिम-परस्त इतिहासकार यानी तथाकथित इतिहासकार कृपया बताएँ कि भगवान् बुद्ध द्वारा प्रतिपादित भारत के इस मूलभूत दर्शन में 'आर्य' शब्द का द्रविड़ से क्या संबंध है? हम उसके विस्तार में जाने की कोई जरूरत नहीं समझते हैं कि इन पश्चिम-परस्त तथाकथित इतिहास लेखकों ने जान-बूझकर 'आर्य' शब्द को नस्लवादी बताकर अपनी क्षुद्र नस्लवादी मानसिकता का परिचय देते हुए भारत नामक महादेश का सिर्फ और सिर्फ अपमान ही किया है, क्योंकि ऐसी ये सभ्यताएँ कभी एक-दूसरे के बरक्स कभी इस तरह से अस्तित्व में आईं ही नहीं।

पर इसका अर्थ यह नहीं कि भारत में कभी सभ्यताओं में संघर्ष हुआ ही नहीं। 'रामायण' कथा के पाठक इस सत्य से भली-भाँति परिचित हैं कि रामकथा के अयोध्या परवर्ती घटना विस्तार के कालखंड के आस-पास ही भारत में तीन सभ्यताएँ एक-दूसरे के पड़ोस में, एक ही समय में विकसित अवस्था में पहुँच चुकी थीं। एक है, भारत की वैदिक सभ्यता, दूसरी है, भारत के दक्कन की वानर सभ्यता और तीसरी है, भारत के दक्षिण के पार लंका में विकसित राक्षस सभ्यता। इन तीनों सभ्यताओं को लेकर हमें एक-एक बात सिर्फ बेसिक जानकारी के रूप में जाननी है। जिसे हम वैदिक सभ्यता कह रहे हैं, उसके लिए अधिक उपयुक्त शब्द है, मानव सभ्यता, क्योंकि 'मानव' शब्द भारत के प्रथम राजा 'मनु' से ही निकला और बना है। जिन मनु महाराज ने देश को, देश के लोगों को श्रेष्ठ आचरण की शिक्षा दी, समझाया और उनकी स्वभाव और साधना का हिस्सा बना दिया। शेष दोनों सभ्यताओं, वानर सभ्यता और राक्षस सभ्यता तक मनु के जीवन-दर्शन का प्रवेश या प्रसार अभी नहीं हुआ था। इसलिए वैदिक सभ्यता को हम अपने प्रयोग के लिए 'मानव साभ्यता' इस शीर्षक से ही जानेंगे।

वानर सभ्यता के बारे में हमें यह जान लेना चाहिए कि भारत का दक्कन इस सभ्यता का केंद्र था और मानव सभ्यता से वानर साधना का कोई संपर्क परस्पर नहीं था। जो ऋषि-मुनि सारे भारत में विभिन्न स्थानों पर योग, ध्यान, भक्ति, जीवन-दर्शन में श्रद्धा रखते हुए भारत के पूर्व, पश्चिम, उत्तर, (दक्कन सहित) दक्षिण में अपने आश्रम बनाकर उस वैदिक या मानव सभ्यता पर आचरण कर रहे थे, वे सभी उनके व्यक्तिगत प्रयास थे। उनके ये प्रयास सभ्यतामूलक थे या फिर सभ्यता के प्रसार के

लिए, इसके कोई ठोस प्रमाण हमारे पास नहीं हैं। पूरी उत्तर रामकथा में नहीं है।

कारण स्पष्ट है। अगर राम को ही वैदिक सभ्यता का अर्थात् मानव सभ्यता का राजनीतिक प्रतीक मान लें तो हमें यह फिर से बताना पड़ेगा कि राम का दक्षिण आगमन सभ्यतामूलक या फिर राजनीतिक कारणों से नहीं हुआ था। वह तो अयोध्या राज परिवार में कैकेयी द्वारा कर दिए गए 'कू' के कारण, विद्रोह के कारण अनायास ही हो गया था। पर इस 'कू' या 'विद्रोह' के संदर्भ से हमें यह तो पता चल ही गया कि सारा अयोध्या राजपरिवार या फिर संपूर्ण उत्तर भारत यह तो ठीक से जानता है कि भारत के दक्षिण में, दंडकारण्य में आना और बसेरे को कठिन जंगल था, अरण्य था, 'रण' यानी शब्द यानी कोलाहल से रहित, अरण्य था, शांत प्रदेश था, बल्कि विषम प्रदेश था, जहाँ रहना दुष्कर या और राम को अब चौदह साल उसी दंडकारण्य में रहना था।

'वाल्मीकि रामायण' में मानव सभ्यता के प्रतिनिधि स्वयं राम और वाल्मीकि हैं। हमने वाल्मीकि का नाम इसलिए विशेष रूप से लिया है, क्योंकि वे उन तपश्चर्यालीन ऋषियों व मुनियों का यानी तब के भारत के बुद्धिजीवियों का प्रतिनिधित्व करते हैं, जो ऋषि-मुनि सारे भारत में अपने-अपने हिसाब से तपश्चर्या में लगे रहा करते थे। अब आप तपश्चर्या का अर्थ स्वयं ही लगा सकते हैं। यह मानव सभ्यता की तपश्चर्या-गतिविधि इतना अधिक प्रभावशाली थी कि खुद वानर सभ्यता व राक्षस सभ्यता के अनेक सदस्य भी तपश्चर्या में लगे रहा करते थे। इसे आप चाहें तो सभ्यताओं का आदान-प्रदान भी कह सकते हैं। राक्षसराज रावण और उसके पुत्र मेघनाद की तपश्चर्याएँ सुविख्यात हैं और रेखांकित भी हैं।

बेशक राक्षस-सभ्यता का केंद्र तब की लंका रही थी, पर लंका की राक्षस सभ्यता के सदस्य भारत के उत्तर व दक्षिण सभी स्थानों पर बसना शुरू हो चुके थे, बल्कि वहाँ अपना राजनीतिक वर्चस्व बनाना भी शुरू हो चुके थे। शूर्पणखा, खर, दूषण, त्रिशिरा, मारीच जैसे प्रसिद्ध नाम राक्षस-सभ्यता के उन सदस्यों के नाम हैं, जो भारत के दक्कन में और उससे भी कुछ उत्तर व पश्चिम में अपना वर्चस्व स्थापित करने में लगे हुए थे, जिसके संकेत हमें 'रामायण' में यत्र-तत्र मिल जाते हैं। हाँ, वानर सभ्यता अपने दक्कन से आगे-पीछे ज्यादा नहीं हुई, बेशक वह एक सुविकसित सभ्यता थी, जिसका बड़ा ही सटीक व प्रामाणिक चित्र हमें किष्किंधा कांड में कई तरह से मिल जाता है।

अब संघर्षवाली बात कर ली जाए। मानव सभ्यता का संघर्ष वानर सभ्यता से कभी हुआ हो, इसके कोई प्रमाण हमें पूरे 'वाल्मीकि रामायण' में नहीं मिलते।

कोई संकेत तक इसका नहीं मिलता। वानरराज बाली का राम के हाथों वध राम की एक ऐसी व्यक्तित्व राजनीतिक जरूरत थी, जो सीता की खोज को पूरा करने में निर्णायक भूमिका निभाती नजर आ रही थी। चूँकि राम के अपने राजनीतिक आकलन के हिसाब से, जैसा कि हमें लगता है, बाली इस जरूरत को पूरा करने में आड़े आ रहा था, इसलिए राम ने अपनी राह के, सीता की खोज करने की अपनी राह के रोड़े बाली को रास्ते से हटा दिया और सुग्रीव-हनुमान-अंगद के नेतृत्व में नए राजनीतिक समीकरण के रूप में उभर रही वानर सभ्यता के नए नेतृत्व के साथ मैत्री कर ली।

यानी इन सभ्यताओं के बीच संघर्ष और मैत्री की आधारशिला रख दी गई थी। सीता का अपहरण करनेवाले राक्षसराज रावण और राम में शत्रुता स्वाभाविक थी और राम तथा सुग्रीव का तात्कालिक लक्ष्य एक जैसा होने के कारण नर-वानर सभ्यताओं के नायकों के बीच मैत्री एक जरूरत थी। आगे की तसवीर काफी रोचक है। राम और लक्ष्मण, ये दो नाम ही ऐसे हैं, सिर्फ ये दो नाम ही ऐसे हैं, जिनकी मैत्री संपूर्ण वानर-सभ्यता से हो गई, जिन वानरों ने फिर राम और लक्ष्मण के चमत्कारी नेतृत्व में संपूर्ण राक्षस-सभ्यता से युद्ध किया। यानी परिस्थितियाँ ऐसी बनती चली गईं कि सभ्यताओं के बीच संघर्ष अगर हुआ है तो वह वानर सभ्यता का राक्षस सभ्यता के संपूर्ण सैनिक तंत्र के बीच हुआ, जिसमें वानर-सभ्यता ने राक्षस सभ्यता पर संपूर्ण विजय हासिल की। राम और लक्ष्मण नामक दो विशिष्ट महाव्यक्तित्वों ने जिस वानर-राक्षस संघर्ष की परिस्थितियाँ बनाईं, उन परिस्थितियों में पराजित राक्षस सभ्यता में से उभरा नया नाम राक्षस नेता विभीषण के रूप में न केवल राम के कारण लंका में पुन: स्थापित हो गया, अपितु नर-वानर सभ्यता राक्षस-सभ्यता के बीच संवाद चलता रहे, संभाषण चलता रहे, बना रहे, इसके लिए रामसेतु के रूप में सभ्यताओं के बीच संवाद का नया प्रतीक स्थायी रूप से बना दिया गया। आज का भारत-द्रोही राजनीतिक व बौद्धिक नेतृत्व सभ्यताओं के बीच संवाद के स्वर्णिम पाषाण प्रतीक रामसेतु को ही नष्ट कर देने पर आमादा है। इससे बड़ी लज्जास्पद व देश-विरोधी बात और क्या हो सकती है?

जो भारत-द्रोही पश्चिम-परस्त लोग यानी जो ऐरे-गैरे कथित इतिहासकार आर्य-द्रविड़ संघर्ष की गप या झूठ हमें पिछले दशकों से सुनाते रहे हैं, पिछले दो-ढाई सदियों से सुना रहे हैं, वैसी विघटनकारी सोच सुना-सुनाकर भारत के मानस को और विचारशीलता को गुमराह करते रहे हैं, उन्हें इसे वानर सभ्यता व राक्षस सभ्यता के संघर्ष का इतिहास ध्यान से पढ़ना चाहिए, जो इतिहास 'वाल्मीकि

रामायण' में डॉक्यूमेंटिड हैं, पंक्ति-दर-पंक्ति लिखा पड़ा है। लिपिबद्ध हुआ पड़ा है। जो इतिहास है, वह पढ़िए। बेकार की विभाजनकारी कहानियाँ सुनाना बंद करिए।

वानर-सभ्यता व राक्षस-सभ्यता के बीच हुए इस संघर्ष में राक्षसराज विभीषण को राम के कारण पुनः स्थापना के बावजूद यह सत्य है कि इस युग-परिवर्तनकारी संघर्ष में वानर-सभ्यता जीती और राक्षस-सभ्यता संपूर्ण रूप से हारी। परिणाम हमारे सामने है। राम के नेतृत्व में वानर-सभ्यता द्वारा तरीके से पराजित कर दिए गए राक्षस धीरे-धीरे नष्ट होते चले गए। होते-होते, महाभारत के समय तक वे कृष्ण के हाथों सदा-सदा के लिए नष्ट कर दिए गए और भारत की धरा से असुरों का सफाया हो गया। उधर वानर-सभ्यता का मानव-सभ्यता से संबंध इस हद तक सामने आया कि समस्त वानर जाति का धीरे-धीरे मानवीकरण होता चला गया, जो सदियों की प्रक्रिया में स्वतः होता चला गया और अब वानर-सभ्यता के इक्का-दुक्का सदस्य ही अपने मौलिक रूप में बाकी बचे हैं। बचे जरूर हैं। वानर-सभ्यता तथा राक्षस-सभ्यता का जो हुआ, वह क्यों हुआ, इसकी छानबीन फिर कभी की जाएगी। किसी नए आलेख में, किसी नई पुस्तक में। यह हमारे वर्तमान आलेख का विषय वैसे भी नहीं बन पा रहा। हमने यह आलेख इसलिए इस 'दलित-विमर्श' का हिस्सा बना दिया है, ताकि दलित-विमर्श से जुड़े निष्कर्ष प्राप्त करने की कुछ पृष्ठभूमियाँ स्पष्ट रहें।

□

9

दलित वैदिक मंत्रकार : कवष ऐलूष, तुर कावषेय, अगस्त्य, अथर्वा, बृहस्पति आदि

जैसा कि हम अपनी ही पुस्तक 'भारतगाथा' में विस्तार से और प्रमाणपूर्वक बता आए हैं, दस हजार साल पुरानी भारत की सभ्यता में मनु महाराज का समय आठ हजार साल पहले का है, गायत्री मंत्र की रचना करनेवाले विश्वामित्र का समय सात हजार साल पहले का है, राम और उनके समकालीन वाल्मीकि और उनके द्वारा लिखे गए प्रबंध काव्य का समय छह हजार साल पहले का है, कृष्ण व उनके समकालीन वेदव्यास और महाभारत (महाभारत युद्ध और महाभारत प्रबंध काव्य दोनों) का समय पाँच हजार साल पहले का है। आज से ढाई हजार साल पहले का समय भारत के पूर्वांचल से जुड़े दो ईश्वरीय महाव्यक्तित्वों—भगवान् महावीर और भगवान् बुद्ध का है और इस कालखंड के बाद पूरे इतिहास का सिलसिलेवार विवरण अब प्रायः सभी भारतवासियों का पता है, उसे बस भारतवादी दृष्टिकोण से ठीक से लिखना शेष है।

अपनी इसी 'भारतगाथा' में भारत की अपनी सारस्वत-साहित्यिक परंपरा के आधार पर अपनी इसी पुस्तक के प्रथम संस्करण (दिल्ली, 1999) में जो निष्कर्ष हम निकाल चुके थे कि राम और उनके समकालीन वाल्मीकि और उनके द्वारा लिखे गए ग्रंथ 'रामायण' का समय आज से छह हजार साल पहले का है और उसके (यानी 1999 में लिखी 'भारतगाथा' के) कुछ ही वर्ष बाद हुए सेटेलाइट रिसर्च के निष्कर्षों के आधार पर भी राम, वाल्मीकि और रामायण प्रबंध काव्य का यही समय यानी छह हजार साल पहले का समय मान लिया गया है। इसलिए हम पूरी काल-गणना को इस परिप्रेक्ष्य में रखकर कह सकते हैं कि आज से आठ हजार साल

पहले मनु महाराज के साथ ही भारत में मंत्र रचना शुरू हो गई थी और हम सभी जानते हैं कि महाभारत प्रबंध काव्य के रचयिता वेदव्यास ने चारों वैदिक संहिताओं का अर्थात् ऋग्वेद संहिता, यजुर्वेद संहिता, सामवेद संहिता, अथर्ववेद संहिता का प्रणयन कर दिया था। इन चारों वेदों के साथ 'संहिता' शब्द इसलिए जोड़ दिया जाता है, क्योंकि 'संहिता' का अर्थ है 'संकलन', कलेक्शन और चूँकि इन चारों वेदों में अनेक-अनेक ऋषियों द्वारा लिखे गए शतश: मंत्रों का संकलन है, इसलिए वेदों को, चारों वेदों को वेदव्यास ने नाम दिया—'वैदिक संहिताएँ'। परंपरा यही मानती है कि जब महर्षि वेदव्यास ने चारों वैदिक संहिताओं का प्रणयन कर दिया तो इसके साथ ही भारत में मंत्र रचना कम होते-होते फिर बंद हो गई। इस बीच भारत में तीन महान् रचनाएँ लिखी जा चुकी थीं। एक, विश्वामित्र ने राजस्थान के अजमेर के पुष्कर तीर्थ में एक लंबी तपस्या के बाद गायत्री मंत्र की रचना कर ली थी, वाल्मीकि ने अयोध्या में तमसा नदी के किनारे बने अपने आश्रम में 'रामायण' प्रबंध काव्य की रचना कर ली थी और वेदव्यास ने उत्तराखंड के बदरिका आश्रम में 'महाभारत' प्रबंध काव्य की रचना कर ली थी। इसके बाद ब्राह्मण ग्रंथ लिखे गए, उपनिषदों की रचना होती रही और महापुराण तथा उपपुराण लिखे जाते रहे।

निष्कर्ष यह है कि आठ हजार साल पहले हुए मनु महाराज से लेकर पाँच हजार साल पहले हुए वेदव्यास के समय के बीचवाले समय में यानी इन तीन हजार वर्षों के कालखंड में भारत में वैदिक मंत्र लिखे जाते रहे। इस बीच करीब बीस हजार मंत्र लिखे गए। मंत्र तो इससे भी कहीं अधिक लिखे गए होंगे, पर इनमें से भी जो 'सूक्त' थे, सूक्त यानी सु + उक्त थे, अर्थात् जो हर तरह से श्रेष्ठ काव्य माने गए, उन्हीं को 'सूक्तों' में रखकर बीस हजार मंत्रों का संकलन इन चार वेदों में किया गया, जिनमें से दस हजार मंत्र ऋग्वेद में, पाँच हजार मंत्र अथर्ववेद में तथा ढाई-ढाई हजार मंत्र सामवेद और यजुर्वेद में हैं। यह संख्या, यह संपूर्ण मंत्र संख्या हम 'लगभग', 'करीब-करीब' जैसी उपाधियों का प्रयोग करते हुए ही कर रहे हैं। यह संपूर्ण मंत्र रचना तीन हजार वर्षों के कालखंड में होती रही। इस विशाल मंत्र लेखन में दलितों, दलित ऋषियों ने अपना-अपना योगदान किया।

इतना बड़ा मंत्र रचना काल, इतनी विशाल संख्या में लिखे गए मंत्र, जिनको 'सूक्तों' में बाँधकर रखा गया है और इतनी बड़ी संख्या में हमारे सामने आनेवाले मंत्रकार, इनमें से दलित मंत्रकार कौन हैं, क्षत्रिय मंत्रकार कौन हैं या ब्राह्मण मंत्रकार कौन हैं, यह तय करना कोई आसान काम नहीं है। कठिन काम है। कारण कि इस समयावधि में भारत में वर्ण-व्यवस्था अपने प्रारंभिक या आदर्श रूप में ही रही थी,

जातिवाद और जात-परस्ती का, विधर्मियों द्वारा जाति के नाम पर फैलाए गए जाति विद्वेष का देश और समाज को तो कहीं अता-पता ही नहीं था। आज तो हालत यह है कि अपने देश में जाति के आधार पर बाँटने का और बदनाम करने का, अकारण ही गलतफहमियाँ फैला देने का कोई भी मौका भारत-विरोधी विधर्मी शक्तियाँ अपने हाथ से जाने ही नहीं देतीं। तनाव तब बिलकुल ही नहीं थे, ऐसा हमारा दावा नहीं है, परंतु तब जातीय तनाव साधारणतः नहीं ही था, अपवादस्वरूप ही रहा होगा, जिसके अप्रत्यक्ष या परोक्ष उदाहरण ही हमारे सामने यदा-कदा आते हैं, ऐसे तनाव तो हर देश में, हर समाज में, हर कालखंड में हमेशा से रहे हैं, हमेशा रहते ही हैं। पर वैदिक कालीन इन तीन हजार वर्षों के भारत में हालात अलग थे, परिस्थितियाँ अलग थीं, आदर्श बेशक न रही हों, पर जातीय समरसता लगभग आदर्श स्थिति में थी। इसलिए भारत की मंत्र रचना के इस संपूर्ण कालखंड में, उन तीन हजार वर्षों के कालखंड में यह तय करना आसान ही नहीं है कि कौन मंत्रकार दलित हैं, कौन दलित-इतर है। परंतु कुछ मानदंड तो फिर भी स्पष्ट ही हैं।

अथर्वा के नाम पर पूरा एक वेद है—अथर्ववेद, जो अथर्वा दलित कहे जा सकते हैं। अगस्त्य तो दलित ही हैं, जो मूर्धन्य मंत्रकार है। कवष ऐलूष दलित मंत्रकार हैं, जो सर्वाधिक लोकप्रिय और सर्वाधिक ज्ञात मंत्रकार हैं। जाहिर है कि मंत्र रचना के दौर में, तीन हजार वर्षों के मंत्र रचना के दौर में मंत्रकारों की भागीदारी कौन किस जाति का है, इस आधार पर थी ही नहीं। सभी जाति वर्गों के ऋषि मंत्र रचना कर रहे थे। इसी कालखंड के वाल्मीकि और वेदव्यास, जो कि दोनों ही दलित महर्षि हैं, भारत के प्रसिद्धतम, श्रेष्ठतम प्रबंध काव्य लिख रहे थे। तो बताने की जरूरत ही नहीं है कि उस समय यानी क्रमशः कृतयुग अर्थात् सत्य युग, त्रेता युग, द्वापर युग के तीन हजार वर्षों में (आठ हजार से पाँच हजार वर्ष पूर्व के कालखंड में) ज्ञान प्राप्ति, ज्ञान प्रसार और ज्ञान लेखन जैसे परम महत्त्वपूर्ण राष्ट्रीय, सामाजिक, समसामयिक योगदान में जाति के आधार पर कोई समस्या थी ही नहीं। जिसे कहते हैं कि वैसा कोई इश्यू था ही नहीं। सबकुछ सामान्य था। सबकुछ समान था। देश में ज्ञान प्राप्ति के सभी क्षेत्र सभी के लिए खुले थे और सभी जन भारत की बौद्धिकता के निर्माण में, भारत के बौद्धिक व्यक्तित्व के निर्माण में अपना-अपना भरसक योगदान कर रहे थे। ठीक इसी कालखंड में महात्मा विदुर, जो विदुर क्षत्रिय धृतराष्ट्र और क्षत्रिय पांडु के भाई थे, पर स्वयं दलित थे, जैसा कि हम बता आए हैं, ऐसे दलित विचारक विदुर अपना ग्रंथ 'विदुर नीति' लिख रहे थे, अन्यथा जो पहले दुर्योधन के और युद्ध के उपरांत फिर युधिष्ठिर के प्रधानमंत्री रहे

थे। ज्ञात रहे कि महात्मा विदुर की 'विदुर नीति' और पितामह भीष्म की 'भीष्म नीति', दोनों ही अपने समय के बराबर के महत्त्वपूर्ण राजनीतिशास्त्र के ग्रंथ हैं और महर्षि वेदव्यास ने दोनों ही ग्रंथों को वैसे ही 'महाभारत' में समाहित कर दिया जैसे कृष्ण-अर्जुन के दार्शनिक संवाद 'गीता' को भी महाभारत में समाहित कर दिया।

अर्थात् जब मनु से लेकर वेदव्यास तक के तीन हजार साल के कालखंड में, जो वैदिक मंत्रों तथा दोनों प्रबंध काव्यों की रचना का कालखंड है, ऐसे कालखंड में ब्राह्मण+क्षत्रिय+वैश्य+दलित परस्पर आटे में नमक की तरह, दूध में शक्कर की तरह, हार में मोती की तरह, चंदन में खुशबू की तरह एक-दूसरे से मिले हुए हैं, ऐसे में यह बताने की कोशिश करना कि कौन मंत्रकार दलित है या कौन मंत्रकार दलित-इतर हैं, देश से, समाज से, जाति संगठन से और इन संगठनों से जुड़ी प्रतिभाओं से अन्याय करने से कम नहीं है। पर देश की भारत-विरोधी विधर्मी शक्तियों ने देश को 'भारत तेरे टुकड़े होंगे' जैसी दुरभिसंधि से प्रेरित शक्तियों ने देश के दलित जनसामान्य को ही अपनी दुरभिसंधि का लक्ष्य बनाने की कोशिशें कर रखी हैं। बेशक उन्हें सफलता मिलने की कोई संभावना नहीं है तथापि ऐसे देशद्रोही स्वरों को सदा-सदा के लिए शांत कर देने के लिए हम तीन, सिर्फ तीन उदाहरण ऐसे दिए देते हैं, जिनसे पता चल जाए कि दलित वैदिक मंत्रकार कोई भारत और हिंदू समाज का अजूबा नहीं है, स्वाभाविक अंगोपांग हैं, वस्त्र में धागे की तरह परस्पर गुँथे हुए हैं। ऐसा ही एक उदाहरण है ऋषि कवष ऐलूष, जो जाति के हिसाब से दलित हैं।

कवष ऐलूष ऋषि के कुल मिलाकर पाँच सूक्त हमें मिलते हैं और ये पाँचों सूक्त ऋग्वेद में हैं (ऋग्वेद, मंडल-10, सूक्त संख्या-30-34, यानी ऋग्वेद, 10.30-34)। ऐलूष का अपना नाम कवष है, जो अपने पिता इलूष के कारण 'ऐलूष' (इलूषस्य अपत्यं पुमान् ऐलूषः) कहे गए हैं। इस तरह पूरा नाम हुआ, कवष ऐलूष। कवष ऋषि की पूरी जीवनगाथा, पूरी संघर्षगाथा, ब्राह्मण सहकर्मियों पर स्थापित उनकी यशोगाथा 'ऐतरेय ब्राह्मण' के आठवें अध्याय में मिलती है। ऋषि कवष को ब्राह्मण सहकर्मियों ने समझाने की कोशिश की होगी कि मंत्र कर्म उनका जातीय कर्म नहीं है, (ऐसा हमें लगता है, कोई प्रमाण उसका हमारे पास नहीं है), पर कवष दुर्धर्ष रहे होंगे और उन्होंने किसी की नहीं सुनी। सरस्वती नदी के धन्वक्षेत्र में ही धूनी रमा ली और मंत्रकार बनकर ही माने और फिर जिस क्षेत्र में उन्होंने कवि कर्म किया, सरस्वती नदी का वही क्षेत्र इतिहास में 'परिसारक' नामक तीर्थ के रूप में दर्ज हो गया। उसी धाम का नाम है—पेहोवा।

कवष के पुत्र तुर की कथा भी इसी 'ऐतरेय ब्राह्मण' के नौवें अध्याय में मिलती है, जिसमें तुर को तुर कावषेय (यानी कवष का पुत्र कावषेय) कहा गया है। ऐतरेय स्वयं इतरा नामक दासी के पुत्र थे, जो दलित माने गए, पर ऐसे विराट् दासीसुत कि उन्होंने सर्वप्रथम 'ऐतरेय ब्राह्मण' लिखा, जिसके बाद भारत में ब्राह्मण ग्रंथों के लिखने की लंबी परंपरा ही चल पड़ी। ब्रह्म यानी वेद, और वेद पर लिखे गए व्याख्यान होने के कारण ग्रंथों का नाम पड़ गया—ब्राह्मण यानी ब्राह्मण ग्रंथ। इसी प्रथम ब्राह्मण ग्रंथ 'ऐतरेय ब्राह्मण' के अध्याय-8-9 में पहले ऋषि कवष ऐलूष का और फिर उन्हीं के पुत्र ऋषि तुर कावषेय का पूरा विवरण मिलता है और ये दोनों ऋषि मंत्रकार हैं।

हमने दो बातें कही हैं। एक कि ब्राह्मणों द्वारा तिरस्कृत किए जाने के बावजूद कवष ने संघर्ष किया, यह तो कहानी ही अलग है, पर इसी ऋषि ने सरस्वती नदी के किनारे जहाँ तपस्या की, उसी स्थान पर 'परिसारक' नामक तीर्थ यानी पेहोवा स्थापित कर दिया गया, जो आज भी, सरस्वती नदी के लुप्त हो जाने के बावजूद, तीर्थ ही माना जाता है, जिसे पितरों के लिए पिंडदान करने का पवित्र और महत्त्वपूर्ण स्थान मान लिया गया। ब्राह्मणों द्वारा अवहेलना, उसके बावजूद तपस्या और फिर अपने ध्येय की सारस्वत प्राप्ति कथा लगभग विश्वामित्र के जीवन जैसी ही है, जो कान्यकुब्ज के राजा थे, क्षत्रिय थे, ब्राह्मण बन जाना चाहते थे। वसिष्ठ ने स्वीकार नहीं किया, विश्वामित्र पुष्कर पहुँच गए। तपस्या की और गायत्री मंत्र की उपलब्धि की। विश्वामित्र ने गायत्री मंत्र सहित अनेक सूक्त लिखे जबकि तप: पूत दलित कवि कवष ऐलूष ने 'अक्ष सूक्त' शीर्षक से एक विलक्षण सूक्त लिख दिया, जिसकी गणना, आज की भाषा में कहें, तो ऋग्वेद के 'टॉप टेन' सूक्तों में इस रूप में होती है कि शायद ही कोई ऐसा वैदिक संकलन होता होगा, बी.ए. या एम.ए. के छात्रों के लिए, जिस वैदिक संकलन में 'अक्ष सूक्त' सम्मिलित न किया जाता हो। इस बात का फैसला आपने करना है कि कवष ऐलूष ने खुद को स्थापित करने के लिए संघर्ष किया, उसी पर रूदाली करते हुए आप सवर्ण-दलित संघर्ष की कथित, अन्यथा अनुपस्थित, अपमान-गाथा ही चटखारे भरकर सुनते रहना चाहेंगे या कि संघर्ष में विजयी ऋषि कवष को 'परिसारक' तीर्थ की प्रतिष्ठा में वृद्धि करनेवाला और 'अक्ष सूक्त' जैसे विशिष्टतम वैदिक सूक्तों में से एक सूक्त की रचना पर ऋषि कवष की काव्य श्रेष्ठता का वर्णन और आकलन कर उसका सम्मान बढ़ाना चाहेंगे। हम तो इस वैदिक सूक्तकार को आटे में नमक की उपमा देकर भारत की गौरवगाथा का शृंगार कहना चाहेंगे। हम तो इस विराटता का गुणगान करने के पक्ष

में खड़े हैं, क्योंकि सभ्यताओं का निर्माण कवष ऐलूष सरीखे विराट् व्यक्तित्व ही करते हैं, देशद्रोही और बौने व्यक्तित्व कर ही नहीं पाते।

ऐसे ही विराट् व्यक्तित्व ऋषि कवष ऐलूष ने जिन पाँच सूक्तों का सृजन किया, उनमें उनका सबसे अधिक महत्त्वपूर्ण वैदिक सूक्त है, अक्ष सूक्त (ऋग्वेद मंडल-10, सूक्त संख्या-34 अर्थात् ऋग्वेद, 10.34)। 'अक्ष सूक्त' में अक्ष का मतलब है पाँसा। जुआ, द्यूत खेलने का पाँसा। यह सूक्त 'जुआरी का सूक्त' इस नाम से मशहूर हो गया है तो क्या ऋषि कवष ऐलूष जुआरी थे? हो भी सकते हैं और इससे हमें कोई फर्क नहीं पड़ता। क्यों? इसलिए कि जुए का जो अनुभव ऋषि कवष ऐलूष ने किया, वह उनका अपना अनुभव है या कि किसी दूसरे के जीवन से प्रेरित ऐसा मार्मिक अनुभव प्राप्त किया, कहना कठिन है। पर ऋषि कवष का विशिष्टतम महत्त्व यह है कि उन्होंने वैदिक काव्य रचना की दिशा ही बदल दी। कहाँ तो अमूर्त देवरूपों की स्तुति में मंत्र लिखे जा रहे थे और कहाँ ऋषि कवष ने नई स्थापना कर दी कि पाँसों के खेल को भी वैदिक काव्य का विषय बनाया जा सकता है, उसे सामाजिक-साहित्यिक प्रतिष्ठा भी मिल सकती है। कैसे जुआरी कहता है कि जैसे ही मुझे पाँसों की खनक सुनने को मिलती है तो फिर मैं रुक नहीं पाता और मजबूर होकर जुआ खेलने बैठ जाता हूँ—प्रावेपा मां बृहतो मादयन्ते (10.34.1)। सूक्त के अंत में फिर कवष ने कहा है कि जुआ मत खेलो, खेती करो, उसी में संपत्ति है, सुख है और पारिवारिक शांति है (10.34)। कवष के पुत्र थे तुर, यानी तुर कावषेय। कवष के पुत्र कावषेय। राम के आस-पास हुए माने जानेवाले तुर कावषेय दाशरथि राम के समय के आस-पास हुए एक राजा जनमेजय के समय में हुए, जिन्हें अपनी विद्वत्ता के कारण प्रतिष्ठा मिली, ऐसा हमारे देश की परंपरा में माना जाता है।

अगस्त्य के बारे में हम मानते हैं कि वे उत्तर भारत के थे, जो दक्षिण भारत गए तो फिर वहीं के होकर रह गए। अगस्त्य ऋषि ने उत्तर से दक्षिण की ओर जानेवाला, जाहिर है कि विंध्याचल को काटकर एक रास्ता बनाया था, जिसे हम हल्के-फुल्के अंदाज में 'एक्सप्रेस वे' कह रहे हैं। कहते हैं कि विंध्य पहले बहुत ऊँचा था। अगस्त्य ऋषि ने इसी पर्वत को पार करना था, पर ऊँचाई आड़े आ रही थी। अगस्त्य ऋषि विंध्य के पास गए, विंध्य से अनुरोध किया कि वह कुछ नीचे हो जाए, ताकि मैं दक्षिण चला जाऊँ। पर्वत ने ऋषि का मान रखा और नीचा हो गया। दक्षिण के पास पहुँचते ही अगस्त्य ने विंध्य से कहा कि अब तब तक मैं वापस न आऊँ, तब तक तुम नीचा ही रहना और उसके बाद ऋषि दक्षिण से लौटे ही नहीं और विंध्य तब से नीचा ही रह गया है। इस पौराणिक कथा में व्याख्या करने के

लिए मसाला भरपूर है और कल्पना की मनमानी खाद डालने के लिए स्पेस बहुत है। खैर, यह हमारा आज के इस आलेख का विषय नहीं है।

अगस्त्य-लोपामुद्रा की जोड़ी वैदिक कथाओं, पौराणिक कथाओं में बड़ी लोकप्रिय जोड़ी है और ऋग्वेद में अगस्त्य के लिखे 27 सूक्त मिलते हैं (ऋग्वेद, 10.165-191)। अपने वनवास काल में राम अगस्त्य से मिलने दंडकारण्य गए थे और बड़े ही सम्मान से उनसे मिले थे। हमने अपनी 'भारतगाथा' (गाथा संख्या-24) में अगस्त्य के बारे में विस्तार से बताया है और अपने इस 'दलित-विमर्श' में हम यह बात जोड़ रहे हैं कि 'स्कंद पुराण' के संदर्भ से ही परंपरा ने वैसे ही उन्हें दलित माना है, जैसे 'स्कंद पुराण' के संदर्भ से ही वाल्मीकि को भी दलित माना है। परंपरा कहती है कि अगस्त्य की पत्नी लोपमुद्रा एक सुंदरी राजकन्या थी, जिससे अगस्त्य ने बड़ी उम्र में बड़े ही चाव से शादी की थी, पर इसी परंपरा में युवती पत्नी और वृद्ध पति के संबंधों की कठिनाइयों को भी काव्य में बड़े ही संवेदनशील ढंग से बताया गया है।

वैदिक दलित मंत्रकारों में सबसे बड़ा नाम अथर्वा का है, जिनके नाम पर पूरे एक वेद को अपना नाम मिल गया—अथर्ववेद। हमने अपनी पुस्तक में अपने एक आलेख में लिखा है कि भारत में न तो कभी 'ब्राह्मणवाद' था और न ही कभी 'ब्राह्मण धर्म' था। ये दोनों शब्द इन तथाकथित पश्चिमी विद्वानों द्वारा आविष्कृत किए गए हैं, ताकि देश के ब्राह्मणों को बदनाम किया जा सके और ब्राह्मणों को बदनाम करने की कोशिश इसलिए की गई, क्योंकि भारतीय समाज की स्वत: निर्मित जाति-व्यवस्था में से ही ब्राह्मणों ने खुद पर स्वत: निर्मित दायित्व अपने ऊपर ले लिया कि देश की संपूर्ण ज्ञान-विज्ञान परंपरा का, संपूर्ण धर्म-दर्शन परंपरा का, संपूर्ण धर्म-मर्यादा का निर्माण, परिरक्षण और संरक्षण करना है। उसके लिए कोई योजना थी या नहीं थी, इसे लेकर हम इदमित्थं कुछ कह नहीं सकते। पर बिना ठोस योजना के और बिना किसी ऐसी ठोस योजना को आकार दिए इतना विराट् राष्ट्र निर्माण कार्य हो भी नहीं सकता। पश्चिम से आए भारत-निंदक, भारत-तोड़क और भारत-द्रोही कूटनीति-गुरु तथाकथित विद्वानों को यह बात जल्दी ही समझ में आ गई थी और इसलिए उन्होंने अपना सारा ध्यान ब्राह्मणों की निंदा करने और उन्हें कुटिल तथा ब्राह्मणवादी साबित करने में लगा दिया और अपने इस गर्हित लक्ष्य को पाने में वे शत-प्रतिशत सफल हो गए और देश में जातीय वैमनस्य, जातीय द्वेष, जातीय युद्ध का माहौल बना दिया। ब्राह्मणों को अपना ऐतिहासिक दायित्व शत-प्रतिशत भूलता चला गया और वे जातीय हेकड़ी तथा क्षुद्र वर्चस्व का शिकार बन गए। कभी इसी

योजनाबद्ध दायित्व पूर्ति का ही परिणाम था कि भारत के संपूर्ण वेद, अपने प्रत्येक पद-वर्ण-स्वर व्यवस्था के साथ आज भी हमारे पास सुरक्षित हैं। इसी व्यवस्था की सभी श्रेष्ठताओं के साथ कहीं-कहीं एक क्षुद्रता बिंदु यह भी मिल जाता है कि कुछ ब्राह्मणों ने अपनी बात मनवाने की मनमानी भी की है। शायद इसी मनमानी का परिणाम था कि अथर्वा को वैदिक परंपरा की वह प्रतिष्ठा प्रारंभ में नहीं मिली, जिसके वे हकदार थे और वेद चार हैं, इसके बजाए वेद तीन हैं, इस धारणा को स्थापित करने की कोशिश की गई होगी। तभी तो वेदत्रयी का, त्रयी इस तरह का शब्द चलन में आना शुरू हो गया। पर जल्दी ही इसी संरक्षण-परिरक्षण परंपरा की ब्राह्मणवृत्ति ने इस संभावित समस्या को लेकर संकट बनने से पहले ही सँभाल लिया, यह कहकर सँभाल लिया कि यहाँ 'त्रयी' का अर्थ वेदों की संख्या से नहीं है, बल्कि वेदत्रयी का अर्थ वैदिक अभिव्यक्ति की तीन शैलियाँ हें, गद्य, पद्य और गीति, जो कि यकीनन हैं ही और जिन तीन शैलियों में यजुर्वेद (गद्य), ऋग्वेद (पद्य) और सामवेद (गीति) के मंत्रों की रचना हुई और अथर्ववेद में इन तीनों अभिव्यंजना शैलियों की उपस्थिति है, जो कि है ही, क्योंकि अथर्ववेद में तीनों अभिव्यंजना शैलियों में लिखे मंत्र संकलित हैं।

और फिर इसी सर्वोच्च महत्त्व की प्रतिष्ठा के लिए यज्ञ में ऋग्वेद को प्रतिनिधित्व देते हुए 'होता' की, सामवेद के लिए 'उद्गाता' की, यजुर्वेद के लिए 'अध्वर्यु' की प्रतिष्ठा हुई तो अथर्ववेद को प्रतिनिधित्व देने के 'ब्रह्मा' का दायित्व दिया गया और उसे चारों पुरोहितों के प्रमुख का स्थान आरक्षित कर दिया गया, निर्दिष्ट कर दिया गया अर्थात् अथर्वा की मंत्र रचना परंपरा को बराबर का और कुछ संदर्भों में अधिक महत्त्व देकर चारों वेदों की प्रतिष्ठा कर दी गई।

अन्यथा, अथर्ववेद में वेदों की देवता स्तुति परंपरा का पालन होने के साथ-साथ लौकिक विषयों पर लिखे गए मंत्रों को अथर्ववेद में वैसे ही संकलित किया गया, जैसे ऋषि कवष ऐलूष के 'अक्ष सूक्त' सरीखे खाँटी लौकिक विषय के मंत्रोंवाले सूक्त को ऋग्वेद में संकलित किया गया। इस संपूर्ण विवेचन का निष्कर्ष यह है कि वेदों में दलित ऋषियों के काव्य संकलित हैं, पर कौन मंत्रकार दलित है और कौन दलित इतर है, इस तरह का कोई वैशिष्ट्य कहीं भी देखने को नहीं मिलता। हम दोहराना यह चाहते हैं कि संपूर्ण वैदिक सृजन काल में दलित, दलित इतर सभी ऋषियों का सृजन मंच साझा है, एक है, अभिन्न है, आटे में नमक की तरह है, माला में मनकों के जैसा है।

□

10

शंबूक योग : तपस्वी शंबूक को समझने की ईमानदार कोशिश

वाल्मीकि रामायण के अनुसार (उत्तरकांड 75.14) जब राम शंबूक को खोजते हुए दंडकारण्य पहुँचे तो उन्होंने एक तपस्वी को वृक्ष पर औंधे मुँह लटके हुए तपस्या करते देखा। शंबूक एक सरोवर के किनारे इस प्रकार तपस्या करने में लीन थे—'तस्मिन् सरसि तमापन्नं तापसं सुमहत्तमः ददर्श राघवः श्रीमान् लम्बमानमधोमुखम्' (उत्तरकांड 75.14)। राम ने पूछा कि तुम कौन हो और क्यों इस तरह तपस्या कर रहे हो तो खुद शंबूक के शब्दों में (उत्तरकांड 76.2), "हे राम, मैं शूद्र योनि में पैदा हुआ हूँ और उग्र तप इसलिए कर रहा हूँ, ताकि मैं अपने इस शरीर को ही देवत्व प्रदान कर सकूँ।"

शंबूक का यह काम लीक से हटकर था। कोई भी व्यक्ति लीक से हटकर काम करेगा तो उसका फिर कैसा विरोध हो सकता है, इसका एक उदाहरण ऋषि विश्वामित्र के परममित्र सत्यव्रत त्रिशंकु का है, जो अपने समय में अयोध्या का राजा था। सत्यव्रत ने सदेह, अपने इसी शरीर के साथ स्वर्ग जाने की कामना की, जिस पर उसके गुरु वसिष्ठ ने उसे खूब भला-बुरा कहा कि इस देह के साथ कोई स्वर्ग नहीं जा सकता। वसिष्ठ की अस्वीकृति के बावजूद विश्वामित्र ने सत्यव्रत को सदेह स्वर्ग भिजवाने की कोशिश की, उसके लिए यज्ञ किया, सत्यव्रत ऊपर आकाश की ओर उठना भी शुरू हो गया, पर चूँकि वैसा हो पाना शास्त्र विपरीत कर्म था, इसलिए सत्यव्रत एक हद तक हवा में उठकर भी, स्वर्ग पहुँच नहीं पाया और सदा के लिए आकाश में त्रिशंकु की तरह लटक गया और कहानी कहती है कि तब से वह लटका ही पड़ा है।

ठीक वैसी ही कामना शंबूक की थी। वे भी सदेह स्वर्ग जाने की कोशिश में थे, अपनी देह को ही उन्होंने देवत्व प्रदान करना चाहा, वैसी कोशिश की, पर व्यवस्था ने स्वीकृति नहीं दी और व्यवस्था ने उसे राम के हाथों मरवा दिया (उत्तरकांड, 76.4) : 'भाषमाणस्य शूद्रस्य खड्गं सुरुचिरप्रभम्, निष्कृष्य; कोशादचिरम्, शिरश्चिच्छेद राघवः'—'वह (शंबूक) इस प्रकार कह ही रहा था कि राम ने म्यान से चमचमाती तलवार खींच ली और उसी से उस (शंबूक) का सिर काट दिया।'

क्यों मरवा दिया ? क्यों करवा दिया यह अमानवीय कृत्य ? न केवल राम के हाथों यह अमानवीय कृत्य करवा दिया, अपितु देवताओं द्वारा राम की इस कृत्य के लिए खूब प्रशंसा भी करवा दी और देवताओं ने पुष्पवृष्टि भी कर दी (उत्तरकांड 76. 5-6)। क्यों ?

शंबूक की समस्या यह थी कि वह एक अपढ़, यज्ञ विद्या को न जाननेवाला, ब्रह्मज्ञान से रहित व्यक्ति होने के बावजूद देवत्व प्राप्त करना चाह रहा था। पर बिना मृत्यु को प्राप्त किए वह इसी शरीर से देवत्व कैसे प्राप्त कर सकता था ? उसे देवता कैसे मान लिया जा सकता था ? आखिर वह क्या करे कि उसे भी वह सब मिल जाए, जो ज्ञानी और विद्वान् लोग विद्या के बल पर प्राप्त कर लेते हैं ?

शंबूक का जवाब यह था कि अगर ज्ञान नहीं है, विद्या नहीं है, यज्ञ नहीं है, तो अपना यह शरीर तो है, शरीर तो अपना ही है, उसी को बाकायदा तपस्या करने का माध्यम बनाकर और इसी कठोर शरीर-तप के सहारे वह सब प्राप्त कर लेना चाहिए, जो विद्वान् और ज्ञानी लोग ज्ञान के सहारे पा लेते हैं। शंबूक यही, बस इतना भर कर लेना चाह रहे थे। इतना भर करना चाह रहे थे तो इसमें गलत क्या था ? कुछ भी तो नहीं।

तपस्या की सचमुच यह एक नई परिभाषा थी। यह एक ऐसी परिभाषा थी, जो तपस्वी शंबूक ने, ऋषि शंबूक ने अपने आचरण से हमें बता दी। हमारी तब की व्यवस्था ने बेशक शंबूक के प्राणों का हरण कर लिया, पर अपने देश की गुणग्राही सभ्यता ने उस महापुरुष की तपस्या की इस नई परिभाषा को इतना ज्यादा अपना लिया कि कहीं वह हठयोग के रूप में व्यक्त हुई, कहीं व्रत साधना के रूप में तो कहीं उपवास-अनशन-प्रायोपवेशन आदि के रूप में स्थापित होती चली गई और आज तक स्थापित है। हठयोग साधना तो योग और तपस्या की मूर्धन्य विधि के रूप में मानो इस देश में हमेशा के लिए स्थापित हो गई है। तो क्या जिस व्यवस्था ने तपस्वी शंबूक की बलि ले ली, उसी व्यवस्था ने कालांतर में उसी दलित तपस्वी के इस अद्‌भुत योगदान को इस कदर प्रतिष्ठा और मान्यता प्रदान की तो क्या शंबूक

मुनि के इस, ऐसे योगदान को आप भुला सकते हैं ? नहीं भुला सकते और देश ने भुलाया भी नहीं। देश ने शंबूक मुनि को भी कभी नहीं, आज तक भी नहीं भुलाया है और उसके योगदान को भारत के धर्माचरण का हिस्सा बना लिया है।

इसलिए देश के बौद्धिक कर्णधारों को चाहिए था कि वे शंबूक मुनि के इस निर्णायक योगदान को, देश की साधना-परंपरा पर पड़े इस निर्णायक प्रभाव को सही तरह से पेश करते। इसका सही अध्ययन करते। देश के साधना परिपाटी के इतिहास में हठयोग को 'शंबूक योग' के नाम से सुप्रतिष्ठित करते। पर जो काम अब तक नहीं हो पाया, उसे आज किया जा सकता है। क्यों नहीं किया जा सकता भला ?

देश की साधना परिपाटी के इतिहास में हम सभी के पास एक नाम था, मर्यादा पुरुषोत्तम का नाम, जिसे स्वयं दलित महर्षि, प्राचेतस उपाख्य वाल्मीकि ने अपनी 'रामायण' में 'रामो विग्रहवान् धर्मः' कहा। यानी राम को धर्म का प्रस्तोता, प्रतिनिधि और प्रतीक माना था। ऐसे ईश्वरीय महाव्यक्तित्व के नाम का उपयोग शंबूक मुनि के हठयोग आधारित इस अद्‌भुत योगदान को ठीक तरह से प्रतिष्ठित कर देना चाहिए, पर ऐसा नहीं हो पाया। राम तो वही थे। केवट से सहायता राम ने ही ली थी। शबरी से फल लेकर राम ने ही उनका आस्वाद किया था। सुग्रीव को राम ने ही अपनाया था। नल-नील को राम ने ही अपना साथी और सहायक बनाया था। अंगद और तारा तक को राम ने उन दोनों के अपने-अपने जीवन में पुनः स्थापित होने में किष्किंधा राजतंत्र का हिस्सा बनवा देने में पूरी-पूरी योजना बनाई थी। शंबूक को वाल्मीकि ने मरवा दिया और राम के हाथों यह दुर्घटित करवा दिया ? क्या अब इस इतिहास को मिटाने का नहीं, उसका परिमार्जन करने का समय नहीं आ गया है ?

आप उत्तरकांड का, 'वाल्मीकि रामायण' के उत्तरकांड का वह सारा विवरण पढ़ लीजिए (उत्तरकांड सर्ग-76, श्लोक-1-5) जहाँ राम के हाथों शंबूक का वध दिखाया गया है। पूरी कथा में तो यह कहीं से भी वहाँ फिट नहीं बैठता। जबर्दस्ती ठूँसा हुआ नजर आता है। अपनी पुस्तक 'भारतगाथा' में हम इसे प्रक्षेप नहीं मान रहे हैं (गाथा संख्या-25)। आज भी नहीं मानते हैं, पर मानने को विवश न हों, ऐसा कोई तत्त्व भी हमें वहाँ नहीं दिखाई दे रहा और वह भी उस वाल्मीकि रचित रामकथा में, जहाँ वाल्मीकि स्वयं दलित वर्ग के माने गए हैं और देश को रामकथा का अद्‌भुत वरदान उन्हीं वाल्मीकि की ओर से सदा-सदा के लिए प्राप्त हुआ है।

ऐसा क्यों हुआ ? शंबूक से अन्याय किसने किया ? शंबूक से अन्याय तो हुआ है। जो तपस्वी चिर-प्रतिष्ठा के लिए होना चाहिए था, उसे विवादों का पात्र किसने बना दिया ? क्या वाल्मीकि ने ऐसा किया ? राम ने किया या फिर व्यवस्था

ने किया? वाल्मीकि के हाथों यह अन्याय हो ही नहीं सकता था। वे खुद उसी वर्ग के थे, जिस वर्ग के शंबूक थे अर्थात् दलित वर्ग के थे। वे भला क्यों ऐसा अपकर्म करते या क्यों राम के हाथों ऐसा अपयशकारी कर्म करवाते? उन वाल्मीकि ने, जिन्होंने राम और सीता के सदा रहनेवाले पुनर्मिलन के लिए पूरा 'उत्तरकांड' लिख दिया, वे क्यों ऐसा कुछ भी काम करने की सोच सकते थे? रामकथा को पूरा कर देने के बाद, उसकी 'फलश्रुति' लिख देने के बाद (युद्धकांड, सर्ग-128, श्लोक संख्या-97-125) फिर अपना पोथी-बस्ता खोला और 'उत्तरकांड' लिखने बैठ गए। वे वाल्मीकि तो शंबूक को मार नहीं सकते।

वे राम भी नहीं मार सकते, जिन्होंने केवट को अपनाया और गले लगा लिया, शबरी को अपनाकर उस मातंगी साध्वी की लंबी प्रतीक्षा को सुखद परिणाम तक पहुँचा दिया, संपूर्ण वानर जाति को अपना सहयात्री, सहचर और सहायक बना लिया, परमशत्रु रावण के भाई विभीषण को अपना बना लिया, वे भला शंबूक को क्यों मार देंगे? खासकर वे राम, जिन्होंने घोषित धर्म-विरोधी लवणासुर को मारने के लिए शत्रुघ्न के पास मथुरा भेज दिया, परंतु धर्म-कर्म में लगे शंबूक को मारने के वे खुद ही सामने खड़े हो गए? ऐसा कैसे हो सकता है? संपूर्ण 'उत्तरकांड' की पूरी कथा-वस्तु में अन्यथा विस्थापित बनी हुई इस शंबूक गाथा को कैसे समाहित किया जाए? हमें तो समझ में नहीं आ रहा।

कुछ लोगों ने, जो भारत-विरोधी, धर्म-विरोधी और हर तरह से राम कथा-विरोधी हैं, उस शंबूक प्रकरण को राम की सतत निंदा करने का, भारत की चिंतन परंपरा की भर्त्सना करने का और भारत के धर्म का उपहास उड़ाने का जरिया बना रखा है। न तो हम स्वयं वैसा कुछ करने का दुस्साहस कर सकते हैं, और न ही ऐसे किसी दुस्साहस का समर्थन कर सकते हैं। राम कथा में वर्णित शंबूक वध प्रकरण के माध्यम से जिस अधर्म का प्रसार किया गया, खोज करने पर मालूम पड़ता है कि यह सारी व्याख्या इस कालखंड में हुई होगी, जिस कालखंड में धर्म को, भारत के धर्म को, भारत के 'सनातन' नाम से विश्व भर में विख्यात धर्म को कट्टरपंथ की चारदीवारी में बाँधने की कोशिश की गई होगी। इसकी व्यापक खोज होनी ही चाहिए।

राम के जीवन में दो घटनाएँ ऐसी घटित हुईं, जिनका समर्थन देश ने, आसेतुहिमालय देश में, आसिंधुसिंधु (ब्रह्मपुत्र से सिंधु नदी तक फैले) देश में किसी ने नहीं किया है। एक घटना है सीता निर्वासन और दूसरी घटना है, शंबूक वध। राम को पिछले छह हजार साल से इन दो कृत्यों के लिए ताना, उलाहना,

अस्वीकृति और कहीं-कहीं निंदा भी लगातार मिलते रहे हैं। आज भी मिलते रहते हैं। संस्कृत साहित्य के एक परम संवेदनशील साहित्यकार भवभूति ने अपने नाटक 'उत्तर रामचरित' में इन दोनों घटनाओं को नाटक के कथानक का केंद्र बिंदु बनाकर राम की निष्करुणता का बखान एक ही श्लोक में इतने मार्मिक ढंग से कर दिया है कि राम के पास इन दोनों कृत्यों के लिए कोई धर्मसम्मत समाधान है ही नहीं और जो भी कोई समाधान हैं, अगर समाधान हैं तो वे समाधान इतना कठिन हैं कि राम को छोड़कर किसी सामान्यजन के जीवन में ये समाधान उदाहरणीय, स्वीकरणीय या फिर अनुकरणीय बन ही नहीं पाते। सभी ऐसे कथित समाधानों का संबंध उसी मर्यादा से है, जिसके पालन में राम तो पुरुषोत्तम हो गए, पर सामान्यजन के लिए इतनी अमूल्य मर्यादाओं के पालन के लिए हक्का-बक्का बनाकर छोड़ गए। भवभूति के नाटक पर फिर से आ जाएँ और संदर्भ वही है, वही दोनों घटनाएँ हैं। जब राम ने 'उत्तर रामचरित' नाटक में शंबूक के वध के लिए खड्ग उठाया तो राम थोड़ा ठिठके होंगे, ऐसा मानकर भवभूति ने एक श्लोक लिख दिया है—

रे हस्त, दक्षिण, मृतस्य शिशोर्द्विजस्य।
जीवातवे विसृज शूद्रमुनौ कृपाणम्।
रामस्य गात्रमसि दुर्भर गर्भखिन्न—
सीता विवासन पटोः करुणा कुतस्ते?

(उत्तर रामचरित)

शंबूक को मारने के लिए उद्यत, पर ठिठक रहे राम को लक्ष्य करके भवभूति कह रहे हैं या कहें कि राम से कहलवा रहे हैं कि—'अरे ओ मेरे दाहिने हाथ, ब्राह्मण के शिशु को जीवन दान के लिए तुम शंबूक को मारने के लिए तलवार उठा लो। रुको मत, क्योंकि तुम तो राम हो, सीता के निर्वासन जैसा कठोर कर्म कर चुके हो, वैसा कठोर कर्म करनेवाले तुम्हारे मन में अब करुणा भला कैसे पैदा हो रही है?' यानी स्पष्ट है कि राम के अन्यथा मर्यादा पुरुषोत्तम जीवन में ये दोनों घटनाएँ ऐसी हैं, जिन्हें देश ने, देश के जन-जन ने हजारों वर्षों से हमेशा अक्षम्य माना है। बेशक राम ने धर्मशास्त्रों द्वारा स्थापित मर्यादा की रक्षा कर 'मर्यादा पुरुषोत्तम' यह नाम भी मिल गया हो, पर राम के इन दो कृत्यों को देश ने आज तक स्वीकार नहीं किया है। एक का संबंध स्त्री-सम्मान से है और दूसरे का संबंध दलित-सम्मान से है।

इस पर हमारा कहना यह है : यदि हमारे देश में दलित समुदाय के प्रति निर्द्वंद्व अपनेपन का भाव है, भरपूर प्रतिष्ठा का भाव है, यदि भारत की तप:साधना के प्रति सभी भारतवासियों के हृदयों में समस्त श्रद्धा का भाव है तो देश को एक

काम करना ही चाहिए। करना यह चाहिए कि देश को अब से 'हठयोग' को, योग साधना के इस विशिष्ट योग को यानी हठयोग को अब से 'शंबूक योग' के नाम से सदा सर्वदा के लिए स्थापित और प्रचारित कर दिया जाना चाहिए। हम दोहरा रहे हैं कि ऐसा करके हमें मर्यादा पुरुषोत्तम राम के नाम को, जिसे स्वयं दलित प्रबंधकार वाल्मीकि ने 'रामो विग्रहवान् धर्मः' कहकर राम को धर्म का प्रस्तोता, प्रतीक और प्रतिनिधि माना है, ऐसे राम को, राम सरीखे ईश्वरीय महाव्यक्तित्व को धर्म का पर्यायवाची कर देने का अप्रतिम उल्लास प्राप्त होगा। देश को, देश के समस्त हिंदू समाज को ऐसा करना चाहिए। ऐसा करना ही चाहिए।

□

11

दलित कन्या, कुरु राजरानी, सत्यवती

हमारी यह पुस्तक भारत के संपूर्ण जाति-विमर्श पर नहीं है, इस संपूर्ण के ही एक पक्ष 'दलित-विमर्श' पर है। चूँकि 'दलित' यह एक जाति का विषय है, इसलिए दलित पर विमर्श करते-करते हम कभी-कभी, कहीं न कहीं जाति-विमर्श के बड़े विषय को भी छू लेते हैं, जैसा कि हमने अपनी इसी 'विमर्श' पुस्तक के निष्कर्षों तक पहुँचते-पहुँचते कर लिया है, एक सीमा तक तो कर ही लिया है। जाहिर है कि पुस्तक के परिपाक तक पहुँचते-पहुँचते हम कुछ राजनीतिक निष्कर्ष भी प्राप्त कर लेंगे। इतना सब कुछ लिख देने के बाद भी हमारा कहना है कि हमारी यह पुस्तक मुख्य रूप से 'दलित-विमर्श' पर ही है।

तो क्या सत्यवती, महाभारत कथा की कुरु राजरानी सत्यवती, राजाधिराज महाराज शांतनु की धर्मपत्नी दलित हैं ? इस प्रश्न का उत्तर ढूँढ़ते ही हम तुरंत इस निष्कर्ष पर पहुँचा दिए जाएँगे कि सत्यवती दलित नहीं, निषाद हैं। वे दाशराज की पुत्री हैं, निषाद मुखिया पिता की पुत्री हैं, उन्हें दलित कैसे कहा जा सकता है ? जाहिर है कि नहीं माना जा सकता। हम भी उन्हें 'दलित कन्या' साबित करने के उत्साह में नहीं हैं। वे एक निषाद कन्या ही हैं। उन्हें दलित कैसे माना जा सकता है ? पर हमने अपने इसी आलेख के शीर्षक में उन्हें, सत्यवती को 'दलित कन्या' कहा है, तो उसके पीछे हमारे पास अपने तर्क हैं, अपने कारण हैं, जिनका संबंध किसी जाति समुदाय को बड़ा-छोटा दिखाने को लेकर नहीं है, किसी को पृथक् या अपृथक् साबित करने के लिए तो कतई नहीं है, हमारे सारे तर्कों का संबंध भारत के दलित-विमर्श से हैं। सार्थक दलित-विर्मश से है।

एक कारण यह है कि पिछली कई सदियों से भारत की मध्यम जातियों तथा भारत की दलित जातियों के बीच की दूरी मिटती चली जा रही है। हमारा मतलब

जातियों के वर्गीकरण के बीच की दूरी से है। जब भारत की उन जातियों की, जो आज दलित कही और मानी जा रही हैं, एक समय पर पिछड़ी जातियों (यानी बैकवर्ड कास्ट) के साथ जोड़कर देखा जा रहा था, उसे हम भारत के दलित-विमर्श की प्रारंभिक अवस्था मान सकते हैं। बाबासाहेब ने इन सभी जातियों को 'बैकवर्ड' इस समान नाम से ही बताना शुरू किया था। पर आगे चलकर फिर समूचे पिछड़ी जाति समूह में से उन जातियों को जो अस्पृश्य यानी अछूत कही जा रही थीं, उनकी कष्ट कथाओं की सच्चाइयों को हृदय के अंतरतम से अनुभव करते हुए उन्हें 'डिप्रेस्ड कास्ट' यानी 'दलित जातियाँ' यह नामकरण दे दिया, जो कि ठीक ही था, क्योंकि यह स्वाभाविक ही था और तब से यह, 'दलित' यह नाम स्वीकृत होकर चलन में आ गया।

पर हम दोहरा रहे हैं कि 'दलित' इस पृथक् नामकरण से पहले 'बैकवर्ड' यही नाम चल रहा था। मान्यवर कांशीराम ने जब बामसेफ नामक संगठन बनाया, तो उसमें 'बैकवर्ड' उसी नाम के अर्थ को ग्रहण किया गया था। बहन मायावती आज भी 'दलित-पिछड़ा वर्ग' इस समान नाम को कई बार प्रयोग कर लेती हैं, जो न गलत है और न ही अस्वाभाविक है। पर 'दलित' इस शब्द के माध्यम से जिस सामाजिक पीड़ा की अभिव्यक्ति होती है, इसका महत्त्व भी हमेशा प्रत्येक विचारशील व्यक्ति के मन-मस्तिष्क में रहता है। इसलिए बेशक सत्यवती निषाद कन्या थीं, पर हमने उसे 'दलित कन्या' ही कहा और माना है, क्योंकि जन्म के आधार पर दलित कहे और माने जानेवालों में दलित महर्षि भगवान् वेदव्यास भी आते हैं, जो दाशराज की पुत्री सत्यवती के पिता हैं और हम सभी यह जानते हैं। दलित और पिछड़ी जातियों के लोगों के बीच एकरूपता जैसा भाव भारत के जाति-विमर्श में प्रारंभ से ही बना रहा है, ठीक इसी आधार पर कुंतीपुत्र कर्ण को दलित माना जाता है, बेशक वे क्षत्रियाणी माता के पुत्र हैं। आज के हिसाब से तो वे पिछड़ा जाति 'सूत' के पोषित पुत्र हैं और इसलिए सूतपुत्र कहे जाते हैं। पर परंपरा ने उन्हें दलित नायक ही हमेशा माना है। राष्ट्रकवि रामधारी सिंह 'दिनकर' ने जब कर्ण पर अपना खंडकाव्य 'रश्मिरथी' लिखा था तो उन्होंने कर्ण को 'दलित' कहकर नहीं, क्योंकि तब तक 'दलित' शब्द इस तरह से चलन में नहीं था, अपितु 'दलित' मानकर ही उस तरह का खंडकाव्य लिखा था। सारी परंपरा अब सूतपुत्र कर्ण को दलित ही मानती है, पिछड़ा नहीं। ऐसा तब है, जबकि भारत के शीर्षस्थ धर्मशास्त्र विवेचक डॉ. पी.वी. काणे के अनुसार, 'सूत' यानी 'रथकार' जाति को पिछड़े वर्ग में ही रखा जाएगा, पर आज की तारीख में सूतपुत्र कर्ण दलित जाति के

ही माने और कहे जाते हैं, पिछड़ा नहीं, ठीक वैसे ही जैसे महाभारत काल के ही नीति शास्त्रकार महात्मा विदुर को दलित ही माना जाता है, पिछड़ा नहीं। हालाँकि जाति से पिछड़ा थे, चँवर डुलाने वाले थे।

दूसरा कारण पहले कारण पर आधारित है। दूसरा कारण यह है कि हमारी यह पुस्तक, 'दलित-विमर्श' पर आधारित यह पुस्तक जहाँ एक ओर 'जाति' को सामाजिक संगठन के रूप में एक अति महत्त्वपूर्ण अर्थात् आधारभूत आयाम मानती है, वहीं हमारा यह मानना भी है कि अब हमें जातियों के परिगठन में अधिक से अधिक तर्क संगति लानी चाहिए। अभी चूँकि एक तो आरक्षण के कारण हरेक को खुद को पिछड़ा या दलित कहने का उत्साह रहता है और दूसरे, अपनी राजनीतिक पहचान को रेखांकित करने का उत्साह भी रहता है, इसलिए स्थितियाँ वैसी हैं जैसा कि वे बनी हुई हैं। पर देश में दो परिवर्तन होने को आसन्न है, यानी देर-सबेर, देर कम और सवेर ज्यादा, दो परिवर्तन हुआ ही चाहते हैं। एक है, आरक्षण। खुद संविधान के अनुसार, 'आरक्षण' एक अस्थायी व्यवस्था है, और उसे एक दिन खत्म होना ही है। भारत के संविधान के पितामह-पुरुष बाबासाहेब आंबेडकर तो आरक्षण के पक्ष में ही नहीं थे। बहुत दबाव डाल दिए जाने पर उन्होंने उसे एक अस्थायी प्रावधान के तौर पर स्वीकार किया था। हमारा दृढ़ विश्वास है कि यदि डॉ. आंबेडकर के दिव्य और भव्य जीवन को कुछ वर्ष और मिल गए होते तो संभवत: बाबासोहब ने इस प्रावधान को अपने जीवनकाल में ही समाप्त कर दिया होता।

यही स्थिति राजनीतिक पहचानवाले पक्ष की है। भारत में लोकशाही अभी प्रारंभिक सदी में है। सदी का समय पूरा होने से पहले ही सारे देश का जाति विभेद के स्थान पर भारत की एकता-एकात्मता-एकरूपता की ओर बढ़ते चले जाना न केवल स्वाभाविक है, अपितु देश की सुरक्षा और संपूर्ण विकास से जुड़ी जरूरतें भी देश में जाति पर आधारित राजनीतिक विभेद पर क्रमश: पूर्णविराम लगाती चली जाएगी और सारा परिदृश्य ही तब बदल जाएगा। तब तक देश की चिंतन विधि में जाति का राजनीतिक महत्त्व समाप्त हो चुका होगा और शुद्ध सामाजिक-मानदंड ही स्वीकार्य होते चले जाएँगे।

हमारा मानना है कि अब वह समय आ रहा है कि जातियों के परिगणन में तर्कसंगत दृष्टिकोण अपनाया जाना चाहिए और भारत के संपूर्ण इतिहास को दृष्टि में रखकर जातियों को नए सिरे से वर्गबद्ध कर दिया जाना चाहिए। जातियाँ दो ही तरह की हैं। खाँटी आधुनिक शब्दावली में कहें तो इन जातियों के नाम हैं—अगड़ी जातियाँ और पिछड़ी जातियाँ। जहाँ पुराने समय के द्विज यानी ब्राह्मण, क्षत्रिय

और वैश्य, जो अभी तक सवर्ण इस नाम से ही पहचाने जाते हैं, वे सभी अगड़ी जातियाँ हैं, वहाँ पिछड़ी जातियों में सभी ओ.बी.सी. और दलित जातियाँ आ जाती हैं। इतिहास के किस क्रम में, किस आधार पर कौन-सी पिछड़ी जातियाँ 'मध्यम जातियाँ' हो गईं और कौन-सी जातियाँ 'दलित जातियाँ' बना दी गईं, इस पर कभी एक आलेख में विचार करेंगे।

हमें लगता है कि निषाद कभी-न-कभी, हजारों वर्ष तक चातुर्वर्ण्य की व्यवस्था का ही हिस्सा रहे थे और वे ब्राह्मण, क्षत्रिय तथा वैश्य से निम्न वर्ग में रहे थे, पर वे एक विशेष कालखंड में शूद्र जाति से बाहर आ गए और एक पृथक् वर्ग पाँचवाँ जाति वर्ग मान लिए गए, जिस पर आगे चलकर थोड़ा अधिक विस्तार से कभी विचार किया जाएगा, जब 'चत्वारो वर्णाः, पंचमो निषादः' निषाद पाँचवाँ वर्ण है, इस पर विचार करेंगे। तब तक चार ही वर्ग थे। निषाद इसी वर्ण-व्यवस्था का हिस्सा थे। निषाद अलग वर्ण नहीं था, जो बाद में हो गया और इसी आधार पर ठीक इसी आधार पर हम निषाद प्रमुख दाशराज की पुत्री सत्यवती को 'दलित कन्या' इस नाम से लिख रहे हैं।

अब इस दलित कन्या, कुरु राजरानी सत्यवती के जीवन के आधार पर कुछ महत्त्वपूर्ण आयाम दलित-विमर्श से जोड़कर देख लिए जाएँ। सत्यवती की संपूर्ण जीवनगाथा पर दृष्टिपात कर लिया जाए तो ऐसी अत्यधिक घटना-परिपूर्ण यानी गतिविधियों से भरपूर जीवन में भी अस्पृश्यता कहीं नहीं है। पूरी महाभारत कथा में और इसी से प्राप्त हमारे पास उपलब्ध संपूर्ण सत्यवती जीवन-चरित में अस्पृश्यता यानी अछूत भाव का कोई अभिशाप रंचमात्र भी कहीं नहीं है। सत्यवती को विवाह से पहले ही पराशर मुनि से यानी एक ब्राह्मण से संतान प्राप्त हो गई थी। ऐसे विवाह पूर्व संपूर्ण घटनाचक्र में अस्पृश्यता का कोई भाव, कोई अभिशाप दूर-दूर तक नहीं है, रंचमात्र भी नहीं है। सत्यवती से विवाहपूर्व प्राप्त संतान यानी कृष्ण द्वैपायन अर्थात् वेदव्यास के संपूर्ण घटना-परिपूर्ण जीवन में भी अपृश्यता के लिए कोई अवसर हमें देखने को ही नहीं मिलता।

सत्यवती का यानी एक दलित कन्या का विवाह क्षत्रिय राजराजेश्वर शांतनु से हुआ। इस संपूर्ण प्रसंग में एक बार भी, दूर से भी जाति का प्रश्न नहीं उठा। सत्यवती दलित कन्या हैं। शांतनु क्षत्रिय सम्राट् हैं, पर दोनों के विवाह में जाति कोई अड़चन नहीं, कोई समस्या नहीं, कोई मुद्दा ही नहीं; बल्कि शांतनु के असमय देहावसान के बाद सत्यवती ने पूरा साम्राज्य एक रीजेंट के रूप में चलाया, इस पर कोई प्रश्नवाची चिह्न नहीं, राजकाज में कोई अड़चन नहीं, किसी में कोई लघुता का भाव नहीं।

चित्रांगद व विचित्रवीर्य, इन दोनों पुत्रों की अकाल मृत्यु के बाद सत्यवती को भीषण परिस्थिति का सामना करना पड़ा, अर्थात् साम्राज्य के उत्तराधिकारी विहीन हो जाने के खतरे का सामना करना पड़ा। इसका समाधान करने में सत्यवती ने महाभारतकालीन नियोगप्रथा का उपयोग करते हुए अपने ही बड़े पुत्र वेदव्यास को संतान प्राप्ति का आदेश दिया। वेदव्यास ने आदेश शिरोधार्य किया और कौरव राज्य को धृतराष्ट्र, पांडु और विदुर जैसे तीन तेजस्वी पुत्र प्राप्त हुए। इस संपूर्ण महाभारत कथा में सत्यवती का दलित कन्या होना किसी भी रूप में कभी बाधा या प्रश्न या समस्या बना ही नहीं, कोई मुद्दा ही नहीं बना, यह हम सभी जानते हैं। द्रौपदी को अपने समय की तेजस्वी स्त्री माननेवाले देश के साहित्यकारों के सामने दलित कन्या, कुरु राजरानी, कौरव साम्राज्य की रीजेंट, वेदव्यास की माँ का, अर्थात् विवाह पूर्व ही बन गई माँ का, यानी सत्यवती का समान रूप से या कहीं अधिक तेजस्वी स्त्री-रूप सामने है, उतना ही तेजस्वी जितना तेजस्वी स्त्री रूप दूसरी कुरुराज रानियों, कुंती और गांधारी का रूप हमारे सामने है। दलित स्वाभिमान के नए-नए आयाम इन सभी के सामने पेश कर देनेवाली कुरु राजरानी सत्यवती हमारे सामने एक ऐसी चुनौती बनकर खड़ी है, जिस चुनौती का सामना देश के किसी भी जाति-विमर्श और दलित-विमर्श ने आज तक किया ही नहीं है, बल्कि ऐसा विमर्श करनेवालों को ऐसी किसी चुनौती का पता तक नहीं है। इससे बड़ी विडंबना और भला हो ही क्या सकती है ?

□

12

कर्ण सूतपुत्र हैं, कुंतीपुत्र हैं, दानवीर हैं और हैं अंगराज

कर्ण को क्या मानें? दलित मानें, मध्यम जाति मानें या फिर बाकायदा सवर्ण मान लें? ऐसा विभेदकारी सवाल पूछने की, खासकर कर्ण सरीखे तेजस्वी व्यक्तित्व के स्वामी को लेकर ऐसा सवाल पूछने की हमारी तो हिम्मत नहीं हो रही। पर जितनी सामग्री हमारे पास कर्ण का व्यक्तित्व समझने के लिए उपलब्ध है, उसके आधार पर हम स्वयं तय नहीं कर पा रहे हैं कि हम कर्ण को किस श्रेणी में रखें, दलित, मध्यम या सवर्ण?

कर्ण का प्रसिद्ध नाम है—सूतपुत्र। भारत की महाभारतकालीन सामाजिक परंपरा में 'सूत' शब्द का प्रयोग उस सामाजिक वर्ग के लिए होता है, जो कर्म से रथकार है। रथकार अर्थात् ऐसे व्यवसाय से जुड़ा व्यक्ति जो रथ के निर्माण कर्म के व्यवसाय में लगा रहकर अपनी आजीविका कमा रहा है। कर्ण जन्म से कुरु राजरानी कुंती के पुत्र हैं, पर उसमें फुटनोट यह है कि कुंती को इस पुत्र की प्राप्ति कुरु राजरानी बनने से पहले ही हो गई और तब वह अविवाहित थीं। किसी प्रसंग में कुंती ने सूर्य की उपासना की। इस प्रसंग को हम चाहें तो 'महाभारत' (आदि पर्व 121. 10–14) में पढ़ सकते हैं। हम सभी जानते हैं कि कुंती यदुकुल में उत्पन्न शूर राजा की पुत्री थी और कृष्ण के पिता वसुदेव की बहन थी। कुंतिभोज राजा ने कुंती के गुणों से प्रभावित होकर इसे यानी कुंती को अपनी दत्तक पुत्री बना लिया था। एक बार पिता के घर अतिथि के रूप में पधारे मुनि दुर्वासा की सेवा-शुश्रूषा करने का दायित्व जब कुंती को दिया गया तो कुंती ने अपना यह दायित्व इतने अच्छे तरीके से पूरा किया तो मानो एक पुत्री के प्रति उमड़े प्रेम से दुर्वासा ने कुंती

को आशीर्वाद स्वरूप एक मंत्र दिया, जिस मंत्र के जप से वह उस मंत्र के अधिपति देवता का आह्वान कर उससे अपनी मनचाही संतान प्राप्त कर लेगी। अपनी इसी कन्या-अवस्था में ही यानी अपने विवाह से पूर्व ही कुंती ने एक बार जिज्ञासावश कि मंत्र का कोई प्रभाव है भी या नहीं, सूर्यदेव का आह्वान किया। सूर्यदेव उपस्थित हो गए और उनके आशीर्वाद स्वरूप कुंती को अपने विवाह से पूर्व ही, अपने पिता के घर में ही पुत्र की प्राप्ति हो गई। इसी के आधार पर सूर्य को सूर्यपुत्र भी कहा गया है। इस कथा के आधार पर कुंती को विवाह से पूर्व ही जिस पुत्र की प्राप्ति हो गई, वे ही कर्ण हैं। सूर्य के ही वर के प्रभाव से कर्ण को जन्म से ही अपने शरीर के कवच और कुंडल प्राप्त थे और अपने इसी रूप के कारण कर्ण अद्वितीय तेजस्वी स्वीकार किए गए। पर चूँकि कुंती को इस तेजस्वी पुत्र की प्राप्ति विवाह से पूर्व हो गई थी, ठीक वैसे ही जैसे सत्यवती को विवाह से पूर्व ही वेदव्यास नाम से प्रसिद्ध पुत्र की प्राप्ति हो गई थी, जिनका वास्तविक जन्मनाम था—कृष्ण, पर इनके समय में ही कृष्ण नाम से वसुदेव पुत्र कृष्ण भी पूरे देश में प्रतिष्ठित हो रहे थे। इसलिए नाम से पैदा हो सकनेवाली किसी भी भ्रांति को दूर करने के इरादे से ही मानो सत्यवती पुत्र कृष्ण को 'द्वैपायन' कह दिया गया, क्योंकि सत्यवती ने अपने पुत्र को यमुना के किनारे पर बने एक छोटे से द्वीप में जन्म दिया था। तब से सत्यवतीनंदन वेदव्यास को जन्मकाल से ही 'कृष्ण द्वैपायन' नाम प्राप्त हो गया।

सत्यवती और कुंती, दोनों माताओं ने अपने-अपने पुत्रों को विवाहपूर्व जीवन में ही प्राप्त कर लिया था, पर एक सरीखी परिस्थितियों में भी दोनों अविवाहित माताओं की प्रतिक्रिया अलग-अलग थी। अविवाहित माता सत्यवती ने अपने विवाहपूर्व प्राप्त पुत्र कृष्ण द्वैपायन का, भविष्य के 'वेदव्यास' का स्वयं पालन-पोषण किया और माँ-बेटे में परस्पर सहज स्नेह बना रहा। दूसरी अविवाहित माता कुंती ने अपने विवाहपूर्व प्राप्त पुत्र कर्ण को नदी में सुरक्षित बहा दिया, जो बहते-बहते जिस माँ और पिता को प्राप्त हो गया, उनका नाम था, राधा और अधिरथ। माँ राधा के कारण कर्ण को (कौंतेय के अलावा) राधेय नाम भी मिला और पिता अधिरथ के कारण जो व्यवसाय से सूत थे, कर्ण को नाम मिला—सूतपुत्र। सूत का काम रथ निर्माण का व्यवसाय था। रथ निर्माण में लगे सूत लोग जाति के रूप में कब और कैसे कथावाचकों के कर्म से जुड़ गए, जैसा कि हम विश्व के प्रख्याततम कथावाचक पौराणिक सूतजी के नाम से जानते हैं, इस बारे में जानकारियाँ इकट्ठा करने की जरूरत है। पर अभी तक का निष्कर्ष इस जिज्ञासा को शांत कर देता है कि क्यों कर्ण कौंतेय थे, राधेय थे, सूतपुत्र थे।

हमने बताया कि कर्ण 'सूर्यपुत्र' भी कहे जाते हैं। वे सूर्यपुत्र क्यों कहलाए गए, इस बारे में हम इसी आलेख में अभी ऊपर बता आए हैं, पर इसके साथ जुड़ा अधिक महत्त्वपूर्ण पक्ष, कर्ण के तेजस्वी व्यक्तित्व से जुड़ा पक्ष कर्ण के दानवीर होने का भी है। कर्ण खूब दान दिया करते थे और यह उनकी अद्‌भुत ख्याति थी। इसलिए 'महाभारत कथा' में कर्ण को 'दानवीर' भी कहा गया था। ऊपर हमने बताया कि सूर्यपुत्र कर्ण को अपने जन्म से कवच और कुंडल उनके अपने शरीर में ही, शरीर के साथ ही अभिन्न रूप से जुड़े हुए थे। खुराफाती इंद्र को यह ठीक नहीं लग रहा था। कर्ण सूर्यपुत्र हैं, तो पाँचों पांडवों में तीसरे भाई अर्जुन को अपनी माता कुंती से इंद्र के वरदान से प्राप्त हुए थे। इसलिए उन्हें 'इंद्रपुत्र' कहा गया है। युधिष्ठिर धर्मपुत्र हैं। भीम वायुपुत्र हैं। अर्जुन इंद्रपुत्र है। नकुल और सहदेव अश्विनी कुमारों के पुत्र हैं। कर्ण तो सूर्यपुत्र हैं। इस तरह कुंती तथा माद्री से प्राप्त पांडु को पाँचों पुत्र विभिन्न देवों के वरदानस्वरूप या कहें कि आशीर्वादस्वरूप प्राप्त हुए थे। अर्जुन के धर्मपिता इंद्र को यह बात ठीक से पता थी कि कर्ण अद्वितीय कोटि के वीर हैं और अपने शरीर में अंतर्निहित कवच कुंडलों के कारण कर्ण अपराजेय हैं। इंद्र को यह बात अच्छी नहीं लग रही थी। उसने कर्ण से उनके कवच-कुंडल छीनने का इरादा किया। जैसा कि हम सभी जानते हैं, देवों का अधिपति राजा होने के बावजूद इंद्र इस तरह के छोटे काम करता रहता था और अपने इस संकल्प को पूरा करने के लिए उसने कर्ण की दानवीरता की ख्याति का लाभ उठा लेना चाहा। तत्काल एक ब्राह्मण का वेश बनाकर इंद्र पहुँच गया और कर्ण से मनचाहा दान माँगने का संकल्प ले लिया। कर्ण समझ रहे थे कि यह सब क्या और क्यों हो रहा है, पर कर्ण ने दान का संकल्प पूरा किया और इंद्र ने दान में कर्ण से उनके कवच-कुंडल ले लिए। इसके बाद से कर्ण अपराजेय नहीं रहे और इंद्र की शरारत से युद्ध में संभावित परिणाम का पलड़ा कर्ण से हटाकर अर्जुन की तरफ झुका दिया गया। इंद्र ने इस तरह पांडुपुत्र अर्जुन की निर्णायक सहायता कर दी।

कहते हैं कि हर महान् व्यक्ति भी कहीं-न-कहीं कुछ दुर्बलताओं का शिकार हो जाता है। प्रकृति का यह नियम कर्ण जैसे अन्यथा बड़े व्यक्तित्व पर भी लागू होता है। जैसा कि आगे चलकर एक स्थान पर पितामह भीष्म ने भी कहा कि कर्ण की समस्या यह है कि वह सदा अपनी तारीफ ही करता रहता है (महाभारत)। भीष्म के इस कथन को भीष्म की अपनी किन्हीं व्यक्तिगत कारणों से बनी प्रतिक्रिया मान लिया जाए तो भी कर्ण ने जिस तरह पूरे कथानक में स्वयं को एक कुटिल चौकड़ी का हिस्सा बना लिया, दुर्योधन, दु:शासन, शकुनि और कर्ण इस कुटिल

चौकड़ी का हिस्सा बना लिया, वैसा करने की कर्ण को कोई जरूरत थी ही नहीं। पर कुछ बातें ऐसी थीं या कुछ घटनाचक्र बनता चला गया कि कर्ण के व्यक्तित्व और चरित्र में नकारात्मक पहलू जुड़ते चले गए और कर्ण विराट्ता के ऊँचे शिखर से नीचे गिरते चले गए।

ऐसी तीन घटनाएँ हमारे सामने आती हैं, जो परंपरा से सभी को पता हैं। गुरु द्रोणाचार्य के नेतृत्व में सभी पांडुपुत्र और धृतराष्ट्र पुत्र शस्त्र शिक्षा ले रहे थे। जब शस्त्र परीक्षा का समय आया तो 'सर्वश्रेष्ठ धनुर्धर कौन है?' इस प्रश्न का उत्तर भी तय होना था। शस्त्र परीक्षा का समय आया तो उस समय अचानक कर्ण का रंगभूमि में प्रवेश हुआ। रंगभूमि का अर्थ है, वह भूमि जहाँ सभी योद्धाओं को शस्त्र परीक्षा देनी थी। कर्ण ने भी प्रतियोगिता में सम्मिलित होने की इच्छा की। गुरु ने उससे उसका कुल-गोत्र पूछा, जैसा कि उस समय की यही परिपाटी थी। कर्ण ने अपना सूत के पुत्र होने का परिचय दिया। इधर-उधर की बातें हुईं और कर्ण को इस प्रतियागिता के योग्य नहीं पाया गया, क्योंकि वह सूत का पुत्र था, जबकि समस्त कार्यक्रम राजकुमारों के लिए था। तुरंत दुर्योधन ने पांडुपुत्रों से पहल वापस लेते हुए अपने हाथ में लेकर आनन-फानन में कर्ण को अंगदेश का राजा घोषित कर उसका राजतिलक भी कर दिया और इस प्रकार वह क्षत्रियों से सामना करने योग्य मान लिया गया। दुर्योधन ने कर्ण से मैत्री का पाँसा भी फेंका, जो कर्ण ने स्वीकार कर लिया और इस तरह पहली बार अन्यथा श्रेष्ठ चरित्र और बल का स्वामी कर्ण दुर्योधन की चतुर चौकड़ी का हिस्सा बन गया और यही उसके पतन की शुरुआत भी मानो बन गई। यह संपूर्ण घटनाचक्र महाभारत के आदि पर्व, अध्याय-135 में सुरक्षित है।

दूसरी घटना है, परशुराम से ब्रह्मास्त्र की प्राप्ति। दुर्योधन से श्रेष्ठता का प्रमाणपत्र प्राप्त कर प्रसन्नवदन कर्ण परशुराम से शस्त्र शिक्षा लेने गए। परशुराम की प्रतिज्ञा केवल ब्राह्मणों को शस्त्र शिक्षा देने की थी। कर्ण ने परशुराम से कह दिया कि वह यानी कर्ण ब्राह्मण है और वैसा यथावत् स्वीकार कर परशुराम ने कर्ण को ब्रह्मास्त्र तक की संपूर्ण शस्त्रास्त्र शिक्षा दे दी। पर कर्ण के दुर्भाग्य से अंत-अंत में कुछ ऐसा दुर्घटित हो गया कि परशुराम को प्रकट हो गया कि कर्ण ब्राह्मण नहीं है। कुपित परशुराम ने कर्ण को शाप दिया, जिसका अर्थ पर था कि अवसर आने पर कर्ण को अपनी ब्रह्मास्त्र विद्या याद ही नहीं आएगी। महाभारत के शांतिपर्व के अध्याय-3 में यह समस्त घटनावलि निरूपित है। इसके बावजूद कर्ण ने शस्त्र शिक्षा पूरी हो जाने पर दुर्योधन को रिपोर्ट कर दिया कि वह ब्रह्मास्त्र समेत संपूर्ण

शस्त्र विद्या सीख चुका है। कर्ण के अन्यथा परमश्रेष्ठ चरित्र में आई गिरावट की यह अगली कड़ी थी।

तीसरी और सबसे महत्त्वपूर्ण कड़ी द्रौपदी के संदर्भ से है। द्रौपदी के स्वयंवर में, घूमती मछली की आँख में नीचे घूमते प्रतिबिंब को देखकर बाण चलाने की प्रतिज्ञा पूरी करने के इरादे से, जैसे ही कर्ण उठने को हुआ तो द्रौपदी ने सहसा कह दिया कि वह सूत से शादी नहीं करेगी ?। 'जगाद नाहं वरयामि सूतम्' (महाभारत, आदिपर्व 186.23)। कर्ण ने स्वयं को स्पर्धा से बाहर कर दिया। कर तो दिया, पर उसे यह बात चुभ गई। द्रौपदी से प्रतिकार लेने को शायद वह मौका तलाश रहा था। मौका उसे मिला, द्यूत-क्रीड़ा में हार गए पांडुपुत्रों की पत्नी द्रौपदी के वस्त्र-हरण के समय। उसने दो बार द्रौपदी का घृणापूर्वक तिरस्कार किया। महाभारत के सभापर्व में जब दु:शासन ने द्रौपदी को अपमानपूर्वक देख हँसते हुए 'दासी' ('उवाच दासीति हसन् सशब्दम्', सभापर्व-67.44) कहा, तो कर्ण को तो मानो मजा ही आ गया और उसने वैसी ही हर्ष ध्वनि भी प्रकट की, जिसकी कोई जरूरत नहीं थी (कर्णस्तु तद्वाक्यमतीव हृष्ट; सम्पूजयामास हसन् सशब्दम्, सभापर्व-67.45) और कर्ण को तो तसल्ली तभी जाकर मिली, जब उसने सभी के सामने पूरी राजसभा में द्रौपदी का शिखर अपमान करते हुए उसे 'बंधकी' यानी 'वेश्या' तक कह दिया, ('एको भर्ता स्त्रियो देवैर्विहित: कुरु नंदन, इयं त्वनेक वरणा बंधकीति'—हे कुरुनंदन, देवताओं ने स्त्री के लिए एक ही पति का विधान किया है, परंतु यह द्रौपदी अनेक पतियों के अधीन है, अत: यह निश्चय ही वेश्या है।' महाभारत, सभापर्व-68.35)। द्रौपदी के लिए यह अपशब्द कर्ण के अलावा और किसी ने नहीं बोला। परंपरा तो द्रौपदी को 'महासती' कहती है, जैसे परंपरा में सीता को 'अग्निगर्भा' कहा गया है। पर 'महाभारत' के अनुसार कर्ण ने पहले तो द्रौपदी को 'दासी' कहा और फिर 'वेश्या' तक कह दिया। द्यूत और इससे पैदा होनेवाला संपूर्ण घटनाचक्र धृतराष्ट्र और पांडु के पुत्रों के बीच था और कर्ण को उस संपूर्ण प्रपंच से दूर रहना चाहिए था। पर ऐसा न कर कर्ण ने द्रौपदी का, एक स्त्री का और वह भी वस्त्र हरण होते समय इतना घोर अपमान किया तो इससे दो निष्कर्ष स्वत: सामने आ जाते हैं। एक कि अन्यथा एक तेजस्वी महापुरुष कर्ण दुर्योधन की कुटिल चौकड़ी का, दुर्योधन-दु:शासन-शकुनि-कर्ण की धूर्त मंडली का अंतरंग हिस्सा हो जाने के परिणामस्वरूप कर्ण के चरित्र में इस हद तक पतन आ चुका था कि वह द्रौपदी का वस्त्र हरण होते समय कुरुकुल की पुत्रवधू को, द्रौपदी को 'दासी', 'वेश्या' आदि कह रहा था और खीसें निपोर रहा था। आपके व्यक्तित्व और चरित्र की श्रेष्ठता

और पतन को समझने का एक मानदंड यह होता है, प्रत्येक सभ्य समाज में होता है, हर युग और काल में होता है कि आप स्त्री के प्रति क्या और कैसा व्यवहार करते हैं। इस मानदंड पर कर्ण अपने व्यक्तित्व के इतिहास में मानो सदा के लिए हीन चरित्र का व्यक्ति बना दिए गए।

तो जाति के हिसाब से कर्ण को कहाँ रखा जाए? कर्ण कुंती की संतान है, प्रथम संतान है, बेशक अविवाहित माता की संतान है, पर है तो कुंती की संतान ही। कुंती क्षत्रियाणी है। इस आधार पर कर्ण को क्षत्रिय होना चाहिए। दुर्योधन ने कर्ण को अंगराज बना दिया, अर्थात् वे राजकुल के व्यक्ति हो गए, इससे भी कर्ण का क्षत्रिय होना मानो अच्छे-से स्थापित हो जाता है। पर कर्ण को जब उसका पालन-पोषण करनेवाले माता-पिता मिले, उस समय मिले जब वे अभी माँ के गर्भ से बाहर निकला-ही-निकला थे, इस आधार पर मानो जन्मकाल से ही कर्ण को मध्यम जाति का मान लिया जा सकता है, जो उस समय की शब्दावली में पिछड़ा नहीं, शूद्र यानी दलित ही कही जाती थी। इस तरह मानो जन्म से ही कर्ण क्षत्रिय भी हो गए और जन्म से ही दलित भी हो गए। फैसला कैसे किया जाए? फैसला इस आधार पर हो सकता है कि कर्ण क्षत्रिय हैं, यह एहसास तो उन्हें तब मिला, जब महाभारत युद्ध में हुई उसकी मृत्यु से कुछ ही दिन पहले कुंती से अपने जन्म के बारे में पता चला। बेशक जन्म से क्षत्रिय होने का एहसास उन्हों हो गया, पर हुआ तब जब जन्म से लेकर महाभारत युद्ध में मिली मृत्यु के समय तक उन्हें एक बार नहीं, अनेक बार यह एहसास दिला दिया जा चुका था कि वे हीन जाति के हैं। शस्त्र परीक्षा के समय, परशुराम से शस्त्र-शिक्षा के समय, द्रौपदी-स्वयंवर के समय, ऐसे अनेक अवसरों के समय कर्ण को यह बात कचोटती रही कि वह दलित थे, इसलिए उन्हें वह स्थान प्राय: नहीं मिला, जिस स्थान के वे अन्यथा अपने गुणों के कारण, जिस स्थान के वे योग्य थे।

तो निष्कर्ष क्या निकाला जाए? ऊपर की चार-पाँच पंक्तियों में निष्कर्ष तो निकल ही आया है। पर कर्ण के व्यक्तित्व में इतना उच्चावच है, यानी इतनी ऊँच-नीच है, इतना ऊपर-नीचे है कि निष्कर्ष निकालना आसान नहीं। कर्ण महापुरुष थे, पर सूतपुत्र होने के कारण उन्हें कई अवसरों पर वंचित रहना पड़ा, अवमानना की अनुभूति का शिकार भी होना पड़ा। पर उनके व्यक्तित्व का आकलन करते समय जिस एक तत्त्व के आधार पर निर्णय हो जाएगा, वह एक तत्त्व यह है कि एक व्यक्ति के रूप में स्त्री के प्रति उनका दृष्टिकोण क्या है? द्यूत-क्रीड़ा में द्रौपदी का वस्त्र हरण होने के समय कर्ण ने द्रौपदी का जैसा घनघोर अपमान किया, द्रौपदी की खिल्ली

उड़ाई ओर अपने इस व्यवहार पर कर्ण ने मजा लूटा, इससे हमारा स्पष्ट मानना है कि सूर्यपुत्र, कुंतीपुत्र, सूतपुत्र, अंगराज कर्ण एक व्यक्ति के रूप में नायकोचित महापुरुष के रूप में इतिहास में स्थापित नहीं हो पाए। परंतु दलित-विमर्श के रूप में हम कर्ण के व्यक्तित्व-आकलन के आधार पर यह निष्कर्ष अवश्य ही निकाल सकते हैं कि भारत के इतिहास में कर्ण एक ऐसा व्यक्तित्व हैं, जिस व्यक्तित्व के बड़प्पन को उसके सूतपुत्र होने के कारण बार-बार कचोट मिली—द्रोणाचार्य की बनाई रंगभूमि में शस्त्र परीक्षा के समय, परशुराम से शस्त्र परीक्षण प्राप्त करने के समय, और द्रौपदी स्वयंवर के समय। उन सभी अवसरों पर कर्ण को सूतपुत्र होने के कारण वंचित तो रहना ही पड़ा।

□

13

दलित पुत्र महात्मा विदुर क्षत्ता, यानी चँवर डुलानेवाले थे, प्रधानमंत्री थे, शास्त्रकार थे, और थे धर्मराज

भारत में जाति का चमत्कार देखिए कि एक ही परिवार में तीन भाई हैं। उनमें से दो भाई तो सवर्ण जाति के हैं, पर तीसरा भाई दलित जाति का है। ये तीन भाई हैं—पांडु, धृतराष्ट्र और विदुर। रिकॉर्ड के लिए ये तीनों भाई महाराजा शांतनु और उनकी पत्नी महारानी सत्यवती के पुत्र होने के कारण क्षत्रिय ही माने जाने चाहिए। पर वस्तुस्थिति इससे पृथक् है। शांतनु और सत्यवती को दो संतानें हुई थीं, दोनों पुत्र—एक थे विचित्रवीर्य और दूसरे चित्रांगद। दोनों युवावस्था पार करते ही मृत्यु को प्राप्त हो गए तो सत्यवती के सामने समस्या पैदा हो गई कि अब राज्य का उत्तराधिकारी कौन हो? महाभारत काल में 'नियोग' प्रथा के आधार पर किसी स्त्री को सहमति के आधार पर संतान प्राप्त करने के लिए नियुक्त करने का चलन था, जिसे शत-प्रतिशत वैध माना गया था। इसी 'नियुक्त' से शब्द बन गया था 'नियोग' और प्रथा का नाम हो गया—नियोग प्रथा।

हम ठीक से जानते हैं कि कुरु राजरानी सत्यवती के दो पुत्र थे। एक का नाम था वेदव्यास, जो सत्यवती को विवाह से पूर्व ही पराशर मुनि से प्राप्त हो गए थे। दूसरे पुत्र का नाम था देवव्रत भीष्म, जो महाराज शांतनु के पुत्र थे और शांतनु से विवाह कर लेने के बाद सत्यवती भीष्म की भी माता, जाहिर है कि विमाता हो गई थीं। उत्तराधिकारी पाने की प्रक्रिया में सत्यवती ने पहले भीष्म से कहा कि राज्य के लिए संतान प्राप्त करना तुम्हारा कर्तव्य है और अपने कर्तव्य की पूर्ति करो। भीष्म

का बना-बनाया जवाब था कि उनकी तो प्रतिज्ञा आजीवन विवाह न करने की है और आजीवन ब्रह्मचारी होने का एक अर्थ यह है कि वे आजीवन स्त्री सहवास भी नहीं करेंगे। यानी भीष्म ने मना कर दिया। निदान, सत्यवती ने अपने दूसरे पुत्र कृष्ण द्वैपायन व्यास के, जिन्हें सारा भारत तो क्या सारा विश्व वेदव्यास के नाम से जानता है, सामने अपनी समस्या रखी। सत्यवती पर यह सारा दायित्व इसलिए आ पड़ा था कि क्योंकि महाराज शांतनु पहले ही मृत्यु को प्राप्त हो चुके थे और राज्य की 'रीजेंट' होने के कारण परिवार और राज्य का सारा दायित्व सत्यवती पर आ गया था। वेदव्यास से अनुरोध हुआ तो उन्होंने इसे अपनी माता सत्यवती का आदेश मानकर नियोग करना स्वीकार कर लिया।

सत्यवती की दो बहुएँ थीं। अंबिका और अंबालिका, ये दोनों बहने थीं। काशिराज की पुत्रियाँ थीं। काशिराज की एक और पुत्री थी, जिसका नाम था—अंबा। इन तीनों का विवाह अपहरण/स्वयंवर प्रथा के तहत किया गया। यानी जो अपहरण करके ले जाए, कन्याएँ उसकी हो गईं। जरा कल्पना करिए। हमारे महाभारतकालीन पूर्वजों ने धर्म के नाम पर कितना बड़ा धर्मसंकट पैदा कर रखा था। ऐसे अधर्म परिपूर्ण समाज में अंततः भयानक युद्ध, गृहयुद्ध होना ही था। महाभारत उस समय का ऐसा गृहयुद्ध था, जिसमें पच्चीस लाख लोग मारे गए थे। अपहृत हो जाने के बाद तीनों कन्याएँ चित्रांगद और विचित्रवीर्य को ब्याही जानी थीं। अंबिका और अंबालिका तो मान गईं, पर अंबा ने विद्रोह कर दिया कि वह तो उसी से, शाल्व से विवाह करेगी, जिससे वह प्रेम करती है। सत्यवती ने अंबा की बात का सम्मान करते हुए उसे शाल्व के पास जाने दिया। यह कहानी ही अलग है, जिसका हमारे इस प्रकरण से फिलहाल कोई संबंध नहीं है।

उधर चित्रांगद और विचित्रवीर्य भी अपनी-अपनी पत्नियों से संतान प्राप्त किए बिना ही चल बसे थे, इसलिए सारी समस्या, राज्य को उत्तराधिकारी देने की समस्या पैदा हो चुकी थी, जिसका समाधान नियुक्ति प्रथा के सहारे करने की कोशिश की जा रही थी।

अब नियोगजन्य सहवास होना था। यहाँ जानने योग्य बात यह है कि वेदव्यास कुरूप थे। कुरूप ही नहीं, महाकुरूप थे। जब अंबिका से सहवास के लिए वेदव्यास आए तो अंबिका कुरूप वेदव्यास को देखकर डर गई और उसने आँखें बंद कर लीं। संतान तो हुईं, पर अंधी संतान हुई, जो धृतराष्ट्र थे। दूसरे सहवास में इसी कुरूपता को देख भयभीत हो चुकी अंबालिका पीली पड़ गई। परिणाम कि पांडु यानी पीली त्वचावाली संतान, पांडु का जन्म हुआ। महत्त्वाकांक्षिणी सत्यवती ऐसे अंधे-पीले

उत्तराधिकारियों से संतुष्ट नहीं होनेवाली थी। इसलिए उसने वेदव्यास को एक बार फिर नियोग के लिए कहा गया। तीसरे सहवास में चालाकी से या जान-बूझकर एक दासी को भेज दिया गया, जिसने परम आनंद के साथ वेदव्यास से सहवास किया और एक श्रेष्ठ पुत्र की प्राप्ति इस सहवास के बाद हुई, जो विदुर थे।

कहानी का तात्पर्य बताना यहाँ जरूरी है और तात्पर्य यह है कि एक ही पिता वेदव्यास से पैदा हुई तीन नियोगज संतानें, धृतराष्ट्र और पांडु अपनी-अपनी राजकुमारी माताओं से प्राप्त हुए थे, इसलिए क्षत्रिय माने गए, पर उसी पिता वेदव्यास से दासी से प्राप्त नियोगज संतान विदुर को शूद्र माना गया, दलित माना गया। हैरान मत होइए कि मात्र इतना भर समझाने के लिए कि विदुर दलित थे, हमें इतना बड़ा विवरण देना पड़ा, इसलिए देना पड़ा कि हम भारत का दलित-विमर्श कर रहे हैं।

विदुर के लिए, दलित विदुर के लिए महाभारत में अनेकश: प्राय: दो शब्दों का प्रयोग किया गया है। विदुर को प्राय: हर बार 'महात्मा' इस पूर्व विशेषण के साथ कहा-लिखा गया है। जाहिर है कि चरित्र, योग्यता और विद्वत्ता के आधार पर ही विदुर को यह विशेषण दिया गया होगा। विदुर कितने अधिक तेजस्वी, मेधावी और प्रभावशाली थे, यह इसी से स्पष्ट है कि वे धृतराष्ट्र के राज्य में प्रधान अमात्य का कार्यभार सँभाले हुए थे और धृतराष्ट्र अपना हर काम विदुर की सलाह से किया करते थे। जब-जब धृतराष्ट्र ने विदुर से छिपाकर कोई फैसला लिया, तब-तब धृतराष्ट्र को नुकसान उठाना पड़ा। लाक्षागृह में पांडवों को भेजने की और वहाँ भेजकर फिर उसी लाक्षा में पांडवों को अग्निसात् कर देने की दुरभिसंधि धृतराष्ट्र ने ही की थी। दुर्योधन और युधिष्ठिर के बीच जुआ खेलने का कुमार्ग भी विदुर के लाख मना करने के बावजूद अपनाया गया। दोनों बार धृतराष्ट्र को (और दुर्योधन को भी) भारी अपयश मिला।

पर हमें यह देखकर हैरानी होती है कि इतना महत्त्वपूर्ण दायित्व, प्रधान अमात्य का दायित्व होने के बावजूद विदुर को हमेशा पूरी 'महाभारत' में 'क्षत्ता' कहा गया है। 'क्षत्ता' का अर्थ है, चँवर डुलाने वाला। धृतराष्ट्र की राजसभा में विदुर को कभी चँवर डुलाने के काम में लगाया गया है, इसका कोई भी उदाहरण प्रामाणिक रूप से हम प्राप्त नहीं कर पाए। हो सकता है, हमारा अपना अनुमान है कि जिस दासी के गर्भ से वेदव्यास को विदुर नामक संतान प्राप्त हुई थी, उस दासी के जिम्मे यह काम राजदरबार में रहा हो। पर विदुर पूरी महाभारत में प्रधान अमात्य भी हैं, क्षत्ता भी हैं। क्या महामंत्री विदुर का शूद्रत्व दिखाने के लिए ऐसा किया जाता रहा था? हम नहीं जानते। पर हम इतना अवश्य जानते हैं कि 'क्षत्ता' कहाए जाने के बावजूद

हमने पूरी 'महाभारत' में विदुर को कभी असम्मानित होते नहीं देखा। एक बार जब जीवन की प्रौढ़ावस्था में विदुर को महाराज दुर्योधन ने कुछ अपमानजनक कहा तो विदुर ने तुरंत अपना सारा राजसी दायित्व आदि दुर्योधन को वापस सौंप दिया और वे तपश्चर्या करने के लिए वनवास करने को चले गए। (भागवत महापुराण, 3.1, 14-16) हमने अपनी पुस्तक 'महाभारत का धर्मसंकट' में इस पर अच्छे से लिखा है 'महाभारत का धर्मसंकट' (अध्याय-9)। पर विदुर को फिर युधिष्ठिर ने अपना प्रधान अमात्य बनाकर वापस बुला लिया।

विदुर की इस घटना के बाद का जीवन एक धर्मपरायण व्यक्ति के रूप में हमारे सामने आता है, जहाँ विदुर को युधिष्ठिर की तरह धर्मराज कहा गया है। इस समय का घटनाचक्र वह है, जो महाभारत युद्ध के बाद युधिष्ठिर के हस्तिनापुर का महाराजा बन जाने के बाद का है। तब तक विदुर को वनगमन किए काफी समय बीत चुका था। हम सब जानते हैं कि महाभारत युद्ध में पूरी तरह पराजित हो जाने के बाद अंततः धृतराष्ट्र भी उन्हीं पांडुपुत्रों की शरण में रहने लगे थे। वहाँ भी विदुर धृतराष्ट्र की सेवा ही कर रहे थे और धृतराष्ट्र की सेवा करते-करते विदुर ने अपने प्रज्ञाचक्षु बड़े भाई को इस बात के लिए मना लिया कि उन्हें अब वनगमन कर लेना चाहिए। भीम ने धृतराष्ट्र की नाक में दम कर ही रखा था। इसलिए शायद विदुर की सलाह धृतराष्ट्र को खूब जँच गई होगी। फिर श्राद्ध आदि कर्म से निवृत्त होकर अगली प्रातः धृतराष्ट्र आदि सभी लोग वनगमन कर गए और शतयूप आश्रम में धृतराष्ट्र आदि को स्थापित कर विदुर अकेले ही वहाँ से तपस्या करने चले गए। हम विदुर के उस रूप से परिचित होना चाह रहे हैं, जिसे महाभारत में 'धर्मराज' कहकर एक ऊँचा आसन दे दिया गया है।

एक बार जब महाराज युधिष्ठिर कुरुक्षेत्र के पास ही डेरा डाले हुए धृतराष्ट्र आदि से मिलने गए और काफी देर इकट्ठा रहते हुए भी उन्हें विदुर दिखाई नहीं दिए तो युधिष्ठिर ने विदुर की ढूँढ़ शुरू की। यह सारा प्रकरण इतना दिलचस्प है कि महात्मा, क्षत्ता, शास्त्रकार विदुर का धर्मराज रूप समझने के लिए हम उसे पढ़े बिना रह ही नहीं सकते, जो हम अपनी पुस्तक 'महाभारत का धर्मसंकट' में पहले ही बता आए हैं। शतयूप आश्रम में विदुर को लेकर धृतराष्ट्र और युधिष्ठिर में बातचीत चल ही रही थी कि दूर से विदुर आते दिखाई दिए। जो विदुर धृतराष्ट्र और पांडु के छोटे भाई थे, कभी धृतराष्ट्र के और फिर युधिष्ठिर के प्रधान पुरुष थे, हस्तिनापुर राजपरिवार के तेजस्वी महापुरुष थे, वे विदुर बहुत ही कृशकाय, हड्डियों का ढाँचा भर रह गए थे और दिगंबर अवस्था में थे, मुँह में दाँतों के बीच

वीटा यानी पत्थर का टुकड़ा रखकर वे पेड़ के सहारे खड़े होकर तप कर रहे थे। उनका सारा शरीर मानो धूल और मैल से नहा चुका था। वे उसी वन में एक बड़े वृक्ष का सहारा लिए खड़े हो गए थे। युधिष्ठिर आकर उनके पास पहुँच गए, उन्हें पहचान लिया और उनके सामने सत्कारपूर्वक खड़े हो गए। फिर विदुर ने राजा युधिष्ठिर को एकटक देखा—और वेदव्यास कहते हैं कि इसके बाद विदुर युधिष्ठिर महाराज के शरीर में प्रवेश कर गए। फिर उनका निष्प्राण शरीर ही वृक्ष के सहारे खड़ा रहा। विदुर का अंत इस आश्चर्यचकित कर देनेवाले भव्य तरीके से हुआ। सवाल है, वे युधिष्ठिर के शरीर में क्यों समा गए? यानी विदुर का तेज युधिष्ठिर के शरीर में समा गया था।

इसके समाधान के रूप में वेदव्यास ने महाभारत के आश्रमवासिक पर्व, अध्याय-28 में फिर से विदुर के व्यक्तित्व के साथ गरिमा जोड़ने का विशिष्ट प्रयास किया है। वेदव्यास अब उसी आश्रम में धृतराष्ट्र से मिलने आश्रम आए। धृतराष्ट्र को कई तरह से उपदेश आदि देने के बाद वेदव्यास ने विदुर की महिमा का भरपूर गान किया (श्लोक-11-22)। उन्होंने धृतराष्ट्र को समझाया कि मांडव्य मुनि के शाप से स्वयं धर्मराज ही विदुर का शरीर धारण कर पृथ्वी पर आए थे। वे योगी थे, महात्मा थे, महायशस्वी थे। वे देवगुरु वृहस्पति व असुर गुरु शुक्राचार्य से अधिक बुद्धिमान थे। जिन धर्मराज ने अपने योगबल से युधिष्ठिर को उत्पन्न किया था, वे धर्मराज ही स्वयं विदुर के रूप में इस पृथ्वी पर आए थे। इतना सब कहकर वेदव्यास ने अंत में जो कहा, वह सबसे ज्यादा महत्त्व से परिपूर्ण है। कहा कि 'जो धर्म है, वही विदुर हैं, जो विदुर हैं वही युधिष्ठिर हैं'। इसीलिए मानो विदुर अपने अंतकाल में महाराज युधिष्ठिर के शरीर में प्रवेश कर गए थे।

दलित पुत्र विदुर के, महात्मा विदुर के अन्यथा अतिमहत्त्वपूर्ण जीवन के एक ही पक्ष का संकेत हमें करना है और वह है, महात्मा विदुर का नीतिशास्त्रकार होने का रूप। हम तो बस आपको याद भर दिला रहे हैं कि विदुर नामक, जो महात्मा, महाव्यक्तित्व हमारे देश में आए थे, वे जन्म से दलित पुत्र थे, जो देश के धर्मराज का ही दूसरा रूप थे। ऐसे धर्मात्मा, महात्मा विदुर का नीतिशास्त्र (महाभारत, उद्योग पर्व, श्लोक-33-40) कैसा रहा होगा? यह विदुर का वह अतिमहनीय नीतिशास्त्र है, जो सिर्फ आठ अध्यायों में है और अपना इतना संक्षिप्त रूप होने के बावजूद वह चाणक्य के विस्तृत 'अर्थशास्त्र' और पितामह भीष्म की विराट्काय (महाभारत, शांतिपर्व, अनुशासन पर्व) 'भीष्म नीति' की यशस्वी पंक्ति में पूरे आदर और स्वीकार्यता के साथ विराजमान है।

'महाभारत' का ही एक हिस्सा है—विदुर नीति। जैसे 'श्रीमद्भगवद्गीता' अठारह अध्यायों में है और 'महाभारत' के 'भीष्मपर्व' का एक हिस्सा है, ठीक वैसे ही अपने विशिष्ट व्यक्तित्व में 'विदुर नीति' उद्योग पर्व का एक हिस्सा है, जिसमें कुल मिलाकर 588 (पाँच सौ अठासी) श्लोक हैं, जो आठ अध्यायों में (अध्याय संख्या 33-40 में) लिखे हुए हैं। 'श्रीमद्भगवद्गीता' देश का कर्मयोगशास्त्र, ऐसा एक दर्शनिक ग्रंथ है। 'विदुर नीति' है देश का नीतिशास्त्र, ऐसा एक जीवन संबंधी नीति ग्रंथ, जिसे ठीक शब्दावली में मोटे तौर पर एक राजनीतिपरक ग्रंथ भी माना जा सकता है। पूरे 'महाभारत' में अठारह पर्व हैं और प्रत्येक पर्व कई उपपर्वों में विभक्त है, जिन्हें भी सामान्य रूप से अध्याय के अर्थ में पर्व ही कह दिया गया है। इस प्रकार 'विदुरनीति' महाभारत के 'भीष्मपर्व' का प्रजागरपर्व कहा गया है। जहाँ 'श्रीमद्भगवद्गीता' श्रीकृष्ण और अर्जुन का संवाद है, जिसे हम 'कृष्णार्जुन संवाद' के नाम से भी जानते हैं, वैसे ही हम चाहें तो 'विदुरनीति' को, जिसे 'विदुरवाक्य' कहा गया है, 'धृतराष्ट्र-विदुर संवाद' भी कह सकते हैं।

हम यहाँ 'विदुरनीति' के पाँच नीति वाक्य उद्धृत कर देते हैं। सिर्फ उदाहरण के तौर पर ताकि पाठकों को दलित पुत्र महात्मा विदुर की बौद्धिक ऊँचाई का एक आभास मिले और दलित-विमर्श पर हमारे इस आलेख से एक विचार सारे देश के लोगों को समझ में आए कि भारत की सभ्यता के निर्माण और विकास में भारत के दलितों का यानी दलित कहे जानेवाले व्यक्तियों का योगदान उच्चकोटि का है और बराबर का महत्त्वपूर्ण है। हमने श्लोकों का हिंदी अनुवाद भी साथ में दे दिया है—

1. निश्चित्य यः प्रक्रमते नान्तर्वसति कर्मणः।
अवन्ध्यकालो वश्यात्या स वें पण्डित उच्यते॥ 33.24

जो पहले निश्चय करके फिर कर्म का प्रारंभ करता है, कार्य के बीच में नहीं रुकता, समय को व्यर्थ नहीं जाने देता और चित्त को वश में रखता है, वही पंडित कहलाता है।

2. यथा मधु समादत्ते रक्षन् पुष्पाणि षट्पदः।
तद्वदर्थान् मनुष्येभ्यः आद्यादविहिंसतया॥ 34.17॥

जैसे भौंरा फूलों की रक्षा करता हुआ ही उनके मधु अर्थात् शहद को ग्रहण करता है, उसी प्रकार राजा भी प्रजाजनों को कष्ट दिए बिना ही उनसे धन ले।

3. न देवा दण्डमादाय रक्षन्ति पशुपालवत्।
ये तु रक्षितुमिच्छन्ति बुद्धया संविभजन्ति तम्॥ 35.40॥

देवता लोग चरवाहों की तरह डण्डा लेकर किसी का पहरा नहीं देते। वे

जिसकी रक्षा करना चाहते हैं, उसे उत्तम बुद्धि से युक्त कर देते हैं।

4. वृत्तं यत्नेन संरक्षेद् वित्तमेति च याति च।

अक्षीणो वित्ततः क्षीणो वृत्ततस्तु हतो हतः ॥ 36.30 ॥

सदाचार की रक्षा यत्नपूर्वक करनी चाहिए। धन तो आता और जाता रहता है। धन क्षीण हो जाने पर भी सदाचारी मनुष्य क्षीण नहीं माना जाता, किंतु जो सदाचार से भ्रष्ट हो जाता है, उसे तो नष्ट ही समझना चाहिए।

5. अधर्मोपार्जितैरर्थै यः करोत्यौर्ध्वदेहिकम्।

न तस्य फलं प्रेत्य भुंक्तेऽर्थस्व दुरागमात् ॥ 39.66 ॥

जो अधर्म के द्वारा कमाए गए धन से पारलौकिक कर्म करता है, वह मरने के पश्चात् उसके फल को नहीं पाता; क्योंकि उसका धन बुरे रास्ते से आया होता है।

हमने केवल नमूने भर के लिए पाँच श्लोक दिए हैं। श्लोकों की उद्धरण-सूचना भी साथ में दे दी है। हम चाहते हैं कि हम पुस्तक के अंत में संपूर्ण 'विदुरनीति' दे पाते, ताकि देश के विद्वानों को पता रहे कि दलित समुदाय में से ही कवष ऐलूष, महात्मा विदुर और डॉ. भीमराव रामजी आंबेडकर सरीखे अद्भुत तेजस्वी व्यक्तित्व भारतभूमि में रहे हैं। आज भी हैं। भविष्य में भी आते रहेंगे।

□

14

एकलव्य : यशस्वी निषादराज, धनुर्धर, पर निषाद जाति द्वापर युग तक दलित है या नहीं? विमर्श चाहिए

एकलव्य का नाम सारा भारत जानता है, पर जो परंपरा प्राय: हम जैसे लोगों को ध्यान में नहीं आती, वह यह है कि एकलव्य ने द्वापर युग में हुए महाभारत युद्ध में कौरवों के ओर से युद्ध में भाग लिया था और युद्ध में वीरगति को प्राप्त हुए थे। एकलव्य का जैसा बड़ा धनुर्धर राजकुमार अपने समय में हुए भीषणतम संग्राम में हिस्सा नहीं लेता और घर बैठा रहता, यह संभव ही कैसे हो सकता था? यानी एक सच्चे क्षत्रिय के समान एकलव्य ने उस समय के युद्ध के आह्वान का सम्मान किया, युद्ध में भागीदारी की और युद्ध में ही अपने प्राणों का त्याग कर दिया। यह कथा उन लोगों को हमेशा याद रखनी चाहिए, जिनकी रुचि भारत के दलित-विमर्श को जानने, समझने और समझाने की है।

हमने कहा कि एकलव्य को सारा भारत जानता है। पहले, जब हम स्कूल में अपनी किताबें पढ़ते थे, तब एकलव्य गुरुभक्ति का समानार्थक था और वह समानार्थक था, अद्भुत धनुर्धारी होने का। कहानी यही कहती है कि कुत्ते की भौंक को बंद करने के लिए एकलव्य ने इस युक्ति से कुत्ते का मुँह अपने बाणों की सहायता से इस तरह से बंद कर दिया कि कुत्ता भौंकना बंद हो गया, पर कुत्ता रंचमात्र भी घायल नहीं हुआ। हमने अपने स्कूल में यही पढ़ा था और यही हमें आज भी ठीक से याद भी है।

पर हमारे स्कूल से लेकर यानी पिछली सदी के चौथे दशक से लेकर अब

तक एकलव्य की कथाओं और उन कथाओं के संदेश की प्रस्तुति में खासा अंतर आ गया है। इस अंतर को नहीं समझेंगे तो, ठीक से नहीं समझेंगे तो इस अद्‌भुत धनुर्धर का हम ठीक से आकलन नहीं कर पाएँगे। पर ठीक से आकलन करने से पहले हम चाहते हैं कि हम पहले तो एकलव्य के जीवन गाथा से परिचय प्राप्त कर लें और फिर यह भी देख लें कि कैसे एकलव्य की जीवनगाथा में तीन तरह के तड़के लगा दिए गए हैं, ताकि समझ में आए कि ये सभी तड़के देश को सशक्त कर रहे हैं या कमजोर कर रहे हैं, भारत के दलित-विमर्श को धारदार बना रहे हैं, भारत से भक्तिपूर्वक जुड़ने के अवसर दे रहे हैं या भारत से विमुख हो जाने की व्याख्याएँ हमें समझा देना चाह रहे हैं। इतिहास मूक नहीं होता, मुखर होता है। मुखर ही होता है। दारोमदार हमारी श्रवण शक्ति और ग्रहण शक्ति पर है कि हम उस मुखरता से क्या संदेश ग्रहण कर रहे हैं? देश को नष्ट करने का संदेश ग्रहण कर रहे है या देश के निर्माण का संदेश ग्रहण कर रहे हैं? यह सब कर सकें, इससे पहले जरूरी है कि हम एकलव्य की कथा को प्रामाणिक तरीके से जान लें। और प्रामाणिक तरीके से एकलव्य कथा जानने का एक ही स्रोत है, व्यासदेव द्वारा रचित 'महाभारत' प्रबंध काव्य, जिसके आदिपर्व (अध्याय सं.-131 और श्लोक-36-59) के अध्याय संख्या-131 के कुल मिलाकर 23 श्लोकों में एकलव्य कथा दे दी गई है। हम 'गीताप्रेस गोरखपुर' के 'महाभारत' से ही, उसी के हिंदी अनुवाद से एकलव्य कथा को यथावत् दिए दे रहे हैं—

"एक दिन समस्त कौरव और पांडव आचार्य द्रोण की अनुमति से रथों पर बैठकर (हिंसक पशुओं का) शिकार करने के लिए निकले। इस कार्य के लिए आवश्यक सामग्री लेकर कोई मनुष्य स्वेच्छानुसार अकेला ही उन पांडवों के पीछे-पीछे चला। उसने साथ में एक कुत्ता भी ले रखा था। वे सब अपना-अपना काम पूरा करने की इच्छा से वन में इधर-उधर विचर रहे थे। उनका वह मूढ़ कुत्ता वन में घूमता-घामता निषाद पुत्र एकलव्य के पास जा पहुँचा। एकलव्य के शरीर का रंग काला था। उसके अंगों में मैल जम गया था और उसने काला मृगचर्म एवं जटा धारण कर रखे थे। निषादपुत्र को इस रूप में देखकर वह कुत्ता भौं-भौं करके भौंकता हुआ उसके पास खड़ा हो गया। यह देख भील ने अपने अस्त्र लाघव का परिचय देते हुए उस भौंकनेवाले कुत्ते के मुख में मानो एक ही साथ सात बाण मारे। उसका मुँह बाणों से भर गया और वह उसी अवस्था में पांडवों के पास आया। उसे देख पांडव वीर बड़े ही विस्मय में पड़े। वह हाथ की फुर्ती और शब्द के अनुसार लक्ष्य भेदने की उत्तम शक्ति देखकर उस समय सब राजकुमार उस कुत्ते की ओर दृष्टि

डालकर लज्जित हो गए और सब प्रकार से बाण मारनेवाले की प्रशंसा करने लगे।

"राजन्, तत्पश्चात् पांडवों ने उस वनवासी वीर की वन में खोज करते हुए उसे निरंतर बाण चलाते हुए देखा। उस समय उसका रूप बदल गया था। पांडव उसे पहचान न सके, अतः पूछने लगे—'तुम कौन हो, किसके पुत्र हो ?' एकलव्य ने कहा, 'वीरो, आप लोग मुझे निषादराज हिरण्यधनु का पुत्र तथा द्रोणाचार्य का शिष्य जानें। मैंने धनुर्वेद में विशेष परिश्रम किया है।' वैशंपायनजी कहते हैं—राजन्, वे पांडव लोग उस निषाद का यथार्थ परिचय पाकर लौट आए और वन में जो अद्‌भुत घटना घटी थी, वह सब उन्होंने द्रोणाचार्य से कह सुनाई।

"जनमेजय, कुंती पुत्र अर्जुन बार-बार एकलव्य का स्मरण करते हुए एकांत में द्रोण से मिलकर प्रेमपूर्वक यों बोले। अर्जुन ने कहा, "आचार्य, उस दिन तो आपने मुझे अकेले में हृदय से लगाकर बड़ी प्रसन्नता के साथ यह बात कही थी कि मेरा कोई भी शिष्य तुमसे बढ़कर नहीं होगा। फिर आपका यह अन्य शिष्य निषादराज का पुत्र अस्त्र विद्या में मुझ से बढ़कर कुशल और संपूर्ण लोक से भी अधिक पराक्रमी कैसे हुआ ?" वैशंपायनजी कहते हैं—जनमेजय, आचार्य द्रोण उस निषाद पुत्र के विषय में दो घड़ी तक मानो कुछ सोचते-विचारते रहे। फिर कुछ निश्चय करके वे सव्यसाची अर्जुन को साथ ले उसके पास चले गए। वहाँ पहुँचकर उन्होंने एकलव्य को देखा, जो हाथ में धनुष ले निरंतर बाणों की वर्षा कर रहा था। उसके शरीर पर मैल जम गया था। उसने सिर पर जटा धारण कर रखी थी और वस्त्र के स्थान पर चिथड़े लपेट रखे थे।

"इधर एकलव्य ने आचार्य द्रोण को समीप आते देख आगे बढ़कर उनकी अगवानी की और उनके दोनों चरण पकड़कर पृथ्वी पर माथा टेक दिया। फिर उस निषाद कुमार ने अपने को शिष्य रूप से उनके चरणों में समर्पित करके गुरु द्रोण की विधिवत् पूजा की और हाथ जोड़कर उनके सामने खड़ा हो गया। राजन, तब द्रोणाचार्य ने एकलव्य से यह बात कही—'वीर, यदि तुम मेरे शिष्य हो तो मुझे गुरुदक्षिणा दो।' यह सुनकर एकलव्य बहुत प्रसन्न हुआ और इस प्रकार बोला—एकलव्य ने कहा, 'भगवन्, मैं आपको क्या दूँ ? स्वयं गुरुदेव ही मुझे इसके लिए आज्ञा दें। ब्रह्मवेत्ताओं में श्रेष्ठ आचार्य, मेरे पास कोई ऐसी वस्तु नहीं, जो गुरु के लिए अदेय हो।'

"वैशंपायनजी कहते हैं—जनमेजय, तब द्रोणाचार्य ने उससे कहा, 'तुम मुझे अपने दाहिने हाथ का अँगूठा दे दो।' द्रोणाचार्य का यह दारुण वचन सुनकर सदा सत्य पर अटल रहनेवाले एकलव्य ने अपनी प्रतिज्ञा की रक्षा करते हुए पहले की

ही भाँति प्रसन्नमुख और उदार चित्त रहकर बिना कुछ सोच-विचार किए अपना दाहिना अँगूठा काटकर द्रोणाचार्य को दे दिया।

"द्रोणाचार्य निषादनंदन एकलव्य को सत्य प्रतिज्ञ देखकर बहुत प्रसन्न हुए। उन्होंने संकेत से उसे यह बता दिया कि तर्जनी और मध्यमा के संयोग से बाण पकड़कर किस प्रकार धनुष की डोरी खींचनी चाहिए। तब से वह निषाद कुमार अपनी अँगुलियों द्वारा ही बाणों का संधान करने लगा। राजन्, उस अवस्था में वह उतनी शीघ्रता से बाण नहीं चला पाता था, जैसे पहले चलाया करता था।"

एकलव्य कथा इतनी है। कितनी मर्मभेदी कथा है यह? जैसाकि हम कह आए हैं, अवश्य इस कथा के साथ लगाए गए उन तीन तड़कों से भी परिचय प्राप्त कर लेते हैं, जो तड़के एकलव्य कथा सुनानेवाले उस कथा को सुनाने के साथ-साथ लगा दिया करते हैं। हमारा इन तीनों तड़कों से परिचय तब हुआ, जब हमें एकलव्य पर आधारित लोककथाओं को शब्द देनेवाले गीतों के माध्यम से सुनने का मौका मिला। तड़कों को जान लिया जाए—

(i) लोकगीतों में कई बार कहा गया है कि द्रोणाचार्य 'आर्यों के गुरु' थे।

(ii) जिस कुत्ते का मुँह एकलव्य ने अपने बाणों से बींध दिया था, वह 'द्रोण का श्वान' था और,

(iii) द्रोण ने एकलव्य का अँगूठा इसलिए काट दिया था क्योंकि वह 'दलित जाति का था।'

इन तीनों तड़कों की परीक्षा कर ली जाए। पहला तड़का यह है कि द्रोणाचार्य आर्यों के गुरु थे। द्रोणाचार्य, एक व्यक्ति और गुरु के रूप में कैसे थे, इस पर हम अपनी पुस्तक 'भारतगाथा (गाथा संख्या 54-55)' में विस्तार से बता आए हैं। आचार्य द्रोण के व्यक्तित्व और कर्म को लेकर हमारी राय क्या है, वह उसी गाथा (संख्या 55) के शीर्षक से ही स्पष्ट है कि 'आचार्य द्रोण को किस बात के लिए याद किया जाए?' जाहिर है कि वे एक वेतनभोगी आचार्य थे, जिनकी नियुक्ति भीष्म पितामह के निर्देश से धृतराष्ट्र और पांडु के पुत्रों यानी कौरव-पांडव भाइयों को शस्त्रशिक्षा देने के लिए की गई थी और अपना यह काम उन्होंने कुशलतापूर्वक किया। एकलव्य के धनुर्धर व्यक्तित्व को कमजोर करने का काम भी आचार्य द्रोण ने अपनी स्वामिभक्ति दिखाने के लिए ही किया था अन्यथा एकलव्य और उसके जीवन से द्रोण को क्या लेना-देना था। पर इसमें तड़का यह लगा दिया गया है कि आचार्य द्रोण 'आर्यों के गुरु' थे। इससे बड़ा झूठ और वैचारिक मक्कारी और क्या हो सकती है भला? 'आर्य' की आड़ में पूरे भारतवर्ष, भारत के पूरे इतिहास और

भारत के पूरे व्यक्तित्व को लघु, श्रीहीन और बदनाम करने की कोशिश यूरोप के विद्वान् खूब योजना और परिश्रमपूर्वक कर चुके हैं और देश इस तथाकथित सिद्धांत को, यानी भारत को बदनाम करने की बौद्धिक बेईमानी को, इस धूर्तता को अब सिरे से खारिज कर दिया है। कोई सत्यताप्रेमी शोधकार इस चालाक भारत-विरोधी षड्यंत्र को अब स्वीकार नहीं करता। खुद बाबा साहेब आंबेडकर ने इस थ्योरी को खारिज कर दिया था (देखें, इसी पुस्तक, दलित-विमर्श का आलेख संख्या 27)। 'आर्यों का गुरु' कहने से तो लगता है कि आचार्य द्रोण भारत के आज के भारत-द्रोही वामपंथियों की तरह किसी भारत द्वेषी राजनीतिक षड्यंत्र का हिस्सा थे। उससे बड़ा व्यर्थ का विसंवाद और हो भी क्या सकता है? संपूर्ण संस्कृत साहित्य में, स्वयं 'रामायण' और 'महाभारत' में भी, जहाँ भी 'आर्य' शब्द का प्रयोग हुआ है, 'श्रेष्ठ' और 'गृहपति' के अर्थ में हुआ है। देश के महानतम भाषा वैज्ञानिक पाणिनि के सूत्र 'अर्यः स्वामिवैश्ययोः' (अष्टाध्यायी 3.1.103) में अर्य शब्द की यही व्याख्या दी गई है। अर्य, जिससे आर्य बना है, उस अर्य का यही अर्थ है, जिसका आगे विस्तार संस्कृत व अन्य भाषाओं के साहित्य में 'आर्यपुत्र' शब्द में हुआ है'। जाहिर है कि द्रोण को 'आर्यों का गुरु' कहने का तड़का अब शत-प्रतिशत उल्टा पड़ चुका है और इसकी सहायता से कुछ भी अर्थ या व्याख्या समझ पाना किसी भी पैमाने पर संभव ही नहीं है।

दूसरा तड़का है—'द्रोण का श्वान' यानी द्रोण का कुत्ता। इस कथा में कुत्ता तो है, पर वह द्रोण का श्वान (यानी कुत्ता) है, इस प्रयोग में द्रोण के प्रति एक असभ्यतापूर्ण मर्यादाहीनता के अलावा हमें और कुछ भी नजर नहीं आ रहा। द्रोण हस्तिनापुर साम्राज्य के, जो उस समय की सर्वाधिक शक्तिशाली राजनीतिक सत्ता थी, पितामह भीष्म द्वारा नियुक्त किए गए थे। द्रोण भला क्यों किसी एक खास कुत्ते के अपने साथ इतने बड़े अभियान को लेकर गए होंगे? कथा में संकेत भी है कि वह कुत्ता किस व्यक्ति का हो सकता है? इस संपूर्ण संदर्भ कथा को पूरी तरह से नकारकर उसे 'द्रोण का श्वान' कहकर जो हिकारत अभिव्यक्त की जा रही है, वह अनावश्यक तो है ही, बड़ा संदेश यह है कि कोई देश, समाज और व्यक्ति इस तरह की हिकारत-मानसिकता से बड़प्पन हासिल नहीं करते।

तीसरा तड़का तो और भी अक्षम्य है। तड़का यह है कि द्रोण ने एकलव्य का अँगूठा इसलिए काट दिया था, क्योंकि आचार्य द्रोण तो ब्राह्मण थे और एकलव्य दलित था और इस क्रूर ब्राह्मण ने निरीह दलित का अँगूठा काट लिया। जाहिर है कि आचार्य द्रोण तो ब्राह्मण ही थे, पर एकलव्य दलित थे, यह तो कहीं से भी

जाहिर नहीं होता। निषाद तो स्वयं को निषाद मानते हैं, दलित नहीं। वैसे भी दलित की गणना तो 'चातुर्वर्ण्य' में होती है, पर निषादों को दलितों में नहीं गिना जाता, वैदिक काल से लेकर आज तक नहीं गिना जाता। जैसा कि हमने 'दलित कन्या सत्यवती' पर इसी 'दलित-विमर्श' में लिखे आलेख में बताया है, निषाद लोग दलित हैं या ब्राह्मण-क्षत्रिय-वैश्य-दलित इस चातुर्वर्ण्य से पृथक् पाँचवाँ वर्ग है, इस पर महाभारत काल तक आते-आते बहस अपना आकार तय करने की प्रकिया में थी और निषादों को पंचम वर्ण यानी 'चत्वारों वर्णाः पंचमो निषादः' इस सामाजिक व्यवस्था की ओर सर्वानुमति बनती चली जा रही थी, जो फिर आज तक बनी हुई है।

इतिहास के निष्कर्ष अनावश्यक तड़कों की सहायता से नहीं निकाले जाते। विचारधाराओं के निष्कर्ष निकालने में भी तड़कों से कोई सहायता नहीं मिलती। देश और देश के जन और इस जन के संपूर्ण इतिहास को लेकर नकारात्मक और भारत-निंदक व्याख्याओं से कुछ नहीं होनेवाला। निषाद राजकुमार एकलव्य एक महापुरुष था। कुरुकुल के आचार्य द्रोण वैसे महापुरुष नहीं थे। एकलव्य जन्मजात योद्धा था। आचार्य द्रोण वेतनभोगी आचार्य थे। इतिहास का आदर्श बनने की क्षमता अगर किसी में है तो एकलव्य में है। द्रोण में वह क्षमता नहीं है। कृपया भाँति-भाँति के तड़के लगाकर निषाद राजकुमार एकलव्य के चरित्र के आदर्श संदेश को गँदलाइए मत। उसकी उज्ज्वलता को लोगों तक पहुँचाने का सत्कर्म होते रहना चाहिए। यह कैसे होता है, निषाद-संदर्भ से ही इसे समझा जा सकता है। निषाद वर्ण के इतिहास की दो रचनाएँ इस वर्ण के जन समुदाय को भारत के संपूर्ण कथानक में एक अति महत्त्वपूर्ण स्थान प्रदान कर चुकी हैं। एक इतिहास तो स्वयं एकलव्य की गुरुभक्ति का है, जिसे चाहकर भी भारत-द्रोही और वामपंथी बिगाड़ नहीं सकते। दूसरा इतिहास त्रेतायुग के निषादराज केवट का है, जिसका व्यक्तित्व और चरित्र वाल्मीकि ने अपनी 'रामायण' में और संत तुलसीदास ने अपने 'रामचरितमानस' में इस कदर भव्यता और बड़प्पन के स्वरों के साथ स्थापित कर दिया है कि भारत-द्रोही पीढ़ी-दर-पीढ़ी लगे रहें, वे निषाद वर्ण का चेहरा कभी बिगाड़ ही नहीं पाएँगे।

माध्यम हमारे पास फिर से वही है, निषादराज केवट से जुड़ी वे लोककथाएँ जो भारत में सर्वत्र व्याप्त हैं, हर भाषा में व्याप्त हैं, पर हमने सिर्फ हिंदी में ही सुनी हैं, क्योंकि हमारी क्षमता इतनी भर तक सीमित है। जब राम को चौदह वर्ष का वनवास करने का आदेश उनके माता-पिता की ओर से हुआ और वे वन-गमन करने को निकल पड़े तो पहला पड़ाव गंगा पार करने का था और निषादराज गुह, जो केवट है, और ये लोककथाएँ हैं, वे उन्हीं केवट, गुह निषादराज को केंद्र

में रखकर बखानी गई हैं, जिसके कुछ पक्ष इतने मार्मिक और हृदयस्पर्शी हैं कि लोगों के दिलों में हमेशा के लिए बस गए हैं। इन लोकगीतों में निषादराज गुह को 'निषादवंश शिरोमणि' और 'शृंगवेरपुर का महाराज' गया है, गुहराज कहा गया है। राम धनुर्धारी हैं, उन्हें रथ पर छोड़ने आए, राम-सीता-लक्ष्मण को छोड़ने आए सुमंत्र 'मामा' है, अवधपुरी ननिहाल है, जिसके राजा दशरथ से निषादराज को राम के लिए युद्ध करना पड़ सकता है। ये सभी, राम-सीता-लखन, ये सभी लोग अब वन-गमन कर जाएँगे, इसकी कथा इन गीतों में बार-बार प्रकट हो रही है, जिसे गीतकार ने 'दुःखगाथा' कहा है। शुरू में तो गुहराज को भरत पर पूरा-पूरा संशय रहता है, पर बाद में जब गुहराज को सब बातें ठीक से पता चल जाती हैं तो फिर अपनी कविता की मस्ती में वे राम से कहते हैं कि वे थोड़ा ध्यान रखें और मेरी नौका का स्त्री न बना दूँ और यह भी कहते हैं कि उतराई किस रूप में और कैसे ली जाती है यानी पूरा-का-पूरा वातावरण पारिवारिकता से भरपूर है, राम और गुह के स्नेह संबंधों के बखान से भरपूर है, त्याग व समर्पण और परस्पर जुड़ाव की भावनाओं से सराबोर है। इन दो तरह के लोकगीतों से ही स्पष्ट है कि कैसे लोकगीतकार, जो उस समय वाल्मीकि और तुलसीदास का उत्तराधिकारी ही खुद को मानकर चल रहा है, कैसे वह देश और समाज के मनोभावों को, जो हैं तो लोकगीत, पर इन मनोभावों को महाकाव्य के स्तर तक पहुँचा देता है। जाहिर है कि लोकगीतों का जो प्रभाव जैसा पड़ा है, वैसा ही समाज ने दर्ज भी कर लिया है। सुमंत्र को मामा बनानेवाले लोकगीत तो दिलों में घर कर गए हैं, पर 'द्रोण का श्वान' और 'आर्यों के गुरु' बतानेवाली आरोपित और भर्त्सना के लायक विचारधारा को सिरे से नकार दिया है। इस आलेख के स्वर को देखते हुए हमें यहीं विराम लगा देना ठीक रहेगा और निषाद समुदाय चातुर्वर्ण्य में है या नहीं, दलित है या नहीं, इस थीम पर हम कभी अलग से विस्तार से विमर्श करना चाहेंगे। जाहिर है कि पूरा भारत जानता है कि निषाद निषाद हैं, दलित नहीं।

□

15

'ब्राह्मण ग्रंथ' परंपरा के दलित प्रवर्तक : ऋषि महिदास ऐतरेय

अगर हम भारत की परंपरा से अनजान रहकर वर्तमान में प्रचलित शब्दों व परिस्थितियों के आधार पर ही अपना अध्ययन करते रहेंगे और मनमाने निष्कर्ष निकालते रहेंगे, तो अर्थ का अनर्थ हो जाने का खतरा हमेशा बना रहेगा। हमारे इस आलेख का शीर्षक 'ब्राह्मण ग्रंथ' से जुड़ा हुआ है और हम कह रहे हैं कि ब्राह्मण ग्रंथों की जो शृंखला 'महाभारत' परवर्ती सदियों में लिखी गई मिलती है, उस शृंखला का प्रथम ग्रंथ है 'ऐतरेय ब्राह्मण' और इस ग्रंथ के लेखक हैं—महिदास ऐतरेय, जो प्राचीन शब्दावली में 'शूद्र' कहे गए और आज की सर्वमान्य शब्दावली में 'दलित' कहे जाएँगे।

अर्थ के अनर्थ हो जाने का खतरा कैसे हो जाता है ? वह इस तरह से कि 'ऐतरेय ब्राह्मण' इस ग्रंथ के शीर्षक में ही है शब्द ब्राह्मण और हम सभी अच्छे से जानते हैं (और अगर नहीं जानते हैं तो अच्छे से जान जाएँगे) कि इस 'ब्राह्मण' ग्रंथ के रचयिता महिदास ऐतरेय दलित हैं। इसलिए या तो किताब का नाम 'ब्राह्मण' गलत है या फिर उसके लेखक का दलित होना गलत है, कल्पित है। अर्थ के ये दोनों अनर्थ है, इसे पहले समझ लें और फिर आगे बढ़ें। भारत की परंपरा में 'ब्रह्म' शब्द के दो अर्थ हैं। 'ब्रह्म' शब्द का एक अर्थ है वह ईश्वरवाची या परमात्मावाची तात्पर्य, जिसका प्रयोग अद्वैत वेदांत में, अर्थात् भारतीय दर्शन-परंपरा में 'ब्रह्म सत्यं जात् मिथ्या', ब्रह्म ही सत्य है और जगत् मिथ्या है, इस भाव को व्यक्त करने के लिए किया जाता है। 'ब्रह्म' शब्द का दूसरा अर्थ है 'ज्ञान'। चूँकि 'ब्रह्म' शब्द का अर्थ है 'ज्ञान', इसलिए ज्ञानी को अर्थात् ब्रह्म प्राप्त को, ज्ञानी को 'ब्राह्मण' कहा जाता है। इसी दूसरे अर्थ में भारत की ज्ञान परंपरा में 'वेदों' को भी 'ब्रह्म' कहा गया है। इसलिए कहा गया है कि भारत के प्राचीनतम साहित्य का नाम है 'वेद'। भारत की प्राचीनतम लेखन परंपरा

की अभिव्यक्ति 'वेदों' में हुई है। साहित्य यानी लेखन में चूँकि ज्ञान की अभिव्यक्ति होती है, इसलिए वेदों को, भारत की प्राचीनतम साहित्यिक, लेखकीय अभिव्यक्ति को 'ब्रह्म' कहा गया, ज्ञान का प्रतिनिधि माना गया। इसलिए 'ब्रह्म' शब्द, 'ज्ञान' शब्द, 'वेद' शब्द, 'साहित्य' शब्द परस्पर पर्यायवाची हो गए और इस तरह से 'ब्रह्म' को 'वेद' तथा 'वेद' को 'ब्रह्म' कहा गया।

भारत की हिंदू जीवन शेली में जिन आश्रमों की बात हम सभी जानते हैं, ऐसे आश्रम चार हैं—ब्रह्मचर्य, गृहस्थ, वानप्रस्थ और संन्यास आश्रम। इनमें से ब्रह्मचर्य आश्रम का भी अर्थ यही है कि जीवन का वह समय, बाल्य, कैशौर्य और प्रारंभिक युवावस्था का वह समय जब मनुष्य स्वयं को ब्रह्म यानी ज्ञान यानी विद्या के अध्ययन में लगाया करता है। आधुनिक शब्दावली में कहें तो ब्रह्मचर्य ज्ञानार्जन का आश्रम है, जिस कालखंड में प्रत्येक व्यक्ति स्वयं को ज्ञानी बना लिया करता था और ज्ञान के प्रतीक वेदों से भी वह भरसक सुपरिचित हो जाया करता था।

ब्रह्म समझ में आ गया। ब्राह्मण समझ में आ गया। ब्रह्मचर्य आश्रम समझ में आ गया। अब हमें 'ब्राह्मण ग्रंथ' समझने में कोई कठिनाई नहीं आएगी। 'ब्राह्मण' अर्थात् वे ग्रंथ जिनमें 'ब्रह्म' अर्थात् 'वेदों' की व्याख्या की गई है। क्यों की गई वेदों की व्याख्या? इसलिए की गई कि महर्षि वेदव्यास ने अपने जीवन काल में ही चारों वेदों का—ऋग्वेद, यजुर्वेद, सामवेद और अथर्ववेद का उस रूप में संकलन कर दिया, जिस रूप में आज ये चारों वेद हमें मिलते हैं। भाषा, विषय-वस्तु, जीवन की दूसरी आवश्यकताएँ इन सबके दबावों के परिणामस्वरूप मंत्रों की रचना कम होते-होते बंद हो गई और वेदों का वह रूप जो वेदव्यास ने संकलित करके बनाया था, लगभग स्थिर हो गया। संस्कृत में 'संहिता' का अर्थ है 'संकलन' यानी कलेक्शन यानी एक साथ रख देना। इन चारों वेदों के मंत्रों के संकलन ग्रंथों को 'संकलन' अर्थात् संहिता कहा गया, जिसे अंग्रेजी में 'एंथोलॉजी' कहते हैं। इसलिए हम चारों वेदों को ऋग्वेद संहिता, यजुर्वेद संहिता, सामवेद संहिता, अथर्ववेद संहिता भी कहते हैं और अनौपचारिक रूप से चारों वेदों को 'भारत का संहिता साहित्य' भी कह देते हैं।

इन बदली हुई परिस्थितियों में जब चारों वेदों का लेखन-अध्ययन-अध्यापन आदि कम होता गया और समानांतर रूप से 'रामायण'-'महाभारत' जैसे प्रबंध काव्य भारत के ज्ञान जगत् पर छा गए तो वेदों को समझनेवाले कम होते गए और समानांतर रूप से वेदों का सम्मान बढ़ता चला गया। कहीं ऐसा न हो कि चारों संहिता ग्रंथ, यानी चारों वेद सिर्फ सम्मान की वस्तु बनकर रह जाएँ और लोगों को न पढ़े जाने के कारण समझ में आना भी बंद होते चले जाएँ, इसलिए भारत की मेधा की सुरक्षा करने को

चिंतित विद्वानों ने वेदों की व्याख्या करनेवाले ग्रंथ लिखे, जिनमें ब्रह्म अर्थात् वेदों की व्याख्या की गई है। चूँकि वेदों का संबंध क्रमशः यज्ञों से जुड़ गया था और चूँकि वैदिक मंत्रों का सृजन काल समाप्त होने के साथ भारत में अध्यात्म-आंदोलन जैसा शुरू हो गया था (जिस पर हम अपनी पुस्तक 'महाभारत का धर्म संकट' में विस्तार से लिख आए हैं), इसलिए इन ब्राह्मण ग्रंथों में वेदों की व्याख्या की गई, जो यज्ञ और अध्यात्म के संदर्भों में ही की गई। धीरे-धीरे समाज में यज्ञों का रूप भी स्थिर हो गया, तो फिर ज्ञान के दूसरे पक्ष, अध्यात्म पक्ष पर जोर बढ़ता चला गया और ज्ञान के इस पक्ष पर उपनिषद् साहित्य ग्रंथों की रचनाएँ बड़े ही जोर-शोर से, बड़े ही धूमधाम से आना शुरू हो गईं। पर वह बाद की बात है, जिस पर हम आगे वाले अध्याय में आएँगे, अपनी प्रस्तुत 'दलित-विमर्श' पुस्तक के अगले अध्याय में आएँगे। इससे पहले के कालखंड में 'महाभारत' के बाद के चार-पाँच सौ वर्षों के कालखंड में ब्राह्मण ग्रंथ लिखे गए अर्थात् पाँच हजार साल पहले हुए 'महाभारत काल' के बाद 4,500 वर्ष पूर्व, साढ़े चार हजार वर्ष पूर्व के कालखंड में ब्राह्मण ग्रंथों की रचना हुई। अपनी 'भारतगाथा' में यह सारा विषय-विन्यास (गाथा संख्या 80-84 में) अच्छी तरह से कर आए हैं।

इस बीच फुटनोट के तौर पर एक बात बता देने में कोई हर्ज नहीं। महाभारत परवर्ती जिन सदियों में संपूर्ण भारत ब्राह्मण ग्रंथों की रचना कर रहा था, यह वह समय था, जब इससे पहले के तीन हजार वर्षों के लंबे कालखंड में सत्य, त्रेता और द्वापर युगों के लंबे कालखंड में, तीन हजार साल में फैले कालखंड में चारों वेदों की रचना होकर चुकी थी और ब्राह्मण ग्रंथ रचना की सदियों के बाद का लंबा कालखंड उपनिषद् व आरण्यक साहित्य की रचना की मानो प्रतीक्षा कर रहा था। यह सारा कालखंड वही था, जब हड़प्पा और मूअन-जो-दड़ो (मोहन जोदड़ो नहीं, मूअन जो दड़ो यानी मूअन=मरे हुओं, जो=का, दड़ो=टीला) का समय था, जिस कालखंड को हमारे देश के विद्वानों को अर्थात् पश्चिमी विद्वानों और भारत के पश्चिम-परस्त विद्वानों को सारा भारत एक अजूबा नजर आता है, जहाँ पक्के मकानों की, वहाँ की नालियों यानी जल निकास प्रणाली की, शिव महादेव के परंपरागत नाम से प्रचलित, पर दिखने में अजीबोगरीब सी एक मूर्ति की, नृत्य की मुद्रा में दिखी एक नर्तकी स्त्री की बात तो जोर-शोर से की जाती है, पर इन तथाकथित शोधकर्ताओं को न तो चार वैदिक संहिताएँ दिखती हैं, न रामायण-महाभारत जैसे विश्व-विख्यात अप्रतिम प्रबंध काव्य दिखते हैं, न ही उपनिषदें दिखती है और न ही अयोध्या, हस्तिनापुर और इंद्रप्रस्थ जैसे भव्य राजधानी नगर दिखते हैं, जहाँ शासन करनेवालों ने भारत की सभ्यता के निर्माण और विकास को जबरदस्त नागर आधार और आकार दिया। ऐसे शोधकर्ताओं को 'ब्राह्मण ग्रंथ' परंपरा

कहाँ से पता पड़ेगी? शायद उन्होंने ये सभी नाम भी न सुने होगे, या न सुनना चाहते रहे होंगे। ऐसी थी हम लोगों की भारत की खोज! क्या हम ऐसी दरिद्र खोज के सहारे जगद्गुरु बन गए थे? खैर! हम ऐतरेय ब्राह्मण की ओर आते हैं।

महिदास ऐतरेय द्वारा लिखे गए 'ऐतरेय ब्राह्मण' के साथ ही देश में ब्राह्मण-ग्रंथों की रचना शुरू हो गई और अनेक ब्राह्मण ग्रंथ लिखे गए। पाँच सौ वर्षों तक लगातार ब्राह्मण ग्रंथ लिखे जाते रहे तो जाहिर है कि अनेक-अनेक ब्राह्मण ग्रंथों की रचना हुई होगी। पर देश के दुर्भाग्यवश अनेक, लगभग सभी ब्राह्मण ग्रंथ काल कवलित हो गए और अब विद्वानों की मान्यता है कि हमें इस समय चौदह ब्राह्मण ग्रंथ मिलते हैं (आचार्य बलदेव उपाध्याय, 'वैदिक साहित्य और संस्कृति', 1967, वाराणसी, पेज-213), जिनमें से दो ब्राह्मण ग्रंथ, 'ऐतरेय ब्राह्मण' ब्राह्मण-ग्रंथ-परंपरा का प्रथम ग्रंथ है तो अनेक कारणों से 'शतपथ ब्राह्मण' को सर्वाधिक महत्त्वपूर्ण ब्राह्मण ग्रंथ (भारतगाथा, गाथा संख्या-82) माना जाता है।

भारत की पाँच सौ साल तक (4500-4000 वर्ष पूर्व) चली ब्राह्मण-परंपरा में 'ऐतरेय ब्राह्मण' यह प्रथम ब्राह्मण ग्रंथ यह कैसे मान लिया गया है? वर्तमान में उपलब्ध चौदह ब्राह्मण ग्रंथों में 'ऐतरेय ब्राह्मण' अकेला ऐसा ब्राह्मण ग्रंथ है, जो लिखनेवाले के नाम ऋषि ऐतरेय के नाम से विख्यात हुआ है। अन्यथा शेष सभी ब्राह्मण ग्रंथों का नाम अन्य-अन्य कारणों से प्रचलित है। चूँकि ऐतरेय प्रथम ब्राह्मण ग्रंथ लेखक हुए, इसलिए परंपरा के प्रवर्तक होने के कारण क्या नाम दिया जाए, तो परंपरा ने लेखक के नाम से ही ग्रंथ के नाम का भी चलन करवा दिया। इसके बाद कोई भी ब्राह्मण-ग्रंथ लिखनेवाले के नाम पर नहीं है। जैमिनीय ब्राह्मण भी, जैसाकि नाम से स्पष्ट है, लिखने वाले के नाम से नहीं है, वैचारिक संस्था के नाम पर ही अधिक नजर आता है।

ऐतरेय दलित थे, यह कैसे मालूम पड़ा? 'स्कंद महापुराण' में ऐतरेय मुनि पर पूरा एक प्रकरण है। 'स्कंद पुराण' में अनेक खंड है—केदारखंड, कौमारिका खंड आदि। इनमें से कौमारिका खंड का अध्याय-42 महामति ऐतरेय पर ही, संपूर्ण रूप से ऐतरेय को समर्पित है। 'स्कंद पुराण' 1.2.42 के अनुसार और ऐतरेय ब्राह्मण पर लिखे सायण भाष्य (भूमिका) के अनुसार हारीत ऋषि के वंश में मांडूकि नाम के एक ऋषि हुए, जिनकी अनेक पत्नियाँ थीं। मांडूकि की अनेक पत्नियों में एक का नाम था—इतरा, जिसके पुत्र थे महिदास। इतरा का अर्थ है दूसरी या परित्यक्ता यानी महिदास की माँ को जीवन में संकट था या पति और परिवार द्वारा मिलनेवाली सुविधाओं का अभाव था। पिता ने अपने ही पुत्र महिदास को बेकार का मानकर इसकी उपेक्षा की। प्रतिक्रिया में महिदास को ईश्वर भक्ति करने की प्रेरणा मिली और 'स्कंद पुराण' के अनुसार इन्हें

संभवत: पूर्वजन्म के संस्कारों से ही यह प्रेरणा मिली। 'स्कंद पुराण' में स्वयं महिदास ऐतरेय कह रहे हैं कि मैं पूर्वजन्म में शूद्र था, 'पुराहमभवत् शूद्रः' (1.2.42.240)। उस जन्म में मैंने द्वादशाक्षर मंत्र (यानी 'ॐ नमो भगवते वासुदेवाय', बारह अक्षरों वाले, द्वादशाक्षर, उस मंत्र) का जप किया (स्कंद-1.2..42.249)। ऐतरेय ने अपने पूर्वजन्म में, जब वह शूद्र अर्थात् दलित थे, उन्होंने तीन काम किए। एक, द्वादशाक्षर मंत्र का निरंतर जाप किया, दो, यज्ञ किए और तीन, व्रतों का आचरण किया, जिसके परिणामस्वरूप महिदास को अगले जन्म में विद्या लाभ हुआ और वे ब्राह्मण ग्रंथकार बने। अपने पूर्वजन्म के शुभकर्म के कारण महिदास अगले जन्म में विद्वान् हुए, यह तो एक बात है, पर हमारे हिसाब से अधिक, कहीं अधिक महत्त्वपूर्ण बात यह है कि अपने पूर्व जन्म में, शूद्र जन्म में महिदास ने तीन काम किए—(1) यज्ञ किए, (2) व्रतों पर आचरण किया और (3) अनिश अर्थात् दिन-रात द्वादशाक्षर मंत्र जाप किया। यदि महिदास ने अपने पूर्वजन्म में, शूद्र जन्म में अर्थात् दलित जन्म में यज्ञ किए, व्रत आचरण किया और सतत नाम-जप किया तो स्पष्ट है कि यह वह समय था, जब यज्ञ, व्रत, नाम संकीर्तन आदि किसी भी काम में ब्राह्मण-क्षत्रिय-वैश्य-शूद्र आदि का कोई जातिभेद नहीं था। जातियाँ थीं, पर कौन क्या कर्म करता है, जाति का आधार इतना भर था, जिसे हम वर्ण-व्यवस्था कहते हैं। परंतु शूद्र जन्म में होने के बावजूद उन्हें यज्ञ-व्रत-नामजप आदि में कोई रोक नहीं थी, कोई बाधा नहीं थी। जाति क्या है, यह परिस्थिति आड़े नहीं आ रही थी, तो स्पष्ट है कि उस युग के जीवन में, समाज में, देश में जातियाँ थीं, पर वे एक सामाजिक व्यवस्था भर थीं। धर्माचरण में, श्रेष्ठ जीवनयापन में, जीवन संस्कारों के निर्माण में, ज्ञानार्जन में इस व्यवस्था के कारण कोई समस्या नहीं थी। अपने को विकसित करने के सभी साधन व अवसर सभी को समान रूप से उपलब्ध थे। हमने देखा कि वाल्मीकि ने भी ऋषि पद प्राप्त किया, अगस्त्य ने भी ऋषि पद प्राप्त किया, ऐतरेय ने भी ऋषि पद प्राप्त किया और इन सभी का भारत के इतिहास में जो अद्‌भुत स्थान है, वह उनके द्वारा किए गए अद्‌भुत ज्ञानकर्म के कारण है। इनकी जाति न तो उसमें कोई अतिरिक्त सहायता उन्हें दे रही है और न ही उनकी जाति इन्हें कोई अतिरिक्त बाधा पहुँचा रही है। भारत के दलित-विमर्श के इस पक्ष को आज के तथाकथित विद्वान् क्यों नजरअंदाज किए हुए हैं ? आज नहीं तो कल यह प्रश्न उनसे पूछा ही जाएगा।

अखंड भारत के एक महत्त्वपूर्ण हिस्से का नाम है—पारसीक खंड। पुराणों में अखंड भारत का विवरण अनेक तरह से मिलता है। उसमें एक प्रकार यह है कि भारत का विवरण उसके अनेक खंडों के रूप में मिलता है। ऐसा ही भारत का एक खंड

है, जिसका नाम है—पारसीक खंड, जो इस समय के भारत के, अखंड भारत के नौ खंडों में से एक है। इसलामी धर्मांतरण की अंधी आँधी में पारसीक खंड फारस बन गया और जो पारसी धर्मांतरण नहीं चाहते थे, वे भारत के दूसरे हिस्सों में जा बसे, जो आज भारत में रह रहे हैं और भारत में एक स्वाभाविक जीवन जी रहे हैं। पारसीक खंड में रहनेवाले तब के भारतीयों ने, जिन्हें आज हम ईरानी और उसके अंतर्गत पारसी कहते हैं, ऐसे तब के भारतीयों ने वेदों को जिस रूप में लिखा था, उस वेद का, उस ग्रंथ का नाम है अवेस्ता, जो शब्द वेद का ही विकसित रूपांतरण नजर आता है। वेद के समान अवेस्ता में भी मंत्र हैं। अवेस्ता की जो भाषा है, उसमें और वैदिक संस्कृत में परस्पर रूपांतरण करने के लिए बस कुछ ही ध्वनि परिवर्तन नियमों की सहायता लेनी पड़ती है। अवेस्ता में भी वैदिक देवताओं जैसे देवताओं पर मंत्र लिखे हुए हैं। यह सारा विवरण आपको पी.डी. गुणे द्वारा लिखी पुस्तक 'तुलनात्मक भाषाविज्ञान' के भारत-ईरानी प्रकरण में मिल जाएगा। हम यह सब क्यों बता रहे हैं? इसलिए बता रहे हैं कि ऐसा माना जाता है कि महिदास ऐतरेय स्वयं या उनके ऐतरेय ब्राह्मण स्कूल से कोई और विद्वान् अपनी ज्ञान संपदा को लेकर पारसीक खंड भी गए थे और वहाँ, अवेस्ता परंपरा में ऐतरेय को एथ्रेय कहा गया है। 'त' को 'थ' करके बोलना अवेस्ता में वैसा ही सामान्य है जैसा भारत के तमिलनाडु में सामान्य है। अवेस्ता में 'मित्र' देवता को 'मिथ्र' कहा गया है, जैसे तमिल में 'वासंती' को 'वासंथी' कह देते हैं। आजकल तो लोगों को ऐसा शौक लगा है कि भारत में कुछ अंग्रेजीदाँ लोग बिना जरूरत (यानी बिना ध्वनि संबंधी जरूरत) के भी 'त्' क 'थ्' कहने-लिखने लग गए हैं। खैर, यह एक अलग मामला है। पर हम कहना यह चाहते हैं कि महिदास ऐतरेय स्वयं या उनकी परंपरा का कोई दूसरा ऐतरेय ईरान यानी पारसीक प्रदेश में गए थे और इसलिए अवेस्ता परंपरा में 'एथ्रेय' शब्द मिल जाता है। अब पारसीक खंड में यानी फारस में यानी ईरान में ऐतरेय क्या करने गए थे, ज्ञान के किस रूप का विस्तार और प्रसार करने गए थे, इसका अध्ययन खोज का विषय है। खोज कब होगी? कौन करेगा? जाहिर है कि भारत के फिर से अखंड भारत बनने की प्रतीक्षा की जाए। ज्ञान है, रुक नहीं सकता।

भारत की ब्राह्मण ग्रंथ परंपरा के दलित प्रवर्तक महिदास ऐतरेय का अध्ययन करते हैं, तो उसके अध्याय यहाँ तक पहुँच जाते हैं और आप है कि दलित-विमर्श के भारत-तोड़क आयामों में ही रुचि ले रहे हैं, जिसमें भारत, भारतीयों और दलित हिंदुओं की कोई रुचि ही नहीं है।

□

16

उपनिषदों के प्रख्यात दलित प्रवक्ता : सत्यकाम जाबाल

उपनिषद् विद्या के दो सबसे बड़े दलित प्रवक्ता हैं—सत्यकाम जाबाल और ब्रह्मबंधु उद्दालक-श्वेतकेतु पिता-पुत्र। आप हमारी गलती दर्ज कर सकते हैं कि हमने नाम तो तीन गिनवाए हैं—उद्दालक, श्वेतकेतु और सत्यकाम जाबाल, पर इस पैराग्राफ में दो ही नाम दिए हैं—सत्यकाम जाबाल और श्वेतकेतु। कारण स्पष्ट है, बेशक उद्दालक एक बड़ा नाम है। अकेला उद्दालक ही नहीं, उनका पूरा कुटुंब यानी पूरा खानदान ही दार्शनिकों का है। पर हम यहाँ सिर्फ श्वेतकेतु और सत्यकाम जाबाल की ही चर्चा कर रहे हैं तो उसका कारण भी बताए देते हैं। कारण यह नहीं कि सत्यकाम और श्वेतकेतु, ये दोनों ही उपनिषद्-दर्शन के दलित प्रवक्ता हैं। कारण यह नहीं है, क्योंकि हमारी तो यह पूरी पुस्तक ही भारत के दलित-विमर्श पर है, इसलिए श्वेतकेतु और सत्यकाम पर यह कारण अलग से लागू नहीं होता। कारण यह है कि आचार्य सत्यकाम ने अपने उपनिषद्-दर्शन में 'अग्नि' को अत्यधिक महत्त्वपूर्ण स्थान दिया है, जिसका अध्ययन देश ने अभी उस तरह से नहीं किया, जितनी अपेक्षा भारत जैसे विचार प्रधान, दर्शन प्रधान, विज्ञान प्रधान देश से की जाती है, बल्कि इसलिए भी कि श्वेतकेतु ने अपने पिता उद्दालक के साथ किए गए दर्शन विवेचन में देश को 'तत्त्वमसि' जैसा एक महावाक्य दिया है। देश की आधारभूत विचारधारा को अर्थात् यह आत्मा परमात्मा का ही रूप है, इस आधारभूत विचारधारा का एक ऐसा महावाक्य दे दिया, जिसे फिर संपूर्ण देश की संपूर्ण संतानों ने हमेशा के लिए याद कर लिया। हमेशा के लिए दिल में लिख दिया। अब तो यह महावाक्य, 'तत्वमसि' यह महावाक्य सारे विश्व को याद होता चला जा

रहा है और वह दिन दूर नहीं जब भारतवर्ष के सभी जन, जो इस वाक्य को भूलकर अपने देश से अलग-थलग हो गए, फिर से इस वाक्य को, 'तत्त्वमसि' इस वाक्य को याद कर लेंगे और सभी विधर्मी बना दिए गए इलाके और वहाँ रहनेवाले सभी जन भारतवर्ष का, अखंड भारत का अविभाज्य हिस्सा बन जाएँगे। फिर से, संपूर्ण रूप से 'तत्त्वमसि' के प्रवक्ता बन जाएँगे। सत्यकाम और श्वेतकेतु से प्रेरणा प्राप्त कर फिर से अपनी, भारत की अपनी विचारधारा को संपूर्ण भारतवर्ष तक पहुँचा देंगे। सत्यकाम और श्वेतकेतु, इन दोनों महादार्शनिकों के उपनिषद्-दर्शन को आप चाहें तो 'छादोग्योपनिषद्' में पूरे विस्तार में पढ़ सकते हैं।

देश को कितना आनंद उस दिन मिलेगा, जब भारत के, अखंड भारत के सभी लोग, विशेष रूप से अखंड भारत के समस्त दलित समुदायों के लोग अपने बच्चों के नात सत्यकाम, जबाला (सत्यकाम की माँ), श्वेतकेतु, सुवर्चला (श्वेतकेतु की धर्मपत्नी), आदि रखना शुरू कर देंगे। विशेष रूप से हम दलित समुदायों के माता-पिता-बच्चों के बारे में यह आग्रह इसलिए कर रहे हैं, ताकि सारे देश के मन-मस्तिष्क में यह बात हमेशा के लिए दर्ज हो जाए कि 'तत्त्वमसि' वेदांत-दर्शन का यह महावाक्य और यज्ञ की अग्नि का विज्ञान सम्मत विवेचन सबसे पहले कहनेवाले दोनों महापुरुष दलित समाज के हैं—सत्यकाम और श्वेतकेतु। इन दोनों विराट् दार्शनिकों का दर्शन-विवेचन भारत की एक अत्यंत प्रमुख उपनिषद् 'छांदोग्योपनिषद्' में मिल जाता है। सत्यकाम जाबाल के दर्शन का विवरण यानी विवेचन इस उपनिषद् के चौथे अध्याय में है तो श्वेतकेतु के दर्शन का विवेचन इसी 'छांदोग्य उपनिषद्' के छठे अध्याय में है। उपनिषद्-दर्शन के सभी जिज्ञासुओं को यह सारा दर्शन पढ़ना चाहिए, विशेषकर दलित समुदाय के युवा छात्र-छात्राओं को जरूर पढ़ना चाहिए और उस सत्यकाम-दर्शन और श्वेतकेतु-दर्शन की कठिन और रहस्यपूर्ण भाषा में व्यक्त किए गए भारत के इस प्राचीन-दर्शन को विशेष विचार गोष्ठियों के माध्यम से सरल बनाकर भारत के जन-जन तक पहुँचाने का बीड़ा अपने ऊपर उठा ही लेना चाहिए, ताकि देश को पता रहे कि भारत का दलित समुदाय भारत की विचारधारा के, उसके कठिनतम दार्शनिक पक्षों समेत संपूर्ण विचारधारा के निर्माण में निर्णायक भूमिका निभानेवाला रहा है।

सत्यकाम की माँ का नाम था—जबाला। उसका माँ अलग-अलग घरों में झाड़-बुहार का काम कर अपनी जीविका चलाया करती थी। यह बात उपनिषद् में ही बता ही दी गई है। 'छांदोग्य उपनिषद्' के चौथे खंड के चौथे अध्याय का शुरुआती वाक्य ही इसी बातचीत से जुड़ा है—'सत्यकामो ह जाबालो मातरम्

आमंत्रयाञ्चके' अपनी माँ जबाला से पुत्र सत्यकाम जाबाल ने एक महत्त्वपूर्ण बात कहना शुरू की, "माताश्री, मैं ब्रह्मचर्य आश्रम में रहना चाहता हूँ। इसलिए मुझे बताओ कि मेरा गोत्र क्या है?"

यानी दो बातें स्पष्ट हो गईं। एक ब्रह्मचर्य आश्रम में जाने के लिए यानी विद्याध्ययन के लिए गुरु के आश्रम में रहने के लिए कोई रुकावट नहीं थी। कोई भी जाकर पढ़ सकता था। पर व्यवस्था एक ही थी कि अपना परिचय दे दो, गोत्र आदि बता दो और आश्रम में आ जाओ और दूसरी बात यह कि तब के भारत की, आज से करीब पाँच हजार साल पहले के भारत की, महाभारत युद्ध परवर्ती भारत की शिक्षा-व्यवस्था काफी नियमित और व्यापक थी। गोत्रादि पूछने पर या जबाला ने एक क्षण का भी विलंब किए बिना, किसी दुविधा का शिकार हुए बिना तुरंत कह दिया कि 'साह एनम् उवाच' उसने अपने बेटे से कहा, "गोत्र आदि मैं नहीं जानती।" कहा कि 'नाहमेतद् वेद यद्गोत्रस्त्वमसि' "मेरे बेटे, मैं नहीं जानती कि तुम्हारा गोत्र क्या है?" इससे पहले कि सत्यकाम चकित होता या अपनी दुविधा का बखान करता, जबाला ने गोत्र पता न होने का कारण भी उसे बता दिया, 'बह्वहं चरन्ती परिचारिणी यौवने त्वामालभे, साहं न वेद यद् गोत्रस्त्वमसि' "मैं तो अपनी युवावस्था में सेविका थी, 'परिचारिणी' थी, मुझे कई घरों का काम करना पड़ता था, 'बह्वहं चरन्ती', तुम किस पुरुष से उत्पन्न हुए, इसका मुझे पता ही नहीं कि तुम्हारा पिता कौन था? इसलिए मुझे तुम्हारा गोत्र भी नहीं पता।" पर सत्यकाम की गोत्र संबंधी जानकारी तो जरूरी थी, ताकि आश्रम में पढ़ने के लिए प्रवेश-फार्म ठीक तरह से भरा जा सके, जैसाकि आज भी होता है, माँ का नाम, पिता का नाम, घर का पता, जाति, व्यवसाय, आय आदि-आदि। इस प्रश्नावली के गोत्रवाले पहलू का समाधान सत्यकाम की माँ ने इस तरह किया, 'जबाला तु नामाहमस्मि, सत्यकामो नाम त्वमसि, स सत्यकामो एव जाबालो ब्रुवीथा' कि "हे पुत्र, तुम्हारा नाम है सत्यकाम और मेरा नाम है जबाला। बस, तुम स्वयं को सत्यकाम जाबाल यही बता देना।" समस्या हल हो गई।

अब अपना विद्याध्ययन शुरू करने के लिए सत्यकाम जाबाल गुरु हारिद्रुमत के आश्रम पहुँच गया। उसकी गोत्र संबंधी समस्या हल हो चुकी थी। गुरु के सामने आते ही गुरु ने सत्यकाम से पहला प्रश्न यही किया। सत्यकाम के यह कहने पर कि 'स ह हारिद्रुमतं गौतममेत्य उवाच ब्रह्मचर्य भगवति वत्स्यामि, उपेमां भगवंतमिति' हारिद्रुमत गौतम के पास आते ही सत्यकाम ने कहा कि मैं भगवान् हारिद्रुमत के सान्निध्य में (भगवति वत्स्यामि) रहकर ब्रह्मचर्य करना चाहता हूँ यानी ज्ञान प्राप्त

करना चाहता हूँ। ब्रह्म का अर्थ है ज्ञान और ब्रह्मचर्य का अर्थ है—ज्ञान की साधना। इस पर हारिद्रुमत ने पूछा, 'किं गोत्रः, सौम्यासीति', 'हे सौम्य, तुम्हारा गोत्र क्या है?' सवाल के जवाब के रूप में सत्यकाम ने वह सारी बात अक्षरशः दोहरा दी (छांदोग्य, अध्याय-4, खंड 4.4), एकदम, शत प्रतिशत, अक्षरशः दोहरा दी और कहा कि 'सत्यकामो जाबालोऽस्मीति' मैं सत्यकाम जाबाल हूँ।

कोई माँ अपने पुत्र के गोत्र संबंधी प्रश्न का उत्तर इस तरह से देगी, शायद हारिद्रुमत गौतम को ऐसी आशा नहीं थी। इस पर गुरु चकित तो हुए, पर उन्हें अपार प्रसन्नता भी हुई। 'तं होवाच', सत्यकाम से गुरु ने कहा। 'नैतद् अब्राह्मणो विवक्तुमर्हति' कोई अब्राह्मण ऐसी बात नहीं कह सकता और इसके साथ ही हारिद्रुमत ने सत्यकाम को समिधाएँ लाने के लिए कहा। यानी सत्यकाम का प्रवेश हो गया। तो, इस संक्षिप्त कथोपकथन में से कितने ही निष्कर्ष अपने आप ही हम सबके सामने आ जाते हैं।

एक निष्कर्ष यह है कि सत्य भाषण करना ब्राह्मण होने की पहली शर्त मानी गई। हारिद्रुमत को कैसे पता पड़ गया कि बालक सत्यकाम सत्य भाषण कर रहा था? सत्यकाम विद्यारंभ करने के लिए गुरु के आश्रम में आया था यानी छोटा सा ही था। सात-आठ साल से अधिक का नहीं रहा होगा। पश्चिम से आए विद्वानों ने भारत की भर्त्सना करने के इरादे से देश की जाति-व्यवस्था को लेकर जो छवि बनाई और जिसे हम पश्चिम-परस्त भारतीयों ने जस की तस मान और देश को बदनाम कर दिया, उसमें यह तो कभी आया ही नहीं कि विद्याध्ययन ब्राह्मण होने की एक शर्त है, तो सत्यकाम संवाद के संदर्भ से पता चला कि सत्य भाषण करना भी ब्राह्मण होने की बराबर की महत्त्वपूर्ण और आधारभूत शर्त है। वाल्मीकि रामायण (बालकांड, 65.22-25) में कान्यकुब्ज के राजा विश्वामित्र के ब्राह्मण बनने की शर्त में कठोर तपश्चर्या की भूमिका निर्णायक और अनिवार्य है, यह भी मालूम पड़ गया था। हम दलित-विमर्श कर रहे हैं तो इसका विवेचन जाति-व्यवस्था के रचनात्मक पक्षों पर सिर्फ और सिर्फ खड़िया पोतते चले जाने से तो नहीं हो सकता। हमारा यह कहना नहीं है कि जाति-व्यवस्था में शत-प्रतिशत ठीक ही ठीक था। पर हम यह बात मानने को भी तैयार नहीं हैं कि जाति-व्यवस्था में शत-प्रतिशत गलत ही गलत था, नकारात्मक ही था। ऐसा कभी नहीं होता। देश की जाति-व्यवस्था में कथित दोषों के बावजूद दलित-ब्राह्मण सामंजस्य के स्वाभाविक सामंजस्य के अंतहीन उदाहरण मिलते हैं, जिसका एक उदाहरण हारिद्रुमत-सत्यकाम का कथानक हमें दे रहा है तो दूसरा उदाहरण, आधुनिक काल के सर्वाधिक महत्त्वपूर्ण उदाहरण डॉ. भीमराव

आंबेडकर हैं, जिन्होंने अपने गुरु की, जो ब्राह्मण थे, ऐसे गुरु आंबेडकर की जाति को अपना लिया था। इस तरह से कि गुरु आंबेडकर अपने छात्र भीमराव से इतना प्रसन्न और प्रभावित थे कि उन्होंने अपने शिष्य भीमराव 'आंबिवडेकर' को अपना जाति नाम 'आंबेडकर' दे दिया, शिष्य ने सादर ग्रहण कर लिया और हम अब उन्हें स्वाभाविक रूप डॉ. भीमराव रामजी आंबेडकर इस नाम और जाति नाम से ही जानते हैं, पहचानते हैं और दुनिया भर में इनका यशोगान करते हैं।

इसी जबाला-सत्यकाम-हारिद्रुमत कथा का एक सारगर्भित संदेश यह भी है कि महाभारत और उसके परवर्ती कालखंडों में व्यक्ति की जाति का निर्धारण पिता के अलावा, पिता के साथ-साथ, बल्कि पिता के स्थान पर माता के साथ होता था। व्यासदेव की जाति संबंधी पहचान उनकी माता सत्यवती के साथ, कानीन, इस नाम के साथ थी और पिता पराशर के कारण पाराशर्य भी कहा जाता था। पांडु, धृतराष्ट्र और विदुर, तीनों एक ही पिता—व्यासदेव की संतान थे, पर क्षत्रिय माताओं के कारण पांडु और धृतराष्ट्र क्षत्रिय माने गए, पर उन्हीं के भाई विदुर को सेविका की संतान होने के कारण आजीवन शूद्र यानी दलित ही माना गया। जबाला के कारण सत्यकाम भी इस आधार पर दलित माने गए, उनके पिता का तो नाम-ग्राम किसी को आज तक पता नहीं है।

सत्यकाम जाबाल जैसे महादार्शनिक के साथ जुड़ा जाति-विमर्श और तदनुसार फिर दलित-विमर्श हमें इतने सारे महत्त्वपूर्ण निष्कर्षों के साथ परिचित कर जाता है। सत्यकाम जाबाल के जीवन का यह एक पक्ष है, जो हमारे दलित-विमर्श से जुड़ा है। दूसरा बराबर का महत्त्वपूर्ण दार्शनिक जाबाल का दर्शन पक्ष है, जिसकी ओर संक्षेप में संकेत कर देने में कोई हर्ज नहीं। इस संपूर्ण दर्शन का व्याख्यान भारत की अत्यंत या कहना चाहिए कि सर्वाधिक महत्त्वपूर्ण उपनिषदों में एक 'छांदोग्योपनिषद्' में है। इस उपनिषद् के चौथे अध्याय के दस खंडों (4.4-13) में सत्यकाम के दार्शनिक चिंतन का विस्तार है, जिसे आज की भाषा और जीवन-शैली के संदर्भों में समझना इसलिए एक कठिन काम है, क्योंकि उस समय की और आज की इन परिस्थितियों में भारी अंतर है। फिर भी, इस दर्शन की सत्यकाम के दर्शन की मुख्य बातों को यथावत् जस का तस बता देने में कोई हर्ज नहीं, क्योंकि कौन जाने कल को कोई प्रतिभा संपन्न व्यक्ति उसके मर्म तक पहुँच जाए?

सत्यकाम के दर्शन को कई आयामों में बताया गया है। पहले आयाम में ब्रह्म का विवेचन इस रूप में है कि ब्रह्म के, संपूर्ण ब्रह्मस्वरूप के चार पाद माने गए हैं और प्रत्येक पाद का विवरण एक कला, एक अंश, कला यानी प्रकाश या कोई भी

ऐसा समान अर्थ देनेवाला शब्द, ऐसी कलाओं में है। इन चार कलाओं के या चार पादों के यानी ब्रह्म के चार चरणों के नाम हैं—प्रकाशवान्, अनंतवान्, ज्योतिष्मान् और आयतनवान्। प्रकाश, अनंत और ज्योति: के अर्थ जानने में किसी को कोई कठिनाई नहीं आनी चाहिए। 'आयतन' इस शब्द को थोड़ा अलग तरह का माना जा सकता है। 'आयतन' को 'विस्तार' इस अर्थ के साथ जोड़कर पढ़ने की कोशिश करेंगे तो समझने में कम कठिनाई आएगी। इस ब्रह्म को चतुष्कला, चार पदोंवाला कहा है।

सत्यकाम को ब्रह्म के इन चार पादों का, चतुष्कला रूप का ज्ञान जिन गुरुतुल्य रूपों ने दिया, उनके नाम हैं—वृषभ, अग्नि, हंस और मद्गु। वृषभ का अर्थ है, बैल और भारत की विचार विवेचन शैली में 'वृषभ' शब्द महत्त्वपूर्ण है, जो सर्वश्रेष्ठ के अर्थ में आता है। पर यहाँ वृषभ का अर्थ है—बैल, बैल यानी साँड, जो उन गउओं के बीच मँडराता रहा करता होगा, जो गउएँ चराने के लिए हारिद्रुमत ने सत्यकाम को तब ही कह दिया था, जब उसका गुरु के आश्रम में प्रवेश हुआ था। ये सभी गाय-बैल वन में ही होते होंगे, जिस वन में किसी तालाब के होने की भी संभावना है, जहाँ हंस अपना विचरण-भ्रमण करता रहता होगा। अग्नि तो स्पष्ट है, यज्ञाग्नि, जिस अग्नि में सत्यकाम वन में नित्य हवन करता होगा। 'मद्गु' का अर्थ हम नहीं ढूँढ़ पाए। एक अनुमान ही है कि वृषभ, हंस और अग्नि की तरह उसका संबंध भी उसी जीवन से होगा जिस जीवन से परिचय सत्यकाम को तब हुआ होगा, जब उसे वन में गउएँ चराने के काम में लगा दिया गया होगा। यह ठीक वैसा ही हुआ, जैसा इससे पहले कृष्ण के बाल्यकाल में हो चुका था, यानी गाएँ चराते हुए ही जीवन का ज्ञान (गीता ज्ञान) प्राप्त कर लेना। भारत में ज्ञानार्जन पर भी एक महत्त्वपूर्ण आयाम रहा है।

तात्पर्य यह है कि सत्यकाम ने अपना ब्रह्मज्ञान उसी वन में, उसी वातावरण में, उसी जीवन प्रक्रिया में से ग्रहण कर लिया जिस वन, जीवन और वातावरण में वह दिन भर गउएँ चरा रहा था। गौ पालन वाला क्रम पूरा कर जब सत्यकाम वापस गुरु के आश्रम में आया तो गुरु हारिद्रुमत उसे देखकर प्रसन्न हो गए और कहा, 'हे सौम्य, तुम तो मुझे ब्रह्मज्ञानी जैसे लग रहे हो' और फिर गुरु के पूछने पर सत्यकाम ने बताया कि उसे यह ज्ञान मनुष्यों से पृथक् प्राणियों से मिला है, 'अन्ये मनुष्येभ्य: इति'। इस पर गुरु को संभवत: इतना आनंद मिला कि गुरु ने कहा, 'आओ, अब मैं तुम्हें वह विद्या दूँगा, जो आचार्यों से ही प्राप्त होना श्रेयस्कर रहता है' (4.9.3)। तब गुरु ने, आचार्य हारिद्रुमत ने सत्यकाम को उपदेश किया, जिस उपदेश के देते समय उपकोसल भी शिष्य के समान साथ आकर बैठ गया। आचार्य ने सत्यकाम

को 'गार्हपत्य अग्नि', 'अन्वाहार्य अग्नि' और 'आहवनीय अग्नि' इन तीन प्रकार की यज्ञाग्नियों का उपदेश दिया और गुरु ने अपना उपदेश पूरा कर दिया।

पर शायद तब तक सत्यकाम की कुछ ऐसी ख्याति बन चुकी होगी कि वे ब्रह्मविद्या को प्राप्त करने के लिए पूरे मनोयोग से स्वाध्याय आदि में लीन हैं। इस भूमिका के साथ फिर स्वयं वायु, अग्नि और आदित्य—इन तीन देवरूपों ने सत्यकाम को ब्रह्मज्ञान का संपूर्ण उपदेश दिया। इन सभी अवस्थाओं में सत्यकाम का ज्ञान क्रमशः विभिन्न प्राणियों, देवरूपों और अपने गुरु से मिला, वह सारा प्रवचन इसी 'छांदोग्योपनिषद्' के चौथे अध्याय के इन खंडों (4.4.17) में समस्त भावी पीढ़ियों के लिए सुरक्षित है, जिन पीढ़ियों में हम और आप जैसे सभी जन सम्मिलित हैं। इस संपूर्ण ज्ञान प्रक्रिया से जुड़ने से इतना तो हम सभी को समझ में आ रहा है कि अपने देश में प्रारंभ से ही विद्या पहुँचाने के काम में जाति और लिंग का कोई भेद नहीं रहा, भेद तो बहुत दूर की बात है, कोई मुद्दा, कोई इश्यू, कोई विवाद ही नहीं रहा। एक ही लक्ष्य है, ज्ञान प्राप्त करने की सामर्थ्य प्राप्त करो और सामर्थ्य के अनुसार फिर ज्ञान प्राप्त करो। वैदिक मंत्रों की रचना उन लोगों ने भी की, जिनको हमने आगे चलकर दलित बना दिया। ब्राह्मण-ग्रंथों की यानी वेदों के व्याख्या-ग्रंथों की रचना उन विद्वानों ने की कि जिन्हें आगे चलकर दलित कह दिया गया। उपनिषदों के अध्यात्म ज्ञान की प्रतिष्ठा, प्रवचन और संप्रेषण उन विचारकों ने किया, जिनको दलित कह दिया गया। जाहिर है कि लंबे-लंबे समय तक ज्ञान प्राप्ति के लिए, श्रेष्ठ जीवन पाने के लिए, प्रतिभा शक्ति संपन्न होने के सारे मार्ग, सारे द्वार, सारे साधन, सारे संसाधन सभी के लिए खुले थे। कब से इन सभी परिस्थितियों में नकारात्मकता आना शुरू हुई और फिर होती चली गई, यह वाकई गहरी खोज का विषय है। अपने इस लेखन प्रयास के परिणामस्वरूप हम वैसा कर पाए तो हम अपने परिश्रम को सफल ही नहीं, सार्थक भी मानेंगे।

□

17

वाल्मीकि, वेदव्यास, सूतजी महाराज : भारत की कथा-परंपरा के तीन दलित-महर्षि

अपनी इस पुस्तक के एक आलेख में हम भारत की तीन शास्त्रीय परंपराओं का उल्लेख कर आए हैं और मौजूदा आलेख के संदर्भ में इसे संक्षेप में फिर से दोहरा देना विषय को समझने में हमारी सहायता ही करेगा। दस हजार साल पुरानी अपनी शास्त्रीय परंपरा का अध्ययन करें तो उसके तीन पक्ष, तीन आयाम या तीन सोपान स्पष्ट रूप से हमारे सामने आ जाते हैं—एक, निगम परंपरा; दो, आगम परंपरा और तीन, कथा परंपरा। निगम परंपरा में प्राचीन भारत के चारों वेद, सभी ब्राह्मण ग्रंथ, सभी उपनिषद् आरण्यक ग्रंथ आते हैं, जिन्हें हम 'वेद' इस संपूर्ण नाम से भी कई बार अभिहित कर देते हैं। संपूर्ण जैन उपजीव्य ग्रंथ, संपूर्ण बौद्ध उपजीव्य ग्रंथ, संपूर्ण तंत्र साहित्य 'आगम' धारा में सम्मिलित हैं। यहाँ पर फुटनोट के तौर पर हम सभी पाठकों को, वर्तमान और भविष्य के सभी पाठकों को बता देना चाहते हैं कि 'आगम' यह शब्द हमने नहीं गढ़ा है। यह जैन शास्त्रीय परंपरा का शब्द है, जिसमें सभी जैन उपजीव्य ग्रंथों का समाहार हो जाता है। परंपरावश तंत्र को ही 'आगम' कहते हैं। अर्थात् निगमागम परंपरा में 'आगम' इस नाम से तंत्र को ही प्रायः समाविष्ट किया जाता रहा है। पर चूँकि जैन शास्त्रीय ग्रंथ परंपरा में 'आगम' सम्मिलित हैं, आगम परंपरा में तंत्र का प्रतिनिधि 'आगम' सम्मिलित है तो हमारा प्रस्ताव है कि संपूर्ण बौद्ध उपजीव्य ग्रंथों को भी 'आगम' का, 'निगम' परंपरा के साथ या निगम परंपरा के समकक्ष या समानांतर मानकर 'आगम' परंपरा का अभिन्न हिस्सा मानकर 'आगम' शब्द का अर्थ विस्तार कर दिया जाए। यह प्रस्ताव हमारा है, स्वीकार देश ने करना है। पर हम तो अपनी ओर से 'आगम'

परंपरा का उसके इसी विस्तारित अर्थ में प्रयोग कर रहे हैं, अपने समस्त लेखन में कर रहे हैं। हमारा सारस्वत विश्वास हमें कह रहा है कि आज 'आगम' शब्द का प्रयोग हम संपूर्ण जैन, संपूर्ण बौद्ध, संपूर्ण तंत्र शास्त्रीय ग्रंथ परंपरा के लिए वैसे ही कर रहे हैं, जैसे 'निगम' शब्द का प्रयोग संपूर्ण वेद, संपूर्ण ब्राह्मण ग्रंथ और संपूर्ण उपनिषद् आरण्यक के लिए सदियों से हो रहा है। आज ऐसा प्रयोग हम कर रहे हैं, कल सारा देश करेगा। इस तरह भारत की वैदिक तथा वैदिक इतर, दोनों शास्त्रीय ग्रंथों की धाराओं को हम क्रमशः 'निगम' परंपरा और 'आगम' परंपरा के नाम से प्रयोग कर रहे हैं।

ये दो परंपराएँ हैं—'निगम' परंपरा और 'आगम' परंपरा। तीसरी परंपरा है—'कथा परंपरा'। इस तीसरी यानी 'कथा' परंपरा में वैदिक और वैदिक इतर, दोनों धाराओं का संपूर्ण उपजीव्य 'कथा' साहित्य सम्मिलित किया जाता है। 'उपजीव्य' का अर्थ है बेसिक, आधारभूत, यानी परमप्रमाणस्वरूप साहित्य। यह एक लंबी, बहुत ही लंबी परंपरा है, जिसमें रामकथा पर वाल्मीकि द्वारा लिखा 'रामायण' प्रबंध काव्य, कृष्ण कथा पर वेदव्यास द्वारा लिखा 'महाभारत' प्रबंध काव्य और 'भागवत महापुराण', सूतजी महाराज ने जिनका वाचन किया, उस वाचन पर आधारित सभी महापुराण और सभी उपपुराण, जैन परंपरा में जिनका प्रवचन किया गया है, ऐसे सभी जैन पुराण, बौद्ध परंपरा में जो लिखा गया ऐसा संपूर्ण जातक आदि कथा साहित्य—ऐसा संपूर्ण कथा साहित्य भारत की इस लंबी, बहुत लंबी कथा-परंपरा में आता है। हमने अपनी पुस्तक के इस आलेख के शीर्षक में जिस 'कथा परंपरा' का उल्लेख किया है, यह वही कथा परंपरा है, जो भारत की तीन शास्त्रीय परंपराओं में, निगम परंपरा, आगम परंपरा, कथा परंपरा, इन तीन शास्त्रीय परंपराओं में से एक है। हम जिन तीन दलित महर्षियों की बात कर रहे हैं, वे हैं—वाल्मीकि, वेदव्यास और सूतजी महाराज। ये तीनों महर्षि दलित हैं, उसकी स्थापना हम अपनी इसी पुस्तक में प्रामाणिक रूप से कर आए हैं।

भारत के दलित विचारकों की परंपरा में शीर्ष पर जो नाम आते हैं, उनमें यदि आधुनिक काल के महर्षि डॉ. भीमराव आंबेडकर का नाम आता है तो प्राचीनकाल के त्रेता युग के महर्षि वाल्मीकि, द्वापर युग के महर्षि वेदव्यास, कलियुग के महर्षि सूतजी महाराज—इन तीन दलित महर्षियों के नाम आते हैं। महर्षि वाल्मीकि ने रामकथा के माध्यम से देश को 'रामायण' प्रबंध काव्य दिया। वेदव्यास ने कृष्ण कथा के माध्यम से देश को 'महाभारत' प्रबंध काव्य दिया। वेदव्यास ने ही 'महाभारत' प्रबंध काव्य की रचना करने के बाद 'भागवत महापुराण' की रचना की। इस रूप में

इस भागवत कथा का प्रथम प्रवचन सूतजी महाराज ने नैमिषारण्य की महासंगोष्ठी में किया, जिसे सारा भारत जानता और मानता है। सूतजी महाराज ने देश और समाज की नैमिषारण्य की महासंगोष्ठी में किए गए प्रवचन यानी कथा वाचन के माध्यम से अठारह पुराण दिए, जिसके अनुकरण पर फिर अठारह या अधिक उपपुराणों की रचना देश के मनीषियों ने की।

हमारी स्मृतियों में दर्ज है कि वाल्मीकि ने 'रामायण' प्रबंध-काव्य लिखा था। हमारी स्मृतियों में यह भी दर्ज है कि वेदव्यास ने पहले 'महाभारत' प्रबंध-काव्य लिखा और फिर 'भागवत महापुराण' लिखा। 'महाभारत' में युद्धकथा है, संग्राम है। अठारह अक्षौहिणी सेनाओं के बीच हुए युद्ध का वर्णन है। लाखों लोग मारे गए। विपुल संपदा का विनाश हुआ। इस भयानक हिंसा कांड पर एक लाख श्लोकों का 'महाभारत' लिखते-लिखते वेदव्यासजी उदास हो गए, बेचैन हो गए तो नारद ने वेदव्यास से कहा कि अब आप कृष्ण की लीलाओं का वर्णन करो और इससे आपको 'महाभारत' लेखन से मिले मानसिक कष्ट का निवारण हो जाएगा। वेदव्यास ने ऐसा ही किया। 'भागवत महापुराण' के लिखे जाने की यही पृष्ठभूमि है। इस तरह 'रामायण' के रूप में देश के पास रामकथा है तो 'महाभारत' और 'भागवत महापुराण' के रूप में देश के पास कृष्ण कथा है। 'रामायण' की रचना त्रेता युग में हुई तो कृष्ण कथा पर आधारित दो महाग्रंथों, 'महाभारत' और 'भागवत' की रचना द्वापर युग में हुई। पुराण कथाओं पर आधारित महापुराणों का लेखन, जिसे सही भाषा में प्रवचन ही कहा जाएगा, ऐसा महापुराणों का प्रवचन कलियुग के प्रारंभकाल में हुआ।

क्या सूतजी महाराज ने अठारह पुराण लिखे थे? इस बारे में परंपरा मौन है, पर समग्र परंपरा यह मानती है कि सूतजी महाराज ने अठारह महापुराणों का, प्रवचन, कथावाचन किया था। कहाँ किया, कब किया, कैसे किया, इस बारे में देश की स्मृतियाँ भारत के लोगों के हृदयों में अमिट रूप से बसी हुई हैं। जैसा कि हमने अपनी पुस्तक 'भारतगाथा' में विस्तार से (गाथा संख्या-100 में) लिखा है, सूतजी महाराज ने अठारह महापुराणों की कथाओं का वाचन आज से 3,500 वर्ष पूर्व (यानी 1500 ई.पू. में) ऋषि-मुनियों की एक महासंगोष्ठी में किया था। इस महासंगोष्ठी में इस देश के ज्ञात इतिहास, देवयुग, काल विभाजन, देश की तत्कालीन सामाजिक-वैचारिक परिस्थितियों आदि पर अति गंभीर विचार-विमर्श हुआ था। वह महासंगोष्ठी नैमिषारण्य में कुलपति शौनक के आश्रम में हुई थी। इस तरह की संगोष्ठियों के लिए नैमिषारण्य काफी विख्यात हो चुका था और जब भी किसी शौनक को या सत्समान किसी प्रबुद्ध विचारक को ऐसी संगोष्ठी करने

का विचार आता होगा तो संभवत: नैमिषारण्य उस तरह की संगोष्ठी का उपयुक्त स्थान मान लिया गया था। ऐसी सभी संगोष्ठियाँ इतिहास की स्मृति में दर्ज नहीं हो पाती होंगी, पर 1500 ई.पू. में यानी आज से 3,500 वर्ष पूर्व दृषद्वती नदी के किनारे बने आश्रम में कुलपति शौनक के नेतृत्व में जो संगोष्ठी हुई, वह ऐतिहासिक हो गई, क्योंकि हमारी स्मृतियों में इस महासंगोष्ठी को हमारी स्मृतियों का हिस्सा बनाने में अठारह पुराणों के प्रवचन का (और अंतत: फिर अठारह महापुराणों के लिखने में भी) का भारी योगदान रहा है, क्योंकि उनमें स्थान-स्थान पर इस बात का उल्लेख है कि एक बार नैमिषारण्य में शौनक आदि अट्ठासी हजार ऋषि-मुनि इकट्ठा हुए। वे बारह वर्षों तक एक साथ रहे और इस लंबी चली महासंगोष्ठी में शौनक की अगुआई में सूतजी महाराज से ढेर सारे सवाल पूछे जिन प्रश्नों के उत्तरों में ही अठारह महापुराणों की कथाओं का प्रवचन हो गया। 'महाभारत' (आदिपर्व 1.1), 'पद्म पुराण' (1.10) और (1.23), 'भागवत महापुराण' (1.1.4) आदि पुराणों में ही उस महासंगोष्ठी के बारे में भरपूर और प्रामाणिक उद्धरण मिल जाते हैं।

अपनी पूरी बात को, वाल्मीकि-वेदव्यास-सूतजी महाराज—इन तीन दलित महर्षियों के संदर्भ में कही इस संपूर्ण बात को एक वाक्य में कहें तो कहना होगा कि भारत के इन तीन दलित महर्षियों ने देश को राम कथा दी, कृष्ण कथा दी और पुराण कथाएँ दीं। पिछले छह हजार साल से देश राम कथा पढ़-सुन-लिख रहा है। पिछले पाँच हजार साल से देश कृष्ण कथाओं को पढ़-लिख-सुन रहा है और पिछले साढ़े तीन हजार साल से सारा देश पुराण कथाएँ पढ़-सुन-लिख रहा है। सारा देश पिछले हजारों सालों से राम कथा, कृष्ण कथा, पुराण कथाएँ पढ़-सुन-लिख रहा है। इसका अर्थ यह है कि सारा देश कथावाचकों के माध्यम से भारत की ये समस्त कथाएँ पढ़ भी रहा है, सुन भी रहा है, लिख भी रहा है और इस पर हम एक आलेख कभी अलग से भी लिखनेवाले हैं। सवाल है कि क्या भारतवासी यानी भारत की सभी धर्म-दर्शन-संप्रदाय परंपराओं से जुड़े हिंदू, भारत की निगम-आगम-कथा की शास्त्रीय परंपराओं से जुड़े हिंदू, भारत की सभी सवर्ण-मध्यम-दलित जातियों से जुड़े हिंदू भारत की दस हजार साल से चलती आ रही इन समस्त परंपराओं से जुड़े हिंदू अपने देश की कल्पना इन निगम-आगम-कथा के बिना, राम-कृष्ण—पुराण कथाओं के बिना कर सकते हैं ? उत्तर है—नहीं कर सकते, कतई नहीं कर सकते। और ऐसा है, जो कि है तो उसका संपूर्ण श्रेय आप भारत के इन तीन दलित ऋषियों को देना चाहेंगे या नहीं ? देना ही चाहेंगे। कैसे नकार सकते हैं ?

हमने भारत की इस संपूर्ण शास्त्रीय परंपरा को यानी भारत की संपूर्ण कथा

परंपरा को, भारत की निगम परंपरा और आगम परंपरा के अलावा एक तीसरी और स्वतंत्र शास्त्रीय परंपरा कहा है और अपनी स्थापना दे दी है कि भारत की इन तीन—निगम, आगम, कथा इन तीन शास्त्रीय परंपराओं को जाने-पहचाने-समझे बिना देश को, देश की संपूर्ण विचारधारा को, भारत के संपूर्ण व्यक्तित्व को समझना संभव ही नहीं है। महत्त्वपूर्ण बात यह है कि इस कथा परंपरा में 'रामायण' और 'महाभारत' को अर्थात् इन दो प्रबंध काव्यों को 'इतिहास' कहा गया है और पुराणों यानी अठारह महापुराणों और अठारह (या अधिक) उपपुराणों को 'पुराण' नाम दिया गया है। इस संदर्भ में समझने की बात यह है कि ये सभी ग्रंथ, ये दोनों प्रबंध काव्य और ये सभी पुराण जो हैं, वे ग्रंथ तो हैं ही, वे शैलियाँ भी हैं, लेखन की शैलियाँ भी हैं, अभिव्यक्ति की शैलियाँ भी हैं। यह ठीक वैसे ही है, जैसेकि ब्राह्मण ग्रंथ और उपनिषद् ग्रंथ, जिनके बारे में हम पिछले आलेखों में लिख चुके हैं, वे इन नामों से मिलनेवाले ग्रंथ तो हैं ही, ये दोनों लिखने की, कहने की, अभिव्यक्ति की शैलियाँ भी हैं। इसलिए उन्हें 'विद्याएँ' भी कहा गया है। अगर आपको 'रामायण' में कहीं उपनिषद् विद्या शब्द मिल जाए तो, अगर 'महाभारत' में कहीं आपको 'ब्राह्मण' और 'उपनिषद्' शब्द मिल जाएँ तो कृपया चौंकिए मत, हैरान मत होइए, कालक्रम का हिसाब-किताब बनाना-बिगाड़ना शुरू मत कर दीजिए। भारत में प्राचीन काल में वेद विद्या, इतिहास विद्या, पुराण विद्या, ब्राह्मण विद्या यानी ब्रह्म विद्या, उपनिषद् विद्या—इन शब्दों का, अभिव्यक्तियों की शैलियों के रूप में, विषय-वस्तु और लेखन शैली यानी लिखने की स्टाइल के आधार पर इन विद्याओं का चलन-संवाद-कथन-उपकथन प्रारंभ में ही विकसित हो गया था। इसलिए इन शैलियों और वेद, इतिहास, पुराण, ब्राह्मण, उपनिषद्—इन सब शैलियों का विकास प्राचीन काल से ही होना शुरू हो गया था और समयानुसार फिर इन शैलियों पर आधारित ग्रंथ भी लिखे जाते रहे। इस बेहद महत्त्वपूर्ण और रोचक पहलू को हमेशा याद रखना चाहिए, तभी सभी विद्याएँ, सभी शैलियाँ, सभी तरह के ग्रंथों का लेखन-क्रम समझ में आएगा और ठीक से समझ आएगा।

शैलियों और विद्या ग्रंथों यानी शास्त्रों के इस स्वरूप को ठीक से समझना हो तो एक ऐसा प्रमाण आपके पास है, जिसे भारत हजारों सालों से जानता है। 'महाभारत' में एक श्लोक (महाभारत, आदिपर्व-1.267.8) है, जो इस प्रकार है—

इतिहास पुराणाभ्यां वेदं समुपबृंहयेत्।
विभेत्यल्पश्रुताद् वेदो मामयं प्रहारिष्यति॥

(महाभारत, आदिपर्व-1.267.268)

श्लोक का अर्थ है—वेदों का अर्थ विस्तार से समझना हो तो यह काम इतिहास और पुराण की सहायता से करना चाहिए। इतिहास और पुराणों को अपना आधार नहीं बनाएँगे तो खतरा है कि हम वेदों के अर्थ का अनर्थ कर सकते हैं। अब देखिए। जिन तीन हजार वर्षों के कालखंड में, आठ हजार से पाँच हजार साल के कालखंड में वैदिक मंत्र लिखे जाते रहे, उसी कालखंड में 'रामायण' और 'महाभारत' नामक इतिहास ग्रंथ भी लिखे गए और इसी कालखंड में वेदव्यास ने एक विशालकाय 'पुराण संहिता' भी लिखी थी, जो अब लंबी कालावधि से नष्ट हुई पड़ी है। खुद कृष्ण ने 'गीता' में, जिसे 'अध्यात्म विद्या' कहा है (अध्यात्म विद्या विद्यानां, गीता, अध्याय-10, श्लोक 32) इसी का दूसरा नाम है—उपनिषद् विद्या, जिसे आगे चलकर वेदांत, अर्थात् वेदों की अंतिम, सर्वाधिक महत्त्वपूर्ण, चरम सीमा जैसी अभिव्यक्ति 'उपनिषद् विद्या' कहा गया।

इस प्रकरण को समाप्त करने से पहले इस निष्कर्ष को पेश कर दिया जाए कि भारत की प्राचीन विद्याओं को, मनु महाराज के समय से लेकर आगे कहीं तक भी ले जाना चाहें, तो भी, इन विद्याओं के पाँच रूप तो हमारे सामने स्पष्ट रूप से आते हैं—1. वेद विद्या, जिसमें चारों वैदिक संहिताएँ हैं, 2. इतिहास विद्या, जिसमें 'रामायण', 'महाभारत' जैसे विशालकाय प्रबंध काव्य आते हैं, 3. यज्ञ विद्या, जिसमें ऐतरेय, शतपथ जैसे अनेक ब्राह्मण ग्रंथ आते हैं, 4. ब्रह्म विद्या या अध्यात्म विद्या जिसमें सभी उपनिषद् ग्रंथ और आरण्यक ग्रंथ आते हैं और 5. पुराण विद्या, जिसमें वेदव्यास की लिखी 'पुराण संहिता', सूतजी महाराज द्वारा दिए गए अठारह महापुराण, अठारह (या अधिक) उपपुराण और आगे चलकर जैन पुराण तथा तमाम जातक कथा साहित्य ग्रंथ सम्मिलित होते हैं। अर्थात् पुराण विद्या, अध्यात्म विद्या के तहत लिखे गए ग्रंथों की परंपरा जैन और बौद्ध धर्म-दर्शन-संप्रदाय तक आगे चलती रही है और आज तक भी इन विद्याओं को अभिव्यक्त करनेवाले ग्रंथों का प्रणयन बंद नहीं हुआ है। सर्वाधिक महत्त्वपूर्ण निष्कर्ष, हमारे भारत के अपने 'दलित-विमर्श' के संदर्भ में सर्वाधिक महत्त्वपूर्ण निष्कर्ष यह है कि देश के मेधावी दलित लेखकों-विचारकों-व्याख्याताओं का भरपूर, मौलिक और महत्त्वपूर्ण योगदान इन सभी विद्याओं के प्रसार में रहा है और आज भी है और इस संदर्भ में किसी एक जाति को प्रधानता देने का या किसी एक जाति की अवहेलना करने का कोई प्रश्न कभी रहा ही नहीं है—जैसा कि हम अपनी इस पुस्तक में लगातार देख रहे हैं और आगे भी देखनेवाले हैं।

अब बस दो प्रश्नों पर विमर्श करना है। एक कि क्या बिना वेदों के देश की

कल्पना भी कर सकते हैं? क्या हम 'रामायण', 'महाभारत' जैसे इतिहास ग्रंथों के बिना देश की कल्पना भी कर सकते हैं? क्या हम बिना पुराण विद्या और उसके अंतर्गत लिखी पुराण कथाओं के, बिना इन कथाओं के भारत नामक देश की कल्पना भी कर सकते हैं? क्या हम यज्ञ विद्या, अध्यात्म विद्या के और इन विद्याओं के आधार पर लिखे ब्राह्मण ग्रंथों और उपनिषदों (तथा आरण्यक ग्रंथों) के बिना भारत देश की कल्पना भी कर सकते हैं? जब हम इन विद्याओं के बिना देश की कल्पना तक नहीं कर सकते तो दलितों के बिना, इन सभी विद्याओं में हर मोड़ पर अति महत्त्वपूर्ण योगदान करनेवाले दलित-विद्वानों के बिना भारतवर्ष के किसी भी रूप या व्यक्तित्व की कल्पना भी कहाँ कर सकते हैं? नहीं कर सकते, कभी नहीं कर सकते। अभी तो हम भारत में चले तीन आंदोलनों पर विचार करने के आस-पास भी नहीं पहुँचे हैं, जिन्हें हम भारत का अध्यात्म-आंदोलन, भारत का अद्वैत-आंदोलन और भारत का भक्ति-आंदोलन कहते हैं, वहाँ तक कहाँ पहुँचे हैं, जिन आंदोलनों में दलित विचारकों और आंदोलनकारियों का योगदान हमेशा और मौलिक तथा महत्त्वपूर्ण रहा है। अभी तो हमने इस बात का भी पूरा विवेचन नहीं किया कि कैसे भारत का भक्ति-आंदोलन भारत के तानाशाह विधर्मी मुसलिम शासकों को दिया गया जबर्दस्त राजनीतिक प्रत्युत्तर था, जिस प्रत्युत्तर ने भारत के धर्म को, भारत के अध्यात्म को और भारत के पूरे समाज को बचाए रखा, सँभाले रखा, शक्ति प्रदान किए रखा।

और आप चाहते हैं, ये विधर्मी इसलामवादी और क्राइस्टवादी और वामपंथी चाहते हैं कि ये लोग दलितों के साथ राजनीतिक-सामाजिक गठबंधन कर, दलितों को भारत में घुसपैठ, आक्रमण और लूटमार के जरिए आए विधर्मियों के साथ राजनीतिक-सामाजिक गठबंधन कर दलितों को इसलामवादी, क्राइस्टवादी यानी भारत-विरोधी बनाकर रख दें? ऐसा कैसे हो सकता है?

□

18

कायस्थ हैं चातुर्वर्ण्य में, पर वे दलित नहीं

कहते हैं कि कंप्यूटर में कई बार कोई 'बग' लग जाता है और फिर वह हर तरह के उल्टे-सीधे संकेत देने लग जाता है। ठीक ऐसे ही एक 'बग' यानी कृमि, यानी कीट अर्थात् कीड़ा हमारे देश की विचार-परंपरा में लगा दिया गया है, जो हमारी गुलामी की सदियों में लगा दिया गया कि विधर्मी शासकों द्वारा लगा दिए गए इस विचार-कीट को हमने हाथोंहाथ लपक लिया और तब से आज तक लपके हुए हैं। एक उदाहरण दें। हमारे देश के अनेक समाजों, संप्रदायों, वैचारिक आयामों की कोशिश यह होती है कि हम उसे किसी 'आर्य' या 'इंडोआर्य' यानी 'भारोपीय' परंपरा से जोड़ दें। चाहे मतलब हो न हो, संबंध हो न हो, तर्क हो न हो पहले तो हम धर्मों को भारत में बाहर से आया विदेशी घोषित कर देते हैं और फिर, हम उसे विदेशी कही जा रही आर्य-परंपरा से जोड़ देने की कोशिश करते रहते हैं।

भारत की संपूर्ण परंपरा कहती है कि भारत के मध्य भाग में आर्य हैं, जिसे भारत का 'मध्यदेश' कहते हैं। भारत के पश्चिमी भाग में यवन, दरद, पिशाच हैं, भारत के पूर्व में किरात है और भारत के दक्षिण में द्रमिल है (यानी द्रविड़ हैं)। यह पूरे भारत का जातीय विवरण है, जो भारत के प्राचीन ग्रंथों में यत्र-तत्र मिल जाता है। पश्चिमी भारत में यवन, दरद, पिशाच जातियाँ, पूर्वी भारत में किरात जातियाँ, उत्तरी भारत में देव जातियाँ और दक्षिणी भारत में द्रमिल जातियाँ हैं, जिन चारों क्षेत्रों से सुपरिभाषित, परम सुरक्षित, जलवायु और भूगोल की भी दृष्टि से सुरक्षित इलाका मध्यदेश है, जिसमें आर्य रहते हैं। बस, आर्यों की स्थिति और परिस्थिति उतनी भर है, जितनी स्थिति और परिस्थिति भारत के पश्चिम भागों में यवन, दरद, पिशाच आदि की है, पूर्व में किरात आदि की है, दक्षिण में द्रमिल जातियों की है और उत्तर में यानी हिमालय में देव जातियों की है।

भारत की अपनी, अपनी यानी अपनी जातीय स्थिति और परिस्थिति यह है, जिसका विकास पिछले दस हजार वर्षों की अपनी ऐतिहासिक अवस्थाओं में क्रमशः हुआ है। इनमें से किसी जन–संप्रदाय का भारत में आगमन किसी विदेशी कारणों या परिस्थितियों से हो सकता है और इसमें कोई आश्चर्य किसी को नहीं होना चाहिए, क्योंकि जन समुदायों का यहाँ से वहाँ आवागमन होता ही रह सकता है। परंतु जिन्हें हर चीज में, भारत से जुड़े हर पक्ष में विदेशी मूल ढूँढ़ने का मन करता है तो उनके लिए हमारा निवेदन है कि 'कायस्थ' यह शब्द किसी विदेशी 'काय' या 'काति' से बना हुआ होने के बजाय, शुद्ध रूप से अपना देशज शब्द है और इस बात को ठीक से समझ लिया जाना चाहिए, ठीक से हृदयंगम कर लिया जाना चाहिए।

तो शब्द है 'कायस्थ' और यह शत–प्रतिशत संस्कृत मूल का, संस्कृत भाषा के भाषायी मूल से जुड़ा हुआ शब्द है। 'कायस्थ' इस शब्द में दो शब्दों का मेल है, 'काय' और 'स्थ'। अर्थ है, 'काया' में स्थित रहनेवाला। अब यह काया क्या है ? यह 'काय' क्या है ? संस्कृत की वाचिक परंपरा में, जो अद्‌भुत है, प्रामाणिक है, तभी तो सहस्राब्दियों से चल रही है, और हमारे संपूर्ण व्यक्तित्व और अस्तित्व को जिसने सहस्राब्दियों से बनाए और बचाए रखा है, ऐसी वाचिक परंपरा में एक शब्द है 'काय' यानी शरीर। तो प्रश्न है, किसका शरीर, कौन सा शरीर ? तो उत्तर है, बड़ा ही सहज और स्वाभाविक उत्तर है, राष्ट्र का शरीर, राष्ट्र का राजनीतिक शरीर, जिसमें राजनीति भी है, प्रशासन भी है और वाणिज्य भी है, उस पूरी व्यवस्था को, पूरे तंत्र को बतानेवाला शरीर, काया। इस 'काया' को या 'काय' को बनाए और बचाए रखनेवाले पूरे प्रशासनिक तंत्र को, राजनीति + प्रशासन + वाणिज्य के संपूर्ण प्रशासनिक तंत्र को भारत की इसी परंपरा में कहते हैं 'काया'। चाणक्य का 'अर्थशास्त्र' जिस 'अर्थ' का अर्थ देता है, उसका लोक प्रचलित अर्थ अब राजनीति बेशक हो गया हो, पर यह 'अर्थशास्त्र' प्राथमिक रूप से कर व्यवस्था बतानेवाला ग्रंथ है, जिसमें राजनीति इसलिए है, क्योंकि किसी भी देश की कर प्रणाली, वाणिज्य आदि को संचालित करनेवाली राजनीति होती है, राजनीतिक प्रशासन होता है। जिसे हम आज की भाषा में 'पॉलिटिकल इकोनॉमी' कहते हैं, उसी को संस्कृत परंपरा में 'अर्थशास्त्र' कहते हैं। एक वाक्य में कहें तो 'अर्थशास्त्र' का अर्थ है पॉलिटिकल इकोनॉमी पर लिखा गया शास्त्र यानी 'अर्थशास्त्र'।

चाणक्य का 'अर्थशास्त्र' इसी पॉलिटिकल इकोनॉमी का ग्रंथ वैसे ही है, जैसे चाणक्य से पहले के अन्य अर्थशास्त्र हमारे इतिहास में लिखे गए थे। 'काय' शब्द इसी संपूर्ण तंत्र का पर्यायवाची है, द्योतक है, जिस 'काय' में, जिस 'अर्थ' शरीर में,

जिस 'बॉडी-पॉलिटिक' में कर-प्रणाली भी है, उससे जुड़ा संपूर्ण वाणिज्य तंत्र भी है और उसको सँभालनेवाली संपूर्ण राजनीति भी है। स्पष्ट है कि 'काया' शब्द उस शरीर का पर्यायवाची है, जिसमें इतना व्यापक अर्थ समाहित है। यदि आप 'कायस्थ' समाज को गहराई से या विहंगम दृष्टि से देख लें तो भी आपकी पहली प्रतिक्रिया यही रहनेवाली है कि जी हाँ, कायस्थ समाज के सभी जन कर-प्रणाली, प्रशासन, सरकार और उसके लिए आवश्यक राजनीति, तंत्र इन सभी क्षेत्रों में, जीवन के इन सभी पक्षों में, समाज के इन सभी पहलुओं में उपस्थित हैं, सक्रिय हैं, प्रभावशाली हैं, संचालन करनेवालों में सम्मिलित भी हैं और उनमें से अनेक अग्रगण्य भी हैं। ठीक इसलिए 'कायस्थों' को कायस्थ कहा जाता है। अपने देश की इस जबर्दस्त अंतर्निहित विशिष्टता पर गर्व करने के बजाय हम क्यों उसका मूल किसी विदेश में ढूँढ़ने पर समय बर्बाद करें? यह संपूर्ण पूँजी हमारी अपनी मेधा और हमारी अपनी परंपरा में बनाई गई है। विदेशी तड़का इसमें लगाने की जरूरत ही क्यों है?

अब अगला सवाल। 'कायस्थ' इस नाम से पता नहीं चलता कि 'वर्ण-व्यवस्था' में कायस्थ कौन हैं? ब्राह्मण हैं? क्षत्रिय हैं? वैश्य हैं या शूद्र अर्थात् दलित हैं? कायस्थ समाज के कर्णधारों ने अपना वर्ण तय करने में अपनी उस मेधा का प्रयोग किया ही नहीं, जिस मेधा के वे स्वामी रहे हैं और आज तक हैं। वे अपनी जाति तय करने के लिए अदालतों में चले गए। परिणाम क्या है? कलकत्ता हाईकोर्ट ने भी कभी इन्हें 'शूद्र' यानी दलित कह दिया। इलाहाबाद हाईकोर्ट ने भी कभी इन्हें 'शूद्र' यानी दलित कह दिया। कायस्थ महासभा इन्हें क्षत्रिय मानती है। हम अपनी हिंदू बुद्धि का उपयोग और प्रयोग करें तो एक बात तो स्पष्ट है कि कायस्थों ने कभी उस तरह की सामाजिक व्यवस्था से खुद को नहीं जोड़ा जिस व्यवस्था से दलितों का ऐतिहासिक और स्वाभाविक संबंध माना जाता है। सरकार चलाना, कर-प्रणाली का नियमन करना और इन सभी आवश्यक कामों के लिए तद्नुरूप आवश्यक शिक्षा प्राप्त करना, पीढ़ी-दर-पीढ़ी शिक्षा संग्रह करना, इनमें से कोई काम ऐसा तो है नहीं जिस काम से दलित जाति के परंपरागत कर्म-कर्तव्य आदि से जोड़ा जा सके। कायस्थों के बीच एक धारणा प्रचलित है कि जिन लोगों ने अंग्रेज बहादुर के क्रिश्चियन शासन काल में अपने लिए शूद्र यानी 'दलित' का वर्ग चाहा तो वह शायद इसलिए कि उस खास कालखंड में 'दलितों' के लिए कुछ विशेष प्रावधान किए जा रहे थे। उन प्रावधानों का लाभ प्राप्त करने के लिए 'कायस्थों' ने खुद को दलित कहलवाने की कोशिश की हो तो इसे मानवीय आकर्षण का परिणाम मानने के अलावा और क्या कहा जा सकता है? जिस तरह के बौद्धिक,

प्रशासनिक, वाणिज्यिक कार्यकलापों से कायस्थों का सदियों से जुड़ाव और वह भी अंतरंग जुड़ाव रहा है, जो आज तक बना हुआ है, उसे देखते हुए 'कायस्थ' कुछ भी कहे जाएँ, हमारे हिसाब से तो 'कायस्थ' समाज कहीं से भी 'दलित' समाज कहलाए जाने के आस-पास कहीं भी नहीं है।

कायस्थों के बौद्धिक वर्चस्व को देखते हुए क्या कायस्थों को ब्राह्मण मानें? मान सकते हैं। कायस्थों के प्रशासनिक दायित्वों की परंपरा को देखते हुए क्या उन्हें क्षत्रिय मानें? मान सकते हैं। कायस्थों की वाणिज्यिक कर-प्रशासन संबंधी सहज क्षमताओं को देखते हुए उन्हें 'वैश्य' मान लें? मान सकते हैं? मान सकते हैं। हमारा मानना यह है कि कायस्थ कुछ भी हों, ब्राह्मण हों, क्षत्रिय हों या वैश्य हों, कुछ भी हों, वे शूद्र यानी दलित तो नहीं ही हैं। संस्कृत के अतिप्रसिद्ध नाटककार विशाखादत्त ने अपने नाटक 'मुद्राराक्षस' में कायस्थ का संदर्भ महत्त्वपूर्ण ढंग से दिया है। पर चाणक्य संभवतः कायस्थों से नाराज था, पता नहीं क्यों? पर पूरे कथानक में कायस्थ लोग अति महत्त्वपूर्ण हैं। उसने भी उनको 'बॉडी पॉलिटिक' से जोड़कर ही देखा है। उन्हें तो खैर दलित कतई नहीं माना है।

फिर क्यों उन्हें एक खास समय और खास वर्ष में 'दलित' कहा गया? यहाँ तक कहा गया कि स्वामी विवेकानंद अर्थात् तब के नरेंद्र को 'शूद्र' कहकर शिकागो के धर्म सम्मेलन में जाने में बाधा पैदा की गई? ऐसा क्यों हुआ? हमारे पास कोई प्रमाण नहीं है, जो इसे प्रमाणित कर सकें, सिवाए इसके कि हम अपने व्यक्तिगत अनुभव के आधार पर किसी निष्कर्ष तक पहुँचने की कोशिश कर लेते हैं। मानना या न मानना कायस्थ समाज पर निर्भर करता है।

व्यक्तिगत अनुभव हमारा अपना ही है। मेरे एक ट्यूटर थे, प्रोफेसर भटनागर। पूरा नाम बताने की आवश्यकता नहीं है। मुझे उन्होंने अंग्रेजी पढ़ाई थी। प्रौढ़ अवस्था के थे और पैंतालीस-पचास के बीच उनकी आयु रही थी। व्यक्तित्व उनका प्रभावशाली था। बोलने का उनका व्यक्तित्व भी इतना ही प्रभावशाली था। बिल्कुल आज के प्रसिद्ध हिंदू विचारक पुष्पेंद्र कुलश्रेष्ठ जैसा ही प्रभावशाली और सुननेवाले को याद करवा देने वाला। पढ़ाने की उनकी शैली विशिष्ट थी, जिसका ही प्रताप था कि उन्होंने एक खास वर्ष की पहली अप्रैल को ए.बी.सी. के साथ ही अंग्रेजी पढ़ाना शुरू किया और ठीक अगले वर्ष की अप्रैल में मेरी मेट्रिकुलेशन के लिए उन्होंने तैयार कर दिया था और मैं अच्छी प्रथम श्रेणी में अंग्रेजी उत्तीर्ण कर सका था। यह सब उन्हीं गुरुदेव की ही मेहनत के कारण था, जिसका सुपरिणाम मुझे मिला। हमारे परिवार के साथ वे प्रायः कुछ बातचीत भी करते थे और उनका

बताया हुआ एक वाक्य हमें आज तक याद है, जब बातचीत में मुझे यह सुनने का मिलता था कि 'हम तो कायस्थ हैं, हम आधे मुसलमान होते हैं।' हम यह बात सुनते थे, पर इसका मतलब क्या है, तब हमें समझ में नहीं आता था।

पर अब समझ में आता है और संभवत: संपूर्ण कायस्थ समुदाय के संदर्भ में यह बात इत्मीनान से कही जा सकती है। चूँकि कायस्थ जन प्राय: करके प्रशासनिक दायित्वों में रहे हैं, वह भी बड़े किस्म के दायित्व लेकर, इसके परिणामस्वरूप कायस्थों की जीवन-शैली पर उस-उस समय के राजनीतिक शासकों की संस्कृति का असर पड़ता ही होगा। नवीनतम प्रभावछाया उन मुसलिम शासकों की रही होगी, जिनके प्रशासनिक दायित्वों को वे पूरा करते रहे होंगे। चूँकि यह काम कई सदियों तक अनवरत चला है, इसलिए मुसलिम गुलामी की सदियों में कायस्थ समाज पर कुछ ऐसा प्रभाव पड़ा होगा कि इसलामी रिवाजों, खान-पान, वेशभूषा आदि का असर इन पर रहा होगा। नंद, मौर्यकालीन संस्कृत साहित्य में पढ़ेंगे तो तब के कायस्थ समाजों पर तब की राजशाहियोंवाली सरकारों का असर रहा होगा और उसके प्रमाण भी मिल जाते हैं। जैसा हमने बताया ही है कि चाणक्य-चंद्रगुप्त काल के इतिहास पर आधारित संस्कृत नाटक 'मुद्राराक्षस' में तो शकटदास एक पात्र है, जो कायस्थ है, महत्त्वपूर्ण है और पर्याप्त प्रभावशाली है। इस संपूर्ण अनुभव के आधार पर हमें यह कह पाने का साहस हो रहा है कि संभवत: उन्हें किसी ऐसे ही आधार पर किसी कायस्थ जन को शूद्र यानी दलित कहकर प्रताड़ित किया गया हो। हो सकता है, स्वामी विवेकानंद को अपने नरेंद्र-जीवन काल में ऐसी प्रताड़ना का अनुभव हुआ हो। ये सभी तो अनुभव हैं अन्यथा कायस्थों द्वारा स्वीकृत अपने प्रशासनिक दायित्वों के आधार पर हम पूरी प्रामाणिकता से कह सकते हैं कि कायस्थ समाज कभी भी दलित वर्ण का अंग नहीं रहा। इसलिए भारत के मुसलिम परवर्ती काल में दलितों को जितने भी तरह के कटु-कटुतर-कटुतम अनुभवों-अनुभूतियों से दो-चार होना पड़ा, कायस्थों को इस तरह के अनुभवों-अनुभवों से या तो कभी नहीं गुजरना पड़ा, या उस हद तक नहीं गुजरना पड़ा, इसे प्रमाणित करने या न करने का काम प्रबुद्ध कायस्थ समाज ही कर सकता है।

□

19

भारत का जाति-विमर्श : दलित परिप्रेक्ष्य

भारत के जाति-विमर्श और उसके अंतर्गत होनेवाले दलित-विमर्श को लेकर हमारा शुरू से मानना रहा है कि भारत के लोगों को अब इस संपूर्ण विमर्श को पश्चिम की आँखों से नहीं, भारत के अपने स्वभाव यानी अपनी जीवन-शैली और अपने जीवन-दर्शन के आधार पर देखना चाहिए और उसी के परिप्रेक्ष्य में उसके गुण-दोषों की परीक्षा और गुण-दोषों का आकलन करना चाहिए। भारत के लोगों ने छह-सात सदियों की गुलामी झेली है, पहले इसलामी गुलामी और फिर क्रिश्चियन गुलामी। इस गुलामी के कालखंड में पश्चिम ने हमें दो-तीन गलत, यानी सरासर गलत बातें समझा दी हैं और गलत निष्कर्ष दिमाग में बैठा दिए हैं। हमें समझा दिया गया है कि भारत ने हजारों सालों की गुलामी झेली है। कैसे ? हजारों साल कैसे हो गए ? बारहवीं सदी के अंतिम दशक में यानी 1191 और 1192 में, इस दशक के इन दो वर्षों में पृथ्वीराज चौहान और मुहम्मद गौरी के बीच दो युद्ध हुए। पहले युद्ध में गोरी हारा और भाग गया। दूसरी लड़ाई में गोरी जीता, चौहान को बंदी बना दिया गया, फिर अंधा कर दिया गया और फिर मार दिया गया। इसके बाद से भारत पर बाकायदा इसलामी गुलामी की शुरुआत मानी जानी चाहिए, जिसे 'बाकायदा' बनने में जाहिर है कि कई दशक लगे हैं। ऐसा तो हुआ नहीं कि गोरी जीता और सारा भारत इसलामी शासन में चला गया। इससे पहले की सदियों में मुहम्मद बिन कासिम के गुर्गों और लुटेरों ने कुछ लुटमात की, कुछ बर्बरताएँ कीं और कुछ प्रताड़नाएँ। जो उन्होंने बाद कि सदियों में भी जारी रखी; पर अगर हम वर्ष 1192 के बाद की सदी में यानी तेरहवीं सदी में इसलामी शासन की औपचारिक शुरुआत मान लें तो हम कह सकते हैं कि भारत में इसलामी गुलामी की शुरुआत तेरहवीं सदी में हुई।

वर्ष 1947 में भारत स्वतंत्र हुआ, अर्थात् बीसवीं सदी के मध्य में भारत स्वतंत्र हुआ। अगर तेरहवीं सदी के मध्य में इसलामी गुलामी की शुरुआत और उन्नीसवीं सदी के मध्य में इसलामी गुलामी की निरंतरता में चली क्रिश्चियन गुलामी की, बीसवीं सदी के मध्य में उस गुलामी की समाप्ति मान लें तो स्पष्ट है कि तेरहवीं सदी के मध्य और बीसवीं सदी के मध्य का समय यानी सात सदियों के मध्य का समय सारे देश की गुलामी का समय है। पर हमारी मानसिकता इस कदर गुलामी-प्रेमी बना दी गई है कि स्पष्ट रूप से हम पर थोप दी गई सात सौ साल की गुलामी को भी हम अब उसे हजारों सालों की गुलामी मानकर चटखारे मारकर खुशी-खुशी बताते रहते हैं। यह गलत है। हमने हजारों सालों की नहीं, सात सौ सालों की गुलामी झेली है। क्या सात सौ साल की गुलामी कम है, जो हम उसे हजारों सालों में परिवर्तित कर बताना चाहते हैं?

ठीक उसी तरह पश्चिम की गुलामी का हम पर इतना ज्यादा असर है कि हमने अपनी सामाजिक जाति-व्यवस्था की और हमने अपनी धर्म-दर्शन-संप्रदाय विचारशीलता की निंदा करना शुरू कर रखा है। जो तथाकथित सुधारक उठता है, जो तथाकथित राजनेता उठता है, भारत की जातियों और संप्रदायों की भर्त्सना करना शुरू कर देता है, क्योंकि अपनी गुलामी को इन छह-सात सदियों में हमने अपनी भर्त्सना करना ही सीखा है, अपनी गलतियाँ देखना ही सीखा है, आत्म निंदा करना ही सीखा है। क्यों? छह-सात सदियों की गुलामी में हमारी इसी जाति-व्यवस्था ने ही, इसी जाति-चेतना ने ही हमें गुलामी की सदियों में विधर्मियों से, विधर्मी शासनों से लड़ना सिखाया, निरंतर लड़ाई की और खुद को बचाए रखा और स्वतंत्र देश बन जाने में आ पहुँचे हैं। जिस जाति संगठनशीलता ने हिंदू समाज को बचाए रखा, आप उसी को कोसना शुरू कर देंगे? क्यों? भारत में नौ दर्शन संप्रदाय हैं—जैन, बौद्ध, आजीवक सांख्य, योग, न्याय, वैशेषिक, मीमांसा, वेदांत। भारत के जीवन-दर्शन का निर्माण, विकास और उस जीवन-दर्शन की प्रतिष्ठा इन नौ दर्शन संप्रदायों के आधार पर हुई है। भारत के धर्म अर्थात् भारत के 'सनातन' धर्म को केंद्र मानकर भारत में अनेक धर्म-दर्शन संप्रदायों का विकास हुआ, प्रतिष्ठा हुई। भारत की जीवन-शैली और जीवन-दर्शन की प्रतिष्ठा उन्हीं अनेक, अनेक धर्म-दर्शन संप्रदायों के आधार पर हुई है। आज की इतिहास सम्मत शब्दावली में कहें तो भारत का संपूर्ण हिंदू समाज और भारत का संपूर्ण हिंदू जीवन-दर्शन इन्हीं जातियों और इन्हीं संप्रदायों के आधार पर बना, विकसित हुआ और बचा हुआ है। भारत की सभी भारत-विरोधी शक्तियाँ इन्हीं जातियों व संप्रदायों को ही नष्ट करने

पर आमादा है और उन्हें विधर्मी विचारधाराओं से स्थानापन्न कर देने पर आमादा हैं और हम लाल बुझक्कड़ ऐसे हैं कि जब भी मुँह खोलते हैं, इसी जाति व संप्रदाय को कोसना, गरियाना, धकियाना शुरू कर देते हैं। क्यों ? क्या यही हमारी राष्ट्रीय चेतना है ? यही हमारा राष्ट्रवाद है ? यही हमारा हिंदुत्व है ? कैसे हिंदू-विरोधी हैं हम ? जाति में एक ही पक्ष नकारात्मक है, छुआछूत, जिस पर विजय प्राप्त कर लेने की कगार पर देश पहुँच चुका है। संप्रदायों में तो कुछ नकारात्मक भी नहीं है। बल्कि जिस 'एकं सद् विद्या बहुधा वदंति' पर हम इतराते रहते हैं, वह बहुलता हमारे इन दसियों धर्म-दर्शन संप्रदायों पर टिकी विचारधारा के कारण है और हम इन्हीं संप्रदायों को कोसते रहते हैं। क्यों ? कैसे राष्ट्रवादी हैं हम ? कैसे हिंदू हैं हम ? कैसा हिंदुत्व है हमारा ?

इतनी लंबी भूमिका लिखने का तात्पर्य यह है कि हमें ठीक से समझ में आ जाए कि भारत का जाति-विमर्श और उससे जुड़ा हुआ भारत का दलित-विमर्श हल्के में नहीं लिया जा सकता। इन दोनों विमर्शों का प्रारंभ और विकास भारत के अपने इतिहास के प्रारंभ और विकास के साथ-साथ ही हुआ है। भारत का इतिहास दस हजार साल का है तो जाति-विमर्श और दलित-विमर्श का इतिहास भी इतना ही पुराना है, दस हजार साल पुराना है। भारत का इतिहास दस हजार साल से यानी 'देव युग' के साथ ही प्रारंभ हो जाता है और इसी देवयुग के साथ ही भारत का जाति-विमर्श और दलित-विमर्श का भी इसी देवयुग के साथ ही प्रारंभ हो जाता है। इसमें कुछ भी नकारात्मक नहीं है। वेदों की रचना मनु महाराज के आगमन से पहले ही 'यजुर्वेद' के यजुषों की रचना के साथ प्रारंभ हो गई थी, जिन यजुषों (यानी यजुर्वेद के मंत्रों) के आधार पर मनु महाराज ने देश को यज्ञ-प्रणाली दी, जो मनु के साथ प्रारंभ होकर आज तक निर्बाध चल रही है। 'यजुर्वेद' उस संपूर्ण वैदिक साहित्य का हिस्सा है, जिन वैदिक संहिताओं में भारत की वर्ण-व्यवस्था का बाकायदा उल्लेख मिल जाता है और यह सबको पता है, हम कोई 'ब्रेकिंग न्यूज' नहीं कर रहे हैं। वेदों के 'पुरुष सूक्त' में जो 'ऋग्वेद' में भी है और 'अथर्ववेद' में भी है, इसी 'पुरुष सूक्त' में एक मंत्र है, जिसमें चारों वर्णों का, यानी भारत की सामाजिक वर्ण-व्यवस्था का विवरण है। मंत्र पढ़ लेने में कोई हर्ज नहीं :

'ब्राह्मणोऽस्यमुखमासीद् बाहू राजन्यः कृतः।
उरू तदस्य यद्वैश्यः पद्भ्यां शूद्रो अजायत॥'

(पुरुषसूक्त, ऋग्वेद 10.90 तथा अथर्ववेद)

मंत्र का अर्थ है, ईश्वर ने जब ईश्वर रूपी पुरुष का यानी मनुष्य का निर्माण

किया तो ब्राह्मण को उस मनुष्य का मुख बताया, राजन्य यानी क्षत्रिय को उस पुरुष की, उस मनुष्य की भुजाएँ बनाया, वैश्य को उस पुरुष की जाँघें बनाया और शूद्र को उस पुरुष के पैर बनाया। इस मंत्र की दो और एक यानी तीन बातें विशिष्ट हैं, इसलिए महत्त्वपूर्ण है। पहली विशिष्ट बात यह है कि वेदों का यह पहला ऐसा मंत्र है, जिसमें मनुष्य को ही पुरुष का, इस संदर्भ में ईश्वर का, परमात्मा का रूप दे दिया गया है यानी भारत की विचारधारा मनुष्य में ही पुरुष यानी ईश्वर के दर्शन करती है। उसे मनुष्य से अलग किसी दूसरे ईश्वर को नहीं खोजना पड़ता, नहीं बताना पाता। वेदांत के महावाक्य 'अहं ब्रह्मस्मि' का यह प्राचीनतम निर्देश माना जा सकता है। यह इस मंत्र का, 'पुरुष सूक्त' के इस मंत्र का विशिष्टतम पक्ष है।

दूसरा विशिष्ट पक्ष यह है कि इस मंत्र के माध्यम से भारत के उस कर्म-दर्शन के बीज डाल दिए गए हैं, जो कर्म-दर्शन भारत की, विश्व विचारशीलता को भारत की मौलिकतम देन है। बौद्धिक विचार, शारीरिक बल, धन-संग्रह और इसी की निरंतरता—ये सभी पक्ष इसमें आ जाते हैं, जिनके आधार पर, जिनकी सहायता से, जिनके कारण संपूर्ण मनुष्य समाज चलता रहता है, गतिशील रहता है और कर्म करता रहता है। कर्म ही भारत के दर्शन का आधार है, जिसके लिए भगवान् कृष्ण ने 'गीता' में कहा है, 'कुरु कर्मैव तस्मान् त्वम्'। ये सभी कर्म चलते रहें, समाज में कर्मशीलता बनी रहे, यहाँ से वहाँ तक जुड़ा रहे, हर सक्रियता निर्बाध रहे, संपूर्ण कर्मशीलता बनी रहे हैं, परस्पर जोड़नेवाली इस संपूर्ण गीतिशीलता का 'पद्भ्यां शूद्रो अजायत' पैरों से यानी समग्र गतिशीलता के गुणस्वरूप पुरुष के इस भाग को शूद्र का दायित्व बना दिया।

ये दो विशिष्ट पक्ष हैं। तीसरा विशिष्ट पक्ष इसी दूसरे से जुड़ा हुआ है। लोगों को अक्सर आपत्ति हो जाती है कि देखो, वेदों ने, वैदिक ऋषियों ने 'शूद्र' से कितना अन्याय किया है ? ब्राह्मण को तो ईश्वर का मुख बना दिया, क्षत्रिय को तो उसकी भुजाएँ बना दिया, वैश्य को तो इसकी जंघाएँ बना दिया, पर शूद्र को ? शूद्र को उस ईश्वर के, उस पुरुष के पैर बना दिया। क्या वास्तव में अन्याय किया ? हम तो ऐसा नहीं मानते। सोचिए, मनुष्य के पास मुख, भुजाएँ, जंघाएँ सभी कुछ तो है, पर पैर अगर नहीं हैं, तो एक पंगु व्यक्ति यानी एक लँगड़ा व्यक्ति यही सोचता रहेगा कि मेरा दिमाग, मेरा पैसा, मेरी जंघाएँ यानी टिककर, बैठकर काम करने की, धनार्जन की शक्तिमत्ता किस काम की, अगर मेरे पैर ही नहीं हैं, मैं चल-फिर नहीं सकता, पंगु हो गया हूँ ? निवेदन यह है कि यह हम पर निर्भर करता है कि हम चातुर्वर्ण्य की व्याख्या किस तरह करते हैं ? नकारात्मक व्याख्या करते हैं या सकारात्मक

व्याख्या करते हैं। हमारा इरादा तो सकारात्मक व्याख्या करने का ही है। जिस एक वर्ण ने शेष तीनों वर्णों की सक्रियता की गारंटी दे दी हो, भारत के कर्म-दर्शन का मर्म समझा दिया हो, ब्रह्मांड की गतिशीलता को उसका चिह्न यानी पाद, पैर, चरण दे दिए हों, उसका प्रतिनिधि बना दिए गए शूद्र को हम कोसते ही रहेंगे क्या? क्यों? हम तो इसे संपूर्ण सृष्टि का आधार ही मानते रहेंगे, ठीक वैसे ही जैसे चार वेदों में 'ऋग्वेद' के पुरोहित को होता, 'यजुर्वेद' के पुरोहित को अध्वर्यु, 'सामवेद' के पुरोहित को उद्गाता और 'अथर्ववेद' को, जिसे शूद्रों का वेद भी कहा जाता है, उस 'अथर्ववेद' के पुरोहित को ब्रह्मा कहा गया है। सिर्फ अपना दृष्टिकोण ठीक और स्वच्छ करने की जरूरत है। सारा ज्ञान-विज्ञान-शौर्य-संपदा हमारे चरणों में हो तो हम उसे लपक लेंगे या उसे ठोकर मार देंगे, यह हमारे दृष्टिकोण से ही तो तय होगा। 'पद्भ्यां शूद्रो अजायत', शूद्र की उत्पत्ति ईश्वर के, पुरुष के पैरों से हुई, इसको समझने का निहितार्थ यह है, यही है, इसके अलावा और कुछ हो तो हम भी जानना चाहेंगे।

वैश्विक परिप्रेक्ष्य ने किए जानेवाले जाति-विमर्श और दलित-विमर्श का सर्वाधिक महत्त्वपूर्ण अध्याय यह है कि भारत में दलित-विमर्श को हम चाहें तो भारत के अद्भुत और अनूठे 'कर्म-दर्शन' के साथ जोड़कर देख सकते हैं। दूसरा महत्त्वपूर्ण आयाम यह है कि बेशक भारत ने, भारत के मनीषियों ने चार वर्णों की कल्पना और प्रतिष्ठा की, पर वे वर्णों की इस संख्या से, 'चार' संख्या से बँधे नहीं रहे। एक प्रसिद्ध वैदिक मंत्र है, 'पंचजनाः मम होत्रं जुषध्वम्' यानी पाँच जन मेरा अग्निहोत्र करें, पाँच जन मेरे यज्ञ में सम्मिलित हों। ये पाँच जन कौन हैं? वेदों के व्याख्याकार यास्क और वेदों के सर्वाधिक प्रामाणिक भाष्यकार आचार्य सायण ने इस शब्द की, 'पंचजनाः' की व्याख्या इस तरह से की है—'पंचजनाः मम होत्रं जुषध्वम, चत्वारो वर्णाः पंचमो निषादः' यानी चार तो वर्ण ही हैं—ब्राह्मण, क्षत्रिय, वैश्य और शूद्र और पाँचवाँ है—निषाद। अब यह 'निषाद' शब्द अचानक कहाँ से आ गया? इसकी कुछ भी व्याख्या हो सकती है। जो इतिहास प्रेमी विद्वान् 'पंचजन' से पुरु, अनु, दुह्यु यदु, तुर्वसु आदि इन पाँच राजवंशों का अर्थ निकालना चाहते हैं, उन्हें जाहिर है कि वैसा स्थापित करने के लिए काफी मेहनत करनी पड़ेगी। परिणाम कुछ भी हो सकता है। पंचम वर्ण 'निषाद' है, यह एक व्याख्या तो बताई ही जा चुकी है। पर हम इसको और अधिक विस्तृत कर उसे वैदिक परिप्रेक्ष्य का हिस्सा बना देना चाहते हैं। वर्ण चार हैं, चत्वारो वर्णाः, चातुर्वर्ण्य—यह सभी शब्द हम जानते हैं और यह भी सारे देश को पता है कि इन सभी अर्थों को बतानेवाला

एक ही शब्द सारे भारत में, संपूर्ण परंपरा में चलता है, और वह शब्द है—चातुर्वर्ण्य। जिनकी गणना पंचम वर्ण के रूप में होती है, उन निषादों को भी चातुर्वर्ण्य का हिस्सा बनने में अब भी ऊहापोह लगता रहा है। हमने अपनी पुस्तक में 'कायस्थों' पर भी एक आलेख (संख्या 20) लिखा है और सबकुछ कह देने के बाद निष्कर्ष यही सामने आता है कि वे भी स्वयं को 'चातुर्वर्ण्य' का हिस्सा कहना चाहते हैं। ऐसी मन:स्थितियों को आप न तो नकार सकते हैं और न ही उन्हें रफा-दफा कर सकते हैं। अगर कोई एक जाति समूह स्वयं को 'चातुर्वर्ण्य' का हिस्सा मानना चाहता है या मानता है तो इसकी एक महत्त्वपूर्ण व्याख्या यह है कि प्रत्येक जाति समूह स्वयं को वर्ण-व्यवस्था की मुख्यधारा का हिस्सा देखना चाहता है, और दूसरी महत्त्वपूर्ण व्याख्या यह है कि 'चातुर्वर्ण्य' अब एक स्थापित शब्द, स्थापित परिभाषा, निश्चित और व्यापक अर्थ देनेवाला एक स्थापित कथन बन चुका है। पश्चिम-परस्त लोगों ने, जिन्हें सिर्फ और सिर्फ भारत की निंदा करना आता है, भारत का मजाक उड़ाना ही आता है, वे भी अपनी बात कहने के लिए इस 'चातुर्वर्ण्य' शब्द का ही सहारा लेने को विवश हैं।

इन दिनों क्या हो रहा है? एक समुदाय है 'जैन' समुदाय। 'चातुर्वर्ण्य' के इतिहास के हिसाब से तो जैन समुदाय जैन धर्म-दर्शन संप्रदाय का अंग है और इसलिए वे 'निगम' के समकक्ष 'आगम' परंपरा में आएँगे, जहाँ ऐसा माना जाता है कि वैदिक 'चातुर्वर्ण्य' के लिए कोई स्थान ही नहीं है। पर भारत की वर्ण-व्यवस्था का एक सकारात्मक चमत्कार देखिए कि भारत के जैन अपने जैन धर्म-दर्शन के विश्वासों तथा रीति-रिवाजों के साथ ही उस 'अग्रवाल' समुदाय के निकटवर्ती होते चले जा रहे हैं, जो अन्यथा चातुर्वर्ण्य के 'वैश्य' वर्ण में आने चाहिए। पर इधर जैनों और अग्रवालों में सामाजिक स्तर पर जैसी एकरूपता, एकात्मता, सामाजिक समरसता बढ़ती चली जा रही है, उसे देखते हुए वह दिन दूर नहीं लगता कि 'चातुर्वर्ण्य' के अंतर्गत ही पंचमवर्ण की व्याख्या का विस्तार होता चला जाए और वैदिक काल के निषादों और फिर चक्रवर्ती काल के कायस्थों की तरह अग्रवाल और जैन समुदायों का कोई नया सम्मिलित नाम या दोनों ही नाम चातुर्वर्ण्य का हिस्सा होने की परिस्थितियाँ बनती चली जाएँ। भारत के जाति-विमर्श के इस वैदिक परिप्रेक्ष्य को आप दृष्टि से ओझल कर ही नहीं सकते।

जाति-विमर्श और उसी के अभिन्न अंगभूत दलित-विमर्श का एक महत्त्वपूर्ण वैदिक परिप्रेक्ष्य यह है कि इस संपूर्ण विवेचन में 'अस्पृश्यता' का कोई स्थान ही नहीं है। 'स्थान' होना तो बहुत दूर की बात है, अस्पृश्यता की कोई चर्चा ही

नहीं है। संभवत: कोई अवकाश भी इस चर्चा के लिए नहीं है। ऐसा इसलिए है कि अस्पृश्यता को आप किसी भी दृष्टि से भारत की वर्ण-व्यवस्था का अंतरंग या अभिन्न हिस्सा मान ही नहीं सकते। विडंबना यह है कि भारत में भी और अन्यत्र भी, जब भी वर्ण-व्यवस्था की और या जाति प्रथा की चर्चा होती है, उसमें अस्पृश्यता यानी छुआछूत वाला पहलू ही सर्वाधिक व महत्त्वपूर्ण या अकेला पहलू बनकर हमारे सामने आ जाता है। भारत के संपूर्ण जाति-विमर्श में, संपूर्ण दलित-विमर्श में अस्पृश्यता को कोई विचारणीय बिंदु माना ही नहीं गया, क्योंकि भारत की अपनी जाति विचार परंपरा में, अपने जाति-विमर्श में, अपने दलित-विमर्श में अस्पृश्यता है ही नहीं। यह शब्द ही हमारे देश के जाति-विमर्श का हिस्सा नहीं है। इसका कारण यही है कि भारत के दलित-विमर्श और इसलिए जाति-विमर्श में 'अस्पृश्यता' नामक परिस्थिति इसलाम से साथ भारत में आए कुछ विशिष्ट विधर्मी दुर्गणों, विधर्मी अल्पताओं, विधर्मी अभिशापों के साथ आ गई और तब के हिंदू समाज की राजनीतिक तथा सामाजिक अदूरदर्शिता और अक्षमताओं के परिणामस्वरूप हिंदू समाज का हिस्सा बनती चली गई। अब जबकि भारत के हिंदू समाज में राजनीतिक दूरदर्शिता और सामाजिक विचारशीलता बढ़ती चली जा रही है, इसलिए हिंदू समाज में अब 'अस्पृश्यता' लगभग समाप्ति की ओर है, इतिहास की कल्पना बनती चली जा रही है। अन्यथा संपूर्ण वैदिक परिप्रेक्ष्य में भारत के दलित-विमर्श में 'अस्पृश्यता', जैसा कोई शब्द रहा ही नहीं है। जाहिर है कि भारत के दलित-विमर्श की जितनी भी प्रस्तुति हमने अपनी इस पुस्तक में अब तक की है, उसमें 'अस्पृश्यता' पर विचार करने का कोई प्रसंग ही अब तक नहीं आ सका है, क्योंकि संपूर्ण वैदिक परिप्रेक्ष्य में 'अस्पृश्यता' नामक परिस्थिति ही नहीं है।

भारत के 'दलित-विमर्श' के वैदिक परिप्रेक्ष्य में एक अत्यधिक महत्त्वपूर्ण पक्ष यह है जिसे हम 'दलित-ब्राह्मण युति' के नाम से बता रहे हैं। इसका अर्थ यह है कि भारत के वर्ण-व्यवस्था के इतिहास में ब्राह्मणों और दलितों का परस्पर अत्यधिक, लगभग स्वाभाविक दिखनेवाला जैसा घनिष्ठ संबंध रहा है। चूँकि यह 'युति' दलित-विमर्श के वैदिक परिप्रेक्ष्य का एक अतीव महत्त्वपूर्ण आयाम है, इसलिए हमने उसकी ओर संकेत भर कर दिया है। इसका थोड़ा अधिक विवेचन और विश्लेषण हम उस अगले आलेख (संख्या 20) में करेंगे, जब प्रारंभिक चक्रवर्ती काल पर लिखेंगे।

□

20

आरंभिक चक्रवर्ती काल : नंदवंश एवं मौर्यवंश

(अमात्य सुबुद्धि शर्मा एवं अमात्य विष्णुगुप्त चाणक्य) दलित-ब्राह्मण की अद्‍भुत ऐतिहासिक युति

भारत में यानी प्राचीनकाल में चक्रवर्ती काल का प्रारंभ जिन दो राजवंशों के साथ होता है, उनके नाम हैं—नंदवंश और मौर्यवंश और देश को इस बात का पता किसी आश्चर्य के साथ ही होगा कि ये दोनों चक्रवर्ती राजवंश—नंदवंश और मौर्यवंश, ये दोनों राजवंश दलित राजवंश हैं।

इन दोनों राजवंशों से पहले के चक्रवर्ती राज्यों का फिर क्या अर्थ है? इसका यही अर्थ समझ में आता है कि इस चक्रवर्ती काल के पहले का भारत एक सांस्कृतिक इकाई के रूप में लगभग पूरी तरह से विकसित और स्थापित हो चुका था, आर्थिक और सामाजिक इकाई के रूप में लगभग पूरी तरह से विकसित और स्थापित हो चुका था। अर्थात् सांस्कृतिक, सामाजिक और आर्थिक आधार पर अखंड भारत के रूप में स्थापित हो चुका था। भारत राष्ट्र एक राजनीतिक इकाई के रूप में भी अखंड भारत है, इस राजनीतिक अवधारणा का विकास इन दोनों राजवंशों के साथ ही हुआ। हम शत-प्रतिशत राष्ट्रीय गर्व के साथ कह सकते हैं कि भारतवर्ष राजनीतिक रूप से भी एक अखंड इकाई है, अखंड भारत है, इस अवधारणा की प्रतिष्ठा इन दो दलित राजवंशों के साथ हुई।

इससे पहले भी भारत एक राष्ट्र ही था, विशालता और विराटता के कारण उसका प्रकटीकरण उसके विभिन्न खंडों में हो रहा था, जो खंड आज तक भी हमारी शब्दावली में चल रहे हैं, जैसे उत्तराखंड, झारखंड, बुंदेलखंड और इस्लामीपूर्व सहस्राबियों का पारसिक खंड आदि। पर ये सभी खंड मिलकर राजनीतिक इकाई

के रूप में एक और अखंड भारत है, इस अवधारणा के प्राचीनतम संकेत हमें इस चक्रवर्ती काल के साथ ही, नंदवंश और मौर्यवंश इन दो दलित राजवंशों के साथ ही प्राप्त हो जाते हैं। अखंड भारत की इस राजनीतिक अवधारणा के विकास होने में और उसे वैसी प्रतिष्ठा प्राप्त होने में भगवान् बुद्ध के धर्मचक्र प्रवर्तन का क्या और कितना योगदान है, आचार्य विष्णुगुप्त चाणक्य के अर्थशास्त्र और उससे पनपी राजनीतिक विचारधारा का क्या और कितना योगदान है, भारत पर हुए प्रथम विदेशी आक्रमण, यूनानी आक्रमण और उसके परिणामस्वरूप भारत की राष्ट्रीय सोच में आए परिवर्तनों का क्या और कितना योगदान है, इस पर देश ने आज तक तो कभी विचार किया ही नहीं। पश्चिमी और पश्चिम परस्ती की मानसिकता के कारण हमने कभी विचार ही नहीं किया। इसलामी और क्राइस्टवादी गुलामी के कारण बन चुकी गुलाम बौद्धिकता और मानसिकता के कारण विचार किया ही नहीं। क्यों नहीं किया, उसके संपूर्ण कारणों के विवेचन करने का समय भी जल्दी आनेवाला है। पर अब यानी भारत की राजनीति के उत्तरायण के साथ ही इस तरह के विशिष्टतम महत्त्व के विषयों पर भी गहन, गंभीर, राष्ट्रवादी विचार-विमर्श शुरू होगा, ऐसी आश्वस्ति देश के विचारक देश को दे सकते हैं।

आज से पाँच हजार वर्ष पूर्व हुए महाभारत संग्राम और उस कालखंड की समकालीन रचना 'महाभारत' प्रबंध काव्य के बाद से देश के व्यक्तित्व को लेकर जानकारियों का अजीब-सा अभाव है, जो विचलित कर देनेवाला है। महाभारत के बाद की एक ही बड़ी घटना का परिचय देश को होता है, जिसका नाम है 'नैमिषारण्य की महासंगोष्ठी' जो आज से 3,500 वर्ष पूर्व घटित हुई थी, जिसका समायोजन तब के शौनक ऋषि उग्रश्रवा ने किया था और जिसको बौद्धिक नेतृत्व प्रदान करनेवाले थे सूतजी महाराज। बारह वर्ष तक चली इस संगोष्ठी में अट्ठासी हजार ऋषि-मुनियों ने यानी बुद्धिजीवियों ने भाग लिया था। भारत के अठारह महापुराण, अठारह (या उससे अधिक) उपपुराणों की रचना उसी महासंगोष्ठी में बारह वर्ष तक चले ज्ञानसत्र के परिणामस्वरूप हुई थी। इस संपूर्ण घटना चक्र का विस्तृत विवरण सभी तर्कों व प्रमाणों के साथ, हम अपनी पुस्तक 'भारतगाथा' में दे चुके हैं। पाँच हजार साल पहले हुआ 'महाभारत' और आज से ढाई हजार साल पूर्व हुए भगवान् बुद्ध के धर्मचक्र-प्रवर्तन के बीच के समय में ही ब्राह्मण ग्रंथों, उपनिषदों, महापुराणों, उपपुराणों की रचना हुई, जिससे स्पष्ट है कि ये ढाई हजार साल भारत के बौद्धिक-वैचारिक दृष्टि से बड़े महत्त्व के थे। पर इसी लंबे कालखंड के अंतिम वर्षों में भगवान् बुद्ध को अपना धर्मचक्र प्रवर्तन करना पड़ा, उससे यह भी स्पष्ट है कि इस कालखड के अंत

तक आते-आते देश में वैचारिक अनाचार अपनी हदें छू रहा होगा, जिस अनाचार को समाप्त कर भगवान् बुद्ध ने फिर धर्मचक्र प्रवर्तन करने की आवश्यकता अनुभव की।

यानी ढाई हजार साल के उस लंबे कालखंड में देश में वैचारिक संवाद, वैचारिक श्रेष्ठताएँ, वैचारिक क्रांतियाँ अपने अनूठे रूप में चलीं, जिनका प्रकटीकरण, ब्राह्मण ग्रंथ, उपनिषदें और आरण्यक ग्रंथ, अठारह महापुराण और अठारह या इससे अधिक उपपुराण इस विशाल ग्रंथ रचना के रूप में हमारे पास है। पर इन वैचारिक ऊँचाइयों के साथ-साथ वैचारिक अनाचार भी किसी रूप में चलता रहा, जिसको थामने के लिए भगवान् बुद्ध जैसे ईश्वरीय महाव्यक्तित्व को धर्मचक्र प्रवर्तन जैसे वृहद् कार्यक्रम को अपने हाथ में लेना पड़ा। 'भारत को समझने की शर्तें' अपनी पुस्तक में हम बड़े ही विस्तार से इस पर लिख आए हैं।

बौद्धिक पराकाष्ठा और बौद्धिक अनाचार की इन सदियों यानी ढाई सहस्राब्दियों के पूरे कालखंड में देश में राजनीतिक गतिविधियाँ क्या रहीं, इसके बारे में कोई शोध इस देश में आज तक नहीं हुआ है। यह भारत का 'अंधकार काल' था, यह कहना मूर्खता और पश्चिम-परस्त जहालत होगी, क्योंकि बौद्धिक गतिविधियों की पराकाष्ठाओं के सभी या अनेक प्रमाण देश के पास हैं, पर इस संपूर्ण कालखंड के राजनीतिक उच्चावच का, राजनीतिक गतिविधियों का, राजनीतिक घटनाओं का कोई इशारा अभी तक यह देश प्राप्त नहीं कर सका। देश के विश्वविद्यालयों तथा दूसरे-दूसरे प्रमुख सरकारी सहायता प्राप्त तथा स्व-वित्तपोषित अनेकानेक शोध संस्थानों आदि के लिए यह परिस्थिति किसी गंभीर राष्ट्रीय चुनौती से कम नहीं।

इन ढाई सहस्राब्दियों की राजनीतिक चुप्पी को मानो तोड़ते हुए ही ये दोनों दलित राजवंश हमारे सामने आते हैं। नंदवंश और मौर्यवंश हमारे सामने आते हैं। इन ढाई सहस्राब्दियों में बौद्धिक पराकाष्ठाओं के प्रमाण मिल जाते हैं, खूब मिल जाते हैं, जिससे एक ही निष्कर्ष निकाल सकते हैं कि चातुर्वर्ण्य की व्यवस्था के हिसाब से ब्राह्मण वर्ण के मनीषी अपना काम बखूबी कर रहे थे। देश आर्थिक समृद्धि के शिखर पर था, जिसे लूटने को सिकंदर तक के लालची मुँह में लारें टपक रही थीं। इसी से स्पष्ट है कि वर्ण-व्यवस्था के अंतर्गत वैश्य वर्ग भी अपना काम बखूबी कर रहे थे। दलित तो कर ही रहे थे, तभी तो देश में सामाजिक व्यवस्था सुचारू ढंग से चल रही थी। पर राजनीतिक मोर्चे पर काफी गड़बड़ थी, जो इस कालखंड की, राजनीतिक चुप्पी से स्पष्ट है, जिसका एक ही कारण समझ में आता है कि महाभारत में हुए अभूतपूर्व क्षत्रिय ध्वंस के परिणामस्वरूप, जिसमें पच्चीस लाख वीर योद्धा अठारह दिन में मारे गए थे, देश में क्षात्र शौर्य को, क्षात्र

धर्म को, क्षात्र दृष्टिकोण को अभूतपूर्व नुकसान हुआ था, जिसकी अभिव्यक्ति ही इन ढाई सहस्राब्दियों की लंबी राजनीतिक चुप्पी के रूप में हमारे सामने है। देश में राजनीतिक शून्य या निस्तेज राजनीति का विस्तार किस हद तक था, इसका पता इस बात से चलता है कि देश की चातुर्वर्ण्य व्यवस्था के बावजूद दलित राजनेताओं ने देश की इन राजनीतिक विवशताओं को समझा और जिसका प्रकटीकरण इन दो दलित राजवंशों के, नंदवंश और मौर्यवंश के चक्रवर्ती काल के रूप में हमारे सामने आता है। देश में राजनीतिक चुनौती क्या थी, और उसका सामना दलित राजनेताओं ने किया, यह परिस्थिति अपने आपमें कितने अधिक महत्त्व से परिपूर्ण है।

यह विचार करना हमारे लिए इसलिए जरूरी है, क्योंकि हम दलित-विमर्श कर रहे हैं और प्रस्तुत संदर्भ में महाभारत परवर्ती भारत की राजनीति को सँभालने के लिए ये दो दलित राजवंश ही हमारे सामने आते हैं। इन दोनों दलित राजवंशों के सामाजिक, राजनीतिक और सैन्य योगदान का कितना अधिक महत्त्व देश के इतिहास में रहा है, इसका विवेचन हम निम्नलिखित कुछ बिंदुओं के आधार पर करना चाहते हैं—

1. देश में दो दलित राजवंशों ने एक के बाद एक देश की राजनीति की कमान सँभाल ली और लंबे समय तक देश को शासन दिया। इससे एक निष्कर्ष तो स्पष्ट ही है कि देश में वर्ण-व्यवस्था तो थी, पर देश उस व्यवस्था का वैसा बँधुआ नहीं था, जिस बँधुएपन की चर्चा भारत-विमुख और भारत-विरोधी लोग चटखारे मार-मारकर हमें सुनाने की कोशिशें करते रहते हैं और चाहते हैं कि हम उनकी भारत-विरोधी गपबाजियों को सत्य मानकर यथावत् स्वीकार कर लें। इसका मतलब यही सामने आता है कि देश में वर्ण-व्यवस्था तो थी ही, पर देश की अपनी व्यवस्था ठीक रहे, इसको अधिक महत्त्व दिया गया। देश, देश के सभी ब्राह्मण-क्षत्रिय-वैश्य-दलित देश की व्यवस्था को ठीक से चलने दे रहे थे। कोई दलित राजवंश, एक के बाद एक दो दलित राजवंश इस राज-व्यवस्था को चला रहे हैं, देश को इस पर कोई आपत्ति नहीं थी। इसके विपरीत प्रत्येक वर्ण यानी प्रत्येक जाति वर्ग दलित राजवंशों के अनुशासन में सदियों तक चलता रहा, इससे स्पष्ट है कि देश में राजनीतिक सूझ-बूझ कमाल की थी, हद दर्जे की थी। तभी तो दो-दो दलित राजवंशों ने, एक के बाद एक दो-दो दलित राजवंशों ने देश को अद्‌भुत राजनीतिक नेतृत्व दिया और संपूर्ण देश ने इस नेतृत्व को शिरोधार्य किया। नंदवंश के अंतिम वर्षों की कथित क्रूरताओं को और उनके विरुद्ध चंद्रगुप्त मौर्य की राज्यक्रांति की घटनाओं को यथावत् स्वीकार कर लिया जाए, तो भी यह तो कहना

और मानना पड़ेगा कि देश ने उस राज्यक्रांति के बावजूद, उसके पश्चात् फिर से दूसरे दलित राजवंश यानी मौर्यवंश के राजनीतिक अनुशासन को स्वीकार किया। देश के दलितों से न केवल कुछ भी, अंशमात्र भी कोई परहेज नहीं, कोई आपत्ति नहीं, कोई विप्रत्तिपत्ति नहीं, यह निष्कर्ष, दलित-विमर्श का यह निष्कर्ष तो हमारे कुछ टिप्पणी किए बिना ही, हमारे कुछ कहे बिना ही निकल रहा है।

2. दूसरा निष्कर्ष तो और भी अधिक महत्त्वपूर्ण है। भारत-विमुख और भारत-द्रोही तथाकथित विचारकों ने हमें यही समझाने की कोशिश की है कि वर्ण-व्यवस्था के कारण चूँकि बौद्धिक कर्म सिर्फ ब्राह्मणों ने 'हथिया' रखा था, इसलिए शेष वर्ण के लोगों को, खासकर दलितों को अपनी बौद्धिक प्रतिभा दिखाने का कभी अवसर ही नहीं मिला। यह कितना बड़ा झूठ है और भारत-विरोध का यह कितना बड़ा नमूना है, यह इसी से स्पष्ट है कि वैदिक काल में दलित मंत्रकार हुए हैं, दलित ब्राह्मण-ग्रंथकार हुए हैं, दलित उपनिषद् प्रस्तोता रहे हैं। यानी देश की तब की प्रमुखतम बौद्धिक गतिविधि का अंतरंग, महत्त्वपूर्ण और निरंतर हिस्सा वे बने रहे हैं। पुराण कथाओं के प्रवक्ता और लेखक हुए हैं। 'रामायण' तथा 'महाभारत' नामक प्रबंध काव्यों के रचयिता रहे हैं। इसी प्रभूत, अनवरत और मुख्यधारा बौद्धिक गतिविधि का प्रसार उन दो-ढाई सहस्राब्दियों में भी लगातार चलता रहा होगा, यह इसी बात से स्पष्ट है कि एक के बाद एक बैक-टु-बैक दो-दो दलित राजवंशों ने देश को, संपूर्ण भारत को राजनीतिक नेतृत्व दिया, जो बौद्धिक विलक्षणता, राजनीतिक पटुता और अद्‌भुत सामाजिक सावधानी के बिना संभव ही नहीं हो सकता था। वह संभव हो सका, इसी से वर्ण-व्यवस्था के सर्वस्पर्शी और सामंजस्य से परिपूर्ण हो जाने के प्रमाण हमें पदे-पदे मिल जाते हैं।

3. बेशक नंदवंश के अंतिम कालखंड में नौ नंद भाइयों की क्रूरता की कहानियाँ हमें सुनाई जाती रही हों, यानी बेशक नंदवंश में कोई अद्‌भुत शासक देश को नहीं मिला हो, पर उसी दलित शासन-व्यवस्था के अंतर्गत ही देश को चंद्रगुप्त मौर्य जैसा अद्‌भुत शौर्य संपन्न व्यक्तित्व मिला, इसके महत्त्व को अगर हम रेखांकित नहीं करेंगे तो देश के कृतघ्न उत्तराधिकारी माने जाएँगे। यह चंद्रगुप्त के साहस और शौर्य संपन्नता का ही प्रतीक माना जाएगा कि सिकंदर के पराजित होकर वापस मकदूनिया चले जाने के बाद, उसी के एक सेनापति सेल्यूकस ने नंद और फिर मौर्यवंश के साम्राज्यकाल में सिकंदर को मिली पराजय को जीत में तब्दील करने की कोशिश की, पर उस सेनापति की हालत इतना अधिक दयनीय बना दी गई कि उसे अपनी बेटी को चंद्रगुप्त मौर्य को ब्याहकर अपनी बची-खुची इज्जत बचानी

पड़ी। भारत राष्ट्र को इस अद्‌भुत घटना का परिचय करवाने का श्रेय आप इन दोनों दलित राजवंशों को नहीं देंगे तो और किसको देंगे ?

4. अशोक महान् इन्हीं दो दलित राजवंशों, नंदवंश और मौर्यवंश, इन दो दलित राजवंशों में से एक मौर्य राजवंश की ही देन हैं। पश्चिम की चाटुकारिता में व्यस्त हमारे देश के विद्वानों को कभी यह सोचने की फुरसत नहीं मिली कि वे इस बात का आकलन कर सकें कि भारत में मर्यादा पुरुषोत्तम राम और धर्मचक्र प्रवर्तक भगवान् बुद्ध की पंक्ति में ही अशोक जैसे महान् सम्राट् भी विराजमान हैं। अकेले अशोक को ही कैसे महान् मान लें, एक मुसलिम राजा को भी महान् घोषित करना चाहिए, भारत-द्रोह करने के फेर में इन भारत-द्रोहियों ने उस अकबर को महान् घोषित कर दिया, जिसकी चारित्रिक पतन कथाएँ अभी धीरे-धीरे ही सामने आ रही हैं। सम्राट् अशोक किस कोटि के महान् शासक और महान् व्यक्ति थे, यह जानना हो तो कृपया अशोक के लिखवाए वे तेरह शिलालेख पढ़ लीजिए तो आपकी आँखें खुली रह जाएँगी और मस्तिष्क चौंधिया जाएगा कि क्या अशोक जैसा महामानव भी हो सकता है ? ऐसे अशोक महान् मौर्यवंश की यानी इसी दलित राजवंश की ही एक विभूति थे।

5. हम सभी जानते हैं कि विश्वविजेता और महान् घोषित कह दिए गए सिकंदर को महाराज पुरु से, जिसे मकदूनिया के लोग उनके चाटुकार गुलाम मानसिकतावाले कुछ भारतवासी पोरस कहते हैं, उन महाराज पुरु से पराजय ही मिली थी, जिस पराजय को फिर यूनानी इतिहासकारों ने विजय में परिवर्तित कर लिखा, अन्यथा यह कथित संवाद, सिकंदर और पुरु के बीच हुआ यह संवाद, सिकंदर की कथित विजय और पुरु की कथित पराजय के बीच का कथित संवाद कोई ऐसा नहीं है कि विश्वविजेता होने का दंभ पालनेवाला सिकंदर भारत से लौट जाता। कथित संवाद यह है कि कथित विजेता सिकंदर के सामने कथित पराजित महाराज पुरु को लाया गया तो सिकंदर ने पूछा, ''बताओ पोरस, तुमसे क्या व्यवहार किया जाए ?'' पुरु का कथित जवाब था, ''ठीक वैसा ही जैसा एक राजा दूसरे राजा से करता है''। इस संवाद में ऐसा कुछ भी विलक्षण या अद्‌भुत नहीं है कि एक अहंकारी विजेता अपने से पराजित को उसका राज्य ही वापस कर दे। जाहिर है कि यह संवाद, यह तथाकथित संवाद कोई ऐसा अद्‌भुत संवाद नहीं है कि एक दंभी राजा सिकंदर, विश्वविजेता कहे जाने के दंभ से चकनाचूर सिकंदर इस कथित निस्तेज संवाद की वजह से इतना बड़ा राजनीतिक फैसला कर ले।

जो बात अधिक वास्तविक लगती है वह यह है कि महाराज पुरु से हारने के

बाद पस्त हो चुके सिकंदर और उसकी लुटी-पिटी सेनाओं को अब तक समझ में आ चुका था कि अगर अब और युद्ध किया तो मुकाबले में मगध साम्राज्य खड़ा होगा, जिसकी प्रलयंकारी सैन्य शक्ति सिकंदर और उसके संपूर्ण लाव-लश्कर को चकनाचूर कर देगी। एक ही पराजय से छिन्न-भिन्न होने के बाद अपने संभावित संपूर्ण विनाश से बचने की जल्दबाजी में दंभी और पराजित सिकंदर ने वापस मकदूनिया लौट जाने में ही खैर मानी। पोरस से मिली पराजय और सामने खड़े विराट् मगध सैन्यबल के महत्त्व को शत-प्रतिशत नकारनेवाले ये पश्चिमी चाटुकार इतिहासकार भारत के इन दो दलित राजवंशों को, नंदवंश और मौर्यवंश को यह महत्त्व भी नहीं देना चाहते कि इन दोनों दलित राजवंशों ने एक ऐसा विलक्षण और प्रबल शक्ति संपन्न सैन्यतंत्र खड़ा कर दिया था कि जिसकी संभावित हुंकार से ही भयभीत होकर सिकंदर को लौट जाना पड़ा। पश्चिम की चाटुकारिता में हम इतना व्यस्त हो गए कि हमने अपनी ही श्रेष्ठताओं को नकारकर खुद को पतित और कलंकित मानने में ही बड़प्पन समझ लिया। इतिहास को भारत-विरोधी तरीके से लिखने की पश्चिम-परस्त और नेहरूवादी शैली के परिणामस्वरूप सिर्फ स्वतंत्रता प्राप्ति के प्रथम (1857) और द्वितीय (1947) संग्रामों को ही गलत और पक्षपाती तरीके से नहीं लिखा गया, अपितु नंदवंश और मौर्यवंश के साम्राज्य निर्माताओं के इतिहास की विराट्ताओं को भी क्षुद्रताओं में बदलकर कहने और लिखने का राष्ट्रीय पाप, अपराध ही नहीं, बल्कि राष्ट्रीय पाप किया गया। पोरस-सिकंदर के बीच युद्ध के परिणामों और कथित संवादों को लेकर हम सारे देश को जो पढ़ाते चले जा रहे हैं, उससे हम उन दलित सम्राटों के योगदान, अद्‌भुत योगदान को भी छोटा और कमतर बनाने का राष्ट्रीय अपराध कर रहे हैं, जिस राष्ट्रीय पाप के बोझ से हमें अब मुक्त हो जाना चाहिए और इन दो महान् दलित-राजवंशों के सही और निष्पक्ष विवेचन करने का अभ्यास डालना चाहिए।

6. भारत के आरंभिक चक्रवर्ती काल का कोई ढंग से विवेचन और विश्लेषण हमने कभी आज तक किया नहीं है, इसलिए हमने भारत के दलित-विमर्श की एक अद्‌भुत घटना को, अद्‌भुत परिस्थिति को आज तक कभी रेखांकित भी नहीं किया है। भारत के दलित-विमर्श की इस अद्‌भुत परिस्थिति को हम 'दलित-ब्राह्मण युति' के रूप में बताना चाहते हैं। इस युति का अर्थ यह है कि बेशक भारत में दलितों ने सामाजिक अवमानना की कुछ सदियाँ, जो अनिवार्यतः मुसलिम परवर्ती सदियाँ हैं ऐसी पाँच-छह-सात सदियाँ झेली हों, पर सवर्णों ने खासकर ब्राह्मणों ने दलितों पर कभी अत्याचार किए हों, इसके कोई घोषित उदाहरण हमारे सामने उतने नहीं हैं,

जितने नमूने चटखारे मार-मारकर बताए जाते हैं। इसके विपरीत भारत की सामाजिक संरचना में यानी भारत की वर्ण-व्यवस्था में, जिसके प्राचीनतम उद्धरण हमें वेदों के 'पुरुषसूक्त' (ऋग्वेद और अथर्ववेद) में मिल जाते हैं, उस वर्ण-व्यवस्था में ब्राह्मणों और दलितों के बीच एक विलक्षण किस्म का सामंजस्य मिल जाता है। अगर भारत के व्यक्तित्व की सात्विकता के महत्तम प्रतीक मुनि नारद को 'ब्राह्मण' माना जाए, जो कि विभिन्न पौराणिक कथाओं के माध्यम से बार-बार बताया गया है, तो यह 'दलित ब्राह्मण युति' हमें शुरू से ही मिल जाती है, हम यह भी देख आए हैं कि कैसे उद्दालक—श्वेत केतु, पिता-पुत्र, जो दलित हैं, स्वयं को 'ब्रह्मबंधु' कहते हैं। पर ये तो पौराणिक आख्यान मान लिए जाएगे। अपने 'दलित-विमर्श' में हम देख आए हैं कि कैसे गुरु हारिद्रुमत गौतम ने दलित बालक सत्यकाम जाबाल को अपनाया और उसे अपने गुरु आश्रम में पढ़ा-लिखाकर उपनिषदों का प्रवक्ता विद्वान् बना दिया। श्वेत केतु-ब्रह्म बंधु प्रकरण को और 'दलित-ब्राह्मण युति' के इस सत्यकाम जाबाल-हारिद्रुमत गौतम दृष्टांत को प्राचीनतम माना जा सकता है, जो आरंभिक चक्रवर्ती काल में अपनी इस 'युति' यात्रा को आगे बढ़ाता हुआ डॉ. भीमराव आंबेडकर के आधुनिकतम और नवीनतम दृष्टांत के रूप में हमारे सामने है। हम सभी को दो बातें बताई जाती हैं। जिन बातों की चर्चा तक ये नवबौद्ध करना ही नहीं चाहते। एक यह कि डॉ. आंबेडकर दलित विचारक और भारत के संविधान रचयिता हैं और दूसरी यह कि बालक भीमराव को, जिनकी अपनी जन्मजाति का नाम है 'आंबिवडेकर' है, उन भीमराव को उनकी प्रतिभा और तेजस्विता से प्रभावित होकर उनके गुरु 'आंबेडकर' ने उन्हें अपना जातिनाम दे दिया था और तब से (डॉक्टर) भीमराव रामजी आंबिवडेकर को भीमराव रामजी आंबेडकर जाना, पुकारा, लिखा, पढ़ा और बोला जाने लगा। यह 'दलित-ब्राह्मण युति' का, दस हजारों सालों से चलती आ रही 'युति' का नवीनतम उदाहरण है। नंदवंश और मौर्यवंश के दोनों साम्राज्यों में यह 'दलित-ब्राह्मण युति' बड़े ही अद्भुत रूप में हमारे सामने है। नंद साम्राज्य की धुरी थे उस साम्राज्य के महामात्य सुबुद्धि शर्मा, जिनकी ख्याति अपने कठिन निर्णयों के कारण 'राक्षस' की हो गई और जिनको आधार बनाकर संस्कृत का एक प्रसिद्ध नाटक लिखा गया 'मुद्राराक्षस'। जैसा कि नाम से ही स्पष्ट है, सुबुद्धि शर्मा ब्राह्मण थे। उधर 'मौर्य साम्राज्य' की धुरी बने थे आचार्य विष्णुगुप्त चाणक्य, जो ब्राह्मण थे। भारत के इतिहास में नंद-महामात्य राक्षस की जोड़ी भी वैसी ही प्रसिद्ध है जैसे चंद्रगुप्त मौर्य-महामात्य चाणक्य की जोड़ी प्रसिद्ध है। प्राचीनकाल में हारिद्रुमत-सत्यकाम की जोड़ी वैसी ही थी, जैसी भीमराव-आंबेडकर की जोड़ी इतिहास प्रसिद्ध हो गई

है। इतने अधिक और सभी प्रसिद्ध उदाहरणों को आप एक के बाद एक सामाजिक संयोग नहीं मान सकते। आप आज के राजनीतिक परिदृश्य को देखेंगे तो आपको अपने आस-पास दलित नेताओं और उनके ब्राह्मण विचारकों-सहायकों के उदाहरण मिल जाएँगे, जो भारत की वर्ण-व्यवस्था में ऐतिहासिक 'दलित-ब्राह्मण युति' के महत्त्व और प्रतिष्ठा को ही रेखांकित करते हैं। हमें आश्चर्य है कि दलित के नाम पर भारत में विभेद पैदा करनेवाले 'भीमा कोरेगाँव' के संचालकों को भारत के सदियों के 'दलित-विमर्श' के इतिहास में सुप्रतिष्ठित 'दलित ब्राह्मण युति' के कभी दर्शन ही नहीं हुए? क्यों नहीं हुए? इसलिए नहीं हुए क्यों कि आप रचनात्मक दलित-विमर्श करना ही नहीं चाहते रहे हैं।

7. 'आरंभिक चक्रवर्ती काल' तक आते-आते हमने भारत के इतिहास के प्रामाणिक प्रसंगों के आधार पर जितना भी दलित-विमर्श किया है, अब तक किया है, उससे एक पक्ष यह उभरकर सामने आया है कि भारत की वर्ण-व्यवस्था के पिछले आठ-नौ हजार से अधिक वर्षों के इतिहास में कोई अस्पृश्यता नहीं है, कोई स्पृश्य-अस्पृश्य नहीं है, कोई छुआछूत नहीं है, रंचमात्र भी नहीं है, अंशमात्र भी नहीं है, उसका कोई हल्का-सा जिक्र भी कहीं नहीं है। 'रामायण' प्रबंध काव्य में पात्रों की भरमार है। इन पात्रों में ब्राह्मण भी हैं। पर कहीं स्पृश्य-अस्पृश्य का संकेत तक नहीं है। खुद 'रामायण' के लेखक वाल्मीकि दलित हैं, पर उनको स्पर्श नहीं करना, ऐसा कोई संकेत पूरी रामकथा में दूर-दूर तक नहीं है। 'महाभारत' प्रबंध काव्य में भी पात्रों की वैसी ही भरमार है। इन पात्रों में ब्राह्मण पात्र भी हैं, पर वहाँ भी कहीं स्पृश्य-अस्पृश्य की समस्या नहीं है। समस्या तो छोड़ो, कोई संकेत तक नहीं है। आरंभिक चक्रवर्ती काल में अगर दो दलित राजवंश स्थापित हो पाए, उनके अनुशासन में 'राक्षस' और 'चाणक्य' सरीखे ब्राह्मण उनके महामात्य बन सके और विराट् सेनाएँ साम्राज्य निर्माण करनेवाले दलित राजवंशों ने बनाईं, तो इसे भी भारत की हजारों वर्षों से चल रही 'दलित-ब्राह्मण वृत्ति' के संदर्भ में ही पढ़ा-समझा जाए।

यह इतना विराट् राजनीतिक कर्म स्पृश्यता-अस्पृश्यता के किसी कुविचार का सहारा लेकर तो हो ही नहीं सकता था। इसके विपरीत इस पूरे ऐतिहासिक परिदृश्य में स्पृश्य-अस्पृश्य का कोई संकेत, कोई असर, कोई विकार दूर-दूर तक नहीं है। इन राजवंशों की स्थापना और प्रवर्तन जिस कालखंड में हुआ, वह भगवान् बुद्ध परवर्ती काल है, अर्थात् पाँच सौ ईसा पूर्व से लेकर ढाई सौ ईसा पूर्व के बीच का समय है। अर्थात् भारत के पिछले ढाई-तीन हजार वर्षों से पहले के भारतीय समाज में स्पृश्य-अस्पृश्य का, छुआछूत का कोई रोग तब तक नहीं था, उस रोग का कोई

लक्षण भी तब तक नहीं था। इतिहास को थोड़ा-सा खुरचकर देखेंगे तो नंद-मौर्यवंशों के बाद के राजवंशों, मसलन गुप्तवंश से लेकर हर्षवर्धन तक आते-आते तक भी स्पृश्य-अस्पृश्य का कोई संकेत दूर तक नहीं है।

तो प्राचीन भारत में अस्पृश्यता नामक कलंक की कोई छाया तक भी नहीं थी, यह बताने और मानने के लिए और कितने प्रमाण, कितने तर्क, कितने उदाहरण चाहिए?

यह भारत के इस संपूर्ण इतिहास का एक ऐसा निष्कर्ष है, जिसकी ओर देखने तक की भी कोई कोशिश भारत के दलित-विमर्शकारों अर्थात् भारत-विमुख दलित-विमर्शकारों ने नहीं की। जैसाकि हम आगे चलकर देखनेवाले हैं, भारत में स्पृश्य-अस्पृश्य का, छुआछूत का रोग भारत पर हमलावर इसलाम के साथ ही शुरू हुआ। हम आगे चलकर देखने ही वाले हैं कि भारत में इसलामी शासकों के षड्यंत्रों के परिणामस्वरूप भारत में तीन दुरवस्थाएँ आई हैं, जिन दुरवस्थाओं का पहले कभी भारत के इतिहास में नामो-निशान तक नहीं था। ये तीन दुरवस्थाएँ हैं—(1) धर्मांतरण, (2) परदे में स्त्री, और (3) छुआछूत। इस थीम पर हम अगले एक आलेख में अलग से लिखनेवाले हैं।

□

21

बौद्ध धर्म-दर्शन संप्रदाय और दलित-विमर्श

आजकल देश में एक नया काम होता हुआ देखने को मिल रहा है। वह नया काम यह है कि भारत के दलित-विमर्श को बौद्ध धर्म-दर्शन संप्रदाय के साथ जोड़कर देखा जा रहा है। इस समय देश में दलितों के नाम पर तीन राजनीतिक धाराएँ चल रही हैं। उनमें से एक है 'बहुजन समाज पार्टी', जिसकी समस्त विचारधारा में भगवान् बुद्ध और उनके बौद्ध धर्म-दर्शन का स्थान क्या है और कितना है, हम नहीं जानते। वैसे इस पार्टी की विचारधारा में जिन माननीय महापुरुषों का नाम प्रमुखता से लिया जाता है, उनमें भगवान् बुद्ध का नाम आता जरूर है, पर हमें नहीं लगता कि यह नाम इतनी प्रमुखता से आता है, जिस प्रमुखता से एक ईश्वरीय महाव्यक्तित्व का नाम लिया जाना चाहिए या दूसरे-दूसरे धर्म-दर्शन संप्रदायों में लिया जाता है। दूसरी दलित राजनीतिक धारा बिहार में चल रही है, जो एक परिवार के आधार पर चल रही है, जिसमें विचारधारा की जगह कम है, राजनीतिक गुणा-भाग पर ज्यादा ध्यान दिया जाता है। तीसरी दलित राजनीतिक धारा महाराष्ट्र में चल रही है, जिसको चलानेवाले इसलिए दलित समाज के लक्ष्यों से जुड़े हुए हैं, क्योंकि कहने को उन्होंने स्वयं को उस राजनीतिक पार्टी से जोड़ रखा है, उस पार्टी का वर्तमान उत्तराधिकार जैसा सँभाल रखा है, जिस पार्टी की स्थापना खुद बाबासाहेब आंबेडकर ने की थी, जिन्होंने बौद्धधर्म में दीक्षा ली थी।

दलित समाज कहें या दलित विचारधारा कहें, बात एक ही है और इस सबको लेकर सवाल भी एक ही है कि भारत के दलित समाज का और भारत की दलित विचारधारा का संबंध बौद्ध धर्म-दर्शन से कैसे बन जाता है? कैसे स्थापित हो जाता है? ऐसा कोई संबंध स्थापित होता भी है या नहीं होता? बहुजन समाज पार्टी की दलित धारा में बौद्ध धर्म-दर्शन की स्वीकृति बहुत सीमित है, लगभग नहीं के

बराबर है। बिहार की दलित धारा में बौद्ध धर्म-दर्शन की कोई स्वीकृति है भी या नहीं, कुछ स्पष्ट ही नहीं है। महाराष्ट्र केंद्रित दलित धारा भगवान् बुद्ध का नाम क्यों लेती है, इस पर विचार होना चाहिए। उसके पीछे के कारण का भी हम विवेचन करेंगे। बाबा साहेब आंबेडकर ने यह घोषणा करते हुए बौद्ध धर्म की दीक्षा ली थी कि वे हिंदू पैदा हुए हैं, पर जीवन छोड़ने से पहले वे हिंदू नहीं रहेंगे। इसलिए उन्होंने बौद्ध धर्म ग्रहण कर लिया। इस विचार की भी गहरी छानबीन हम करनेवाले हैं, इसी आलेख में करनेवाले हैं। पर क्या अकेले इसी आधार पर भारत के दलित समुदाय और भारत के बौद्ध धर्म-दर्शन का आपस में कोई संबंध बन जाता है?

नहीं बन जाता, कतई नहीं बन जाता, क्योंकि भारत के सभी धर्म-दर्शन संप्रदाय आपस में एक-दूसरे से अलग हैं ही नहीं और सभी को 'भारतीय दर्शन' के समान शीर्षक से ही विश्व भर में जाना और पहचाना जाता है। थोड़ा अंतर पड़ जाने पर एक को दूसरे से पृथक् नाम और आधार मिल जाता है अन्यथा सभी धर्म-दर्शन संप्रदाय, सभी यानी आजीवक, जैन, बौद्ध, सांख्य, योग, न्याय, वैशेषिक, मीमांसा, वेदांत, सभी के सभी नौ धर्म-दर्शन संप्रदायों के विचार-बिंदु एक समान हैं, जिन्हें हम आत्मा, परमात्मा, जीवन, बंधन, मोक्ष आदि शीर्षकों के रूप में जानते हैं और किसका किस बिंदु पर जो और जितना मतभेद है, इसी आधार पर इन नौ-दर्शन संप्रदायों में प्रत्येक को दूसरे से पृथक् नाम मिल जाता है। इन सभी को कहीं हिंदू-दर्शन, कहीं हिंदू जीवन-दर्शन, कहीं भारतीय जीवन-दर्शन कहा जाता है और जाहिर है कि कुल मिलाकर सभी का एक ही मतलब है, एक ही तात्पर्य है, एक ही संदेश है। इसलिए किसी एक को दूसरे से नितांत पृथक् करके देखना सहज नहीं है, स्वाभाविक ही नहीं है, नितांत कठिन है, अस्वाभाविक भी है और ठीक इसीलिए बेशक डॉ. आंबेडकर ने योजनापूर्वक हिंदू धर्म छोड़कर बौद्ध धर्म ग्रहण कर लिया हो, पर भारत में इनमें से कोई भी एक धर्म-दर्शन संप्रदाय दूसरे से उस तरह से पृथक् है ही नहीं, जिस तरह से पश्चिम से आए विधर्मी एक-दूसरे से पृथक् बन जाते हैं।

जाहिर है कि भारत के सभी नौ धर्म-दर्शन संप्रदाय, जिन्हें परंपरा में छह को आस्तिक-दर्शन और तीन को नास्तिक-दर्शन कहा जाता है, एक-दूसरे से पृथक् नहीं है। फर्क सिर्फ तकनीकी है। इसका अर्थ है कि 'आस्तिक' वे हैं, जो वेदों को अंतिम प्रमाण मानते हैं और 'नास्तिक' वे हैं, जो वेदों को उस तरह से प्रमाण नहीं मानते हैं। 'नास्तिक' व 'आस्तिक' में कोई और अंतर नहीं है। कुछ भी अंतर नहीं है। और यदि है तो हम भी जानना चाहेंगे। यही भारत के बहुलवाद का मर्म है। वेदों

को प्रमाण मानने या न मानने से इसलिए कोई फर्क नहीं पड़ता, क्योंकि इस पृथक् नामकरण के बावजूद इन सभी नौ के नौ धर्म-दर्शन संप्रदायों में विचार बिंदु वही है, वहाँ कोई अंतर नहीं है। समान विचार बिंदुओं पर निकाले जानेवाले निष्कर्षों में थोड़ा-बहुत अंतर है। चूँकि ये सभी दर्शन संप्रदाय, तत्त्वत: एक ही भारतीय दर्शन के विभिन्न नामरूप हैं, इसलिए यह कह पाना कठिन ही है कि कैसे और क्यों किसी एक दलित-विमर्श को केवल बौद्ध धर्म-दर्शन से या प्रमुखत: बौद्ध धर्म-दर्शन से जोड़कर देखा जाए। भगवान् बुद्ध को विष्णु का ही एक अवतार माननेवालों की परंपरा देश में बहुत पुरानी है, प्राचीनतम है। भगवान् बुद्ध को जनसामान्य के बीच जाकर अपने धर्म-दर्शन का प्रचार-प्रसार करने का आदेश ब्रह्माजी ने दिया था, जिसे बौद्ध परंपरा में 'ब्रह्मवाचन' कहा जाता है। इस 'ब्रह्मवाचन' को भगवान् बुद्ध की जीवन की एक महत्त्वपूर्ण घटना माना गया है। यह हम सभी जानते हैं। जो नहीं जानते हैं उन्हें भी जान लेना चाहिए। भगवान् बुद्ध ने अपनी देशिकाओं का प्रारंभ 'प्रतीत्य समुत्पाद' इस बौद्ध-दर्शन सिद्धांत का प्रवाचन करके किया था, वह भारत के ही 'कर्म-दर्शन', विश्व प्रसिद्ध विख्यात और मौलिक 'कर्म-दर्शन' का ही पुन: प्रतिपादन था, इस बात को बौद्ध धर्म-दर्शन के प्राय: सभी व्याख्याता मानते हैं, जिसकी सबसे प्रामाणिक प्रस्तुति समाजवादी विचारक आचार्य नरेंद्र देव ने अपने विश्व-प्रतिष्ठित ग्रंथ 'बौद्ध धर्म-दर्शन' में की, इस बात को प्राय: सभी बौद्ध व्याख्याता, जानते हैं और मानते हैं (हमारी ही पुस्तक 'भारत को समझने की शर्तें' में यह सब विस्तार से बताया गया है। (पृष्ठ 80-81)। भगवान् बुद्ध ने अपनी जिन पूर्ववर्ती जीवन यात्राओं को क्रमश: पूरा करते हुए 'संबोधि' यानी 'ज्ञान' प्राप्त किया था, उन्हें भगवान् की बोधिसत्त्व यात्राएँ कहा जाता है। अपनी प्रत्येक बोधिसत्त्व यात्रा में भगवान् ने एक एक कर अनेक श्रेष्ठताएँ व पारामिताएँ प्राप्त कीं और यह वही प्रक्रिया है, जिसके बारे में भगवान् कृष्ण ने भी 'गीता' (7.19) में कहा है कि 'बहूनां जन्मनामन्ते ज्ञानवान् माम् प्रपद्यते', अर्थात् अनेक जन्मों की ज्ञान साधना के बाद ही कोई अपनी ज्ञान साधना को पूर्ण करके ज्ञानी बनकर मुझे अर्थात् ईश्वरत्व को, मोक्ष को प्राप्त करता है और हम जानते हैं कि भगवान् बुद्ध की बोधिसत्त्व यात्रा शुद्ध रूप से उसी ज्ञानप्राप्ति की यात्रा थी। 'धम्मपद' में भी जिस धर्म का प्रतिपादन है, हम कह सकते हैं वहाँ और एक 'आनीवक' संप्रदाय को छोड़कर शेष सभी धर्म-दर्शन संप्रदायों में भी इसी धर्म का, इसी 'धम्म' का प्रतिपादन है। भगवान् बुद्ध ने जिन चार 'आर्य सत्यों' का प्रतिपादन किया—दु:ख, दु:ख का कारण, दु:ख समाप्ति और दु:ख समाप्ति के उपाय ऐसे जिन चार आर्य

सत्यों का प्रतिपादन किया, भारत के सभी धर्म-दर्शन संप्रदाय ठीक इसी दुःख मुक्ति मार्ग का अपनी-अपनी शब्दावली और शैली में प्रतिपादन करते हैं। यानी भगवान् बुद्ध और उनका संपूर्ण धर्म-दर्शन संप्रदाय हर बात वही कहता है, उसी तरह से कहता है, जिस तरह की शब्दावली और शैली भी भारत का प्रत्येक धर्म-दर्शन संप्रदाय कहता है। अकेला 'आजीवक', संप्रदाय एक अपवाद है और हम जानते हैं कि पूरे भारत में इक्का-दुक्का अपवादों को छोड़कर सारे भारत ने 'आजीवक' को परिगणित तो कर रखा है, पर विचारधारा के रूप में नकार रखा है। ठीक इसी आधार पर कि सभी धर्म-दर्शन संप्रदाय एक सरीखी बात कहते और समझते हैं, भारत के सभी धर्म-दर्शन संप्रदायों को एक ही नाम 'भारतीय-दर्शन' या 'हिंदू-दर्शन' एक ही नाम दिया गया है। सारे विश्व में दिया गया है।

फिर क्या कारण है कि भारत के कथित दलित विमर्शकार हिंदू और बौद्ध को अलग-अलग मानकर दलित-विमर्श को बौद्धों के साथ जोड़कर देखने के फेर में बने रहते हैं? इसका कारण राजनीतिक और व्यावसायिक, दोनों ही हो सकते हैं। हम नहीं जानते कि वैसे कारण हैं ही, पर हम जानना चाहते हैं कि जब संपूर्ण भारतीय-दर्शन परंपरा एक है, एक सरीखी है, एक ही विचारधारा पर आधारित है, फिर क्यों दलित-विमर्श को भारत के विमर्श से अलग करके, बौद्ध-दर्शन से जोड़ने का विभाजनकारी दिमाग बनाया और बढ़ाया जा रहा है?

बहुत सोच-विचार करने के बाद हमें उसके पीछे सिर्फ भारत-विरोध के अलावा और कोई कारण नजर नहीं आता। जो भी तथाकथित बौद्ध विद्वान् और दलित राजनेता बौद्धों और दलितों को एक साथ रखकर देखने के फेर में रहते हैं, उनमें से किसी को हमने कभी भी बौद्ध धर्म-दर्शन के बारे में बात करते नहीं देखा या सुना। दलितों के कल्याण के नाम पर वे सिर्फ-और-सिर्फ हिंदू विरोध ही करते नजर आते हैं और इनमें से कुछ तो कभी-कभी भारत-विरोध की हदें छूते हुए नजर आने लगते हैं अन्यथा दलितों के नाम पर हिंदू-विरोध और भारत-विरोध करने की कोई जरूरत हमें तो आज तक नजर नहीं आई।

हमने अपनी इस पुस्तक में अभी तक तो देखा ही है कि भारत में दलित-विमर्श संबंधी तमाम स्थापनाएँ देश के दलितों के हिंदू समाज, हिंदू निगम-आगम-कथा परंपरा और हिंदू इतिहास से ही जुड़ी हुई ही हमारे सामने हमेशा आती हैं। चारों वेद हों, रामायण-महाभारत जैसे दोनों प्रबंध काव्य हों, ब्राह्मण ग्रंथ हों, उपनिषदें हों, पुराण हों, सर्वत्र दलित योगदान भरपूर है, प्रभूत है और महत्त्वपूर्ण है। इसके अतिरिक्त जो हमें देखने को मिलता रहा है, वह तो और

भी अधिक हैरानी से भर देनेवाला है। भगवान् बुद्ध के अवतार के बाद दो दलित राजवंशों ने भारत में अपने-अपने साम्राज्यों का निर्माण किया, इन साम्राज्यों को चलाया और दोनों साम्राज्यों ने, विशेषकर मौर्य साम्राज्य ने अद्‌भुत परिणाम देश के व्यक्तित्व निर्माण में प्रस्तुत किए। इन दो दलित राजवंशों में एक है 'नंदवंश' और दूसरा है 'मौर्यवंश'। दोनों राजवंशों ने एक भी काम ऐसा नहीं किया कि जिसे बौद्ध धर्म-दर्शन को एकात्म रूप से या खास तरह से पोषित करनेवाला काम माना जाए। नंदवंश तो बौद्ध धर्म-दर्शन के आस-पास भी कहीं नहीं है। नंद भाई नापित कर्म करते हैं, इसलिए शूद्र यानी दलित थे, पर इस आधार पर वे बौद्ध धर्म-दर्शन के आस-पास कहीं हैं, ऐसी स्थापना करने का एक भी आधार हमें कहीं भी नहीं मिल पाता। भगवान् बुद्ध परवर्ती दूसरे दलित साम्राज्य के संस्थापक सम्राट् चंद्रगुप्त मौर्य ने तो राज-काज छोड़ने के बाद संन्यास लिया तो उन्होंने कर्णाटक में जाकर जैन धर्म को अंगीकार कर लिया, बौद्ध धर्म को स्वीकार ही नहीं किया। चंद्रगुप्त मौर्य के पौत्र अशोक मौर्य ने यानी अशोक महान् ने बेशक एक बौद्ध संगीति की अध्यक्षता की, पर यह महज इसलिए कि अशोक तब भारत के यानी अखंड भारत के परमप्रतापी सम्राट् थे और इनकी अध्यक्षता या निरीक्षण में बौद्ध संगीति का होना बौद्ध आचार्यों के लिए गर्व की बात थी। उसका सम्राट् अशोक का बौद्ध मतावलंबी होने से कोई संबंध हमें नजर नहीं आता। अन्यथा भी, सम्राट् अशोक ने अपने शिलालेखों में, तेरह शिलालेखों में धर्म की बात तो हमेशा की है, ब्राह्मणों, श्रमणों, आजीवकों की बात भी इन सभी तेरह शिलालेखों में अनेक बार की गई है, पर हमें किसी भी शिलालेख में भगवान् बुद्ध का, बौद्ध धर्म का, बौद्ध धम्म नाम का नामोल्लेख तक नहीं मिला। अगर हम गलत कह रहे हैं तो कृपया उसे ठीक करवा दिया जाए। जिन आदर्शों की स्थापना की बात अशोक महान् ने अपने शिलालेखों में की, उनमें कोई भी उपदेश या आदेश ऐसा नहीं है, जिसे शुद्ध रूप से बौद्ध धर्म प्रेरित माना या कहा जा सके। अशोक के द्वारा शिलालेखों में जिन धर्म-महामात्यों या धर्ममहामात्रों को नियुक्त करने की बातें की गई हैं, उनका दायित्व भी धर्म के प्रसार के लिए ही था, वह बौद्ध धम्म या धम्म के प्रसार के लिए था, ऐसा एक भी उल्लेख वहाँ नहीं है।

हम जो बातें बता रहे हैं, वे सभी इतिहास के लिखे सत्य हैं। ये हमारी बनाई हुई कपोल-कल्पनाएँ नहीं हैं। यानी बुद्ध के संपूर्ण चरित व व्यक्तित्व में, संपूर्ण बौद्ध धर्म-दर्शन संप्रदाय में ऐसा कुछ नहीं है, जिसे भारत की परंपरागत धर्म-

दर्शन की और कर्म-दर्शन की अवधारणा से पृथक् माना जाए या आज की कुटिल सांस्कृतिक, राजनीतिक शब्दावली में हिंदू-विरोधी मान लिया जाए। हमें कहीं भी ऐसा कुछ नहीं मिला।

अर्थात् भारत के वेद, प्रबंध काव्य, ब्राह्मण ग्रंथ, उपनिषद् और पुराण परंपरा में कुछ भी ऐसा नहीं है, जिसे दलित-विरोधी, हिंदू-विरोधी और इस आधार पर एकांत रूप से बौद्ध विचार की प्रतिष्ठा करनेवाला मान लिया जाए। और न ही भगवान् बुद्ध के अपने साधना-जीवन और उनके दर्शन प्रतिपादन में कुछ भी ऐसा है, जिसे भारत के हिंदू-दर्शन के विपरीत या उसका विरोधी माना जाए। स्वयं भगवान् बुद्ध के निर्वाण के तुरंत बाद की सदियों में स्थापित नंदवंश और मौर्यवंश इन दोनों दलित-राजवंशों के पूरे विवरण-विवेचन में ऐसा कुछ भी नहीं है, जिसे हिंदू-विरोधी और इस आधार पर बुद्ध प्रवक्ता या बौद्ध धर्म-दर्शन का एकांत प्रतिपादक मान लिया जाए। फिर ऐसी कौन सी परंपरा है या ऐसी कौन सी विचारसरणी है, जो दलितों को बौद्धों के साथ जोड़कर देखने के लिए जोर मार रही है? जाहिर है कि भारत की अपनी कोई भी ऐसी परंपरा नहीं है, जो भारत के दलित-विमर्श को एकात्म रूप से भगवान् बुद्ध से या उनके बौद्ध धर्म-दर्शन से जोड़ती हो। जहाँ तक भगवान् बुद्ध की करुणावाली बात है, तो करुणा पर अत्यधिक बल देने की परंपरा के दर्शन तो 'महाभारत' में यत्र-तत्र-सर्वत्र दसियों-पचासों-शतशः स्थानों पर मिल जाते हैं। जहाँ लिखा है : आनृशंस्यं परो धर्मः, आनृशंस्य यानी नृशंसता का अभाव यानी करुणा ही परम धर्म है।

फिर किस आधार पर और किस राजनीतिक लक्ष्य की प्राप्ति के लिए भगवान् बुद्ध को दलितों के साथ जोड़ देने का दर्शन विरोधी अभियान छेड़ दिया जा रहा है? भारत-विरोधी, जो अंततः दलित-विरोधी भी साबित हो सकता है, ऐसे अभियान को पूरी तल्लीनता और प्रतिबद्धता के साथ क्यों चलाया जा रहा है? इसको थोड़ा गहराई से समझना होगा, क्योंकि संकट में भारत और भगवान् बुद्ध के जीवन-दर्शन को डाल दिया गया है। इस पूरे प्रपंच को समझने के लिए बेसिक बात यह है, आधारभूत बात यह है, सर्वाधिक महत्त्वपूर्ण बात यह है कि आपको भारत के बौद्ध धर्म-दर्शन के इतिहास को दो आयामों में, दो क्रमों ने या ठीक से कह दें तो दो सोपानों में रखकर ही देखा जा सकता है। पहला सोपान वह है, जिस सोपान पर भगवान् बुद्ध विराजमान है, तथागत, सर्वज्ञ, संबोधि प्राप्त भगवान् बुद्ध सुप्रतिष्ठित हैं, जबकि दूसरे सोपान पर बुद्ध परवर्ती संपूर्ण बौद्ध धर्म-दर्शन परंपरा अवस्थित है।

हम यह कहने की धृष्टता तो नहीं कर सकते कि इन दोनों सोपानों में कोई

तारतम्य नहीं है। पर दोनों सोपान एक जैसे ही हैं या एक-दूसरे के पूरक हैं, यह कहने से पहले कड़ी मेहनत करनी पड़ेगी और इसमें पूरी सफलता मिल जाएगी, इसमें हमें पूरा संदेह है। ऐसा क्यों हैं ? ऐसा इसलिए है, क्योंकि भगवान् बुद्ध जिस परंपरा की, जिसको आध्यात्मिक परंपरा कहते हैं, इस परंपरा की अपने समय की सर्वश्रेष्ठ संतान थे, वह परंपरा वह थी, जिसमें देश खास तरह के वैचारिक संघर्ष में से गुजर रहा था।

वह संघर्ष क्या था ? वह संघर्ष उपनिषदों की रचना हो चुकने के बाद के समय का है। वैदिक संहिताओं, रामायण-महाभारत प्रबंध काव्यों तथा तत्परवर्ती संपूर्ण ब्राह्मण-उपनिषद् ग्रंथों की रचना के बाद जिस कालखंड में पुराणों की रचना हो रही थी, उसी कालखंड में 'गीता' व उपनिषदों में प्रतिपादित आध्यात्मिकता का प्रभाव भी देश पर व्याप्त हो रहा था। अपनी पुस्तक 'भारतगाथा' में हम भली-भाँति जान चुके हैं कि इस संपूर्ण साहित्य की रचना संहिता यानी वेद, प्रबंध काव्य यानी रामायण-महाभारत, ब्राह्मण तथा उपनिषद् इस क्रम में हुई थी। स्पष्ट है कि महाभारत के युद्ध में हुए महाविनाश की प्रतिक्रिया में देश में आध्यात्मिकता का प्रसार तेजी से हुआ, जिसके शास्त्रीय बीज हमें अन्यथा 'श्रीमद्‌भगवद् गीता' में और उसकी मौलिक उद्‌भावनाएँ उससे भी पहले चारों वेदों में बहुत ही परिपुष्ट तरीके से मिल जाती हैं। इस संपूर्ण थीम को हम अपनी ही एक अन्य पुस्तक 'महाभारत का धर्मसंकट' में काफी विस्तार से बता आए हैं।

पर उपनिषदों की ब्रह्मविद्या या उपनिषद् विद्या के प्रसार के साथ ही उस पर प्रश्न भी खड़े होने लगे गए थे, जिसके संकेत उपनिषदों में ही मिलना शुरू हो जाते हैं। ब्रह्मविद्या के साथ-साथ, संसार विद्या, सांसारिकता की विद्या की तर्कपूर्ण प्रस्तुति भी होना शुरू हो गई थी, जिसकी शिखर अभिव्यक्ति आजीवक-दर्शन में होती है, जिसे हम प्राय: साधारणीकृत रूप में चार्वाक दर्शन के नाम से भी जानते हैं, जिसका प्रभाव आध्यात्मिक विद्या के समानांतर ही लंबे समय तक बना रहा। अर्थात् अध्यात्म बनाम आजीवक-दर्शन, यह परिस्थिति बनी। यहाँ तक कि अशोक महान् के शिलालेखों में ब्राह्मणों, श्रमणों के साथ-साथ आजीवकों को भी राज्य का संरक्षण प्राप्त करने का आग्रह है, जबकि बौद्ध धर्म को बौद्ध धर्म के नाम से नहीं, प्राय: धर्म के रूप में कहा गया है। यही अर्थ समझ में आता है कि भगवान् बुद्ध ने उपनिषदों को अध्यात्म विद्या और आजीवक आदि संप्रदायों की सांसारिक विद्या के संघर्ष से पैदा हुए वैचारिक अनाचार को शांत करने के लिए अध्यात्म विद्या जनित धर्म की फिर से स्थापना की और भगवान् बुद्ध की ख्याति धर्मचक्र प्रवर्तक के रूप

में हुई। भगवान् बुद्ध ने धर्म के चक्र का प्रवर्तन फिर से कर दिया था, इस बृहती ऐतिहासिक घटना को कृपया इसी संदर्भ में समझने का प्रयास किया जाए, अन्यथा भगवान् को 'धर्म' की पुनः स्थापना क्यों करनी पड़ी, इसका कोई प्रमाण सम्मत उत्तर हमारे पास है ही नहीं। उत्तर यही है, जो हम दे आए हैं।

भगवान् बुद्ध के 'धर्मचक्र प्रवर्तन' की कुछ खास बातें थीं। भगवान् स्वयं तत्त्वज्ञानी थे, पर उन्होंने अपने उपदेशों में कोई तत्त्वज्ञान देने की बात कभी नहीं की थी। उन्होंने हमेशा 'धर्म' की बात की थी। वे तत्त्वज्ञान से जुड़े हर प्रश्न को 'अव्याकृत' यानी बेकार की बात मानते थे और संसार का दुःख दूर करने का उपदेश दिया करते थे। भगवान् बुद्ध की दूसरी विशेषता यह रही कि वे सदैव जनसामान्य के बीच, जनसामान्य की भाषा में, संस्कृत में नहीं, जनसामान्य की भाषा में अपनी बात कहा करते थे। तीसरी और सबसे खास बात यह थी कि वे निरंतर भ्रमणशील रहा करते थे। यानी भगवान् ने तत्त्वज्ञान का नहीं, संसार के दुःख दूर करने का उपदेश दिया, जनसामान्य की भाषा में दिया और भ्रमणशील रहकर दिया।

इन तीनों विशेषताओं से युक्त भगवान् बुद्ध का 'धर्मचक्र प्रवर्तन' इतना अधिक प्रभाव पैदा करनेवाला था कि अध्यात्म के बजाय संसार को महत्त्व देनेवाली भारत की वैचारिक उपधारा के सामने अस्तित्व का संकट पैदा हो गया। जैसा भूतकाल में भारत के इतिहास की बीसवीं सदी में देश के कम्युनिस्टों, समाजवादियों ने गांधी, नेहरू और तत्त्वतः गांधी की राजनीति के समय किया और वे कांग्रेस में सदल-बल घुसकर गांधी, गोखले व तिलक की कांग्रेस का वैचारिक अपहरण करके ले गए, वैसा ही भगवान् बुद्ध के समय संकटग्रस्त हो चुकी वैचारिक उपधारा ने किया और उस वैचारिक उपधारा की संपूर्ण सेना ने भगवान् बुद्ध का निर्वाण होते ही उनका उत्तराधिकार हथिया लिया। परिणाम यह हुआ कि संसार का दुःख दूर करने के भगवान् के मिशन को अध्यात्म विरोधियों ने, इन संसारवादियों ने यानी वैचारिक उपधारा के शूरवीरों ने भगवान् बुद्ध की अध्यात्म मुख्यधारा का अपहरण कर लिया और संसारवादी होकर वे लोग ठीक वैसे ही भगवान् बुद्ध के प्रवक्ता बन गए, जैसे नेहरू समेत सभी वामपंथी समाजवादी लोग गांधी और देश की विचारधारा का खुल्लम-खुल्ला अपहरण कर ले गए। नतीजा यह हुआ कि संसारवादियों व इहलोकवादियों ने भगवान् बुद्ध को आत्म-विरोधी, वेद-विरोधी, यज्ञ-विरोधी घोषित कर दिया, जो कि भगवान् बुद्ध कतई नहीं थे, क्योंकि वे वैसे थे, इसका कोई प्रमाण हमें तो आज तक नहीं मिला। भगवान् ने 'महाभारत' की तर्ज पर 'एष धर्मः सनातनः' यानी 'एस धम्मो सणंतओ' कहा था, पर प्रतिभासंपन्न इहलोकवादियों ने

धर्म को 'अभिधर्म' बना दिया, आत्मवादी भगवान् को अनात्मवादी बना दिया, धर्म की सनातनता, निरंतरता को क्षणभंगुरवादी, सांसारिक और इहलोकवादी बना दिया। 'प्रतीत्यसमुत्पाद' सरीखे कर्म-दर्शन को कर्म विमुख बना दिया, मानो भगवान् बुद्ध ने इस देह को ही आत्मा मान लेने की संबोधि प्राप्त की थी, मानो भगवान् बुद्ध ने तपस्या या समाधि को मनमानी हरकत जैसा बनाने का धर्मचक्र प्रवर्तन किया था, मानो भगवान् ने निर्वाण को सांसारिकता का पर्यायवाची बनाने और मृत्यु को ही निर्वाण मानने का उपदेश दिया था। यानी भगवान् बुद्ध के धर्मचक्र प्रवर्तन को 'अभिधम्म' का ही पर्यायवाची बना दिया। परिणामस्वरूप इन वामपंथियों ने, तब के वामपंथी बौद्ध विचारकों ने धर्म को, धम्म को तो अभिधम्म बना दिया और भगवान् बुद्ध को एक किनारे बैठा देने के बाद बुद्धघोष ही उनकी जगह सर्वस्व बना दिए गए। धम्म हो गया अभिधम्म और बुद्ध को हटाकर बुद्धघोष को स्थापित कर दिया गया। इहलोकवादी विचारधाराएँ ऐसे ही अपना बौद्धिक काम-काज करती हैं। वामपंथी विचारधाराएँ भी ऐसे ही अपना काम करती हैं। भारत-विरोधी विचारधाराओं ने भगवान् बुद्ध और उनके 'धर्मचक्र प्रवर्तन' को अध्यात्म, निर्वाण और दार्शनिकता से शत-प्रतिशत अलग करके उसे दलितों और स्त्रियों का उद्धारक घोषित कर दिया है, जबकि संपूर्ण बौद्ध परंपरा में कोई एक भी घटना ऐसी नहीं है, जो दलित उत्पीड़न या और स्त्री उत्पीड़न के संदर्भ में कुछ भी नाम, उपदेश या सक्रियता दिखाती नजर आ रही हो। बल्कि स्वयं भगवान् बुद्ध स्त्रियों को दीक्षा देने के पक्ष में ही नहीं थे। सबसे बड़ी बात तो यह थी कि इसी पुस्तक में हमने जिन दो दलित राजवंशों का वर्णन किया है, उनके समय तक, यानी तीसरी चौथी शताब्दी तक ही नहीं अपितु चक्रवर्ती सम्राट् हर्षवर्धन के समय तक, यानी छठी-सातवीं सदी तक भारत में तो किसी दलित उत्पीड़न का और न ही किसी स्त्री उत्पीड़न का कोई उल्लेख, उदाहरण अथवा संदर्भ मिलता है। दलित-उत्पीड़न और स्त्री-उत्पीड़न के इतिहास की शुरुआत ही भारत में आक्रमणकारी व नृशंस इसलामी राजनीति के साथ हुई, जैसाकि हम अपनी इसी पुस्तक के ही अगले एक आलेख में देखनेवाले हैं। इसलिए जो भारत-विरोधी, विधर्मी और वामपंथी दलित उत्पीड़न को भारत के धर्म से या भारत की विचारधारा से जोड़कर देखने का हिंदू-विरोधी उत्साह दिखाने में मशगूल रहते हैं, इनसे निवेदन है कि भारत पर इसलामी प्रभावों यानी कुप्रभावों को ठीक से जानने-समझने की कोशिश करें। उनके प्रश्नों के उत्तर उन्हें वहीं मिलेंगे। □

22

हमलावर इसलाम और दलित-विमर्श का पूर्वापर

भारत पर विधर्मियों का, यानी विदेशी धर्म माननेवालों का, ऐसे विधर्मियों का हमला तीन बार हुआ। सबसे पहले यह हमला ग्रीक लोगों ने अर्थात् यूनानियों ने किया। वे विधर्मी थे। विश्वविजय का सपना देखनेवाले सिकंदर और उसकी संपूर्ण सेना मगध साम्राज्य की विपुल शक्ति की बातें सुन-सुनकर ही ऐसी डर गई कि महाराज पुरु का सामना करने के बाद लगभग छिन्न-भिन्न कर दी गई यूनान की सेना की फिर आगे बढ़ने की हिम्मत ही पस्त हो गई और सिकंदर लौटने को मजबूर कर दिया गया। पिटे हुए सेनापति सेल्यूकस ने या किसी दूसरे नामवाले सेनापति ने एक आधी-अधूरी कोशिश भारत पर हमला करने की जरूर की, पर युद्ध में आमने-सामने होने से पहले ही उस पराजित यूनानी सेनापति ने अपनी बेटी की शादी मगध सम्राट् चंद्रगुप्त मौर्य के साथ कर अपनी जान और इज्जत बचाने में ही भलाई समझी। भारत पर यह पहला विधर्मी हमला था।

दूसरा हमला हूणों ने किया। इस हमले को नष्ट करने के लिए तब के गुप्तवंशी सम्राट् चक्रवर्ती स्कंदगुप्त को बिना एक पल का भी विश्राम किए तीन दिन-रात तक निरंतर घोड़े पर बैठकर युद्ध का संचालन करना पड़ा और हूण भगा दिए गए। इसका प्रामाणिक विवरण युग प्रवर्तक साहित्यकार जयशंकर प्रसाद ने अपने प्रसिद्ध नाटक 'स्कंदगुप्त' में किया है। हरा दिए जाने के बाद हूण फिर कभी नहीं आए, यानी भारत की पश्चिमी सीमा पर फिर कभी नहीं आए, जो आए वे श्वेत हूणों की एक शाखा थे, जिन्होंने भारत के पूर्वोत्तर पर, नॉर्थ-ईस्ट पर, हमला किया, जिन्हें फिर कान्यकुब्ज के वर्धन सम्राट् महाराज प्रभाकर वर्धन के दो प्रतापी राजकुमार पुत्रों—राजकुमार राज्यवर्धन और राजकुमार हर्षवर्धन ने भारत की विशाल सेना का

नेतृत्व कर हमेशा के लिए भारत से बाहर कर दिया। यही हर्षवर्धन आगे जाकर कान्यकुब्ज के चक्रवर्ती सम्राट् बने।

तीसरा हमला इसलाम का था। जो लोग भारत विमुखता का शिकार होकर शकों को हमलावर मानकर इतिहास की विकृत व्याख्या करते हैं, उन्हें मालूम रहना चाहिए कि शक विदेशी नहीं हैं, भारतमाता की संतानें ही वे हमेशा से रहे हैं। भारत के शकस्थान की संतानें रहे हैं, जिनके नाम पर भारत का सर्वाधिक वैज्ञानिक 'शक संवत्' चलता है, जिसे चलानेवाले का नाम ही 'शकारि विक्रमादित्य' यानी शकों का शत्रु, भारत से विधर्मियों को खदेड़नेवाला शकारि विक्रमादित्य कहा जाता है। भारत के इतिहास में शक सम्राट् शकारि विक्रमादित्य ने किस परिस्थिति में पश्चिम से आए शत्रुओं को खदेड़ा और शकारि विक्रमात्यि के नाम से शक संवत् शुरू किया, इसका अध्ययन हम भारतीयों को अभी करना है। भारत के पारसीक खंड की तरह, जो बाद में पारस बन गया, भारत का शकस्थान भी विधर्मियों द्वारा 'सीस्तान' बना दिया गया, अन्यथा शकस्थान भारत की हिंदू सभ्यता का हिस्सा रहा है, जिसके संदर्भ वाल्मीकि की 'रामायण' (बालकांड, 54.25) और वेदव्यास की 'महाभारत' प्रभात कुमार जायसवाल लिखित 'शककालीन भारत' में इलाहाबाद, 1967, पृष्ठ 2 पर उद्धृत।—दोनों प्रबंध काव्यों में मिल जाते हैं।

हम इस संपूर्ण इतिहास की चर्चा इसलिए कर रहे हैं कि भारत पर हमला करनेवाले किसी भी हमलावर को भारत में पाँव नहीं टिकाने दिए गए, पर उस सबके विपरीत हमलावर विधर्मी इसलाम भारत में टिक गया और इस महत्त्वपूर्ण ऐतिहासिक दुर्घटना के संदर्भ में हमें भारत के दलित-विमर्श का सर्वांगीण विश्लेषण करना ही है, इसके पूर्वापर की परिस्थितियों का अध्ययन करना ही है। इसलिए करना है, क्योंकि जब तक भारत अपने चक्रवर्ती काल में राजनीतिक रूप से तेजस्वी था, तब तक यूनानी, हूण, श्वेत हूण, शकस्थान पर हमला करनेवाले कोई भी आक्रांता हमारा कुछ नहीं बिगाड़ पाए। भगा दिए गए, पर जैसे ही भारत राजनीतिक रूप से कमजोर हुआ, हमलावर इसलाम, जो कुछ प्रारंभिक सदियों तक भारत का कुछ नहीं बिगाड़ पाया था, बार-बार हमलावर होता हुआ भी कुछ नहीं बिगाड़ पाया था, वही इसलाम, वही विधर्मी इसलाम, भारत की राजनीतिक शक्तिमत्ता के कमजोर होते ही, भारत पर क्रमश: शासक होने की राह पर चल पड़ने में सफल होता चला गया, जिसने फिर छह-सात सदियों तक भारत के कई हिस्सों को गुलाम बनाए रखा। इस पूरे परिप्रेक्ष्य में हमारा भारत का दलित विमर्श कैसे प्रभावित होता रहा है, उसका अध्ययन करना भारत और भारत के विराट् हिंदू समाज के लिए बहुत जरूरी है, अत्यावश्यक है,

अनिवार्य है। यह अध्ययन हम आगे के कुछ पैरा में करेंगे और यह अध्ययन हम भारत के जाति विमर्श के बड़े व्यापक संदर्भों में करेंगे, इस तरह से करेंगे कि अब तक के दलित-विमर्श का पूरा परिदृश्य भी हमारे सामने स्पष्ट रूप से आ जाए और यह तस्वीर भी साफ हो जाए कि भारत के इतिहास की इस दारुणतम घटना, यानी हमलावर इसलाम के मनुष्य विरोधी आगमन के परिणामस्वरूप भारत में दलित-विमर्श किस तरह से प्रभावित हुआ। इसलिए हम शुरू से ही शुरू करना चाहते हैं।

1. आधारभूत वर्ण है वैश्य वर्ण : भारत के संपूर्ण दलित विमर्श और जाति विमर्श को बड़े संदर्भ में रखेंगे। भारत की चिंतन परंपरा में दो वाक्यों को हम चाहें तो सर्वाधिक महत्त्वपूर्ण मान सकते हैं। ये दो वाक्य हैं—(1) सर्वं वेदात् प्रसिध्यति, अर्थात् भारत में सभी प्रवृत्तियों का प्रारंभ वेदों से होता है, और (2) वेदोऽखिलो धर्ममूलम्, अर्थात् वेद ही समस्त धर्म का, संपूर्ण जीवन का मूल स्रोत हैं। अगर हम इन दोनों को लाक्षणिक अर्थ में लें तो भी इतना तो स्पष्ट है कि भारत का संपूर्ण जन यह मानता है कि वेद ही हमारे जीवन के प्राचीनतम वे स्रोत हैं, वे प्रवाह स्रोत हैं, जहाँ से भारत के जीवन का हर आयाम प्रारंभ होता है। स्पष्ट है कि भारत के जीवन के इतिहास में वेदों का महत्त्व सर्वाधिक है। किसी भी चिंतक, विचारक ने वेदों को नकारा नहीं है, वेदों की निंदा नहीं की है। भारत की निगम परंपरा तो वेदों को सर्वाधिक प्रामाणिक ग्रंथ मानती है, वेदों को 'स्वतः प्रमाण' ग्रंथ मानती है। बेशक भारत की आगम परंपरा, जैन धर्म-दर्शन परंपरा और बौद्ध धर्म-दर्शन परंपरा वेदों को 'स्वतः प्रमाण' नहीं मानती हैं और वे अपने-अपने उपजीव्य ग्रंथों को ही 'स्वतः प्रमाण' मानती हैं, पर इस आगम परंपरा ने भी वेदों की निंदा नहीं की है। सिर्फ और सिर्फ चार्वाकों ने वेदों की निंदा की है और भरपूर निंदा की है। पर भारत की संपूर्ण विचार परंपरा ने चार्वाकों को ही कहाँ स्वीकार किया है? भारत की चिंतन परंपरा में चार्वाक शामिल हैं, परिगणित हैं, एक संप्रदाय के रूप में सुप्रतिष्ठित हैं, पर स्वीकृत तो कतई नहीं है, प्रशंसनीय तक भी नहीं है, यहाँ तक कि भगवान् बुद्ध ने भी, जिनके बारे में अल्पज्ञ लोग कई बार उलटा-सीधा बोलते रहते हैं, ऐसे भगवान् बुद्ध ने भी वेदों की निंदा नहीं की है। कहीं पर की हो तो हम जानना चाहते हैं। बल्कि ख्याति तो यह है कि भगवान् से सीधे-सीधे पूछ लिया गया कि 'भगवन्, क्या आप वेदों के विरोधी हैं?' तो भगवान् का उत्तर था कि 'मैं वेदों का विरोधी नहीं हूँ', बल्कि भगवान् तो स्वयं ही एक कदम आगे बढ़ गए और उन्होंने कहा कि 'मैं यज्ञों का विरोधी भी नहीं हूँ, मैं तो केवल यज्ञों में हिंसा का विरोधी हूँ।' रामविलास शर्मा द्वारा अपनी पुस्तक 'भारतीय संस्कृति और हिंदी प्रदेश' में उद्धृत और इस अहिंसक यज्ञ

को पूरी भारतीय परंपरा ने स्वीकृति दी है, प्रतिष्ठा दी है, मानदंड माना है। इसीलिए वैदिक काल से ही यज्ञ को 'अध्वर' कहा गया है और अध्वर शब्द का शब्दार्थ है 'ध्वरति' हिंसा कर्मा, तत्प्रतिषेधः' यानी 'ध्वर' का अर्थ 'हिंसा' है और उस ध्वर, यानी हिंसा का प्रतिषेध करने के कारण उसे नकारने के कारण यज्ञ का एक नाम है 'अध्वर'। इसी आधार पर यजुर्वेद के पुरोहित को 'अध्वर्यु' कहा गया है।

इसी पूरी परंपरा का सम्मान करते हुए हम जाति-विमर्श को और उससे जुड़े दलित-विमर्श को वेदों के समय से ही जोड़कर देख लेते हैं। वैदिक संस्कृत में एक शब्द है 'विश्', जिसका अर्थ है—जन, प्रजा, लोग इत्यादि। जहाँ 'विशः' यानी मनुष्य रहते हैं, इसलिए 'विश्' का अर्थ आवास भी है। प्रसिद्ध वैदिक विद्वान् डॉक्टर सूर्यकांत के प्रसिद्ध ग्रंथ 'ए प्रैक्टिकल वैदिक डिक्शनरी' में विश् का अर्थ आवास यानी 'सेंटलमेंट' किया है, जहाँ 'विश्', प्रजा रहती है और उसी संदर्भ में कोषकार ने उद्धृत किया है, यत् पाँचजन्यया विशा 'प्रजया' और इस तरह से 'पंचजनाः' शब्द का अर्थ किया है प्रजा, पाँचों प्रजाएँ। संदर्भ : प्रैक्टिकल वैदिक डिक्शनरी ऑक्सफोर्ड यूनिवर्सिटी प्रेस, बंबई, कलकत्ता, मद्रास, 1981 पेज 606। इस सबके आधार पर 'विश्' का अर्थ हमें स्पष्ट हो जाता है कि जिन्हें संस्कृत में 'प्रजा' कहते हैं, 'जन' कहते हैं, निवास करनेवाला कहते हैं, वे 'विश्' हैं, अर्थात् विश्, यानी जन, सभी जन, पाँचों जन, अर्थात् सभी जन।

भारत की वर्ण-व्यवस्था में तथा जाति परंपरा में यह जो 'वैश्य' शब्द है, उसका मूल शब्द है—विश्। विश् का प्रथमा विभक्ति का बहुवचन है विशः और कोषकार ने कहा है, 'विशः क्षत्रियाय बलिं हरन्ति' और इसका अर्थ किया है, किसान लोग अपने शासक को कर, यानी टैक्स देते हैं। भारत में राजा का एक नाम विशां पतिः अर्थात् समस्त प्रजा की रक्षा करनेवाला भी कहा गया है। कुल मिलाकर विश् का अर्थ है जन, प्रजा, मनुष्य और जातिवाची 'वैश्य' शब्द इसी 'विश्' से बना है और इस तरह स्पष्ट है कि वैश्य शब्द संपूर्ण प्रजा का वाचक बन जाता है।

अगर 'वैश्य' शब्द वर्ण अर्थात् जाति का वाचक है, जो कि स्पष्ट रूप से समझ में आ रहा है, तो हम चाहें तो 'वैश्य' वर्ग को बेसिक वर्ण, आधारभूत वर्ण मान सकते हैं। अर्थात् 'विश्' शब्द, उससे बना 'वैश्य' शब्द प्रजा का वाचक है और इस तरह अगर आगे चलकर चार वर्ण माने गए और आगे चलकर पाँचवें वर्ण की प्रतिष्ठा भी हुई, तो स्पष्ट है कि इस वर्ण-व्यवस्था का बेसिक आधारभूत या हो सकता है कि एकमात्र वर्ण रहा हो वैश्य और ऐसा न मानने का कोई कारण या आधार या तर्क हमें समझ नहीं आ रहा।

अगर ऐसा है, जो कि लग रहा है कि है तो कितने अचरज की बात है कि भारत की वर्ण-व्यवस्था का बेसिक, आधारभूत शब्द है वैश्य, यह न तो ब्राह्मण है, न क्षत्रिय है, न शूद्र है और न कोई और है। बेसिक, आधारभूत और इसलिए प्राचीनतम जातिवादी शब्द है—वैश्य। जो लोग 'मूल निवासी' शब्द का झंडा उठाए फिर रहे हैं, 'आदिवासी' शब्द का भी झंडा उठाए फिर रहे हैं और भारत को तोड़नेवाली रोटियाँ सेंक रहे हैं, उनके लिए संदेश है कि कृपया अपनी गपशप को, अपनी राजनीतिक विकृत धारणाओं को, अपनी धूर्तताओं को सिद्धांत का जाना पहनाने से पहले भारत की परंपराओं की जानकारी प्राप्त कर लें और उसका अध्ययन कर लें। ठीक से जान लें। भारत तोड़क मनमानियों से बाज आएँ।

2. पुरुषसूक्त और दलित-विमर्श : भारत के जाति-विमर्श और उसके अंतर्गत एक अविभक्त अंग के रूप में दलित-विमर्श का पहला, प्रारंभिक, आधारभूत और मौलिक पड़ाव 'वैश्य' शब्द या 'वैश्य' समाज और 'वैश्य' वर्ण है, तो दूसरा पड़ाव वह है, जहाँ हमको भारत की वर्ण-व्यवस्था के चारों वर्णों का उल्लेख मिल जाता है। और ये चार वर्ण—ब्राह्मण, क्षत्रिय या राजन्य, वैश्य और शूद्र। इन चारों वर्ण नामों का एक साथ उल्लेख और शायद पहली बार उल्लेख ऋग्वेद के एक सूक्त 'पुरुषसूक्त' (ऋग्वेद, 10.90) में मिल जाता है। दलितों का अपमान करनेवाले विमर्शकारियों को इस बात का श्रेय हम देते हैं कि वे इन चारों वर्णों का उल्लेख करनेवाले इस मंत्र का उल्लेख करते हैं और अनजाने में इस सत्य को स्वीकार कर लेते हैं कि वर्ण-व्यवस्था का प्रारंभ भारत के इतिहास के अत्यंत प्राचीन काल से ही हो गया था, दस हजार वर्ष के भारत के इतिहास में काफी पहले की अवस्थाओं में ही हो गया था। पर जिन बातों का उल्लेख करना वे सुविधापूर्वक छोड़ देते हैं, वे बातें भी उतनी ही महत्त्वपूर्ण हैं। ऋग्वेद के इसी 'पुरुषसूक्त' (10.90) में, जहाँ चारों वर्ण नामों का उल्लेख हैं, वहीं पर अन्य अनेक बातों का भी उल्लेख मिल जाता है (या नहीं मिल जाता है), उन बातों की भी संकेत रूप से जानकारी ले जानी चाहिए। मसलन—

(1) ऋग्वेद के इस मंत्र (10.90.12) में जहाँ चारों वर्णों के नामों का उल्लेख है, वहाँ 'क्षत्रिय' वर्ण नाम का उल्लेख 'क्षत्रिय' शब्द से नहीं है 'राजन्य' शब्द से है। संस्कृत परंपरा में राजन्य उस प्रत्येक व्यक्ति का अर्थ देता है, जिसका संबंध राजनीति से है और (या राजनीतिक, प्रशासनिक व्यवस्था से है?) अर्थात् 'क्षत्रिय' और 'राजन्य', ये दोनों शब्द कर्म की दृष्टि से समानार्थक कहे जा सकते हैं, क्योंकि इनमें से प्रत्येक शब्द का वर्णवाची प्रयोग 'राजनीति' और 'रक्षा' के अर्थ का विस्तार कर रहा है। अर्थात् जैसे 'वैश्य' शब्द भारत की वर्ण-व्यवस्था के इतिहास का एक

प्रथम और आधारभूत शब्द है, वैसे ही 'राजन्य' शब्द इस व्यापक अर्थ का संप्रेषण कर रहा है कि वर्ण-व्यवस्था का प्रारंभ होकर अब उसका स्थिरीकरण ही नहीं हो गया, अपितु भाषा प्रयोग में पर्यायवाची शब्द/शब्दों का भी विकास हो चुका है।

(2) ऋग्वेद का यह वर्ण-व्यवस्था सूचक शब्द जिस मंत्र (10.90.12) में मिलता है, उस मंत्र का प्रयोग भारत की दार्शनिक विचारधारा के एक बहुत बड़े फलक के हिस्से के रूप में किया गया है। भारत की दार्शनिक पराकाष्ठा का प्रतिपादक एक वाक्य है—एकमेवाद्वितीयं ब्रह्म, अर्थात् ब्रह्म एक ही है, दूसरा और कोई नहीं। इसी ब्रह्म को यहाँ पुरुष कहा गया है और चारों वर्णों का विवरण इसी पुरुष, ब्रह्म, परमपुरुष या परब्रह्म के साथ जोड़कर किया गया है।

(3) थोड़ा आगे चलें। संपूर्ण पुरुष सूक्त चूँकि परब्रह्म का ही विवरण दे रहा है तो वह यह विवरण इस संदर्भ में दे रहा है कि कैसे संपूर्ण चराचर जगत् का विकास इसी परम पुरुष से हुआ है। परम पुरुष या परब्रह्म की सृष्टि के रूप में हुए विकास की बस एक छोटी सी झाँकी ही इस सूक्त में मिल जाती है। क्यों? इसलिए कि वेद एक काव्य है, भारत का प्रथम काव्य है, और काव्य में भावनाओं का ही प्रसार होता है। वैज्ञानिक विश्लेषण करना वहाँ किसी का उद्देश्य नहीं होता। काव्य तो विचारों को भी भावना बना देता है।

(4) इसी आधार पर, अर्थात् सृष्टि विकास की प्रक्रिया को भावनाओं के माध्यम से प्रस्तुत करने की इसी प्रक्रिया में पुरुष सूक्त के रचयिता नारायण नामक कवि ने यानी नारायण नामक ऋषि ने कई सारी बातें सूत्र रूप में कही हैं। कहा है कि इस संसार में जो है, हो चुका है और होनेवाला है, वह सब पुरुषमय ही है, उसी पुरुष की अभिव्यक्ति है। वही पुरुष उस अमृत, अविनाशी ईशान का ही स्वरूप है। मंत्र संख्या-2, जिसका आकार हम इस पुरुष में देख पा रहे हैं, वह उस आकार से कहीं बड़ा है, उस विराट् पुरुष का जो रूप हम देख पा रहे हैं, वह उसका केवल एक चौथाई है, शेष तीन चौथाई तो द्युलोक में विराजमान हैं (मंत्र संख्या-3)। और उसी एक पाद से इस संसार का वह विकास हुआ है जो हम देख पा रहे हैं (मंत्र संख्या-4)। उस पुरुष से विराट् पैदा हुआ, उस विराट् से फिर आदि पुरुष पैदा हुआ और वह आदि पुरुष उत्पन्न होते ही समस्त भूमि पर छा गया, व्याप्त हो गया (मंत्र संख्या-5)। इसी पुरुष से फिर देवताओं ने यज्ञ किया, जहाँ से फिर वसंत, ग्रीष्म और शरद् ऋतुओं की उत्पत्ति हुई (मंत्र संख्या-6), उसी यज्ञ से फिर यजुषों की उत्पत्ति हुई, ऋचाओं की उत्पत्ति हुई, साम अर्थात् गेय मंत्रों की उत्पत्ति हुई (मंत्र संख्या-9) । इसी यज्ञ की आहुतियों से फिर सभी जीव उत्पन्न हुए, आकाश जंगल और गाँव

पैदा हुए (मंत्र संख्या-8) फिर इसी यज्ञ में से अश्व, गर्दभ, गौएँ और अश्वतर उत्पन्न हो गए (मंत्र संख्या-10)।

पुरुष तो बन गया और उसने सृष्टि के ये सभी पक्ष और सृष्टि-आकार भी उत्पन्न कर दिए। यह हम नहीं कह रहे, मंत्र का अर्थ बता रहे हैं। फिर इस कवि नारायण ऋषि ने एक सवाल किया कि जब पुरुष के रूप में विराट् ने अपना आकार ग्रहण कर लिया तो उस विराट् पुरुष के अंग-प्रत्यंग का विकास किस-किस रूप में हुआ? (मंत्र संख्या-10)। सवाल को विस्तार से पूछा कि उस पुरुष का मुख क्या था, भुजाएँ क्या थीं? जंघाएँ क्या थीं, पैर क्या थे? (मंत्र संख्या-11)। और उन्हीं प्रश्नों के उत्तर में नारायण कवि ने वह मंत्र लिखा, जो प्राय: हमेशा उद्‌धृत किया जाता है और मंत्र है कि ब्राह्मण ही इस पुरुष का मुख था, राजन्य, यानी क्षत्रिय ही इसकी भुजाएँ हो गईं, जंघाओं को ही वैश्य माना गया और दोनों पैरों से शूद्र यानी दलित की उत्पत्ति हुई (मंत्र संख्या-12, यानी ऋग्वेद 10.90.12)।

अब हमारे कुछ प्रश्न हैं। प्रश्न है, इस सूक्त और इस मंत्र में कहाँ है मनुवाद? कहाँ है छूआछूत? कहाँ है वर्ण भेद? यानी कहाँ है किसी को किसी से श्रेष्ठ और किसी को हीन वर्ण मानने का भाव? कहाँ है ऐसा कोई भी भाव? कहाँ है ऊँच-नीच? बेचारा मंत्रकार वर्ण-व्यवस्था का विकास तो बता नहीं रहा। वह तो, नारायण कवि तो इतना भर बता रहा है कि कैसे संपूर्ण विश्व, संपूर्ण समाज, संपूर्ण मनुष्य उसी पुरुष या आदिपुरुष की ही अभिव्यक्ति कर रहे हैं? विराट् पुरुष के इस कदर अद्‌भुत विवरण को, काव्यमय विवरण को अगर आप 'जात-पात' के स्तर तक लाकर देखना चाहते हैं तो यह आपकी बुद्धिमत्ता की सीमाओं और पराकाष्ठाओं के आधार पर ही विश्लेषण हो पाएगा, जो अगर आप करना चाहते हैं तो करिए। पर इतना बता दीजिए कि सृष्टि के निर्माण में पुरुष, आदिपुरुष, वसंत, ग्रीष्म, शरद् अथवा गौएँ, अश्वतर, ऋचा, यजुष, साम, मुख, भुजाएँ और जंघाएँ तो महत्त्वपूर्ण हैं, लेकिन पैर बेकार का अंग है, इसलिए उन्हें शूद्र कह दिया गया? क्या कमाल का तर्क है आपका? अगर आप पैर को बेकार का अंग मानते हैं, पंगु होने को आदर्श मानते हैं तो आपकी बुद्धि पर बलिहारी ही हो सकते हैं। यकीनन यह 'पुरुष सूक्त' भारत की वर्ण-व्यवस्था के तहत 'दलित विमर्श' का एक महत्त्वपूर्ण पड़ाव है, पर इस पड़ाव और इस पड़ाव के महत्त्व को समझने की कोशिश हम नहीं करेंगे तो हम काहे के बुद्धिजीवी, हम काहे के भारत के जानकार और काहे के भारत की विचारधारा को समझनेवाले? जिन लोगों ने भारत को सिर्फ 'हिंदू-मुसलिम-सिख-ईसाई' की हास्यास्पद और मूर्खता भरे विभाजन को आदर्श समझने की ही ठान रखी हो, भारत

को एक मौजाएक मानने की ही ठान रखी हो, वे और सिर्फ वे विद्वान् महाब्राह्मण ही भारत की, भारत की वर्ण-व्यवस्था की, भारत के ब्राह्मण-क्षत्रिय-वैश्य-शूद्र की ऐसा व्याख्याएँ कर सकते हैं। हमारे पास ऐसा साहस कहाँ? ऐसी हिम्मत कहाँ?

3. **दलित विमर्श की निरंतरता :** भारत के दस हजार साल के इतिहास में जाति-विमर्श और उसके अंतर्गत दलित-विमर्श निरंतर होता रहा है। इसलिए नहीं कि भारत की संपूर्ण व्यवस्था में भारत के दलित हीन, उपेक्षणीय या दयनीय रहे हैं। दलित-विमर्श इसलिए निरंतर होता रहा है, क्योंकि वर्ण-व्यवस्था भारत की सामाजिक संगठनशीलता का महत्त्वपूर्ण हिस्सा रही है। चार जातियोंवाली वर्ण-व्यवस्था भारत की सामाजिक संगठनशीलता का अभिन्न अंग वैसे ही रही है, जैसे ब्रह्मचर्य-गृहस्थ-वानप्रस्थ-संन्यास आधारित चार आश्रम भारत की पारिवारिक संगठनशीलता का आधार रहे हैं और धर्म-अर्थ-काम-मोक्ष, ये चारों पुरुषार्थ भारत के व्यक्तिगत, जीवन की संगठनशीलता का आधार रहे हैं। इसलिए भारत के समाज, परिवार और व्यक्ति इन चारों जीवन यात्राओं की संगठनशीलता के विभिन्न आयामों का अध्ययन देश में सदैव और निरंतर होता रहा है और इसमें आश्चर्य की कोई बात नहीं है। इसी परिप्रेक्ष्य में अगर हम इस मंत्रांश का अर्थ समझने का प्रयास करेंगे तो हमें बड़ी सहायता मिलनेवाली है और यह मंत्रांश है : पंचजनाः मम होत्रं जुषध्वम् अर्थात् पाँच जन, पाँच व्यक्ति, पाँच व्यक्ति समूह, पाँच जन समूह मेरे लिए होत्र अर्थात् हवन अर्थात् यज्ञ करें। स्पष्ट है कि हम इस 'पंच' शब्द का प्रयोग 'चार वर्णों' के बाद शब्द से जोड़कर ही कर सकते हैं, अन्यथा 'पंच' का कोई तात्पर्य अपने को समझ में आनेवाला नहीं है। जब चार वर्णों की व्यवस्था, जाहिर है कि कर्म के आधार पर चार वर्णों की व्यवस्था बन रही थी और अपने निष्कर्ष तक आ रही होगी, उसी समय कुछ विचारकों को लगा होगा कि इन चार कर्म-वर्गों के अलावा भी कुछ कर्म ऐसे रह गए हैं, जो किसी वर्ण से जुड़ नहीं पा रहे हैं और इसी अभाव की पूर्ति के लिए 'पंचजनाः' की व्यवस्था सामने आ गई, जिसे समाज ने स्वीकार कर लिया। स्वीकार कर लिया, यह इसी बात से स्पष्ट है कि 'चत्वारो वर्णाः पंचमो निषादः' इस अतिलोकप्रिय संस्कृत वाक्य (यास्क रचित निरुक्त) के आधार पर निषाद एक अलग वर्ण जैसा मान लिया गया। हम 'वर्ण' नहीं कह रहे हैं, 'वर्ण जैसा' कह रहे हैं तो इसका एक कारण तो यह है कि पाँचवाँ वर्ण भी है, चातुर्वर्ण्य व्यवस्था में इसे अंतिम रूप से इस देश के विचारकों ने प्रतिष्ठित नहीं किया। क्यों नहीं किया, हम नहीं जानते। इसका कारण संभवतः यह रहा होगा कि पाँचवाँ वर्ण में शामिल किए जानेवाली अनेक वर्ण या जातियाँ सामने आने लग गई होंगी, जो स्वयं को शूद्र नहीं

मानते रहे होंगे, वर्ण-व्यवस्था का हिस्सा बनना चाहते रहे होंगे, पर समाज के कर्णधार इस पर कोई अंतिम निर्णय नहीं कर पाए। इसलिए खुद को शूद्र, या आगे चलकर दलित न माननेवाले 'भील', 'निषाद', 'कायस्थ' आदि ऐसे अनेक सामाजिक समूहों ने इस 'पंचम वर्ण' की सुविधा का लाभ उठाकर स्वयं को भारत की सामाजिक संरचना का, यानी 'चातुर्वर्ण्य' का अभिन्न हिस्सा बनने में ही सामाजिक गौरव को प्राप्त किया है। हम तो भारत के जाति-विमर्श और दलित-विमर्श के इस आयाम को अत्यंत रचनात्मक और भारत-निर्मात्री दृष्टि से ही देखते हैं।

4. **यज्ञ विधान में भागीदारी :** इसी से जुड़ा एक शब्द ऐसा है, जो भारत के दलित-विमर्श का अत्यंत महत्त्वपूर्ण मील का पत्थर है। प्रश्न उठा कि यज्ञ करने का अधिकार किसे है? भारत में 'यज्ञ विधान' एक अत्यंत महत्त्वपूर्ण गतिविधि रहा है। भारत का संपूर्ण ब्राह्मण-साहित्य, ऐतरेय ब्राह्मण, शतपथ ब्राह्मण आदि विशाल और बहुआयामी ब्राह्मण-साहित्य प्रमुख रूप से भारत के 'यज्ञ विधान' पर ही लिखा गया साहित्य है। इसी यज्ञविधान में प्रश्न उठा कि यज्ञ करने का अधिकार किसे है? किसे नहीं है? उत्तर मिला, 'पंचजना : मम होत्रं जुषध्वम्', अर्थात् ये पाँच जन मेरे यज्ञ में आहुति डाल सकते हैं, यानी पाँच जन समाज में अग्निहोत्र कर सकते हैं। हो सकता है कि कभी किसी ने विवाद उत्पन्न करने की कोशिश की हो कि कौन-कौन यज्ञविधान में भागीदारी करेंगे और कौन-कौन नहीं करेंगे? प्रश्न उठे, यही इस बात का प्रतीक है कि देश में दलित-विमर्श कितना परिपक्व, समाजपरक और श्रेष्ठ प्रकार से हुआ है। 'तिलक, तराजू और तलवार, इनको मारो जूते चार', इस लट्ठमार, समाज-तोड़क और भारत-द्रोही तरीके से नहीं हुआ है। पर संपूर्ण विमर्श के बाद निष्कर्ष निकाल दिया गया कि पाँचों जन—ब्राह्मण, क्षत्रिय, वैश्य, शूद्र और पाँचवाँ जन, जो भी स्वयं को इसमें शामिल मान ले, उसे यज्ञ करने का अधिकार है। जो भारत तोड़क लोग दलितों को भड़काने के काम में लगे रहने का असफल प्रयास करते हैं, यह कहकर कि दलितों को यज्ञ का अधिकार नहीं है, उनसे हम दो बातें कहना चाहते हैं। एक यह कि जिन दलित ऋषियों ने वैदिक मंत्रों की रचना की, उन्हें अपने ही लिखे मंत्रों की सहायता से यज्ञ करने का अधिकार नहीं है, यह भला कैसे हो सकता है? यह अस्वाभाविक स्थिति क्यों बनी, इस पर खोज होनी चाहिए और प्राणवान् हिंदू समाज से अपेक्षा है कि वह इसे ठीक करे। और 'पंचजना: मम होत्रं जुषध्वम्' की स्वाभाविक सामाजिक परिस्थिति का निर्माण फिर से करे। दलित-विमर्श का सौंदर्य इसी में है।

5. **जाति तथा व्यवसाय के बीच संबंधों का लचीलापन :** हमारे अब तक

के दलित-विमर्श का एक महत्त्वपूर्ण आयाम इस रूप में हमारे सामने आया है कि बेशक चातुर्वर्ण्य का निर्धारण कर्म के आधार पर हुआ हो, जन्म के आधार पर नहीं, पर उसमें यह आयाम भी जोड़ देना होगा कि जो हमें अभी तक के विमर्श के आधार पर समझ में आ रहा है कि व्यवसायों को वर्ण के साथ स्थायी रूप से नत्थी नहीं कर दिया गया था। एक-दूसरे के व्यवसाय को एक-दूसरे के वर्ण के जन-समूह ग्रहण करते रहते थे। ऐसा न होता, तो ज्ञानार्जन सिर्फ ब्राह्मणों के साथ ही नत्थी रहता। दूसरे वर्णों को ज्ञानार्जन का अधिकार नहीं रहता। पर ऐसा है नहीं। जितना दार्शनिक विवेचन क्षत्रियों ने किया है, उतना तो ब्राह्मण आचार्यों ने भी नहीं किया। पूरा भक्ति आंदोलन प्रमुख रूप से दलित संत-महात्माओं ने संचालित किया है। दलित ऋषियों ने मंत्र लिखे, ब्राह्मण ग्रंथ लिखे, उपनिषद लिखे, यह हम अपने इस 'दलित-विमर्श' में विस्तार से देख ही आए हैं। रथकार का व्यवसाय करनेवाले सूत लोग आगे चलकर कथावाचक और पुराण लेखक हो गए। चँवर डुलानेवाला विदुर सरीखा दलित हमारे सामने विशिष्ट नीतिशास्त्रकार के रूप में ही नहीं, धर्मराज के रूप में उपस्थित है। भारत के दलित-विमर्श का यह एक अतीव महत्त्वपूर्ण आयाम है, इसलिए हम लगातार खोज रहे हैं कि वह व्यवस्था किस स्मृति में है कि अगर दलित मंत्रोच्चारण सुन ले तो उसके कानों में सीसा पिघलाकर डाल देना चाहिए। अरे भाई, जब दलित महर्षियों ने खुद वैदिक मंत्र लिखे हैं, सदियों से वे मंत्र पढ़े और गाए जा रहे हैं, सुने-सुनाए जा रहे हैं, तो उनके कानों में सीसा डालने का क्रूर कर्म कौन-सा स्मृतिकार कर रहा था? और क्या सीसा डालने का एक भी क्रूरतापूर्ण तथा कुटिल ऐसा एक भी उदाहरण भारत में हुआ है? हम तो एक ही बात कह सकते हैं। न कुप्रचार का शिकार हों और न ही किसी कुविचार को प्रश्रय दिया जाना चाहिए।

6. **कहीं नहीं है अस्पृश्यता :** अब तक के दलित-विमर्श का सबसे खूबसूरत निष्कर्ष यह है कि भारत के मुसलिम-पूर्ववर्ती संपूर्ण इतिहास में अस्पृश्यता का नामोनिशान नहीं है। ब्राह्मण गुरु हारिद्रुमत दलित सत्यकाम को शिक्षा दे रहा है। दलित महिदास ऐतरेय 'ऐतरेय ब्राह्मण' लिखकर उसका प्रचार-प्रसार कर रहा है। सारा देश दलित महर्षि की 'रामायण' पढ़ रहा है। सारा देश दलित महर्षि वेदव्यास का 'महाभारत' और 'भागवत महापुराण' पढ़ रहा है। सारा देश, आसेतु-हिमाचल सारा देश भागवत कथा सप्ताह आयोजित कर रहा है। हजारों साल से कर रहा है। दलित महर्षि सूतजी के लिखे अट्ठारह महापुराण पढ़ रहा है। यह सारा व्यवहार सदियों-सहस्राब्दियों से हो रहा है। ब्राह्मण महामात्य सुबुद्धि शर्मा 'राक्षस' दलित नंदराजवंश का मुख्य प्रशासक है। ब्राह्मण महामात्य चाणक्य दलित मौर्य राजवंश का

सर्वेसर्वा रहा है। क्या इतना प्रभावशील सामाजिक व्यवहार छुआछूत से भरे पड़े हिंदू समाज में कभी संभव हो सकता था? नहीं हो सकता था। जाहिर है कि इसलाम के क्रूरतापूर्ण आगमन तक भारत में अस्पृश्यता का कहीं नामोनिशान तक नहीं था।

7. दलित-ब्राह्मण युति : इसके विपरीत भारत में एक अद्‍भुत परिस्थिति रही है, जिसका नाम है 'दलित-ब्राह्मण युति' अर्थात् समाज के निर्माण और विकास में ब्राह्मणों और दलितों ने एकजुट होकर काम किया है। कुछ नकारात्मक उदाहरण भी रहे होंगे, पर वे भारत की सहस्राब्दियों की वर्ण-व्यवस्था का अपवाद थे, उसकी मुख्यधारा नहीं। हारिद्रुमत गौतम और सत्यकाम जाबाल की युति हम देख आए हैं। नंदवंश और महामात्य सुबुद्धि शर्मा राक्षस की युति हम देख आए हैं। मौर्यवंश और महामात्य चाणक्य की युति हम देख आए हैं। डॉ. भीमराव रामजी आंबेडकर और उनके गुरु आंबेडकर की युति हम देख आए हैं। अगर आज के संदर्भ में सवर्णों और ब्राह्मणों को एक वर्ण मान लिया जाए, जैसा कि हम एक आलेख में प्रस्ताव रखनेवाले हैं, तो एकाधिक बार उत्तर प्रदेश का मुख्यमंत्री बनाने में सवर्णों-ब्राह्मणों का सहयोग निर्णायक रहा है। यह एक विलक्षण ब्राह्मण-दलित या सवर्ण-दलित युति है, जो पूरे हिंदू समाज में पूरे मन-मस्तिष्क के साथ, पूरी तल्लीनता के साथ व्यापक है, स्वीकृत है और विराजमान है। भारत के भावी दलित-विमर्श में से अनेक रचनात्मक सामाजिक-राजनीतिक धाराओं का उद्‍भव और विकास इसी 'युति' में से हो सकता है, जो भारत के हिंदू समाज की भावात्मक एकात्मता में बहुत योगदान कर सकता है, करने ही वाला है, और रा.स्व. संघ के मंच से निर्णायक तरीके से कर रहा है।

8. मनुष्य-विरोधी इसलाम के परिणामस्वरूप विचार विधता के बदले धर्मांतरण : भारत के दलित-विमर्श की यह रचनात्मक रूपरेखा हर्षवर्धन के चक्रवर्तीकाल तक बनी रही, अर्थात् क्रूर तथा अमानवीय इसलामी आक्रमण तक बनी रही। हमने भारत पर इसलामी आक्रमण को क्रूर और अमानवीय माना है, ठीक वैसे ही, जैसे यूनानी और हूण आक्रमण भी उतने ही क्रूर और अमानवीय थे। पर इसलाम के बारे में हम यह बात इसलिए अधिक सार्थकता से कह पा रहे हैं, क्योंकि इसलामी आक्रमण की लगभग हर बात पूरे देश को उसके पूरे विस्तार से पता है। इसलामी आक्रमण और उसके परिणामस्वरूप देश को मिली छह-सात सदियों की गुलामी के दौर में तीन भयानक दुर्घटनाएँ देश में घटीं। इसलाम के आने तक भारत में विचारों की विविधता थी। अध्यात्म, धर्म और संप्रदायों को लेकर एक विविधता थी। भारत के नौ दर्शन संप्रदाय रहे। भारत में पचास से अधिक धर्म-दर्शन संप्रदाय रहे। इनमें परस्पर शास्त्रार्थ परंपरा चलती रही। पर इसलाम के आने के बाद भारत के

विचार-वैविध्य का स्थान धर्मांतरण ने ले लिया। हमारा विचार मानो और मुसलमान हो जाओ, अन्यथा कुछ भी हो सकता है। यही एक आदर्श वाक्य बन गया। यानी जहाँ पहले विचार बहुलता थी, शास्त्रार्थ थे, वहाँ धर्मांतरण का अड्डा स्थापित हो गया।

मनुष्य-विरोधी इसलाम के आने के बाद देश में स्त्री पर्दे के पीछे बिठा दी गई। स्त्री पर्दे में रहे, यह भारत के किसी भी काल में सामाजिक परिस्थिति नहीं थी। अवगुंठन यानी घूंघट का कपड़ा केवल माथे तक था और वह भी सौंदर्य के लिए, पर वही घूँघट लटककर सारे चेहरे पर और फिर सारे बदन पर छा गया, यह स्थिति इसलाम के कारण बनी, जब भारत में आक्रामक बना दिए गए शासक समाज में स्त्री का वजूद ही खतरे में पड़ गया।

मनुष्य-विरोधी इसलाम के देश का शासक बन जाने के बाद तीसरा अमानवीय अर्थात् मनुष्य-विरोधी काम यह सामने आया कि भारत में छुआछूत की शुरुआत हो गई। हम अपने अब तक के दलित-विमर्श में गहराई से देख आए हैं कि भारत में छुआछूत नामक रोग के लिए कोई जगह कभी थी ही नहीं। भारत में मानव-विरोधी और आक्रमणकारी इसलाम आया। शासक बना तो शासक वर्ग में समस्या आई और देश में एक नई तरह की समस्या ने जन्म लिया। भारत में मलमूत्र-विसर्जन का काम पहले ग्रामों-नगरों-बस्तियों से दूर वन प्रदेशों में हुआ करता था। इस स्थिति को एक ही शब्द 'जंगल-पानी' के रूप में सारा देश जानता और समझता रहा है। इसलिए सफाई की अतिरिक्त व्यवस्था करने की कोई आवश्यकता नहीं थी। इसलामी शासकों को, वे सारे के सारे खुद को शासक ही समझते थे, अपने-अपने आवासों में मलमूत्र विसर्जन का, फिर उसकी सफाई करवाने का और उस काम को किसी एक वर्ग के जिम्मे डाल देने का अभ्यास पड़ने लगा और फिर अभ्यास पड़ ही गया और उन्होंने आज के दलितों, यानी तब शूद्र कहे जानेवाले लोगों के जिम्मे डाल दिया और उनको अछूत भी बना दिया। यह काम तो इसलाम की वजह से हुआ, पर इसमें हमारी शिकायत हिंदू समाज से है कि हिंदू समाज ने क्यों इस छुआछूत को, अस्पृश्यता को सामाजिक स्वीकार्यता प्रदान कर दी? हिंदू समाज को इस सवाल से दो-चार होना ही पड़ेगा।

9. **दलित-उत्पीड़न के आयाम :** अंतिम और सबसे महत्त्वपूर्ण आयाम उत्पीड़न का है। हमारा तात्पर्य दलित उत्पीड़न से है। दलितों का उत्पीड़न हुआ, इसे कोई अस्वीकार कर ही नहीं सकता। परंतु भारत के हमारे इस दलित उत्पीड़न को लेकर कुछ सवाल जरूर उठते हैं। यह फैला दिया गया है कि हजारों वर्षों से दलितों का उत्पीड़न हो रहा है। उत्पीड़न तो हुआ है, पर हमें अपना सोच सुथरा कर लेना चाहिए कि उत्पीड़न का यह मामला हजारों वर्षों का नहीं है, सैकड़ों वर्षों का जरूर है। अपने

संपूर्ण दलित-विमर्श से जो परिणाम हमारे सामने है, उससे स्पष्ट है कि ईस्वी सदी के प्रारंभ तक तो भारत में नंदवंश और मौर्यवंश, इन दो-दो दलित राजवंशों का, एक के बाद एक शासन रहा है। ऐसे में उत्पीड़न का प्रश्न नहीं उठता। इसी विमर्श में हमारे सामने दलित-ब्राह्मण की जो युति उभरकर सामने आती है तो फिर दलित उत्पीड़न का सामाजिक दायरा और भी ज्यादा सिकुड़ जाता है। यदि दलित-ब्राह्मण युति को पिछली कुछ सदियों के संदर्भ में दलित-सवर्ण युति मान लिया जाए, जिसके उदाहरण संपूर्ण हिंदू समाज में यत्र-तत्र सदा-सर्वदा मिल जाते हैं तो उत्पीड़न का यह दायरा और भी ज्यादा सिकुड़ जाता है। दलित उत्पीड़न का शिकार हुए हमारे दलित-बंधु भी स्वीकार करेंगे कि यह उत्पीड़न कोई अखिल भारतीय प्रवृत्ति नहीं है, देश के कुछ खास इलाके ऐसे हैं, जहाँ दलित उत्पीड़न हुआ है और खूब हुआ है। पर ऐसे इलाके संख्या में निश्चित हैं और दायरा सीमित है। दलित उत्पीड़न हिंदू समाज की अखिल भारतीय प्रवृत्ति नहीं है।

हम दलित उत्पीड़न की व्यथा को कम करके कुछ बताना चाहते हों, ऐसा हमारा लक्ष्य दूर-दूर तक नहीं है। हमारा उद्देश्य सिर्फ इतना है कि यदि इस उत्पीड़न के बारे में वस्तुथितियाँ ठीक-ठीक परिभाषित हो जाएँ तो उत्पीड़न के अभिशाप पर निर्णायक और सार्थक प्रहार किया जाना संभव है, ताकि हिंदू समाज स्वस्थ और गौरवपूर्ण जीवन जीने का सामूहिक अहसास प्राप्त कर सके। इसलिए तीन बातें जरूरी हो जाती हैं—

एक, उत्पीड़न हजारों वर्षों से नहीं हुआ, पिछले कुछ सौ वर्षों से हुआ है, इसका ठीक से अध्ययन और आकलन होना चाहिए।

दो, उत्पीड़न सभी हिंदू जातियों ने नहीं किया, कुछ सीमित हिंदू जातियों ने किया है, उन हिंदू-जातियों का भी ठीक से रेखांकन होना चाहिए और

तीन, उत्पीड़न संपूर्ण भारत में नहीं हुआ, कुछ इलाकों में हुआ और कुछ में तो विशेष रूप से हुआ, ऐसे उत्पीड़क इलाकों का ठीक से निर्धारण हो जाना चाहिए।

इन तीनों परिस्थितियों का वैज्ञानिक आधार पर अध्ययन इसलिए हो जाना आवश्यक है, ताकि दलित उत्पीड़न के अभिशाप का देश को ठीक से पता रहे और फिर ठीक से उसका निवारण किया जा सके। मंतव्य यही है और यह बहुत बड़ा मंतव्य है कि भारत का संपूर्ण हिंदू, जाति संगठनवाला हिंदू समाज स्वस्थ रहे, प्रसन्न रहे, गौरव और आत्माभिमान से भरपूर रहे, ताकि देश फिर अशोक मौर्य और स्कंद गुप्त के चक्रवर्तीकाल की महानताओं का साक्षी बन सके।

□

23

भक्ति-आंदोलन : इसलाम के विरुद्ध संघर्ष और उस संघर्ष में निर्णायक हैं दलित

भारत में तीन बड़े वैचारिक-आंदोलन चले हैं, जिनकी ओर हम पहले भी संकेत कर आए हैं। एक है अध्यात्म-आंदोलन, दूसरा है अद्वैत-आंदोलन और तीसरा है भक्ति-आंदोलन। हमने अध्यात्म-आंदोलन को महाभारत युद्ध में हुए भयानक और व्यापक विनाश की राष्ट्रीय प्रतिक्रिया माना है। अर्थात् महाभारत के भयानकतम गृहयुद्ध में विनाश कितना हुआ, इसका आकलन करना हो तो इस आकलन का मानदंड यह है कि अठारह दिनों तक चले इस महासमर में करीब पच्चीस लाख लोग मारे गए और इसी के आधार पर इस युद्ध में हुए पशुधन और संपदा के विनाश का अंदाजा लगाया जा सकता है।

इस असाधारण और अभूतपूर्व विनाश का समाज और देश पर क्या प्रभाव पड़ा, व्यक्तिगत और सामाजिक मूल्यों और संबंधों पर क्या प्रभाव पड़ा, यह एक विषय है। दूसरा पहलू यह है कि देश की मानसिकता पर और जनसामान्य की विचारधारा पर, यानी लोगों के दार्शनिक सोच पर क्या प्रभाव पड़ा। इस भयानक विनाश के परिणामस्वरूप देश में निराशा का एक माहौल चूँकि स्वाभाविक रूप से बन गया, इसलिए, इस निराशा भरे माहौल की प्रतिक्रिया में देश में इस आंदोलन की शुरुआत हुई, जिसे हम भारत का अध्यात्म-आंदोलन कहते हैं। सबकुछ विनाशशील है, जीवन निरर्थक है, सामाजिक संबंधों का कोई मतलब नहीं है, इस प्रकार के निराशा से परिपूर्ण माहौल में, विनाश, नश्वरता और नश्वरशीलता के इस माहौल में जो आंदोलन शुरू हुआ, उसको हम भारत का अध्यात्म-आंदोलन कहते हैं। संक्षेप में कहें तो पहले ब्राह्मण ग्रंथों में अध्यात्म विवेचन, वेदों में संकेत रूप में

उपलब्ध आत्मविचार का बाकायदा अध्यात्म विवेचन शुरू हुआ, मंत्रों की व्याख्या के साथ-साथ शुरू हुआ और फिर उपनिषदों के माध्यम से अध्यात्म-आंदोलन अपने शिखर पर जा पहुँचा।

अध्यात्म आंदोलन भारत का पहला राष्ट्रव्यापी वैचारिक-आंदोलन था। इसके परिणामस्वरूप जब देश में आत्मा, परमात्मा, जीव, जगत्, मृत्यु, बंधन, मोक्ष जैसे विषयों पर व्यापक और गहन विचार हुआ तो उसकी शिखर अभिव्यक्ति फिर 'अद्वैत-आंदोलन' के रूप में हुई। 'अद्वैत-आंदोलन' भारत का दूसरा राष्ट्रव्यापी वैचारिक-आंदोलन था। अद्वैत तत्त्व पर विचार का प्रारंभ तो ऋग्वेद में अर्थात् वेदों में ही हो चुका था, जब वैदिक ऋषि दीर्घतमा ने अपने अति प्रसिद्ध सूक्त 'अस्य वामीय सूक्त' (ऋग्वेद 1.164) में मंत्र लिख दिया कि 'एकं सद विप्रा बहुधा वदन्ति' (ऋग्वेद 1.164.46) अर्थात् सत्य एक है, जिसकी व्याख्या विद्वान् कई तरह से करते हैं। इसी विचार का परिपाक फिर समस्त संहिताओं, ब्राह्मण ग्रंथों और.उपनिषदों की यात्रा करता हुआ, षड्दर्शनों में हुआ, जिन्हें हम नास्तिक-आस्तिक का वर्गभेद मिटाकर, सांख्य, योग, जैन, बौद्ध, आजीवक, न्याय, वैशेषिक, मीमांसा, वेदांत, इस तरह नौ, अर्थात् 'नव दर्शन' भी कह सकते हैं। ऐसे नौ दार्शनिक संप्रदायों की, नवदर्शन की यात्रा करता हुआ आठवीं सदी तक आते-आते आद्य शंकराचार्य के अद्वैत की अपनी परमश्रेष्ठ रचना के रूप में देश के सामने आया। इसके बाद तो फिर मानो अद्वैत ही भारत की विचारधारा की मुख्य अभिव्यक्ति बन गया ओर इसी को हम भारत का दूसरा वैचारिक-आंदोलन अर्थात् भारत का अद्वैत-आंदोलन कहते हैं।

अद्वैत-आंदोलन के बीज अध्यात्म-आंदोलन में हैं तो भक्ति-आंदोलन के बीज अद्वैत-आंदोलन में हैं। अद्वैत-आंदोलन में शंकराचार्य और उनके सहयात्रियों के हाथों संपूर्ण वैचारिक पराजय के बाद भारत के बौद्ध धर्म-दर्शन संप्रदाय के अनुयायी, बजाए वैचारिक शास्त्रार्थ और वैचारिक आदान-प्रदान में लगे रहने के, भारत ही छोड़ गए और भारत की सीमाओं के बाहर विदेशों में जा बसे। इतिहास ने भारत के बौद्ध धर्म-दर्शन के अनुयायियों के इस सामूहिक निष्क्रमण को उचित मान्यता नहीं दी हैं, अभी तक उसका उचित आकलन और उचित विश्लेषण भी नहीं किया है, जो होना जरूरी है। बौद्ध धर्म-दर्शन के ये अनुयायी बड़ी संख्या में पश्चिम एशिया तथा मध्य एशिया के विभिन्न इलाकों में जा बसे। पश्चिम में ये बौद्ध इजिप्ट तथा सीरिया तक जा बसे और मध्य एशिया के उन देशों में जा बसे, जिन्हें हम आज की भाषा में 'गणराज्य' यानी 'रिपब्लिक' कहते हैं और जो रशिया की पश्चिमी सीमा से सटे हुए और कभी सोवियत संघ का हिस्सा बना दिए गए

थे और आज स्वतंत्र हैं तथा सोवियत संघ भी अब नहीं है। पर सातवीं सदी में इसलाम के जन्म और प्रारंभ के साथ ही इसलाम की जो कट्टरपंथी आँधी चली, पश्चिम तथा मध्य एशिया में जा बसे बौद्ध लोगों ने लगभग संपूर्ण रूप से इसलाम को स्वीकार कर लिया और वे इसलामी हो गए, जो आज तक इसलामी ही हैं। कह सकते हैं कि एक बार जो ये बौद्ध पलायनकारी भारत की अपनी जड़ों से कटकर विदेशों में जा बसे तो फिर अंततः वे विधर्मी हो गए। यह थ्योरी हमारी बनाई हुई नहीं है। इतिहास में दर्ज है। अगर इसमें किसी को कोई शक था तो अफगानिस्तान के बामियान में मिली भगवान् बुद्ध की प्रस्तर प्रतिमा ने, जिसे कुछ वर्ष पहले ही कट्टरपंथियों ने तोड़ दिया, इस विषय से जुड़े सभी संदेहों को हमेशा के लिए दूर कर दिया है। भारत छोड़कर मध्य व पश्चिम एशिया में जा बसे और फिर अंततः विधर्मी हो गए बौद्ध अनुयायियों का सत्य तो यह है। पर पश्चिम के कूटनीति विशारद इतिहास लेखकों ने इस निष्क्रमण की विवशता का सारा दोष भारत के ब्राह्मणों के मत्थे मढ़ दिया, यह अफवाह फैलाकर कि उन्होंने बौद्धों को समुद्र में डुबो दिया। क्या कोई ऐसे हजारों-लाखों लोगों को समुद्र में डुबो सकता है, मानव जाति के समग्र इतिहास में क्या कोई ऐसा जल-विध्वंस कहीं दर्ज है? भारत के मत्थे मढ़ने की इस असफल कोशिश का यक्ष प्रश्न यह है कि क्या इतनी बड़ी वैचारिक अँधेरगर्दी हो सकती है?

थोड़ा विषयांतर हो गया, तो फिर से विषय से जुड़ जाते हैं। हमने कहा कि भक्ति-आंदोलन के बीज अद्वैत-आंदोलन में हैं। यह इस तरह से कि जब विधर्मी इसलाम भारत में पहले भारत के दक्षिण में चुपचाप और फिर भारत के पश्चिम और उत्तर में क्रूरता से सने आक्रमणों के जरिये आया तो भारत में इसके विरुद्ध प्रतिक्रिया दो तरह से हुई। इसे हम चाहे तो इसलाम के विरुद्ध भारत की शुरुआती राजनीतिक प्रतिक्रिया भी कह सकते हैं। एक प्रतिक्रिया इस रूप में हुई कि इसलाम के विरुद्ध भारत में सशस्त्र प्रतिरोध हुआ, जो उत्तर भारत में हुआ। दूसरा प्रतिरोध दक्षिण भारत में हुआ, जो वैचारिक प्रतिरोध था। प्रतिरोध हमेशा राजनीतिक ही होता है, चाहे वह सशस्त्र प्रतिरोध हो या फिर किसी किस्म का वैचारिक प्रतिरोध हो। इसी वैचारिक राजनीतिक प्रतिरोध को हम 'भक्ति-आंदोलन' के नाम से जानते हैं।

इसलाम निर्दय और क्रूर है। धर्मांतरणकारी तो है ही। इस तमाम परिस्थिति से पैदा होनेवाले दुष्प्रभावों से बचने के लिए, अर्थात् भारत की अपनी विचारधारा को बचाने के लिए दक्षिण भारत में 'भक्ति-आंदोलन' शुरू हुआ, ताकि भारत के तत्त्व को, उसकी वैचारिक काया को और आत्मा को सुरक्षित रखा जा सके। धर्मांतरण

की आँधी का डटकर मुकाबला करने के लिए उस समय देश को सशस्त्र संघर्ष के अलावा वैचारिक संघर्ष चलाना भी स्वाभाविक और अनिवार्य था, जो कि दक्षिण भारत के संतों और आचार्यों ने चलाया। आड्यार भक्त कवि, जो स्वभाव और आचरण से संत ही थे, उन्होंने लोगों को भक्ति के साथ जोड़कर देश को अपनी विचारधारा से जोड़े रखने के लिए विष्णु के प्रति भावप्रवण भक्ति का आश्रय लिया। दूसरी ओर आड्यार संत कवियों के दक्षिण भारतीय सहयात्री आचार्यों ने अद्वैत का आश्रय लेकर इसलामी धर्मांतरण और इसलामी क्रूरता से सराबोर इसलामी आक्रमण से देश की काया और आत्मा को बचाने के लिए बड़ा भारी वैचारिक संघर्ष, अद्वैत-आधारित वैचारिक संघर्ष किया। वेदांत और उसके सभी भेद-उपभेद अगर इस संघर्ष को बौद्धिक शक्ल दे रहे थे तो आड्यार संत कवियों ने भक्ति प्रवणता को भावनात्मक संघर्ष के साथ भी जोड़ दिया।

इसी वैचारिक-भावप्रवण परिस्थिति का प्रतिफलन इस रूप में हुआ कि जिसे भक्ति-आंदोलन के महावाक्य के रूप में जाना जाता है—'भक्ति द्राविड़ ऊपजी लाए रामानंद'। इस महावाक्य का मर्म इसी में है कि दक्षिण भारत के आड्यार संतों और वेदांत के आचार्यों की विशिष्टतम वैचारिक सक्रियता के परिणामस्वरूप इसलाम की धर्मांतरण और क्रूरता की आँधी का प्रतिरोध करने के लिए जो आंदोलन हुआ, उसी को हम उत्तर भारत में 'भक्ति-आंदोलन' के रूप में जानते हैं, जो क्रमशः संपूर्ण भारत में फैलता चला गया। आड्यार संत कवियों ने ईश्वर के गुणगान और उसके प्रति समर्पण, इस पक्ष का प्रतिपादन किया तो वेदांत संप्रदाय के रामानुज, मध्व, निम्बार्क, वल्लभ आदि आचार्यों ने अद्वैत के माध्यम से उसको, इस भाव प्रवण भक्ति-आंदोलन को सशक्त वैचारिक आधार प्रदान कर दिया। भक्ति में और भगवान् की एकरूपता और उस एकरूपता-एकात्मता को वेदांत का जो वैचारिक आधार मिला, इसी को हम 'भक्ति-आंदोलन' के रूप में जानते और समझते हैं।

वेदांत का भक्ति में रूपांतरण होने में दक्षिण के ही जिन आचार्यों व आड्यार संत कवियों की भूमिका रही, उनका योगदान इतना विलक्षण और अनिवार्य जैसा बनकर हमारे सामने आता है कि हम भावप्रवण और उदात्त भक्ति का प्रतीक बन चुके संत कवियों के प्रति श्रद्धावनत हुए बिना रह ही नहीं सकते। पोयगै आड्यार, भक्तिसार, विप्रनारायण, विष्णुचित्त, गोदा आंडाल, शठकोप, कुलशेखर सरीखे भक्त कवियों के सुमधुर, कर्णप्रिय और चित्त को बरबस अपनी ओर खींच लेनेवाले गीतों-कवियों को सुनने को हम अगर सिर्फ तरसकर रहे जा रहे हैं तो इसलिए कि हम हिंदीभाषी हैं और तमिल जानने का सौभाग्य हम अपने जीवन में प्राप्त नहीं कर सके।

जब रामानंद ऐसी भक्ति को द्रविड़ से लेकर उत्तर आए तो किस शीघ्रता से भक्ति का प्रसार भारत के उत्तर, पूर्व और पश्चिम में हो गया कि देखते-देखते भक्ति का प्रवाह सारे भारत में आंदोलन बन गया, जिसका नाम हम 'भक्ति-आंदोलन' के रूप में सारे विश्व में कहते और जानते हैं। स्पष्ट है कि ऐसे बुद्धि और भाव प्रवण-आंदोलन का शुरू होना और बिना किसी संगठित या असंगठित प्रयास के पूर्व-पश्चिम, उत्तर-दक्षिण, ऐसे सारे भारत में फैल जाना इसी जमीनी सच्चाई को कह रहा है कि कुछ तो था, जो सभी को उद्वेलित कर रहा था, घर से उठकर समाज में सक्रिय हो जाने को प्रेरित कर रहा था और इस प्रेरणा को भक्ति से सराबोर पदों में व्यक्त कर रहा था। यह 'कुछ' वही था, जिसे हम इसलामी आक्रमण, उसकी क्रूरताएँ, उसका धर्मांतरण और इससे संभावित भारत का अपना व्यक्तित्व नष्ट हो जाने की आशंकाएँ ही थीं, जिनकी प्रतिक्रिया को, यानी 'भक्ति-आंदोलन' को हम संपूर्ण भारत को राजनीतिक प्रतिक्रिया का पर्यायवाची कहे और माने बिना रह ही नहीं सकते।

राजनीतिक प्रतिरोध के प्रतीक इस 'भक्ति-आंदोलन' का संबंध बौद्धिकता से नहीं, हृदय की भावुकता से था। वेदांत की बौद्धिकता ने तो आंदोलन को एक वैचारिक आधार दिया था और भावप्रवणता ने इसे आंदोलन की राह पर चला दिया था। मानो बौद्धिकता अपना प्रभाव पूरा कर चुकी थी और इसके बाद का प्रांगण हृदय और भावप्रवणता का था। अब तक जिस बौद्धिक पराकाष्ठा की बात हम करते आ रहे थे, उसका स्थान अब हृदय के भावातिरेक ने ले लिया था। बौद्धिकता की पराकाष्ठा के बावजूद जिस भगवान् बुद्ध को हम जान नहीं पा रहे थे, हृदय के भावातिरेक में वही भक्त शिव, विष्णु और शक्ति के दर्शन कर धन्य-धन्य होने लगा था। ईश्वर है या नहीं, यह प्रश्न अब समाप्त हो चुका था। ईश्वर है और वही हमारा परमाराध्य है, इस पर कोई भी संशय किसी भक्त कवि के मन में था ही नहीं। बस उसी परमाराध्य ईश्वर को पाना है। मुक्ति की चाहत ही मानो समाप्त हो गई। पुनर्जन्म चाहिए, सिर्फ हर जन्म में ईश्वर की भक्ति के लिए चाहिए और जब तक ईश्वर की साक्षात् प्राप्ति नहीं हो जाती, तब तक ईश्वर-आराधन, पूजन, वंदन, नाम संकीर्तन, भजन, चरणों में दास्य भाव आदि जीवन का कर्म बन गए।

कहा जा सकता है कि वेदांत के सभी आध्यात्मिक लक्ष्य पाने के माध्यम के रूप में भक्ति का प्रसार सारे भारत के हर प्रदेश, हर कोने में हो गया। जिन भक्तों व संतों ने सारे भारत को, मानो बिना किसी संगठित प्रयास के ही सारे भारत को भक्तिमय कर भारत के अपने व्यक्तित्व से निरंतर जोड़े रखा, उनमें से कुछ को

जानने व दोहराने में कोई हर्ज नहीं। आज के प्रदेशों के आधार पर दृष्टिपात करें तो काश्मीर की लल्लेश्वरी; पंजाब के गुरु नानक देव, गुरु तेग बहादुर, गुरु गोविंद सिंह; सिंध के झूलेलाल, पश्चिमांचल के संत सूरदास, पूर्वांचल के गोस्वामी तुलसीदास, हरियाणा के गरीबदास, चरणदास; राजस्थान की मीराबाई, बाबा रामदेव, संत हरिदास, संत दादूदयाल; गुजरात के नरसी मेहता; महाराष्ट्र के नामदेव, ज्ञानेश्वर, एकनाथ, तुकाराम, समर्थ रामदास, तुकडोजी महाराज; मध्य प्रदेश के स्वामी प्राणनाथ; बिहार व झारखंड के दरिया साहेब; पूर्वोत्तर के शंकर देव, रानी माँ गाइडिलू, बंगाल के चैतन्य महाप्रभु, भक्तिदास, रामकृष्ण परमहंस; आंध्र के अन्नामाचार्यालु, संत वेमना, अल्लरी, सीताराम राजू; उड़ीसा के पंचसखा भक्त; तमिलनाडु के तिरुमुलर, कण्णप्पन, आड्यार संत; केरल के नायन्मार संत, संत श्रीनारायण गुरु, महाकवि करुधन, कर्नाटक के बसवेश्वर, विद्याधर स्वामी, पुरन्दरदास, संत कनकदास और न जाने कौन-कौन, कितने-कितने संत, भक्त व कवि इस विराट् भक्ति-आंदोलन के अग्रदूत बने कि हम गिनते रहेंगे और नाम चलते रहेंगे। सूची अनंत है।

इस भक्ति-आंदोलन के माध्यम से भारत में वैष्णव, शाक्त, शैव, कार्तिकेय, गाणपत्य, हनुमत् आदि के नाम से इतने भक्ति संप्रदाय सामने आते गए कि हम मात्र उल्लेख करके ही आगे बढ़ जाना चाहते हैं। इस थीम पर अन्यथा एक पूरा विश्व रचा जा सकता है। फिर भी दो पुस्तकों का उल्लेख करना साहित्यिक ईमानदारी के रूप में हमें जरूरी लगता है। एक पुस्तक है डॉ. बलदेव उपाध्याय रचित 'भागवत संप्रदाय', काशी, 1953 और दूसरी पुस्तक है डॉ. कृष्णगोपाल रचित 'भारत की संत परंपरा और सामाजिक समरसता', भोपाल, 2013, (द्वितीय संस्करण)।

भक्ति-आंदोलन पर यह आलेख पढ़ने के साथ ही आपकी विचार-प्रक्रिया में एक बात आएगी ही कि भारत के इतिहास में पहली बार दलितों को रेखांकित करते हुए एक आंदोलन का अध्ययन किया जा रहा है और उस आंदोलन की सामाजिक-राजनीतिक व्याख्या की जा रही है। ऐसा इसलिए है, क्योंकि भारत के इस भक्ति-आंदोलन के दो पहलू बहुत महत्त्वपूर्ण हैं। एक, कि भारत के भक्ति-आंदोलन में 'दलित समुदाय' पर विशेष रूप से ध्यान आकर्षित हुआ है और दूसरा यह कि इस भक्ति-आंदोलन के संचालन में भारत के दलित समुदाय की भूमिका ही प्रमुख है। इन दोनों पहलुओं पर संक्षेप में बात कर इस आलेख को परिपूर्ण कर दिया जाए। हमने अब तक के अपने दलित-विमर्श में देखा है कि देश में कभी चातुर्वर्ण्य व्यवस्था के बावजूद दलितों के प्रति कोई दुर्भावना नहीं है, कोई दुराग्रह नहीं है, दलितों की दुरवस्था नहीं है, जैसा कि पिछली दो-तीन सदियों में होता नजर

आता है। सब कुछ सामान्य है। चारों वर्णों के सदस्यों के प्रत्येक समाज में जीवन समान है, जीवन सामान्य है। दलित समुदाय के ऋषि वैदिक मंत्रों की रचना कर रहे हैं और चारों वैदिक संहिताओं में समान रूप से और सामान्य रूप से अपने लिखे मंत्रों का स्थान प्राप्त कर रहे हैं। वेदों के मंत्रों की व्याख्या करनेवाले ब्राह्मण ग्रंथों की रचना कर रहे हैं। बल्कि दलित ऋषि महिदास ऐतरेय ने तो 'ऐतरेय ब्राह्मण' की रचना कर इस विधा का प्रारंभ ही किया है और पूरे वैदिक अनुशीलन में 'ऐतरेय ब्राह्मण' की अद्‌भुत प्रतिष्ठा है। यही दलित विचारक ऋषि उपनिषदों के माध्यम से दार्शनिक मंथन कर रहे हैं और उनकी स्वीकीर्यता समान रूप से और सामान्य रूप से बनी है और आज तक बनी हुई है, यह हम देख आए हैं। गुरुकुलों में शिक्षा ग्रहण कर रहे हैं और यह कोई घटना के रूप में लिखित नहीं है। यज्ञों में भागीदारी कर रहे हैं—'पंजजनाः मम होत्रं जुषध्वम्' का केंद्रीय संदेश यही है, यह हम देख आए हैं। साम्राज्यों का निर्माण कर रहे हैं। अस्पृश्यता का कहीं नामोनिशान नहीं है, कहीं कुछ अता-पता नहीं है, यहाँ तक कि देश के संपूर्ण, संपूर्ण यानी संपूर्ण समाज में एक अद्‌भुत, श्रेष्ठ, दलित-ब्राह्मण युति बनी हुई है, जहाँ दोनों समुदायों का परस्पर सामाजिक-राजनीतिक-शैक्षिक आदान-प्रदान और सामंजस्य अपने विशिष्ट आकार में निरंतर बना हुआ है।

फिर अचानक क्या हुआ? अचानक क्या हुआ कि दलितों को इसलामी आक्रमण के विरुद्ध सक्रिय होना पड़ा और भक्ति-आंदोलन जैसे राजनीतिक प्रतिध्वनियोंवाले आंदोलन की बागडोर अपने हाथों में ले लेनी पड़ी? अगर अकबर बादशाह के, अपने समय के सर्वाधिक कुटिल मुसलिम शासक, अकबर बादशाह के सीकरी यानी अकबर की राजधानी आने के आमंत्रण को ठुकराते हुए संत कवि भीकनदास ने दो टूक राजनीतिक जवाब दे दिया 'संतन को कहा सीकरी सों काम?' तो यह कोई छोटी बात नहीं है। दलित विचारकों का यह रिस्पांस, ऐसा सटीक और स्पष्ट रिस्पांस? उसका संदेश साफ है, जैसा कि हम अपने आलेख (संख्या-23) में, 'हमलावर इसलाम''' ' में लिख आए हैं कि इसलाम के आगमन के साथ ही दलितों की (और स्त्रियों की) वैसी दुरवस्था बनना शुरू हो गई थी, जिसका कोई अनुभव स्वातंत्र्य चेता भारतीय समाज के यानी संपूर्ण हिंदू समाज के स्वातंत्र्य चेता नागरिकों को नहीं था। दलितों व स्त्रियों समेत संपूर्ण स्वातंत्र्यचेता हिंदू समाज को नहीं था और जब विपरीत तथा विकट अनुभव होने लगे तो दलित संतों ने अपना मिशन सँभाला और इसलाम के खिलाफ एक अघोषित, पर सारस्वत आक्रमण छेड़ दिया। भक्ति-आंदोलन इसी का प्रकटीकरण था। जब संतों ने नेतृत्व

अपने हाथों में ले लिया तो फिर समूचा समाज संतों का सम्मान करने के अपने परंपरागत गहरे सोच और अनुभूति के आधार पर दलित संतों, दलित संत कवियों और दलित विचारकों के साथ खड़ा हो गया और हमने देखा है कि देश में फिर वह हुआ, जो अद्‌भुत था। यानी भक्ति-आंदोलन सारे देश पर छा गया। संपूर्ण समाज ने इसलाम को अस्वीकार कर दिया। तब के लिए ही नहीं, हमेशा के लिए इसलाम को अस्वीकार कर दिया। यह अस्वीकृति आज तक बनी हुई है। अगर कहीं कोई स्वीकृति है, तो वह घोर अपवाद है। इसलाम का स्वागत तो घोरतम अपवाद है। फिर आप दुनिया भर में स्वीकृत इस मानदंड को याद कर लीजिए कि अपवाद नियम को ही पुष्ट करता है।

□

24

ब्राह्मणों को खलनायक बनाने का क्रिश्चियन अभियान

संदर्भ : दलित-ब्राह्मण युति

हमने अपने 'दलित-विमर्श' में अब तक देखा है कि भारत के संपूर्ण इतिहास में, जिसमें भारत का संपूर्ण सामाजिक इतिहास भी शामिल है, इस संपूर्ण इतिहास में ब्राह्मण-दलित युति की एक अद्‍भुत, स्वत: स्फूर्त, रचनात्मक परिणाम देनेवाली परिस्थिति सदियों ही नहीं, सहस्राब्दियों तक रही है। इसलिए हमें हैरानी है कि दलित-ब्राह्मण युति की इस पृष्ठभूमि में ब्राह्मणों को खलनायक किसने बनाया, क्यों बनाया, कैसे बनाया? इन प्रश्नों पर विचार करना जरूरी है। इसलिए भी जरूरी है कि इसके माध्यम से भारत के दलित-विमर्श के, भारत के संपूर्ण जाति-विमर्श के कुछ ऐसे अध्यायों पर से पर्दा उठ जाता है, जिसके परिणामस्वरूप हमें भारत के संपूर्ण जाति परिप्रेक्ष्य को एक स्वस्थ दिशा मिल सकने की संभावना उभरती नजर आती है।

हम इसी पुस्तक के आलेख संख्या-23 में बता आए हैं कि कैसे इसलामी धर्मांतरण की क्रूरतापूर्ण और प्रलोभन से भरी आँधी के परिणामस्वरूप भारत के हिंदुओं के बीच दो कुप्रथाओं का प्रारंभ हुआ। एक कुप्रथा यह शुरू हुई कि मुसलिम शासकों ने दलितों से मैला उठवाने का वह काम करवाना शुरू करवा दिया, जो काम दलितों ने कभी नहीं किया था, क्योंकि ऐतिहासिक और सामाजिक परिप्रेक्ष्य में वैसा करने की कोई जरूरत ही नहीं थी, क्योंकि वैसा करवाने या करने की कोई परिस्थिति ही नहीं थी। दूसरी कुप्रथा यह शुरू हुई थी कि अभी तक भारत में स्त्री को जो स्वतंत्रता, लगभग पूरी स्वतंत्रता मिली हुई थी, उस पर अंकुश लगता चला

गया, जिसकी अभिव्यक्ति फिर स्त्री अवमानना के रूप में सामने आना शुरू हो गई, जो फिर बढ़ती चली गई। भारत के संपूर्ण भित्तिचित्रों का, यानी दीवारों पर उकेरे गए चित्रों का संपूर्ण इतिहास इसकी साक्षी प्रदान करता है कि भारत की स्त्री के पास सौंदर्य के लिए अवगुंठन था, पर वह परदा नहीं था जो बुर्के और हिज़्ब के जरिए आ गया।

इस संदर्भ में हिंदू समाज ने, विशेषकर ब्राह्मणों ने राजनीतिक अपरिपक्वता, कुछ लोग इसे राजनीतिक द्वंद्व भी कह देना चाहेंगे, यह राजनीतिक अदूरदर्शिता इस रूप में दिखाई कि भारत के दलितों को अस्पृश्यता का अभिशाप दिया तो मुसलिम शासकों ने था, पर उसे शास्त्रीय स्वरूप दे देने का अमानवीय काम हिंदू समाज ने किया, विशेष रूप से ब्राह्मणों ने किया। मुसलिम शासकों की छत्रछाया में, सदियों में जो स्मृति ग्रंथ लिखे गए, वे स्मृति ग्रंथ बेशक मनु, नारद, याज्ञवल्क्य जैसे अति प्रतिष्ठित राजाओं, ऋषियों, मुनियों के नाम पर लिखे गए, पर इन स्मृति ग्रंथों में लिखे गए विचार लिखनेवालों के ही थे, न कि उन विद्वानों-ऋषियों-मुनियों के समय में प्रचलित थे, जिनके नाम पर स्मृतियाँ लिखी गईं। याज्ञवल्क्य महाभारत काल के हैं, महर्षि वेदव्यास के शिष्य हैं, ब्रह्मवेत्ता हैं। उन्हीं वेदव्यास के 'महाभारत' में दलित कन्या सत्यवती (जो आगे चलकर निषादों के पृथक् वर्ग में रख दी गई) हस्तिनापुर के राजकुल की कुरु राजरानी है। सूत पुत्र कर्ण अंगराज हैं। दलित ऋषि ऐतरेय ने वेदों की व्याख्या करनेवाले ब्राह्मण ग्रंथों के लिखने की परंपरा का सूत्रपात किया, जो परंपरा फिर खूब लंबी चली। दलित किशोर सत्यकाम को हारिद्रुमत के आश्रम में पूरी मान्यता के साथ समग्र अध्ययन के लिए प्रवेश दिया गया। अर्थात् जिस समय याज्ञवल्क्य हुए, तब परिस्थितियाँ ये थीं, पर उन्हीं याज्ञवल्क्य के नाम पर स्मृति क्या कहती है? उससे एकदम उलट। मनु महाराज के समय तो भारत में देवयुग की खंडप्रलय जनित समाप्ति के बाद सभ्यता का नवोन्मेष, नवसमारंभ, नवीन प्रारंभ हुआ। पर मनु के नाम पर लिखी स्मृति में जो कुछ भी लिखा गया, इन परिस्थितियों का नामोनिशान भी मनुमहाराज के समय नहीं था। हमने मनु महाराज और आचार्य याज्ञवल्क्य को लेकर जो उदाहरण दिए हैं, लगभग वैसी ही परिस्थितियाँ संपूर्ण स्मृति साहित्य को लेकर हैं। अर्थात् जिन महान् व्यक्तियों के नाम पर स्मृतियाँ लिखी गईं, उन महान् व्यक्तियों के समय तो उस भारत का क्रमशः निर्माण हुआ, जो अवतारी महाव्यक्तित्वों और महान् चक्रवर्तियों का भारत बना। पर स्मृतिकारों ने जो परिस्थितियाँ नियमबद्ध कर दीं, उनके कारण फिर वैसा भारत बना, जिससे संघर्ष करनेवालों में सबसे बड़ा नाम डॉ. भीमराव रामजी आंबेडकर

का है, जिन पर हम पिछले अध्यायों में लिख आए हैं।

इस तरह की नकारात्मक परिस्थितियों का ही परिणाम था कि देश के ब्राह्मण वर्ग ने वे स्मृति ग्रंथ लिखे, जो हमारे सामने हैं। उन्होंने पूरे समाज को, जिसका उत्तराधिकारी आज का संपूर्ण हिंदू समाज है, उस पूरे समाज को नकारात्मक नियमों-उपनियमों में बाँध दिया, जो उनकी सत्ता को स्थापित किए रखने के अनुकूल थे और भारत को गिरावट के गड्ढे में प्रयत्नपूर्वक पहुँचा दिया। यही उस समय के हिंदू समाज की, खासकर ब्राह्मणों की राजनीतिक बुद्धि शून्यता थी, जिसमें मानो मुसलिम शासकों की चाटुकारिता में दलितों को अस्पृश्यता के और स्त्री स्वातंत्र्य को स्त्री अवमानना के गड्ढों में गहरे तक गिरा दिया।

परिस्थितियों को अपने पक्ष में भुनाने और वैसा न कर पाने से कितना अंतर पड़ जाता है, इसका श्रेष्ठ उदाहरण देखना हो तो फिर से उस हिंदू समाज को और खासकर ब्राह्मणों को देखिए कि कैसे क्रिश्चियन विद्वानों ने भारत का चेहरा बिगाड़कर रख दिया और हिंदू समाज ने, खासकर उसी समाज के ब्राह्मण वर्ग ने भारत के तेज को बढ़ाने का मौका गँवा दिया। ब्राह्मणों के पास खासतौर पर और हिंदुओं के पास स्वत: प्राप्त एक अवसर उपलब्ध था कि पूरे दलित समाज को मुसलिमों के विरोध में क्रांति करने को खड़ा कर देते और ब्राह्मण समाज उस विप्लव को नेतृत्व प्रदान करता। भक्ति आंदोलन से इन्हें भरपूर वैचारिक और राजनीतिक समर्थन भी बिना प्रयास के ही मिल रहा था। पर वैसा करना तो दूर, ब्राह्मणों समेत सभी हिंदुओं ने दलितों को अस्पृश्य बना देने के मुसलिम प्रयासों को मान्यता प्रदान कर दी और उसी प्रथा को फिर भारत की मुख्यधारा भी बना दिया। इसके विपरीत क्रिश्चियन विद्वानों ने क्या किया ? ये विदेशी विद्वान्, ये विधर्मी विद्वान् भारत आने के शीघ्र बाद बखूबी समझ गए थे कि भारत के ऐतिहासिक प्रवाह को दिशा देने और दिए रखने का भरसक काम ब्राह्मणों ने ही किया है। पतंजलि के महाभाष्य के पस्पशाह्निक का एक कथन है, 'ब्राह्मणेन निष्कारणेन षडंगो वेदोऽध्येयो ज्ञेयश्व' अर्थात् अपने निजी लाभ या स्वार्थ के बिना ही ब्राह्मण को चाहिए कि वह वेदों और वेदांगों का अध्ययन करता रहे (और करवाता रहे)। वेदों और षडंगों के अध्ययन करते रहने में ही भारत के ऐतिहासिक और सांस्कृतिक प्रवाह की निरंतरता का मर्म छिपा था और इसी मर्म को समझकर ब्राह्मणों ने अपना यह कर्तव्य निभाया। ब्राह्मण-दलित युति का विकास इसी विशिष्ट ब्राह्मणोचित कर्तव्य की परिपूर्णता का जीता-जागता नमूना है। ब्राह्मणों के उस रहस्य को पश्चिमी विद्वानों ने भारत में आते ही समझ लिया। इसलिए उन्होंने दो काम किए। एक तो आर्य आक्रमण की थ्योरी चलाई,

जिसे लोगों ने अस्वीकार कर दिया, पर संस्कृत के विद्वान्, यानी भारत के संस्कृतज्ञ ब्राह्मण उसे चलाते रहे और अपनी परम बेवकूफी में आज तक चलाए जा रहे हैं। डॉ. आंबेडकर द्वारा ध्वस्त कर दिए जाने के बावजूद उसी थ्योरी को चलाए रखने की परम बेवकूफी को तोता रटंत की तरह आज भी दोहराए चले जा रहे हैं। पश्चिमी विद्वानों ने दूसरा काम यह किया कि अपनी हर कोशिश में ब्राह्मणों को ही सभी बुराइयों की जड़ घोषित कर दिया और फिर से हमारे देश के विद्वानों ने उसे मान लिया। अगर नमूना चाहिए तो दो पुस्तकों की तुलना कर लीजिए। एक पुस्तक है डॉ. आंबेडकर की लिखी 'शूद्र कौन हैं ?' जो मूलतः अंग्रेजी में है और दूसरी पुस्तक है महात्मा ज्योतिबा फुले की लिखी 'गुलामगिरी'। पहली पुस्तक में 'आर्य थ्योरी' की अद्‌भुत बौद्धिक परीक्षा की गई है तो दूसरी पुस्तक में आर्यों द्वारा शूद्रों को गुलाम बनानेवाला साबित किया गया है, जिस बात का समर्थन डॉ. आंबेडकर ने कभी नहीं किया। दो अलग-अलग आलेखों में हम इसकी थोड़ा अधिक छानबीन करने ही वाले हैं।

परिणाम हमारे सामने है। जैसे पश्चिमी विद्वानों ने भारत के हिंदुओं को पहले आर्य बना दिया और फिर उन आर्यों को भारत से बाहर से आया घोषित कर दिया और हमने अपनी बुद्धिमंदता में उसे मान लिया, आज तक मान रखा है, वैसे ही पश्चिमी विद्वानों ने ब्राह्मणों को भारत के इतिहास का खलनायक घोषित कर दिया, हमने उसे जस का तस मान लिया और आज तक इसे माने बैठे हैं और उसी अवधारणा का पालन-पोषण करने में लगे हुए हैं। ब्राह्मणों को भारत का खलनायक बनाने का सारा किस्सा यही है, इतना ही है, ऐसा ही है। अगर आप कुछ और आयामों पर थोड़ा, बस थोड़ा ही गहराई में विचार करेंगे तो पाएँगे कि स्थितियाँ ऐसी नहीं है, बल्कि ऐसी हैं कि जिन पर हमने आज तक कभी विचार तक नहीं किया। आज हम वही कर रहे हैं।

ब्राह्मण खलनायक तो घोषित कर किए गए, पर प्रश्न है कि देश ने कभी इस बात पर विचार तक नहीं किया कि भारत में ब्राह्मण-दलित-युति का प्रभामंडल अभी भी उपलब्ध हैं, बेशक उसके स्वरूप में थोड़ा अंतर पड़ गया। मसलन, एक प्रश्न पर विचार किया जाए। भारत में दलितों पर अत्याचार हुए, यह अब एक स्थापित सत्य है और इसमें कोई संदेह नहीं। यह अत्याचार दशकों नहीं, सदियों से चल रहा है। भारत की स्वतंत्रता के संघर्ष के दौरान, कह सकते हैं कि डॉ. आंबेडकर के अद्‌भुत बौद्धिक-राजनीतिक नेतृत्व के परिणामस्वरूप इस दिशा में स्वस्थ परिवर्तन आए हैं—सामाजिक भी और कानूनी भी, पर देश ने अभी इस

सत्य का अध्ययन नहीं किया है, जो करना शेष है कि क्या यह अत्याचार सारे भारत में हुआ है या किन्हीं क्षेत्र विशेषों में हुआ है। हमारा मानना है कि ऐसा अत्याचार संपूर्ण भारत में नहीं हुआ है या उस जनसमुदाय में वैसा नहीं हुआ है, जिसका दर्शन हम, सभी पाठकों व शोधकर्ताओं से क्षमा याचनापूर्वक बता रहे हैं, कि जिसके दर्शन हमें भारत के पश्चिमी व दक्षिणी अंचलों में होते हैं। आप चाहे तो ऐसे ही कुछ पूर्वी अंचलों का नाम भी ले सकते हैं, पर हम अभी यह बात पूरे विश्वास से नहीं कह पा रहे हैं। दक्षिण में भक्ति-आंदोलन का शुरू होना और फिर सारे भारत में फैलना, इतिहास का यह प्रवाह हमारे सामने है। भक्ति-आंदोलन दक्षिण में प्रारंभ हुआ, जितना सत्य यह है, उतना ही सत्य यह भी है कि सारे भारत में फैलने के बावजूद महाराष्ट्र के संत कवियों की एक अद्‌भुत माला हमें मिल जाती है। दक्षिण में रामस्वामी नायकर ने इस संपूर्ण भक्ति-आंदोलन+दलित उठान को भारत-विरोधी स्वर दे दिया, जिसे संयत करने में फिर एम. करुणानिधि के द्रविड़ मुन्नेत्र कड़गम को भरसक प्रयास करना पड़ा, जो कि सफलतापूर्वक किया गया। वहीं महाराष्ट्र के संतों ने सचमुच ही भक्ति-आंदोलन को एक से बढ़कर एक चमत्कारी संत-कवियों के नाम दिए हैं। हिंदू समाज के अंतर्गत किस जाति और वर्ण ने दलितों पर अत्याचार किया और किन क्षेत्र विशेषों में किया, उसका अखिल भारतीयकरण करने और संपूर्ण हिंदूकरण करने से पहले हमें इन विशिष्ट आयामों को ठीक से परख लेना चाहिए।

अब कहीं जाकर देश को समझ में आना शुरू हुआ है कि भारत में तीन जाति वर्ग हैं—सवर्ण, मध्यम और दलित। भारत रत्न डॉ. पी.वी. काणे ने अपने 'धर्मशास्त्र का इतिहास' में पिछड़ा वर्गों को मध्यम जातियाँ कहा है, जो कि हर दृष्टि से बहुत ही उचित और ठीक नाम है। जिस बात को डॉ. काणे ने बिना राजनीति में गए समझ लिया था, वह बात डॉ. आंबेडकर को और उनके शिष्य मान्यवर कांशीराम को व्यावहारिक राजनीतिक अनुभवों के बाद समझ में आ गई थी। डॉ. भीमराव आंबेडकर ने अपने दलित अभियान का प्रारंभ 'पिछड़ा वर्ग' इस सामान्य नाम से ही शुरू किया था। पर जल्दी ही उन्हें स्पष्ट हो गया था कि 'पिछड़ा' एक व्यापक जाति वर्ग है, जिसका 'दलित' जातियों से कोई खास सरोकार नहीं है। इसलिए डॉ. आंबेडकर को फिर अंग्रेजी में 'बैकवर्ड' और 'डिप्रेस्ड' यानी 'पिछड़ा' और 'दलित' ये दो पृथक् वर्ग कहने पड़े, जो कि एक सामाजिक यथार्थ था। मान्यवर कांशीराम ने तो दलितों और पिछड़ों के साथ अल्पसंख्यकों को भी गिन लिया था। उनका बनाया 'बामसेफ' इसी साधारणीकरण की एक प्रतिध्वनि था। पर जल्दी

ही मान्यवर कांशीराम को भी अपने को दलितों तक ही सीमित कर उनके लिए लड़ने को मजबूर हो जाना पड़ा। अगली पीढ़ी तक आते-आते बहन मायावती ने दलित+पिछड़ा+मुसलिम एकजुटता वाला नाम 'बहुजन' चलाए रखा, बेशक चलाए रखा, आज भी 'बहुजन' नाम ही चल रहा है, पर राजनीतिक पटुता की महारथी बहन मायावती से अधिक और कौन जानता है कि उनका प्रभाव दलित से आगे-पीछे और कहीं नहीं है। बहन मायावती को भी पता है कि आज सारे भारत में सवर्णों का शासन कहीं नहीं है और कि सारे भारत में आज केवल और केवल पिछड़ा जातियों के पास ही संपूर्ण राजनीतिक सत्ता है। बहन मायावती को यह भी पता है कि केंद्र में और राज्यों में अर्थात् संपूर्ण भारत में कहीं भी अगर उन्हें केंद्र में मंत्री बनना है या किसी राज्य का मुख्यमंत्री बनना है तो वैसा लक्ष्य प्राप्त करवाने में उन्हें पिछड़ी जातियाँ नहीं, सवर्ण जातियाँ ही सहायता करनेवाली हैं, क्योंकि आज की दलित-सवर्ण युति ही पिछली सहस्राब्दियों की दलित-ब्राह्मण युति का नया नाम है। बहन मायावती इस सामाजिक सत्य को आज समझ लेती हैं या एक/अधिक चुनावी पराजयों के बाद समझ पाती हैं, यह फैसला उन्हें करना है।

जो निर्णायक गलती बहन मायावती कर रही हैं, ठीक वही गलती पिछड़ा राजनीति करनेवाले दल कर रहे हैं। वही, यानी पिछड़ा राजनीति करनेवाले दल मुसलिमों के साथ गठबंधन करके कर रहे हैं। इसी पुस्तक के एक आलेख में हमने जिन दलित-मुसलिम, यादव-मुसलिम, जाट-मुसलिम गठबंधनों की चर्चा की है, उनके लिए भी संदेश वही है, जो दलित राजनीति करनेवालों के लिए पिछले दशकों में रहा है। डॉ. आंबेडकर तो खैर मुसलिम राजनीति के भारत-विरोधी चेहरे को; भारत को बार-बार तोड़नेवाली, कभी फारस, कभी अफगानिस्तान, कभी बलोचिस्तान, कभी पाकिस्तान, कभी काश्मीर, कभी उत्तर-पूर्व में विघटन पैदा करनेवाली भारत-विरोधी मुसलिम राजनीति के चेहरे को बखूबी पहचानते थे। बाद में मान्यवर कांशराम भी पहचान गए। बहन मायावती भी अब कहीं जाकर पहचान पा रही हैं। पिछड़ा राजनीति करनेवाले दल भी मुसलिम राजनीति के सदियों पुराने भारत-विरोधी और विभाजक चेहरे को जल्दी ही पहचान जाएँगे। जिस दिन भारत के हिंदू सांस्कृतिक के साथ-साथ राजनीतिक आधार पर सोचने लग जाएँगे, उस दिन पिछड़ा राजनीति करनेवालों को अपने बारे में पुनर्विचार करना ही पड़ेगा। देर-सवेर, देर नहीं सवेर करना ही पड़ेगा, निस्संदेह।

इधर भारत के हिंदू अब हिंदू के रूप में तेजी से राजनीतिक आधार पर सोचने लगे हें। पिछले उत्तर प्रदेश विधानसभा चुनावों में भा.ज.पा. की प्रचंड विजय सिर्फ

और सिर्फ यही बता रही है कि भारत की हिंदू जातियाँ खुद को अब जातिवादी अलगाव की बजाय हिंदूत्ववादी संपूर्णता का हिस्सा बनकर सोचने लग गई हैं। इसी को उत्तरायण' में हमने 'जातियोग' कहा है। यानी जातिभेद नहीं, अब है जातियोग। आगामी (2019) लोकसभा चुनावों में यदि भाजपा पहले जैसी जीत दर्ज कर पाई तो हमारे इस कथन की पुष्टि हो जाएगी कि अब भारत का हिंदू राजनीतिक हिंदू के रूप में सोचना शुरू कर चुका है। कुनबा-परस्त दलित और पिछड़ा राजनीति करनेवाले और भारत-विरोधी मुसलिम राजनीति करनेवाले सतर्क हो जाएँ। देश का मिजाज बदल रहा है। मिजाज बदला तो राजनीति बदलेगी और परिणामस्वरूप हिंदुत्व को अपनाने की आकांक्षा पैदा होगी, जो फिर बढ़ती ही चली जाएगी। क्यों? इसलिए कि अब देश के लिए हिंदुत्व एक अपरिहार्य स्वीकृति बनता चला जा रहा है। पिछले अनेक उदाहरणों से तो यही समझ में आ रहा है कि हिंदू राजनीति करनेवालों की राष्ट्रवादी पंक्ति में भारत का दलित समाज इतिहास के उदाहरणों की तरह आज भी सबसे आगे खड़ा नजर आ सकता है।

जिस दिन ऐसा होगा, और हमें तो वैसा होता कोई दूर नजर नहीं आ रहा, उस दिन न तो पश्चिमी भारत-तोड़कों की 'आर्य थ्योरी' चल पाएगी, न ही ब्राह्मणों को खलनायक बनानेवाले कहीं आस-पास दिखाई देंगे और न ही भारत-विरोधी मुसलिम राजनीति दलितों को हिंदुओं से अलग दिखाने का साहस जुटा पाएगी।

देश का इतिहास इस समय संपूर्ण हिंदू समाज की कड़ी परीक्षा ले रहा है।

□

25

प्राचीन विचारकों की स्मृति में लिखे गए थे स्मृति-ग्रंथ

भारत की संपूर्ण ज्ञान-परंपरा का प्रतिपादन करने के लिए देश के विद्वानों ने कई तरह से परिश्रम किया है। परंपरा इतनी पुरानी है, दस हजार साल पुरानी है कि उसे जनसामान्य के बीच हृदयंगम बनाने के लिए कई शीर्षकों के माध्यम से प्रस्तुत किया गया है। भारत की ज्ञान परंपरा को समझने और उसे हृदयंगम करने के लिए जिस प्राचीनतम शब्द का प्रयोग किया गया है, वह शब्द है 'निगम परंपरा'। निगम परंपरा में चारों वेद, चारों वेदों की रचना के समकालीन दो प्रबंधकाव्य अर्थात् रामायण और महाभारत, चारों वेदों की व्याख्यास्वरूप लिखे गए ऐतरेय ब्राह्मण आदि ब्राह्मण ग्रंथ, इस कड़ी में अंतिम अर्थात् वेदांत के रूप में परिगणित उपनिषद् साहित्य, इन सबका परिगणन किया जाता है।

दूसरा प्राचीनतम, 'निगम' के बाद सर्वाधिक प्राचीन शब्द है—'आगम परंपरा'। 'आगम' शब्द के अंतर्गत भारत का संपूर्ण तंत्र साहित्य आता है, पर इससे पहले ही दो अद्‌भुत ग्रंथ परंपराएँ चलन में आ चुकी थीं। स्मरण रहे कि हम 'आगम परंपरा' की बात कर रहे हैं। एक है, जैन धर्म-दर्शन के उपजीव्य ग्रंथ, दूसरे हैं बौद्ध धर्म-दर्शन के उपजीव्य ग्रंथ। 'उपजीव्य ग्रंथ' उन ग्रंथों को कहते हैं, जो किसी परंपरा के बेसिक यानी आधारभूत ग्रंथ होते हैं, जो उस विचारधारा के लिए जीवनधारा सरीखे माने जाते हैं। जैन धर्म-दर्शन के कुछ उपजीव्य ग्रंथों को बाकायदा 'आगम' ही कह दिया गया है। जैन आगम ग्रंथों तथा तंत्र साहित्य को 'आगम' इस प्रकार कहते हुए हम 'आगम' शब्द के प्रयोग का विस्तार करते हुए जैन धर्म-दर्शन के संपूर्ण उपजीव्य साहित्य को, बौद्ध धर्म-दर्शन के संपूर्ण उपजीव्य साहित्य को तथा

संपूर्ण तंत्र साहित्य को हम 'आगम', इस परम श्रद्धेय शब्द के साथ जोड़कर प्रस्तुत कर देना चाहते हैं, ताकि भारत की संपूर्ण ज्ञान परंपरा को सरलता से हृदयंगम किया जा सके। प्रस्ताव हमारा है कि 'निगम परंपरा' के समान इस 'आगम परंपरा' को भी ज्ञान परंपरा के अभिन्न अंग के रूप में स्वीकार कर लिया जाए। इसे स्वीकृत देश को करना है और हमारा विश्वास है कि अपने इसी अर्थ विस्तार के साथ अर्थात् प्रयोग विस्तार के साथ इन 'आगम' शब्द को आज नहीं तो कल सारा देश स्वीकार कर लेगा और भारत की पूरी ज्ञान परंपरा को 'निगमागम परंपरा' के नाम से जानना, पहचानना और कहना प्रारंभ कर देगा। देर-सवेर ऐसा हो ही जाएगा। गोस्वामी तुलसीदास ने अपने विश्वप्रसिद्ध, प्रबंधकाव्य 'रामचरितमानस' में 'नाना पुराण निगमागम सम्मतं यत्' इस रूप में 'निगमागम' का प्रयोग एक साथ किया है।

'निगम परंपरा', 'आगम परंपरा' के अतिरिक्त इस देश में एक तीसरी परंपरा भी रही है अर्थात् ज्ञान की एक तीसरी परंपरा भी रही है। इस तीसरी परंपरा का नाम है, 'कथा परंपरा'। इस तीसरी परंपरा में अर्थात् इस कथा परंपरा में भारत के दोनों प्राचीनतम प्रबंध काव्य 'रामायण' और 'महाभारत' तो आते ही हैं, भारत के अठारह महापुराण, अठारह या अधिक सभी उपपुराण, सभी जैन पुराण, सभी बौद्ध जातक कथा ग्रंथ भी आ जाते हैं। 'कथा परंपरा' यह नाम बेशक थोड़ा कम प्रचलित रहा है, पर यही वह लंबी कथा परंपरा है, जिसको देश ने सर्वाधिक पढ़ा है, सर्वाधिक याद कर रखा है, सर्वाधिक समझा है, सर्वाधिक स्वीकार भी किया है और अपने भारत के राष्ट्र जीवन में सर्वाधिक हृदयंगम किया है। भारत में एक कथन चलता है, 'इतिहास-पुराणाभ्यां वेदं समुपबृंहयेत्'। अर्थात वेदों को विस्तार से समझना होगा, उसे इतिहास-पुराण की सहायता से समझना चाहिए। यही इतिहास-पुराण हमारी कथा-परंपरा है। कथा का महत्त्व ही यही है। यही उसका माहात्म्य है।

भारत की इस संपूर्ण ज्ञान परंपरा के अंतर्गत प्रचलित इन तीन शब्दों के अलावा अर्थात् निगम परंपरा, आगम परंपरा और कथा परंपरा के अलावा कुछ और भी नाम ऐसे हैं, जो हमारे देश की संपूर्ण ज्ञान परंपरा को किसी-न-किसी रूप में प्रस्तुत करते ही हैं। हमने अपनी पुस्तक 'भारत को समझने की शर्तें' में इसी संदर्भ में तीन आंदोलनों का विवरण दिया है। ये तीनों आंदोलन हैं—अध्यात्म-आंदोलन, अद्वैत-आंदोलन और भक्ति-आंदोलन। ये नई किस्म के दिखनेवाले तीनों नाम बेशक बहुत पुराने नहीं हैं। 'निगम परंपरा', 'आगम परंपरा' और 'कथा परंपरा' जैसे पुराने न हों। बेशक उतने पुराने न हों। पर ये तीनों नाम भी 'अध्यात्म-आंदोलन', 'अद्वैत-आंदोलन' और 'भक्ति-आंदोलन' ये तीनों नाम भी बेशक इतने पुराने न हों,

पर ये तीनों आंदोलन तो बहुत पुराने ही हैं, पाँच हजार साल पुराने महाभारत युद्ध और 'महाभारत' प्रबंध काव्य, दोनों के बाद से ही पूरे भारतवर्ष में चले हैं। इनमें से 'भक्ति-आंदोलन' भारत की संपूर्ण ज्ञान परंपरा में इसी नाम से सुप्रतिष्ठित और सुविख्यात हो ही चुका है। 'अद्वैत-आंदोलन' लगभग सुप्रतिष्ठित और सुविख्यात होने की स्थिति में आ चुका है और जिस दिन भगवान् बुद्ध की संबोधि, भगवान् बुद्ध के 'प्रतीत्य समुत्पाद' और 'प्रतीत्य समुत्पाद से जुड़ी' भारत की कर्म-दर्शन परंपरा को देश तरीके से समझ जाएगा, तो उसे भगवान् बुद्ध ने 'धर्मचक्र प्रवर्तन' क्यों किया, इस प्रश्न का उत्तर भी ठीक से मिल जाएगा और फिर देश अपनी ज्ञान परंपरा के प्राचीनतम अभिधान 'अध्यात्म-आंदोलन' को भी आसानी से समझ जाएगा।

इन अनेक शब्दों का, हमने प्रयोग किया। हमने कहा 'निगम परंपरा', 'आगम परंपरा', 'कथा परंपरा'। हमने कहा 'अध्यात्म-आंदोलन', 'अद्वैत-आंदोलन', 'भक्ति-आंदोलन' इन सभी शब्दों के साथ हमें एक और शब्द भी याद हो जाना चाहिए और यह शब्द है 'श्रुति-स्मृति'। 'श्रुति-स्मृति' यह शब्द भारत की संपूर्ण ज्ञान परंपरा को बड़ी ही गहराई से प्रस्तुत करता है। 'श्रुति-स्मृति' यह शब्द भारत के हजारों साल के इतिहास में पहले से ही सुप्रतिष्ठित है। 'श्रुति-स्मृति' इस एक नामोच्चारण में वास्तव में हम दो शब्दों का प्रयोग कर रहे होते हैं—'श्रुति' और 'स्मृति'। 'श्रुति' का शब्दार्थ है सुनना और 'स्मृति' का शब्दार्थ है स्मरण करना, याद करना, यानी हृदयंगम कर लेना। आप चाहें तो कह सकते हैं कि इन दोनों शब्दों को भारत की संपूर्ण ज्ञान परंपरा की सर्वश्रेष्ठ अभिव्यक्ति देनेवाला शब्द भी कह सकते हैं। 'श्रुति' यानी सुनना पहले होता है और फिर 'स्मृति' यानी हृदयंगम करना होता है। भारत-निंदक पश्चिमी शोधकर्ताओं ने इस 'श्रुतिस्मृति' के आधार पर हमें यह समझाने की कोशिश की है कि भारत ने कभी लिखने की परंपरा का विकास ही नहीं किया और भारत का सारा वाङ्मय, संपूर्ण ज्ञान सुनने-जानने, सुनकर याद करने, सुन-सुनकर हृदयंगम करने की परंपरा के आधार पर ही चला है। यानी भारत को मूर्ख और निकम्मा मानने की इस चतुर मानसिकता का इससे अधिक शातिर नमूना और क्या हो सकता है? पश्चिम के इन भारत-निंदक शोधकर्ताओं का तर्क मान लें तो इसका मतलब यह निकलता है कि भारत का संपूर्ण वाङ्मय, संपूर्ण ज्ञान-विज्ञान, संपूर्ण साहित्य, जो अपने कलेवर और मात्रा में इतना विशाल है कि भारत ने उसे बिना लिखे ही, सिर्फ सुन-सुन और याद कर-करके हमेशा सँभाले रखा है। यानी पश्चिम के ये भारत-निंदक शोधकर्ता चाहते हैं कि महाभारत के लेखक स्वयं गणपति महाराज थे, जिन्होंने व्यास के बोलते-बोलते ही एक लाख श्लोकों

का 'महाभारत' प्रबंध काव्य लिखा था, इस टंकित इतिहास को हम कल्पना और गपशप मान लें। भारत के जिस वाङ्मय की बात कर रहे हैं, वह उसके अलावा है और शायद कहीं-कहीं विपुलतर है, जिसे भारत पर आक्रमणकारी इसलामवादियों ने लाइब्रेरियाँ और लाइब्रेरियाँ जलाकर राख कर दिया है। रामजन्मभूमि मंदिर जैसे कितने मंदिर तोड़-तोड़कर मसजिदें बनाई गईं, देश को कभी अपने हजारों साल के गौरव की याद आए तो उसे ऐसे मंदिरों के भग्नावशेषों को वैसे ही रिकॉर्ड पर ले आना चाहिए, जैसे 'नालंदा' जैसी कितनी लाइब्ररियाँ-दर-लाइब्रेरियाँ जलाकर राख कर दी गईं, इसका भी आँकड़ा इकट्ठा कर लेना चाहिए। तभी पता चल सकेगा कि भारत में श्रुति-स्मृति परंपरा किस ठोस लेखन परंपरा के आधार पर टिकी थी, चली थी और विकसित हुई थी। तभी देश को पता चलेगा कि क्यों देश में यह कहने की परंपरा थी कि जो कोई यह फलाँ स्तोत्र, पुस्तक या ग्रंथ पढ़ेगा और उसकी आठ, ग्यारह या इक्कीस प्रतिलिपियाँ लिखकर बाँटेगा तो उसे भारी पुण्य मिलेगा। पश्चिम के ये भारत-तोड़क शोधकर्ता चाहते हैं कि हम इन मजबूत परंपराओं को कूड़े के बट्टेखातों में डाल दें। क्यों डाल दें?

हम बात 'श्रुति-स्मृति' की कर रहे थे। भारत के दलित विमर्श में स्मृतियों की भूमिका काफी महत्त्वपूर्ण है और इस बात को ठीक से समझ लेने की जरूरत है। भारत में धर्म का स्वरूप क्या है, यह जानने-मानने और समझने के लिए जिन चार बातों को बेसिक और आधारभूत माना गया है, उन चार बातों में से एक का नाम है स्मृति—'श्रुतिः स्मृतिः सदाचारः स्वस्य च प्रियमात्मनः'। इस कथन के अनुसार धर्म को समझने के लिए चार आधार हैं—1. श्रुति, 2. स्मृति, 3. श्रेष्ठ आचरण, यानी सदाचार और 4. वह जो स्वयं को ठीक लगे। धर्म को जानने और समझने की ये चार कसौटियाँ हैं। देखिए तो यह चौथी कसौटी कितनी अद्‌भुत है कि धर्म वह है, जो स्वयं को ठीक लगे। एक साथ ही कितनी आसान और कितनी कठिन है यह धर्म की परिभाषा। ऐसी परिभाषा बनानेवाला देश कितना उदार, कितना अनुशासनप्रिय और कितना स्वतंत्रचेता रहा है, इसी से यह स्पष्ट हो जाता है। हम 'दलित-विमर्श' की और उसके संदर्भ में स्मृतियों की बात कर रहे हैं। 'स्मृति' की जो भी और जैसी भी व्याख्या हमने की है, उस सबके बीच में आधारभूत शब्द वही है, 'स्मृति' यानी याद करना, हृदयंगम कर लेना। क्या हृदयंगम कर लेना? प्रश्न है क्या हृदयंगम कर लेना? अर्थात् यह हृदयंगम कर लेना है कि अब तक के विचारकों ने देश को श्रेष्ठ आचरण के जो भी मानदंड दिए हैं, उनके अनुसार व्यक्ति को वे सभी तरीके, सभी उपाय बता दिए गए हैं। अर्थात् स्मृतियों के श्रेष्ठ

धर्माचरण के ये सभी मानदंड बता दिए गए हैं।

हमको अब दो बातों पर विचार कर लेना है, जिस पर देश में उस हद तक विचार नहीं किया गया, जिस हद तक भारत में दलित-विमर्श के लिए जरूरी माना जा सकता है। **एक,** कि भारत की प्रमुख स्मृतियाँ व उनके टीकाकार कौन हैं? **दो,** कि इन प्रमुख स्मृतियों व उनके टीकाकारों का समय क्या है? 'श्रुति' और 'स्मृति' ये दोनों शब्द जिस तरह से एक-दूसरे के साथ जुड़ चुके होकर हमारे मन-मस्तिष्क में विराजमान हैं, उससे ऐसी भ्रांति हो सकती है कि श्रुति के एकदम बाद यानी वेद-प्रबंधकाव्य-ब्राह्मण-उपनिषद्-पुराणों के एकदम बाद स्मृतियों की रचना हो गई होगी। ऐसा नहीं है। बल्कि श्रुति-ग्रंथों, यानी वेदों आदि की और मनुस्मृति आदि स्मृति ग्रंथों की रचना के बीच में हजारों वर्षों का गैप है। वेदों की रचना आठ हजार साल पहले से लेकर आज से चार-पाँच हजार साल पहले तक होती रही। एक बार कालक्रम फिर से याद कर लें। आज से आठ हजार साल पहले, यानी मनु महाराज के समय, कृतयुग यानी सत्ययुग में यजुर्वेद की रचना हो गई। आज से सात हजार साल पहले, यानी विश्वामित्र और गायत्री मंत्र आदि के समय ऋग्वेद की रचना हो गई। आज से छह हजार साल पहले, यानी वाल्मीकि रामायण, दशरथ-राम आदि के त्रेता युग के समय सामवेद की रचना हो गई। आज से पाँच हजार साल पहले, यानी महाभारत आदि के समय, वेदव्यास, कृष्ण आदि के समय द्वापर युग में अथर्ववेद की रचना हो गई। हम इस कालक्रम का अपनी पुस्तक 'भारतगाथा' में गहराई से निर्देश कर आए हैं। स्मृति ग्रंथों का अध्ययन करनेवाले विद्वानों ने, जिनमें चार विशाल खंडों में 'धर्मशास्त्र का इतिहास' के विश्वविख्यात लेखक 'भारत रत्न' डॉ. पांडरंग वामन काणे शीर्षस्थ हैं, ऐसे विद्वानों ने माना है कि स्मृति ग्रंथों की रचना ईसा पूर्व दूसरी सदी और ईसा पश्चात् दूसरी सदी के बीच की सदियों में हुई थी, जबकि स्मृतियों पर लिखे जानेवाले टीका ग्रंथों का प्रणयन नौ सौ ईस्वी सदी के आस-पास प्रारंभ हो गया था। मनुस्मृति के प्रसिद्ध टीकाकार मेधातिथि का समय 788 ई. है तो उसी पर लिखे गए विश्वप्रसिद्ध टीका ग्रंथ 'मिताक्षरा' का समय, जिस पर भारत की दंड सहिता (आई.पी.सी.) आधारित है, उस मिताक्षरा का समय 1030 ईस्वी माना जाता है।

अब प्रश्न एक ही है, जिसका विश्लेषण करने में भारत के दलित-विमर्श पर निर्णायक निष्कर्ष निकाल लेने की स्थिति हमारे सामने आ जाती है। प्रश्न यह है और प्रश्न महत्त्व भरा है कि ऐसी क्या परिस्थितियाँ थीं कि ईसा पूर्व दूसरी सदी में स्मृति ग्रंथों की रचना करने की जरूरत अनुभव की गई और प्रश्न यह भी है,

जो कि इसी पहले प्रश्न का विस्तार है, कि ऐसी क्या विवशताएँ थीं कि 900 ई. के आस-पास के भारत में स्मृति ग्रंथों पर टीकाएँ लिखे जाने की परंपरा शुरू हो गई? अर्थात् भारत के संपूर्ण इतिहास की इन दो सदियों में, ईसा पूर्व दूसरी सदी में और ईसा की नौवीं-दसवीं सदियों में ऐसी क्या विवशताएँ थीं कि पहले ईसा पूर्व दूसरी सदी में स्मृति ग्रंथों की और फिर नौवीं-दसवीं सदियों में स्मृतियों पर टीका ग्रंथों की रचना करनी पड़ी?

इन दोनों अति, अति महत्त्वपूर्ण जिज्ञासाओं की शांति के लिए आपको बहुत दूर नहीं जाना पड़ता। पहले ईसा पूर्व दूसरी सदी की बात कर ली जाए। यह वह समय था, जब भगवान् बुद्ध को संबोधि प्राप्त हुए करीब तीन सदियाँ बीत चुकी थीं। जैसा कि हम इसी 'दलित-विमर्श' पुस्तक के आलेख संख्या-21, 22 में कह आए हैं कि भारत में बौद्ध धर्म-दर्शन के इतिहास के दो सोपानों में से एक सोपान पर भगवान् बुद्ध विराजमान हैं, जिन्होंने भारत की अध्यात्म परंपरा में आ गए कुछ विचलनों को ठीक करने के लिए 'धर्मचक्र प्रवर्तन' किया। भारत की वैदिक और औपनिषदिक अध्यात्म परंपरा में आए कुछ विचलनों को ठीक करने के लिए धर्मचक्र प्रवर्तन किया और प्रतीत्य-समुत्पाद उस विचारधारा का प्रवर्तन किया अपनी पुस्तक 'भारत को समझने की शर्तें' में हम इस थीम पर विस्तार से विचार कर आए हैं। बौद्ध धर्म-दर्शन को समझने का यह एक सोपान है, जहाँ भगवान् बुद्ध विराजमान हैं, जहाँ विराजमान होकर भगवान् ने धर्मचक्र प्रवर्तन, प्रतीत्य-समुत्पाद उस विचारधारा का प्रवर्तन किया। दूसरे सोपान पर बुद्ध परवर्ती अवशिष्ट संपूर्ण बौद्ध धर्म-दर्शन परंपरा है, जिसका भगवान् बुद्ध के प्रतीत्य समुत्पाद अर्थात् कर्म-दर्शन से कुछ भी लेना-देना नहीं है और ऐसे परवर्ती बौद्ध विद्वानों ने 'धर्मचक्र प्रवर्तन' को ठेल-ठालकर क्षणभंगुरवाद, वेदविरोधवाद, इहलोकवाद, यज्ञविरोधबाद आदि का पर्यायवाची बना दिया, जो कि भगवान् बुद्ध की विचारधारा कतई नहीं थी। भगवान् बुद्ध की ऐसी कोई धारा, ऐसी कोई विचारधारा थी, इसका कोई प्रमाण नहीं मिलता। पर भगवान् के धर्मचक्र प्रवर्तन को कर्म-विरोधी बनाकर अनाचार फैलाने की कोशिश की गई और सफलतापूर्वक की गई। जाहिर है कि उन्हीं कुप्रयासों के प्रत्युत्तर में समाज पर विचार करनेवालों ने धर्म पर नए सिर से विचार किया। उसी विचार प्रयास में धर्म को सन्मार्ग पर लाने के लिए श्रुति-आधारित स्मृति ग्रंथों की रचना प्रारंभ हो गई। एक बार प्रारंभ हो जाने पर फिर स्मृति ग्रंथों की रचना होती चली गई, इन ग्रंथों की संख्या सौ से ऊपर हो गई और जिनमें प्रमुखतम ग्रंथ हैं मनुस्मृति, याज्ञवल्क्य स्मृति, नारदीय स्मृति आदि।

एक वाक्य में कहा जाए तो हमारा निष्कर्ष यह है कि भगवान् बुद्ध के बताए कर्म-दर्शन पर आधारित प्रतीत्य समुत्पाद पर आधारित धर्ममार्ग को उन स्मृतिकारों ने नए रूप में पेश कर दिया। स्मृतिकारों ने आचरण को, अर्थात् श्रेष्ठ आचरण को अपनी प्रस्तुतियों का आधार बनाया और बौद्ध धर्म-दर्शन में वाममार्गी और बुद्ध-विरोधी प्रस्तुतियों को निरस्त करने का रास्ता अपनाया। अर्थात् भारत की कर्म-दर्शन की परंपरा को, जिसे भगवान् बुद्ध ने अपने 'धर्मचक्र प्रवर्तन' के माध्यम से पुनः स्थापित किया, इसी कर्म-दर्शन परंपरा को इन स्मृतिकारों ने आचरण पर बल देते हुए उसी कर्म-दर्शन से जुड़ी प्रेरणाओं को स्मृति ग्रंथों की रचना का आधार बनाया और इसी प्रयास में बौद्ध धर्म-दर्शन की भारत-विरोधी, यानी भारत के जीवन-दर्शन की विरोधी स्थापनाओं को निरस्त करने का काम किया। स्मृतियों की रचना के पीछे की प्रेरणा यह थी और इसी आधार पर हमने अपने इस आलेख को शीर्षक दिया है कि स्मृतिकारों ने भारत के ही प्राचीन विचारकों की स्मृति में, उन विचारकों की स्थापनाओं को पुनः स्थापित करने के प्रयास में, स्मृति ग्रंथों की रचना की। स्मृति ग्रंथों को स्मृति नाम देने की प्रेरणा और परिणाम यह था। परिणाम हमारे सामने है कि देश ने स्मृतियों को स्वीकार किया और धर्म तथा धर्माचरण का दबाव इस हद तक था कि बुद्ध-विरोधी वाममार्गियों ने अपना देश ही छोड़ दिया, वे भारत से ही बाहर चले गए। संपूर्ण पश्चिम तथा मध्य एशिया में जाकर और धर्म के प्रति विचलन का अल्टीमेट शिकार होकर इन सभी ने आगे चलकर इसलाम स्वीकार कर लिया और वे विधर्मी हो गए। भारत के विद्वानों को हमारी इस प्रस्तुति पर अधिक शोध कर हमारे निष्कर्षों पर अपनी राय देनी ही चाहिए। अन्यथा यह एक लगभग स्वीकृत ऐतिहासिक सत्य है।

यही इतिहास ईसा की 10वीं-11वीं सदियों में दोहराया गया, जब आक्रमणकारी, बर्बर और कट्टरपंथी इसलाम ने भारत को गुलाम बनाना शुरू किया। भारत के धर्माचरण के इतिहास पर, यानी भारत के सनातन धर्म पर इतिहास का विकटतम आक्रमण इसलाम ने किया और देश में धर्मांतरण की जहरीली आँधी चला दी। भारत के धर्म पर हुए इसी विकटतम आक्रमण का परिणाम था कि फारस (पारसीक), सीस्तान (शकस्थान), बलोचिस्तान (सौवीर), सिंध (सिंधुदेश), अफगानिस्तान (गांधार) आदि भारत के अखंड भारत के दशाधिक इलाके आतंक, प्रलोभन, बर्बरता आदि की सहायता से इसलामी बना दिए गए, धर्मांतरित कर दिए गए। भारत के धर्माचरण पर इसलाम के रूप में संकट सिर पर आ गया था तो देश की ज्ञान परंपरा के कर्णधारों ने स्मृति ग्रंथों पर टीकाएँ लिख-लिखकर देश के धर्माचरण को फिर

से लौटाने की विराट् मुहिम शुरू कर दी, धर्म की रक्षा की और राजनीतिक गुलामी की सदियों के बावजूद धर्म की रक्षा यकीनन की। पश्चिमपरस्त और भारत-विरोधी माहौल के बावजूद अगर भारत का धर्म बचा हुआ है, तो इसका श्रेय भी आप भारत के डॉ. आंबेडकर लिखित संविधान को दे सकते हैं, जो संविधान 'मनुस्मृति' की ही एक टीका 'मिताक्षरा' से प्रेरित है, ऐसा व्यापक रूप से माना जाता है।

ऐसा संविधान, जो आधुनिक भारत की विराट्तम प्रतिभा डॉक्टर भीमराव रामजी आंबेडकर द्वारा लिखा गया हो और भारत की ज्ञान परंपरा से पोषित-पल्लवित हो, 'मिताक्षरा' से प्रभावित हो, ऐसा संविधान दलित-विरोधी हो सकता है, इस दुष्कल्पना को हम दूर-दूर तक भी मानने को तैयार नहीं हैं। इसके विपरीत मिताक्षरा अनुप्राणित भारत के संविधान ने भारत के समाज की, भारत के दलित वर्ग की, भारत के हिंदू समाज की निरंतर सहायता और रक्षा ही की है। समस्या तब पैदा होती है, जब देश के प्रबुद्ध लोग भी अज्ञानियों की तरह व्यवहार करते हुए धर्मनिरपेक्षता सरीखे माध्यमों को, जीवन संचालन के माध्यमों को जीवन का, संविधान और पूरे राष्ट्र जीवन का लक्ष्य, प्राप्तव्य, मिशन मान लेते हैं। सदाचरण बताने वाला धर्म ही जीवन का लक्ष्य है। धर्मनिरपेक्षता तो माध्यम है। धर्मनिरपेक्षता लक्ष्य नहीं है। डॉ. आंबेडकर मनीषी थे, जीवन का मर्म समझते थे। वे चाहते तो वे भी धर्मनिरपेक्षता को भारत के संविधान का मिशन-लक्ष्य कह सकते थे। पर उन्होंने तो संविधान में 'धर्मनिरपेक्षता' जैसे शब्दों का प्रयोग तक नहीं किया। 1977-78 की इमरजेंसी के दौरान कुछ अज्ञानियों और भारत-विरोधियों ने तत्कालीन प्रधानमंत्री इंदिरा गांधी से यह शब्द संविधान के आमुख में जुड़वा दिया।

इसके विपरीत हमारा मानना है, इसलिए हमारा सुझाव है और देश के कर्णधारों से हमारी अपेक्षा है कि भारत के संविधान में 'धर्म' को स्थान दिया जाना चाहिए। भारत में धर्म पर बहस हो, भारी वाद-विवाद-संवाद-प्रतिवाद हो, धर्म के स्वरूप पर राष्ट्रीय निष्ठा बने और फिर भारत के संविधान को धर्मनिष्ठ बनाया जाए। ऐसा इसलिए हो, ताकि भारत अपने धर्म का ठीक से संज्ञान ले, भारत में उसे स्थान दिया जाए। भारत में आक्रमणकारी इसलाम और कट्टरपंथी क्रिश्चियनिटी से, विभेदकारी और विचारधारा विरोधी आक्रमणों से देश के चरित्र, स्वभाव और धर्म की रक्षा करने के मार्ग को प्रशस्त करने के लिए संविधान में धर्म को स्थान मिलना ही चाहिए। भारत का संविधान धर्मनिरपेक्ष हो ही नहीं सकता। वह धर्म का रक्षक और प्रस्तोता हो सकता है, क्योंकि भारत धर्मनिरपेक्ष नहीं, धर्मप्राण देश है। इस जीवन तत्त्व को, भारत के जीवन के इस मर्म को कैसे संविधान में प्रतिष्ठा मिले, इस पर

गहन विचार होना ही चाहिए। भारत के दलित-विमर्श के धरातल पर भी और धर्म के व्यापक धरातल पर भी इस पक्ष पर, इस प्रस्ताव पर विचार होना ही चाहिए। कितनी हैरानी की बात है कि भारत जैसे धर्मप्राण देश में इस पर आज तक कभी विचार ही नहीं हुआ। भारत में जितने विधर्मी संप्रदाय चल रहे हैं, उनका निशाना सामान्य रूप से भारत का धर्म है और विशेष रूप से भारत का दलित समुदाय ही है। डॉ. आंबेडकर ने इस स्थापना को इन शब्दों में बेशक न कहा हो, पर हम सभी जानते हैं कि वे भारत के दलित-विमर्श को भारत के विराट् हिंदू समाज के विमर्श के साथ जोड़कर ही देखने के पक्षधर थे। इसीलिए प्रलोभनों, दबावों के बावजूद बाबासाहेब ने जब धर्म दीक्षा ली तो न तो उन्होंने इसलाम की ओर देखा और न ही क्रिश्चियनिटी की ओर झाँका। उन्होंने विधर्मियों के परोक्ष कुप्रचार की भी परवाह नहीं की। वे ब्राह्मणवादी धारा से हटे तो भी उन्होंने भारत की धर्म-दर्शन परंपरा की ही एक अन्य धारा, बौद्ध धर्म-दर्शन धारा में दीक्षित होने का तय किया। वैसा फिर किया भी। धर्म के संदर्भ में भारत की दलित-विमर्श की प्रेरणा का आधार यही हो सकता है, जिस आधार का परिचय डॉ. आंबेडकर ने भारत को कराया। उसी में भारत के जीवन-दर्शन का मर्म छिपा है। भारत के धर्म का मर्म किया है।

□

26

महात्मा ज्योतिबा फुले : भारत के 'तर्क आंदोलन' के अद्‌भुत प्रस्तोता

भारत के दलित-विमर्श की परंपरा में दो पक्ष बड़े ही श्रेष्ठ और प्रभावोत्पादक हैं। इन दोनों पक्षों का ठीक से विश्लेषण कर लिया जाना बहुत जरूरी है। एक पक्ष का संबंध 'भक्ति-आंदोलन' से है, जिस पर देश के इतिहास में बहुत चर्चा-परिचर्चा होती रही है, होती भी रहती है। दूसरे पक्ष का संबंध 'तर्क आंदोलन' से है। यह शब्द, 'तर्क-आंदोलन' हम दे रहे हैं। भक्ति में तर्क नहीं होता, समर्पण होता है। तर्क में भक्ति नहीं होती, समर्पण नहीं होता, वहाँ वाद-विवाद-संवाद-प्रतिवाद होता है। देश में 'भक्ति-आंदोलन' चला, सारे भारत में चला और भारत में उसकी खूब चर्चा हुई, उस पर आलेख लिखे गए, ग्रंथ लिखे गए, संगोष्ठियाँ हुईं। 'तर्क-आंदोलन' भी सारे भारत में चला, लेकिन उस पर उस तरह से कोई चर्चा नहीं हुई, उस तरह से आलेख नहीं लिखे गए, उस तरह से संगोष्ठियाँ नहीं हुईं। हम उस पर थोड़ा विस्तार से विवेचन करें, विश्लेषण करें, इससे पहले यह बता दिया जाना जरूरी है कि हम जिस महाव्यक्तित्व महात्मा ज्योतिबा फुले की चर्चा इस आलेख में कर रहे हैं और महात्मा फुले को अपना गुरु-मार्गदर्शक माननेवाले डॉ. आंबेडकर पर चर्चा कर रहे हैं, इन दोनों व्यक्तित्वों का, भारत के इन दोनों महाव्यक्तित्वों का संबंध इसी 'तर्क-आंदोलन' से है। कह सकते हैं कि महात्मा फुले ने इस 'तर्क-आंदोलन' को एक दिशा दी, जिस दिशा को फिर फुले से ही प्रेरणा प्राप्त करनेवाले बाबासाहेब ने आगे चलकर एक तार्किक परिणति तक पहुँचाया। इन दोनों महाव्यक्तित्वों ने अपने दलित-विमर्श को इसी 'तर्क-आंदोलन' से जोड़कर अपने विचार रखे।

भक्ति-आंदोलन बहुचर्चित रहा। इसके विपरीत तर्क-आंदोलन इतना चर्चित नहीं रहा। इसके भी कारण स्पष्ट रूप से समझ में आते हैं। हम पहले भी बता आए हैं और फिर से कह रहे हैं कि भक्ति-आंदोलन देश में बर्बर मुसलिम आक्रमणजन्य गुलामी के विरुद्ध एक विराट् राजनीतिक प्रतिक्रिया थी। भक्त कवियों ने इसलामी शासकों को नकारने तथा महत्त्व न देने के राजनीतिक लक्ष्य को पूरा करने के लिए उस ईश्वर को अपना आराध्य और प्राप्तव्य मान लिया, परब्रह्म को अपना प्राप्तव्य, अपना आराध्य मान लिया, जिसकी विराट्ता के सामने हर शाह, शहंशाह, बादशाह छोटा और बौना पड़ता था, मिट्टी का पुतला भर नजर आता था, मरणधर्मा और शत-प्रतिशत नगण्य नजर आता था। इसकी तुलना में तर्क-आंदोलन उस सामाजिक पराधीनता के विरुद्ध युद्ध की घोषणा थी, जिसे हमारे अपने समाज ने हम पर थोपा था। भक्ति-आंदोलन ने परमेश्वर के प्रति पूर्ण समर्पण भाव का सहारा लेकर एक आततायी विदेशी साम्राज्य को कुछ भी महत्त्व न देने की शैली में राजनीतिक संघर्ष किया। तर्क-आंदोलन ने 'सभी मनुष्य बराबर हैं' इस विचार के ऐतिहासिक प्रतिपादक सिद्धांत 'सर्वे भवन्तु सुखिनः, सर्वे सन्तु निरामयाः, सर्वे भ्रदाणि पश्यन्तु, मा कश्चिद् दुःखभाग्भवेत्' को, इस सिद्धांत को तर्क का शरीर दिया और समानता की वैचारिक परंपरा को स्थापित करने के लिए तर्क का मार्ग अपनाया।

भक्ति-आंदोलन के बीज भागवत महापुराण में थे, पर सदियों सहस्राब्दियों तक भक्ति को वैसा खाद-पानी नहीं मिला कि वह बीज एक वृक्ष के रूप में लहलहा उठता। सदियों पूर्व व्यासदेव ने भक्ति का जो बीज बोया था, उसे सदियों बाद खाद-पानी देने का काम दक्षिण के आड्यार संत कवियों ने, इन सन्त भक्त कवियों ने किया, जो फिर दक्षिण में एक संपूर्ण आंदोलन के रूप में शुरू हुआ और जिसे उत्तर भारत में रामानंद और कबीर ले आए, 'भक्ति द्राविड़ ऊपजी लाए रामानंद' और वह आंदोलन सारे भारत में फैल गया। इधर तर्क आंदोलन महाराष्ट्र से प्रारंभ होकर इसलिए आगे नहीं फैला, क्योंकि तर्क परंपरा सदियों-सहस्राब्दियों से लगातार चलते रहने के कारण भारत के लिए नई नहीं थी, बल्कि चिर-परिचित थी। भागवत में बीजवपन हो जाने के बाद भक्ति को दक्षिण के आड्यार भक्त कवियों की मानो प्रतीक्षा करनी पड़ी, जबकि उसमें विपरीत तर्क परंपरा एक बार शुरू होने के बाद लगातार चलती रही। चारों वैदिक संहिताओं, रामायण, महाभारत की रचना के बाद ब्राह्मण ग्रंथों और उपनिषदों में जो तर्क परंपरा शुरू होकर आगे बढ़ी तो वह फिर दर्शन संप्रदायों, सांख्य, योग, जैन, बौद्ध, न्याय, वैशेषिक, मीमांसा, वेदांत, आजीवक, भगवान् बुद्ध और जैन तीर्थंकर परंपरा

के माध्यम से समय-समय पर अर्थात् सदा और निरंतर आधार पर चलती रही। इसलिए अर्थात् नई न होने के कारण भारत की तर्क परंपरा निरंतर चलती रही, अनवरत चलती रही, वाद-विवाद-संवाद-शास्त्रार्थ आदि का आश्रय प्राप्त कर चलती ही रही और वह तर्क परंपरा तर्क-आंदोलन का रूप ले ले, इसकी कोई तात्कालिक जरूरत कभी उत्पन्न ही नहीं हुई जैसी परिस्थितियाँ भक्ति को एक आंदोलन बनाने में नजर आईं। भारत में तर्क परंपरा को ही 'न्याय दर्शन' कहते हैं। न्याय अर्थात् तर्क।

रामस्वामी नायकर को दक्षिण के आड्यार भक्ति परंपरा का तर्कवादी उत्तराधिकारी बनना चाहिए था, पर उनके 'तर्क-आंदोलन' ने राम-विरोध और भारत-विरोध की मानसिकता अपना ली, जिसकी कोई जरूरत नहीं थी। परिणाम यह सामने आया कि रामस्वामी नायकर का तर्क-आंदोलन तर्क आश्रित आंदोलन बनने की बजाय भारत-विरोधी राजनीति का प्रवक्ता जैसा बन गया। परिणाम यह भी सामने आया कि तमिलनाडु की द्रविड़ कड़गम चुनावी राजनीति का संवैधानिक हिस्सा ही बनकर रह गई, आज तक बनी हुई है, पर तर्क-आंदोलन की परंपरा वह स्थापित नहीं कर पाई। इसलिए दक्षिण में तर्क का उद्घोष करनेवाली कुछ इक्का-दुक्का झलकियाँ हमें समय-समय पर, कभी सशक्त रूप में तो कभी दुर्बल रूप में, मिलती रहती हैं, पर तर्क-आंदोलन जैसा वह रूप हमें देखने को कभी नहीं मिला, जैसा महाराष्ट्र में मिलता रहा।

एक बात और भी महत्त्वपूर्ण है और निर्णायक रूप से महत्त्वपूर्ण है। तर्क-आंदोलन को भारत-विरोधी होने की क्या जरूरत थी? क्या भारत के व्यक्तित्व का परम सत्य उसके तर्क-विरोधी होने में है? निष्पक्ष रूप से देखें तो हमें यही कहना होगा कि भारत का व्यक्तित्व, पूरे इतिहास में, तर्क-विरोधी कभी रहा ही नहीं है। हमने अपनी पुस्तकों में और मौजूदा पुस्तक में भी एक सीमा तक भारत की लंबी दार्शनिक परंपरा की ओर, लंबी बौद्धिक परंपराओं की ओर बार-बार संकेत किया है। भारत में तर्क के लिए 'न्याय' शब्द का प्रयोग हुआ है। अपने देश में तो तर्क अर्थात् न्याय को केंद्र में रखकर एक संपूर्ण शास्त्र विकसित किया गया है। उसका प्रभाव यह है कि वैदिक परंपरा में न्याय-दर्शन की तर्ज पर बौद्ध न्याय, जैन न्याय आदि के माध्यम से तर्क को एक संपूर्ण सर्वांगीण आकार दे दिया गया है। इसलिए रामस्वामी नायकर के तर्क-आंदोलन को भारत-विरोधी होने का कोई अवसर ही नहीं था, कोई प्रेरणा ही नहीं थी, कोई जरूरत ही नहीं थी। पर नायकर वैसे हुए, यानी भारत-विरोधी हुए, उसका कुफल भी देश ने भुगता और

फिर पहले रामचंद्रन-करुणानिधि की जोड़ी ने (जो बाद में राजनीतिक कारणों से अलग-अलग भी हो गए) दक्षिण के तर्क-आंदोलन को फिर से भारत से जोड़ दिया। जोड़ तो दिया, पर इस पूरी प्रक्रिया में इस आंदोलन में से तर्क का डंक भुरभुरा गया। आगे चलकर तो जयललिता की पार्टी ने एक हद तक दक्षिण के आंदोलन को वहाँ की ब्राह्मण समर्थन-धाराओं का एक हिस्सा भी बना दिया। यह रामस्वामी नायकर की राजनीतिक पराजय थी।

इसके विपरीत बाबासाहेब आंबेडकर ने आर्य थ्योरी का और उसके सर्वाधिक विकृत रूप मूलनिवासी थ्योरी का पुरजोर खंडन कर उसे भारत और भारत के व्यक्तित्व के साथ ऐसा जोड़ दिया कि जहाँ आंबेडकर भारतमान्य ही नहीं, अपितु विश्वमान्य व्यक्तित्व बन गए, वहाँ रामस्वामी नायकर के व्यक्तित्व के प्रभाव की सीमाएँ तमिलनाडु की भौगोलिक सीमाएँ भी नहीं लाँघ सकीं। रामस्वामी नायकर को भारत-विरोधी होने की कोई जरूरत ही नहीं थी। राम का अपमान करने की तो कतई जरूरत नहीं थी। इस संपूर्ण विमर्श में बाबासाहेब के कर्तृत्व और योगदान को आप जितना भी रेखांकित करेंगे, उतना ही आप और अधिक जानने को उत्सुक रहेंगे। इसी में आंबेडकर के योगदान की तेजस्विता, निरंतरता और स्वीकृति का महत्त्व भी देश को समझ में आ रहा है।

ऐसे बाबासाहेब भीमराव रामजी आंबेडकर, महात्मा ज्योतिबा फुले को अपना मार्गदर्शक और गुरुतुल्य मानते थे। महात्मा फुले ने आर्य थ्योरी को स्वीकार करते हुए ही 'गुलामगिरी' शीर्षक बहुचर्चित पुस्तक देश को दी थी, पर महात्मा फुले का तेज 'गुलामगिरी' पुस्तक के कारण कम और उनके द्वारा शुरू किए गए 'शिक्षित बनो' आंदोलन के कारण ज्यादा था, बल्कि निर्णायक रूप से था। आंबेडकर ने 'आर्य थ्योरी' को भुरभुरा बनाकर 'गुलामगिरी' पुस्तक के राजनीतिक दंश को एक हद तक निरस्त कर दिया तो उन्हीं के मंत्र 'शिक्षित बनो' को अपनाकर और उसके साथ 'संघर्ष करो' इस मंत्र को भी जोड़कर, 'शिक्षित बनो', 'संघर्ष करो' इन दोनों मंत्रों की सहायता से भारत के दलित-विमर्श को अद्‌भुत रचनात्मक आयाम प्रदान कर दिए, जिसकी जितनी चर्चा-परिचर्चा की जाए, इतनी कम है।

अपने जीवन के प्रारंभ से ही ज्योतिबा फुले को ब्राह्मणों के हाथों जो अपमान झेलने पड़े, उसके परिणामस्वरूप ज्योतिबा के जिस विप्लवकारी मानस का निर्माण हो सकता था, उस मानस ने एकदम नई दिशा ग्रहण कर ली, वहाँ तक पहुँचने से पहले उनके जीवन से कुछ आवश्यक परिचय प्राप्त कर लिया जाए। 11 अप्रैल, 1827 के दिन जन्मे महात्मा फुले का पूरा नाम ज्योतिराव गोविंद राव गोल्हे था।

जन्म नाम से वे फुले नहीं थे। वे तो जब माली के काम से जुड़ गए और फूलों के काम के साथ उनका जीवन मानो जुड़ गया तो जनसामान्य ने ही उन्हें 'फुले' कहना शुरू कर दिया और तब से वे फुले हो गए। इसी से पता चलता है कि बाल्यावस्था से ही वे अपनी मेधाविता और विचारशीलता के कारण जनसामान्य की निगाह में कितना उठ गए थे कि लोगों ने ही उन्हें उनका नाम, फुले दे दिया।

ज्योतिबा जब नौ महीने के थे, तभी उनकी माता चिमनाबाई का देहावसान हो गया। बच्चे पर से माँ का साया तो उठा ही, जातिवादी संकटों के परिणामस्वरूप उन्हें स्कूल छोड़ने को भी विवश कर दिया गया। 1840 में बारह-तेरह साल की आयु में ही उनका विवाह सावित्रीबाई से हुआ और इससे पहले वे कुछ ही वर्षों में पढ़ाई पूरी करके मैट्रिक के समकक्ष माने जा चुके थे। 1848 में अर्थात् युवावस्था में प्रवेश करते ही उनको जीवन का कटुतम अनुभव इस रूप में हुआ कि एक विवाह समारोह में, आमंत्रित होने के बावजूद, छोटी जाति का होने के कारण उनका घनघोर अपमान हुआ और तभी से उनके मन में दलित संकट को लेकर जिस संकल्प ने जन्म लिया, उसी संकल्पशीलता ने उन्हें महात्मा ज्योतिबा फुले बना दिया।

दलितों की समस्या से पूरी तरह से जुड़ जाने के साथ-साथ महात्मा फुले ने स्वयं को उन सभी कामों व लक्ष्यों से जोड़ा, जिन पक्षों को वे समाज के विकास के लिए महत्त्वपूर्ण मानते थे। उन्हें सार्वजनिक जीवन के प्रारंभिक वर्षों में ही समझ में आ गया था कि शिक्षा ही दलितों के उठान का सबसे बड़ा आधार बन सकती है और वहाँ भी माँ का शिक्षित होना, यानी स्त्री का शिक्षित होना समाज में निर्णायक परिवर्तन ला सकने की चाबी है। संभवत: बाल्यावस्था में ही उनके सिर पर से माँ का साया उठ जाने का ही परिणाम था कि वे व्यक्ति के जीवन में माँ के स्थान को लेकर और समाज की संपूर्णता में स्त्री के स्थान को लेकर बहुत संवेदनशील हो गए। उन्होंने छुआछूत के विरुद्ध संघर्ष किया, शराबबंदी के लिए संघर्ष किया, विधवा विवाह के लिए संघर्ष किया, यानी वे उन सभी बड़े लक्ष्यों से जुड़ गए, जो लक्ष्य उस समय के भारत के समाज को श्रेष्ठ बनाने के लिए महत्त्वपूर्ण थे। इन्हीं सभी विशिष्ट कर्मशीलताओं से भरे जीवन से ही प्रभावित होकर 1885 में उन्हें 'महात्मा' इस विरुद से सार्वजनिक रूप से सम्मानित किया गया। तब से यह विरुद उनके नाम का ही एक अभिन्न हिस्सा बन गया, ठीक वैसे ही जैसे महाभारत के ही दलित चरितनायक विदुर के नाम के साथ महात्मा का विरुद इस प्रकार जुड़ गया और वे सदा के लिए महात्मा ज्योतिबा फुले हो

गए। 1890 में महात्मा फुले का निधन हो गया।

उनकी सर्वाधिक चर्चित पुस्तक का नाम है—'गुलामगिरी', जो महात्मा फुले के निधन के पश्चात् ही अधिक चर्चा में आई। इस पुस्तक का सार यह है कि भारत में पहले जो लोग रहते थे, उन पर आर्यों ने आक्रमण किया, उन्हें पराजित किया और फिर उन्हें अपना गुलाम बना लिया। ज्योतिबा फुले को अपना गुरु और मार्गदर्शक माननेवाले बाबासाहेब आंबेडकर ने जो थ्योरी अपनी पुस्तक 'हू वर द आर्यंस' में दी है, वह महात्मा फुले के विचारों से बेमेल है, मेल नहीं खाती। दोनों की स्थापनाएँ एक-दूसरे की विरोधी हैं। पर इससे कोई अंतर नहीं पड़ता, क्योंकि तर्क आंदोलन का बेसिक स्वरूप ही यही है कि एक-दूसरे के तर्कों से सहमत न होते हुए भी श्रेष्ठ उद्देश्यों के लिए मिलकर काम किया जा सकता है। इसलिए भारत के दलित-विमर्श में महात्मा ज्योतिबा फुले और बाबासाहेब आंबेडकर इन दोनों विशिष्टम व्यक्तित्वों का बराबर का महत्त्वपूर्ण स्थान है, यहाँ फुले-आंबेडकर की गुरु-शिष्य परंपरा का पूरा-पूरा सम्मान है।

ज्योतिबा को जल्दी ही समझ में आ गया था कि दलितों को अपने व्यक्तित्व को स्थापित करना है, अपना विकास करना है, तो उसका एक ही निर्विकल्प तरीका यह है कि दलित शिक्षित हों। 'शिक्षित बनो' यह महावाक्य उसी जीवन अनुभव के निचोड़ों का परिणाम है, जिसे फिर बाबासाहेब ने गुरुमंत्र की तरह अपनाया, आगे बढ़ाया और उसके साथ 'संघर्ष करो' अपना यह महावाक्य भी जोड़ दिया। यह स्पष्ट हो जाने के बाद कि शिक्षित होने का कोई विकल्प नहीं है, महात्मा फुले को निश्चित हो गया कि शिक्षा में भी, कन्याओं व स्त्रियों की शिक्षा सर्वाधिक महत्त्वपूर्ण है, क्योंकि समाज, परिवार व व्यक्ति के निर्माण में स्त्री की निश्चित भूमिका है और अगर स्त्री शिक्षित है तो उसकी भूमिका यकीनन निर्णायक हो जाती है। इसलिए ज्योतिबा फुले ने कन्याओं के बीच स्कूल जाकर शिक्षा ग्रहण करवाने को अपना मिशन बना लिया। पर जातिग्रस्त समाज ने कन्याओं को शिक्षा देने के दरवाजे खोलने ही नहीं दिए। परिणाम कि ज्योतिबा फुले को स्वयं ही 'कन्या पाठशाला' खोलनी पड़ी। ज्योतिबा ने 1851 में कन्या पाठशाला की स्थापना की और कन्याओं को शिक्षित करने का मिशन प्रारंभ किया। फिर संकट यह खड़ा हो गया कि पढ़ाएगा कौन? छात्राएँ दलित हैं, इसलिए कोई शिक्षक/शिक्षिका उन्हें पढ़ाने को भी तैयार नहीं हुआ। पर ज्योतिबा का मिशन भाव अदम्य था। अध्यापन की समस्या आई तो उन्होंने खुद अपनी धर्मपत्नी सावित्रीबाई को ही अपने ही स्कूल में अध्यापन देना शुरू किया और इस तरह सावित्रीबाई फुले

अध्यापिका हो गई। इसमें ज्योतिबा ने एक खास काम यह किया कि जहाँ एक ओर उन्होंने स्कूल शुरू किया, इसके साथ ही उन्होंने पुस्तकालय भी शुरू कर दिया और इस तरह दलितों को शिक्षित करने का, जानकार बनाने का बड़ा मिशन अपने हाथ में ले लिया, जो फिर उन्होंने आजीवन निभाया।

महात्मा ज्योतिबा फुले का निधन 1890 में हुआ। पर शरीर शांत हो जाने से पहले उन्होंने 'सामाजिक लोकतंत्र' की अवधारणा देश को दी, जिस पर आगे चलकर कभी लिखा जाएगा। लिखा ही जाएगा।

□

27

डॉ. आंबेडकर : मिथ्या है 'भारत पर आर्य आक्रमण' की थ्योरी

भारत ने अपने इतिहास लेखन पर और अपने इतिहास बोध पर विदेशी गुलामी से भरे सोच का एक फंदा डाल लिया है, जिससे भारत की पूरी विचारधारा को मुक्ति नहीं मिल पा रही। यह फंदा भारत की खोज करने का बहाना बनाकर जिन पश्चिमी विद्वानों ने डाला, उनका कहना था कि भारत में जो लोग रहते हैं, वे आर्य हैं, वे आर्य भारत के नहीं हैं, बाहर से भारत पर आक्रमण कर वे भारत पर काबिज हो गए हैं और वैसा कब्जा करने की प्रक्रिया में यहाँ के निवासियों को अपना दास, गुलाम, या जो भी कहिए, वैसा बना लिया।

इसे भारत पर आर्य आक्रमण की थ्योरी कहा जाता है। इस थ्योरी पर अभी तक देश ने तीन तरह की प्रतिक्रियाएँ दी हैं। इस पूरे प्रकरण में हम इसे 'आर्य थ्योरी' कहेंगे और आगे बढ़ने से पहले इन तीनों प्रतिक्रियाओं को संक्षेप में जान लेते हैं—

1. पहली प्रतिक्रिया भारत के उन इतिहास लेखकों की है, जो इस थ्योरी से सहमत हैं। क्यों सहमत है, इस बारे में कोई कुछ नहीं कहता। पर चूँकि पश्चिमी लोगों ने यह थ्योरी दी है, इसलिए कुछ, जो संख्या में कम नहीं है, ऐसे पश्चिम-परस्त लोग इस थ्योरी को मानने लग गए हैं, यानी पश्चिमी विद्वानों की हाँ में हाँ मिलाते हुए खुद ही खुद को भारत पर आक्रांता मानने लग गए हैं, खुद ही खुद को भारत से बाहर से आया हुआ मानने लग गए हैं। चूँकि वैसा माननेवाले शुरू से ही अर्थात् 'आर्य थ्योरी' देने के वर्षों से ही भारत की सत्ता पर काबिज रहे हैं, इसलिए सारे भारत के शिक्षा पाठ्यक्रमों में इसी थ्योरी को शुरू से पढ़ाया

जा रहा है और देश को इसी आधार पर शिक्षित-प्रशिक्षित किया जा रहा है। ऐसे सत्ताधारियों में सबसे बड़ा नाम लंबे समय तक भारत के प्रथम प्रधानमंत्री रहे पं. नेहरू का है, जिन्होंने 'भारत एक खोज' (डिस्कवरी ऑफ इंडिया) लिखकर इस थ्योरी को राजनीतिक स्तर पर भी स्थापित कर दिया। परिणामस्वरूप जवाहरलाल नेहरू ने भारत के दिलो-दिमाग में इस आर्य थ्योरी को स्थापित कर दिया। इस स्थापना को सबसे निर्णायक समर्थन तब मिल गया, जब नेहरू विचारधारावाली कांग्रेस सरकार द्वारा अपने शासनकाल में 'भारत एक खोज' नाम से दूरदर्शन का धारावाहिक बनाकर दिखाया गया और फिर भारत के जनमानस तक इस थ्योरी को पहुँचा दिया गया कि हम भारतवासी आर्य हैं, विदेशी हैं, बाहर से भारत में आए हैं, भारत पर आक्रमण कर काबिज हो गए हैं और हमने भारत के अपने तथाकथित मूलनिवासियों को गुलाम बना दिया। सारा भारत पं. नेहरू की इस शत-प्रतिशत झूठी आर्य थ्योरी के आगे नतमस्तक खड़ा है।

2. दूसरी प्रतिक्रिया भारत के स्वातंत्र्य संग्राम के अद्‍भुत बुद्धिजीवी नायक बाबासाहेब डॉक्टर भीमराव रामजी आंबेडकर की थी, जिन्होंने इस आर्य थ्योरी को कभी स्वीकार नहीं किया और उसका बाकायदा शोध-आधारित खंडन किया। जो आलेख आप इस समय पढ़ रहे हैं, हम उसमें डॉ. आंबेडकर के इसी आर्य थ्योरी पर दिए गए शोध-आधारित निष्कर्षों से ही आपका परिचय करवानेवाले हैं। भारत की विचार-प्रक्रिया का एक अद्‍भुत चमत्कार देखिए कि सारा भारत खुद को गुलाम बनानेवाली 'आर्य थ्योरी' का, नेहरू के प्रस्ताव का समर्थक बनाए हुए है, जबकि नेहरू की प्रस्तुति में प्रमाण स्वरूप कुछ भी नहीं है। पर सारा भारत डॉ. आंबेडकर के 'आर्य थ्योरी' के खंडन से सहमत नहीं हो पाया है, सहमत होना तो बाद की बात है, भारत ने डॉ. आंबेडकर के निष्कर्षों को पढ़ने का और पढ़कर समझने का कोई प्रयास तक नहीं किया है। हम आज आर्य थ्योरी पर आंबेडकर की प्रतिक्रिया को अपने शब्दों में पेश कर देश से उसका परिचय करवा देना चाहते हैं, क्योंकि हमें इस प्रतिक्रिया से लगभग सहमति है, जबकि नेहरू प्रतिक्रिया से, 'खोज' प्रतिक्रिया से हम शत-प्रतिशत असहमत हैं।

3. यह तीसरी प्रतिक्रिया हमारी है, जो हमने अपनी पुस्तक 'भारतगाथा' में दी है। हमारी प्रतिक्रिया यह है कि भारत का इतिहास दस हजार साल का है अर्थात् भारत के इतिहास का विकास, भारत की सभ्यता का विकास आज से दस हजार साल पहले होना प्रारंभ हो गया था। दस हजार साल के इस कालखंड की पहली दो सहस्राब्दियों का अर्थात् प्रारंभ के दो हजार साल का समय देवयुग का

है, जिसमें भारतभूमि पर सृष्टि के प्रारंभ से लेकर खंड प्रलय तक का इतिहास है। इसके बाद, यानी आज से आठ हजार साल पहले मनुमहाराज हुए, जिन्होंने खंड प्रलय का पानी उतरने के बाद भारत के पूर्वांचल में अर्थात् भारत की अयोध्या में भारत की सभ्यता का पुनः प्रसार किया और यह सभ्यता देवयुग के देवताओं की, देवयुग और इसके बाद की सभ्यता थी, जो आज तक भारत के हजारों साल के इतिहास के उच्चावच के साथ अनवरत, अव्याहत और निरंतर विकासमान है, निरंतर चल रही है। इसलिए देवयुग के देवताओं के उत्तराधिकारी हमारे पूर्वजों को, मनुमहाराज का सम्मान होने के कारण मनुष्य, मानव, मनुज कहा गया, क्योंकि इन सभी शब्दों का संबंध मनुमहाराज से है। मनुमहाराज ने इस सभ्यता का विकास कैसे किया, किस तरह से किया, इसकी एक छोटी सी झलक भर हम 'भारतगाथा' के एक आलेख में दिखा आए हैं और इसके पूर्वापर का अधिक विस्तार हम भविष्य में भी कर देनेवाले हैं। हमारा मानना यह है कि भारत में पिछले दस हजार वर्षों से जिस सभ्यता का विकास हुआ है, जो पहले देव सभ्यता थी, जिसका उत्तराधिकार फिर मानवी सभ्यता को मिला, इस पूरे इतिहास-क्रम में 'आर्य थ्योरी' को कहीं भी जगह मिलती नजर नहीं आती। रत्ती भर जगह बचा पाती भी नजर नहीं आती। हमारा मानना है कि देश को भटकाने के लिए अपने तक के शासकों, यानी गौरांग स्वामियों की निगाह में खुद को स्थापित करने की कोशिशों के तहत ही इस कल्पना प्रसूत 'आर्य थ्योरी' को प्रसारित कर दिया गया। हमने खुद को गुलाम माननेवाली इस 'आर्य थ्योरी' को स्वामिभक्तिपूर्वक मान लिया और अभी तक भी मानते चले आ रहे हैं, जबकि इसे एक झटके में ही एक बेहूदी कल्पना मानकर अपने दिलो-दिमाग से हमेशा के लिए निकाल बाहर कर देना चाहिए।

भारत की अपनी परंपरा कहती है कि संपूर्ण भारतवर्ष में जिन समुदायों ने जीवनयापन किया, प्राचीनकाल से ही उन्हें हम यवन, आर्य, किरात और द्रविड़ इन चार नामों से जानते रहे हैं, जिनमें से पश्चिम में यवनों ने, उत्तर में आर्यों ने, पूर्व में किरातों ने और दक्षिण में द्रविड़ों ने, यानी इन चार समुदायों ने अपने-अपने क्षेत्रों में, परस्पर आदान-प्रदान के आधार पर पारस्परिक वैमनस्यों को झेलते हुए भी और परस्पर की शत्रुताओं को, यानी राजनीतिक अहंजन्य शत्रुताओं को लाँघने हुए भी भारत का निर्माण किया, जो अखंड भारत के रूप में हमारे सामने 'विश्वरूप' बनकर स्थापित हुआ। इस अखंड भारत पर पहला हमला यूनानियों ने किया, दूसरा हमला हूणों ने किया, तीसरा हमला मुसलिमों ने किया और चौथा हमला क्राइस्टवादियों ने किया और हरेक हमले को क्रमशः पीछे धकेल दिया गया। इन

तीन आक्रमणों में से इसलामी हमलों के अवशेष अभी भी हमारे सामने चुनौती बनकर खड़े हैं और क्राइस्टवादियों के मौजूदा हमलों की समस्त चुनौतियाँ तो बरकरार हैं ही, बल्कि पहले से भी ज्यादा खतरनाक बनकर हमारे सामने आने को उतावली हो रही हैं। अपना अखंड भारत इतिहास के झरोखों में से झाँकता हुआ असंदिग्ध शब्दों में हमें कह रहा है कि इन सभी अवशिष्ट हमलावर तबकों का और धर्मांतरित समाजों का भारत की अपनी दस हजार साल पुरानी हिंदू सभ्यता में ऐतिहासिक और युगांतरकारी परावर्तन (अर्थात् घर वापसी) होनेवाला है, होने ही वाला है। यह सब ठीक वैसे ही होगा, जैसा यूनानियों व हूणों का, उनके हमलावर अवशिष्टों का परावर्तन कब हो गया, उसका किसी को पता ही नहीं चला। कोई सभ्यता हजारों साल पुरानी हो, और उस पर निर्णायक प्रभाव पैदा कर सकनेवाले आक्रमणों की मार उस पर पड़ती है, तो उसके हमलावर अवशिष्टों का परावर्तन कब और कैसे हो जाता है, उसका पता ही नहीं चलता। पर पुरानी सभ्यताओं में अगर निरंतरता है तो उसमें एक ऐसी आंतरिक शक्ति भी आ जाती है, जो इन हमलावर अवशिष्टों को क्रमशः पर निश्चित ही अंतर्भुक्त कर लेती है। भारत में यूनानी और हूण हमलावर के अवशेष आज ढूँढे भी नहीं मिलते। अंतर्भुक्त होकर, परावर्तित होकर हिंदू सभ्यता से अभिन्न स्वरूप अपना चुके हैं। आज कहाँ हैं यूनानी? कहाँ हैं हूण? सभी का सामंजस्य हो चुका है। कल को यही परिणाम इसलामी और क्रिश्चियन आक्रमणों के अवशेषों का भी होने ही वाला है। थोड़ा समय और लग सकता है, पर होने ही वाला है। इसीलिए भारत का धर्म 'सनातन' कहा जाता है। सनातन, यानी हमेशा, हमेशा रहनेवाला। रास्ते में आनेवाले थपेड़ों, विघ्नों व हमलों को झेलता हुआ, और कभी प्रत्यक्षतः पराजित और कभी क्रमशः निरस्त करता हुआ भी इस प्रक्रिया में अपने हिंदू स्वरूप को और अधिक सुदृढ़ बनाता हुआ हमेशा बना रहता है यानी, सनातन, अविनाशी बना रहता है।

'आर्य थ्योरी' का हश्र भी ऐसा ही होने के कगार पर है। इसलिए हम डॉ. आंबेडकर द्वारा प्रस्तुत आर्य थ्योरी के निराकरण का सारे देश से परिचय इस छोटे से आलेख में करवा देना चाहते हैं। डॉ. आंबेडकर ने इस 'आर्य थ्योरी' पर जो विचार दिए हैं और अद्‍भुत देखिए कि बाबासाहेब ने अपने विचार अपने स्वभाव और अपनी शैली के अनुरूप ही दिए हैं। अर्थात् डॉ. आंबेडकर ने 'आर्य थ्योरी' पर अपने विचार, अपने तमाम विचार शोधपूर्वक, प्रमाणपूर्वक और उदाहरणपूर्वक दिए हैं। उनके ये विचार उनकी जिस पुस्तक में दिए गए हैं, वह पुस्तक अंग्रेजी में है, जिसका शीर्षक है : 'हू वर द शूद्राज़?' 'Who were the shudras'और हमारे

'Speeche and writings of Dr. B.R. Ambedkar' के बहुखंडीय ग्रंथमाला के खंड में एक अतीव बहुमूल्य निधि के रूप में हैं, जो अन्यथा भी सार्वजनिक रूप से उपलब्ध हैं। इसी पुस्तक का 'अविकल हिंदी अनुवाद' शीर्षक 'शूद्रों की खोज' के रूप में हमारे पास है। (डॉ. आंबेडकर की मूल अंग्रेजी पुस्तक महाराष्ट्र सरकार के शिक्षा विभाग ने सत्रह जिल्दों में 1990 में देश को प्रदान कर दी है।) इसी पुस्तक का अनुवाद किन्हीं मोजेज माइकेल ने सन् 2007 में किया है, जो 224 पृष्ठों में है, जिसे 'सम्यक् प्रकाशन, 32/3, क्लब रोड, पश्चिम पुरी, नई दिल्ली-63' ने प्रकाशित किया है और हम उसके 2011 के द्वितीय संस्करण का उपयोग कर रहे हैं, जिसकी 'प्रस्तावना' रा.तु.म. नागपुर विद्यापीठ, नागपुर के 'डॉ. आंबेडकर विचारधारा विभाग' के प्रमुख डॉ. प्रदीप आगलाते ने लिखी है और जिसका 'प्रकाशकीय' प्रसिद्ध बौद्ध विचारक शांतिस्वरूप बौद्ध ने लिखा है। हम डॉ. आंबेडकर द्वारा लिखी पुस्तक और उसके ऊपर बताए अनुवाद को प्रकाशित करनेवाले सभी विद्वानों व सभी संस्थानों के आभारी हैं, जिनकी पुस्तकों की सहायता से हम अपनी प्रस्तुति को, अपने इस आलेख में पूरी कृतज्ञता व श्रद्धा के साथ प्रस्तुत करने की कोशिश कर रहे हैं। हम अंग्रेजी मूल के साथ-साथ उसके हिंदी अनुवाद को भी इसलिए बराबर का महत्त्वपूर्ण मान रहे हैं, क्योंकि हमारा मानना है कि भारत में हर तरह का मौलिक और आवश्यक परिवर्तन हिंदी सहित सभी भारतीय भाषाओं के माध्यम से ही आ सकता है। अंग्रेजी की भूमिका इस आंदोलन में, यानी इस परिवर्तन-आंदोलन में प्रारंभिक महत्त्व की होने पर भी सीमाओं में, यानी भाषायी सीमाओं में बँधी हैं। इसलिए डॉक्टर बाबासाहेब आंबेडकर के विचारों को अपने देश की भाषाओं के माध्यम से पहुँचाने के महत्त्व को हम संपूर्णतया समझ रहे हैं।

डॉ. आंबेडकर की 'आर्य थ्योरी' को तीन आयामों में प्रस्तुत किया जा रहा है। विचार डॉ. आंबेडकर के हैं और हम उन्हें अपनी भाषा में मात्र पुनः प्रस्तुत कर रहे हैं। ये तीन आयाम हैं—

1. आर्य लोग भारत के बाहर से आए (और कहाँ से आए),
2. आर्यों ने भारत पर आक्रमण किया और
3. आर्यों ने यहाँ के मूलनिवासियों पर जीत हासिल की।

इन तीनों आयामों पर विचार करने से पहले डॉ. आंबेडकर ने इसी धारणा की छानबीन करना उचित समझा कि क्या 'आर्य' एक 'रेस' अर्थात् 'प्रजाति' है या नहीं। पश्चिम के विद्वानों को 'रेस' शब्द से बहुत प्यार है। यहाँ तक प्यार है कि वे अपने-अपने देशों की राष्ट्रीयता का निर्धारण करने में उन-उन देशों का

क्षेत्रफल, रिलीजन, उस रिलीजन का ग्रंथ, उस देश की भाषा और उस देश के लोगों की रेस यानी प्रजाति को मूलभूत निर्धारक तत्त्व मानते हैं। अर्थात् किसी भी देश की राष्ट्रीयता का निर्धारण करने में प्रजाति को पाँच आधारों में एक माना गया है। 'रेस' शब्द से इन्हें प्यार इस हद तक है और इसलिए यूरोप आदि पश्चिमी देशों को सारा विश्व 'रेसिस्ट' अर्थात् 'प्रजाति-परस्त' नजर मीला है और इसी आधार पर पश्चिम द्वारा सारे विश्व को 'नस्लवादी' भी कहा और माना जाता है। इसी आधार पर यूरोप आदि क्षेत्रों के देशों के गोरे रंग के लोग खुद को श्रेष्ठ नस्ल का, श्रेष्ठ प्रजाति का जीव मानते हैं।

डॉ. आंबेडकर द्वारा दिए गए इस विश्लेषण में, जो कि संक्षिप्त ही रहनेवाला है, हम 'नस्ल' की बजाय 'प्रजाति' शब्द का प्रयोग कर रहे हैं। यूरोप के विद्वानों ने 'आर्य' को एक प्रजाति माना है, जो उनके कथनानुसार गोरे रंगवालों की प्रजाति थी, उसके सिर का आकार एक खास तरह का था और उसकी कद-काठी भी एक खास तरह की, लंबे आकार-प्रकार की थी। इस आधार पर यूरोप के मानवविज्ञानियों और/या मानव-वंश विज्ञान के संशोधकों ने माना कि 'आर्य' भी एक यूरोपीय प्रजाति थी, जिसने भारत पर आक्रमण कर वहाँ कब्जा कर लिया और भारत के मूल निवासियों को दास बना लिया। इस प्रजाति की शक्ल-सूरत तय करने में चार तत्त्वों को बेसिक मान लिया गया—(1) सिर की आकृति, (2) बालों और आँखों का रंग, (3) चमड़ी का रंग और (4) कद-काठी।

इन चार तत्त्वों को प्रजाति की शक्लसूरत तय करने का आधार माननेवालों को पहला धक्का इस बात से लगा, जब इसी विज्ञान के शोधकर्ताओं का यह विचार बना कि इन चार तत्त्वों में से दो तत्त्व अर्थात् चमड़ी का रंग और कद-काठी ये दो तत्त्व ऐसे हैं, जिनके निर्माण में जलवायु और रहन-सहन की परिस्थितियाँ निर्णायक प्रभाव डालती हैं। गर्म जलवायु में रहने के अभ्यस्त लोगों का रंग प्राय: करके गोरा नहीं रह पाता और रहन-सहन की गुणवत्ता का असर शरीर की कद-काठी के निर्माण का निर्धारण कर देता है। इसलिए जब शुरू में यूरोपीयनों ने आर्यों को इसी इंडो-जर्मनिक प्रजाति का मानना शुरू किया और चार तत्त्वों को उस प्रजाति का निर्धारण करने में और फिर आगे चलकर उस प्रजाति का निर्धारण करने में दो को वैकल्पिक मान लिया तो 'आर्यों' को प्रजाति मानने का कमजोर किला खुद-ब-खुद भरभरा कर गिरना शुरू हो गया।

हम 'आर्य थ्योरी' का विवरण और आकलन इन तर्कों और तत्त्वों के आधार पर कर रहे हैं, एक तरह से पुन: प्रस्तुत कर रहे हैं, जो विवरण और आकलन

बाबासाहेब ने किया है। अब हम बाबासाहेब के दिए एक अन्य महत्त्वपूर्ण पक्ष को लेकर उनके विचारों को सामने लानेवाले हैं। बाबासाहेब ने इस प्रजाति थ्योरी में मैक्समूलर के 'भाषा तत्त्व' को जोड़ने और समेटने की कोशिश की, जिसे संक्षेप में दे देना ठीक ही रहेगा। बाबासाहेब ने कहा कि उधर मैक्समूलर जैसे विद्वानों ने भाषा के आधार पर ही आर्य को प्रजाति मानने का सिद्धांत चला दिया। उन्होंने, यानी मैक्समूलर ने बल देकर कहा कि जब वे 'आर्य' शब्द का उच्चारण करते हैं तो उनका आशय न तो चमड़ी के रंग से है, न आँखों और बालों के रंग से है, न अस्थियों के आकार से है और न ही खोपड़ी की संरचना से है। वे तो बस उन्हीं को आर्य मानते हैं, जो आर्य भाषा बोलते हैं और यह बात हिंदुओं, यूनानियों, रोमनों, जर्मनों, केल्टों, स्लावों पर लागू होती है। इस पर यूरोप के विद्वान् कहने लग गए (और यह तर्क डॉ. आंबेडकर ने नहीं दिया, यह तर्क हम दे रहे हैं कि यूरोप के विद्वान् कहने लग गए) कि हिंदुओं की संस्कृत आर्य परिवार की सबसे पुरानी भाषा नहीं है, जबकि ऐसा कहने का कोई आधार उनके पास नहीं था। अब देखिए कुतर्क की शृंखला कैसे बनाई जाती है। पहले कल्पना की गई कि भारत पर आर्यों का आक्रमण हुआ, यानी भारत के लोग आर्य तो हैं, पर विदेशी हैं, जो आक्रमणकारी बनकर भारत में आए और बस गए। फिर 'आर्य परिवार' की कल्पना की गई, जिसमें भारत के अलावा यूरोप के कुछ देशों और स्लावों को शामिल हुआ मान लिया गया। फिर भारोपीय परिवार की संस्कृत को सबसे प्राचीनतम भाषा न मानकर उसके लिए तर्क का विपरीत प्राणायाम करने की नौबत आ गई। संस्कृत भाषा प्राचीनतम भाषा नहीं है, वैसी थ्योरी चलाने के लिए किसी 'भारोपीय' भाषा की कल्पना की गई, जिस भाषा को भारत और यूरोप के लोग मिलकर बोलते थे। इस 'भारोपीय भाषा' थ्योरी से पहले तो दुनिया ने कभी इस भाषा जैसी कोई बात तक नहीं सुनी थी, पर 'आर्य थ्योरी' को साबित करने के लिए, यानी एक झूठ को स्थापित करने के लिए किसी प्राचीनतम भाषा यानी 'भारोपीय भाषा' का झूठ कल्पित कर उसकी स्थापना करने की कोशिश की गई।

जब झूठ स्थापित नहीं हो पा रहा था तो एक 'तालव्य नियम' की कपोल कल्पना की गई। यह एक मजेदार थ्योरी है, अलीबाबा चालीस चोरवाली कहानी, जिसे जान लेने में कोई हर्ज नहीं। 'तालव्य नियम' के अनुसार कथित 'भारोपीय भाषा' में क वर्ग (यानी क ख ग घ ध्वनियोंवाला 'क-वर्ग') तीन तरह का था—क वर्ग, क्य वर्ग और क्व वर्ग। अर्थात् एक तो सामान्य क वर्ग था, एक क वर्ग वह था, जिसमें 'इ'/'य्' जुड़कर बनता है क्य् वर्ग और एक क वर्ग वह था, जिसमें

'उ'/'व्' जुड़कर बनता है क्व वर्ग। इस तरह तीन वर्ग हो गए। ये तीनों वर्ग तथाकथित 'भारोपीय भाषा' के माने गए। भारोपीय भाषा के 'क वर्ग' वाले (तीनों क वर्गों वाले) शब्दों का विकास आगे चलकर संस्कृत के 'च वर्ग' में हुआ। खास ध्वनियाँ जुड़कर भारोपीय भाषा के (तीनों) क वर्गवाले शब्दों का विकास संस्कृत के च वर्गवाले शब्दों में हुआ और वे खास ध्वनियाँ अगर नहीं हों तो ये तीनों क वर्ग फिर क वर्ग ध्वनियोंवाले ही रहते हैं। हमें लगता है कि हमने इस तालव्य-थ्योरी को, इस कथित थ्योरी की ठीक ही समझा दिया है, यानी द्रविड़-प्राणायाम में भी अति है। कोई भारोपीय भाषा नहीं है, क्योंकि उसका कोई प्रमाण नहीं है। कोई 'तालव्य नियम' ही नहीं है, क्योंकि वैसा प्रमाणित करने के लिए शब्द ही नहीं है। जब भाषा ही नहीं है तो ध्वनियाँ कहाँ से आएँगी? पर थ्योरी थोपने की कोशिश की गई कि एक भारोपीय परिवार था, उसकी एक भारोपीय भाषा थी, इस भाषा की तालव्य ध्वनियों के कुछ खास तरह के शब्द थे और संस्कृत का कथित भारोपीय परिवार का विकास भारत के आर्यों की संस्कृत भाषा में हुआ। आपको यह तमाम थ्योरी समझ में आ रही हो तो आप मानने या न मानने को स्वतंत्र हैं। हमें तो यह सारी थ्योरी अलीबाबा की रोचक गप/कहानी जैसी लग रही है, जिसे मानने को भारत उपमहाद्वीप के बाहर के पश्चिम के 'चालीस चोर' (हम उस कहानी के पात्रों की बात कर रहे हैं, ऐसे चालीस चोर) मानने और खुश होते रहने को स्वतंत्र हैं। हम भी चालीस चोरों के गिरोह में शामिल हो जाएँगे, अगर अलीबाबा हमें उसकी कथित 'भारोपीय पितृभाषा' की कोई एक किताब, कोई एक आलेख, कोई एक शिलालेख, कोई एक संवाद, कोई एक मुहावरा, कोई एक कहीं प्रयुक्त शब्द भी हमें दिखा देंगे, तो हम भी मान जाएँगे कि भारत की दस हजार पुरानी संस्कृत भाषा का विकास उस भारोपीय पितृभाषा (यह शब्द हमारा नहीं, भारोपीय वालों का दिया हुआ है) के इस शब्द या उस एक मुहावरे से हुआ है। जिस तरह के प्रमाणों को ईश्वरीय वाक्य मानकर आपने भारत के इतिहास की शक्ल बिगाड़ने का महापाप किया है, भारोपीय पितृभाषा को स्थापित करनेवाला ऐसा कोई भाषायी प्रमाण, ज्यादा नहीं, सिर्फ किसी एक शब्द का, मुहावरे का प्रमाण तो आप दे ही दीजिए, ताकि आपको हम और कुछ नहीं तो 'अली बाबा' तो मान सकें। पर जब कोई प्रमाण ही नहीं है तो देंगे कहाँ से?

हमने मैक्समूलर के भाषाओं वाले 'आर्य तर्क' से संप्रेरित होकर बीच में 'भारोपीय भाषा' वाला प्रसंग दे दिया। हम चाहते तो 'भारत-ईरानी परिवार' और उस परिवार की भाषा का 'वेद-अवेस्ता' का सिद्धांत भी दे सकते थे, पर हम वह

तर्क नहीं दे रहे हैं। कारण यह है कि 'भारत-ईरानी' परिवार एक ऐतिहासिक सत्य है, 'वेद-अवेस्ता' परिवार, इन दो ग्रंथों, 'वेद' और 'अवेस्ता' इन दो महाग्रंथों पर टिका हुआ यह परिवार एक ऐतिहासिक यथार्थ है, जो हमारे सामने है, हमारे हाथों में है। इसलिए इस ऐतिहासिक सत्य और ऐतिहासिक यथार्थ को कल्पित भारोपीय पितृभाषा से जोड़कर हम 'अली बाबा', 'अली बाबा' थ्योरी को समय नहीं देना चाहते। सत्य का उदाहरण देकर झूठ और छल-कपट को प्रमाण के सिंहासन पर नहीं बिठाना चाहते। इसलिए इसकी चर्चा कहीं अन्यत्र किसी रूप में एक सशक्त प्रमाण के रूप में करेंगे, अन्यथा हम इस समय विश्लेषण तो केवल इस बात का कर रहे हैं कि कैसे डॉ. आंबेडकर 'आर्य' को प्रजाति माननेवाली अवधारणा को ही शत-प्रतिशत निराधार मानते हैं।

डॉ. आंबेडकर का कहना है कि वैदिक साहित्य के विवेचन से पता चलता है कि ऋग्वेद में दो शब्द आए हैं—अर्य तथा आर्य। अर्य शब्द का प्रयोग ऋग्वेद में अठासी (88) बार हुआ है—शत्रु के अर्थ में, सम्माननीय व्यक्ति के अर्थ में, भारत के नाम के रूप में और स्वामी, वैश्य तथा नागरिक के रूप में हुआ है। इनमें से 'अर्य' शब्द का प्रयोग प्रजाति के रूप में नहीं हुआ है। डॉ. आंबेडकर आगे कहते हैं कि ऋग्वेद में 'आर्य' शब्द का प्रयोग इकतीस (31) स्थानों पर हुआ है, किंतु इन में से कहीं भी इसका प्रयोग प्रजाति के रूप में नहीं हुआ है। अर्थात् 'अर्य' और 'आर्य' इन दोनों ही शब्दों का प्रयोग पूरे ऋग्वेद में किसी प्रजाति के रूप में हुआ ही नहीं है। आप कल्पना कीजिए, आर्य प्रजाति नामक तथाकथित पश्चिमी देशों के तर्क को विस्थापित करने के लिए बाबासाहेब ने कितनी मेहनत की है, कितना परिश्रम किया है।

सिलसिले को ठीक से जोड़ने के लिए हम आपको याद दिला रहे हैं कि बाबासाहेब ने 'आर्य-थ्योरी' को तीन आयामों में प्रस्तुत किया है—(1) आर्य प्रजाति, यानी आर्य लोग भारत से बाहर से आए, (2) आर्यों ने भारत पर आक्रमण किया और (3) आर्यों ने यहाँ के मूल निवासियों पर जीत हासिल की। 'आर्य-प्रजाति' की कथित अवधारणा को सिरे से खारिज कर देने के बाद अब हम डॉ. आंबेडकर की 'आर्य-थ्योरी' के इस पहले आयाम पर आते हैं कि 'आर्य लोग भारत से बाहर से आए' और इसके बाद फिर शेष दोनों आयामों पर विचार करेंगे।

डॉ. आंबेडकर के शब्दों में (हिंदी अनुवाद, पृ. 87) कहना न होगा कि पाश्चात्य लेखकों ने आर्य प्रजाति का जो सिद्धांत दिया है, वह हर तरह से धराशायी हो गया है। 'आर्य थ्योरी' को कोरी गप बताने की प्रक्रिया में डॉ. आंबेडकर

आगे कह रहे हैं कि (वही, 88) 'आक्रमणवाला सिद्धांत तो एक आविष्कार है।' अपनी इस बात को आगे बढ़ाते हुए बाबासाहेब जो कह रहे हैं, वह पढ़नेवालों को सोचने के लिए कई मायनों में विवश कर देनेवाला सिद्ध हो सकता है। उनका कहना है कि 'यह आविष्कार (अर्थात् आर्य आक्रमणवाले सिद्धांत का आविष्कार) पाश्चात्य सिद्धांत में निहित एक अकारण धारणा के कारण आवश्यक हो गया है। धारणा यह है कि भारतीय-जर्मन (इंडो-जर्मन) तो मूल आर्य प्रजाति के वर्तमान प्रतिनिधियों में सबसे अधिक शुद्ध है।' कितनी भयानक नस्लवादी मानसिकता है यह। इसी आधार पर पश्चिम के लोगों ने इस धारणा का भी प्रसार किया कि आर्य लोगों की प्रजाति श्रेष्ठ थी। डॉ. आंबेडकर ने इस पर पता नहीं कोई कारण बताया है या नहीं कि क्यों पश्चिम के विद्वान्, जिन्हें हम अन्यथा विद्वान् कम और कूटनीति विशारद ही ज्यादा मानते हैं, कि क्यों पश्चिम के लोगों ने आर्य को एक श्रेष्ठ प्रजाति मानने का बीड़ा उठा लिया। बाबासाहेब ने इस पर कोई कारण मीमांसा की है या नहीं, हमें पता नहीं। पर हम अपनी ओर से आगे चलकर इस पर कारण मीमांसा देनेवाले हैं कि क्यों पश्चिम के लोगों को आर्य को एक प्रजाति और एक श्रेष्ठ प्रजाति मानने को मजबूर होना पड़ा। हम आगे चलकर इस पर लिखेंगे। अभी तो हम बाबासाहेब की इस अवधारणा से शतश: सहमत हैं कि आर्य कोई प्रजाति नहीं थी और अगर थी (जो कि हम नहीं मानते) तो वह कोई दूसरों से अधिक श्रेष्ठ प्रजाति नहीं थी। यानी आर्य कोई प्रजाति थी ही नहीं।

चूँकि डॉ. आंबेडकर भारत पर आर्य आक्रमण का सिद्धांत नहीं मानते थे और अपने इस निष्कर्ष की पुष्टि में उन्होंने जो तर्क दिए हैं, वे श्रेष्ठ विचारक के हो सकते हैं, जिसके मन में, जिसके तार्किक मन में देश के प्रति लगाव कूट-कूटकर भरा हुआ था। आंबेडकर का तर्क है कि (पृ. 84) ऋग्वेद (10.75.5) भारत की सात नदियों का उल्लेख जिस भाषा में हुआ है, वह इतनी अधिक भावना प्रवण (प्रेमिल) भाषा में है कि किसी आक्रमणकारी का वैसा प्रेम, वैसा भावुक संबंध तभी हो सकता है, जितना भावुक संबंध इस मंत्र में मंत्रकार ने व्यक्त दिया है और कोई विदेशी आक्रमणकारी अपने अधिकृत देश के साथ वैसा भावनापूर्ण संबंध अनुभव कर ही नहीं सकता, वैसा व्यक्त कर ही नहीं सकता। मंत्र पढ़ लिया जाए—

इमं मे गङ्गे यमुने सरस्वति।
शुतुद्रि स्तोमं सचता परूष्णया।
असिक्न्या मरुद्वृधे वितस्तया—
र्जीकीये श्रृणुह्या सुषोमया।

इस स्तोत्र का देवता 'नदियाँ' (नद्यः) है और मंत्रकार का नाम है : सिन्धुक्षित् प्रैयमेधः। कवि का अपना नाम है सिंधुक्षित् और उसके पिता का नाम है प्रियमेध। आप कह सकते हैं कि नदियों से प्रेम होने के कारण ही कवि ने अपना नाम सिंधु के आधार पर सिंधुक्षित् रख लिया हो या हो सकता है कि उसका नाम 'सिंधुक्षित्' ही हो। मंत्र का अर्थ है, सायणाचार्य के अनुसार मंत्र का अर्थ है, 'हे गंगा, यमुना, सरस्वती, शुतुद्री (सतलुज), परुष्णी (रावी), असिक्नी (चिनाब) के साथ मरुद्वृधा (चिनाब और झेलम के बीच की या चिनाब की पश्चिमवाली नाम की सहायक नदी), वितस्ता (झेलम), सुषोमा (सोहान) और आर्जीकीया (व्यास), तुम लोग मेरे इस स्तोत्र का भाग कर लो और सुनो।' अर्थात् 'कवि इन नदियों से स्वयं को इतना एकाकार अनुभव करता है कि उन्हें मनुष्य मानकर उनसे अपना मंत्र या स्तोत्र सुनाने का आग्रह कर रहा है।' बाबासाहेब का तर्क है और किसी भी भावना प्रधान व्यक्ति का ऐसा तर्क हो सकता है कि हे नदियो! तुम मेरे इस स्तुतिगान को सुनो। यह प्रेमपरिपूर्ण और स्वत्व परिपूर्ण संबंध किसी विदेश से आए व्यक्ति का नहीं हो सकता। ऐसा भाव-कथन उसी का हो सकता है, जिसने इन नदियों के साथ अपना शैशव, बाल्य और केशौर्य बिताया हो और कवि के रूप में उनसे एकाकार हो चुका हो। इसके विपरीत वेदों में एक भी गान या स्तोत्र ऐसा नहीं है, जिसमें कवि को अपने किसी पूर्व स्थान का रंचमात्र भी स्मरण हो रहा हो, जहाँ से वह पलायन या आक्रमण करके किसी नए स्थान पर आ गया हो।

यदि ऐसा है, अर्थात् यदि ऐसा है कि भारत भारतवासियों का अपना ही देश है, हमला करके जीता हुआ देश नहीं है, तो प्रश्न उठता है कि फिर वे दस्यु कौन हैं, जिन्हें विदेशी विद्वानों ने आर्यों से पराजित हुआ बताया है? बाबासाहेब का कहना है (पृष्ठ 85) कि ऋग्वेद में दस्युओं के विरुद्ध युद्ध और उनकी विजय का कोई उल्लेख है ही नहीं, यानी यह युद्ध जैसा उल्लेख पश्चिमी विद्वानों की कपोल कल्पना है। डॉ. आंबेडकर के शोध का निष्कर्ष यह है कि ऋग्वेद में जिन तैंतीस (33) स्थानों पर इस शब्द का उल्लेख है, उनमें से केवल आठ स्थान ही ऐसे हैं, जहाँ इसका प्रयोग दासों के विरुद्ध और केवल सात स्थानों पर इसका प्रयोग दस्युओं के विरुद्ध हुआ है। आंबेडकर का निश्चित निष्कर्ष है कि आप चाहें तो इन उल्लेखों को छिटपुट झड़पों के संदर्भ में ही देख सकते हैं। युद्ध या तत्परिणास्वरूप जीत का कोई संदर्भ वहाँ है ही नहीं। इस आधार पर बाबासाहेब का असंदिग्ध निष्कर्ष है कि आर्य और दस्यु या दास का पारस्परिक संघर्ष अगर हुआ होगा तो यह सिर्फ एक-दूसरे की पूजा विधि को एक-दूसरे को स्वीकार करवाने के लिए

ही हुआ होगा, ऐसा लगता है और अंततः इन दोनों समुदायों के बीच इस पूजा के विषय को लेकर कोई पारस्परिक सहमति बन गई होगी।

दास और दस्यु को लेकर डॉ. आंबेडकर द्वारा दिए गए विचार सच में एक उम्दा मस्तिष्क के ही हो सकते हैं, जिन्होंने निश्चय कर रखा है कि वे बिना संदर्भ परिपूरित शोध के कुछ भी नहीं लिखेंगे। इन समुदायों को लेकर कुछ शोध हमने भी किया है, जिसकी ओर हम आगे चलकर कुछ संकेत करेंगे, परंतु वैसा करने से पहले हम आपका परिचय उन निष्कर्षों से करवा देना चाहते हैं (पृ. 95) जो निष्कर्ष डॉ. आंबेडकर के आर्य-थ्योरी विमर्श को लेकर हमारे सामने खुद-ब-खुद आ जाते हैं—

1. डॉ. आंबेडकर का निष्कर्ष है कि वेद आर्य जैसी किसी भी प्रजाति से अनभिज्ञ हैं।
2. आर्य नामक किसी प्रजाति ने कभी भारत पर आक्रमण किया था और जिनको भारत के मूल निवासी माना जा रहा है, ऐसे दासों और दस्युओं को अपने अधीन कर लिया था, वेदों से इस बात की कोई पुष्टि नहीं होती। यानी वेदों के आधार पर इसे प्रमाणित नहीं किया जा सकता।
3. डॉ. आंबेडकर का यह निष्कर्ष भी उतना ही महत्त्वपूर्ण है कि आर्यों और दासों-दस्युओं के बीच जो अंतर था, वह प्रजातिगत था, इसकी कोई पुष्टि वेदों से नहीं होती।
4. वेदों के आधार पर इसकी पुष्टि में भी कोई प्रमाण नहीं है कि आर्य और दस्यु भिन्न रंग के थे।
5. किन्हीं आर्यों ने भारत पर आक्रमण किया था, इस आक्रमणवाले सिद्धांत को डॉ. आंबेडकर ने कल्पना बुद्धि का आविष्कार माना है।
6. यह भी उतनी ही मिथ्या धारणा है कि आर्यों की प्रजाति गोरे रंग की थी।
7. इसलिए यह भी उतनी ही मिथ्या धारणा है कि आर्यों से अलग दासों व दस्युओं का प्रजातिगत रंग काला था।
8. अपने सभी तर्कों व प्रमाणों के आधार पर बाबासाहेब आंबेडकर ने निष्कर्ष दे दिया है कि 'आर्य थ्योरी' इतनी अनर्गल थ्योरी है कि उसे अब तक मृत होकर प्रचलन से बाहर हो जाना चाहिए था।

डॉ. भीमराव आंबेडकर ने 'आर्य थ्योरी' का इतना पुरजोर खंडन कर दिया है, अकाट्य प्रमाणों व तर्कों के आधार पर कर दिया है और इतने सशक्त निष्कर्ष उसके

आधार पर देश को दे दिए हैं कि इसके बावजूद अगर देश के कुछ विद्वान् इस मिथ्या कल्पना को थ्योरी मानने का दुष्प्रचार करते रहते हैं तो हम इन दुष्प्रचारकों को भारत-द्रोही, भारत-विरोधी, भारत-विद्वेषी अर्थात् भारत के शत्रु न मानें तो और क्या मानें? जाहिर है कि भारत के शत्रुओं का स्थान भारत के इतिहास के कूड़ेदान में होना चाहिए, क्योंकि भारत के प्रत्येक शत्रु के लिए वही स्थान निर्धारित है। इस पर व्यर्थ में चर्चा ही क्यों करनी?

□

28

इसलिए भरभराकर गिर चुकी है 'मूल निवासी' थ्योरी

अपने देश का नाम है 'भारत'। पूरा नाम है 'भारतवर्ष'। पर सामान्यतः स्नेहवश, स्वभाववश और सम्मानवश हम उसे 'भारत' ही कहते हैं। हमारे देश के इतिहास की परंपरा में भारत का नाम अयोध्या नरेश महाराज भरत के साथ जुड़ा हुआ है, जो महाराज भरत प्रथम तीर्थंकर ऋषभदेव के सुपुत्र थे। महाराज भरत का व्यक्तित्व परम दार्शनिक का व्यक्तित्व था, एक परम वैरायशील का व्यक्तित्व था, इसलिए महाराज भरत के व्यक्तित्व की इन अद्‌भुत विशिष्टताओं के परिणामस्वरूप हम उन्हीं महाराज भरत को जड़ भरत भी कह देते हैं। इन्हीं महाराज भरत के नाम पर भारत देश का नाम पड़ गया और तब की भूगोल व्याख्याओं के आधार पर देश का नाम हो गया 'भारतवर्ष'। उन्हीं महाराज भरत के प्रति अर्थात् इन्हीं महाराज 'जड़' भरत के प्रति अपार स्नेह और श्रद्धा के वशीभूत होकर हम अपने देश 'भारतवर्ष' को केवल 'भारत' नाम से जानते हैं, पुकारते हैं। यह सारा इतिहास, 'भारत' इस देशवाची नाम का सारा इतिहास महर्षि वेदव्यास द्वारा लिखे गए भागवत महापुराण (स्कंध-5, अध्याय-4, श्लोक 8-9) में लिपिबद्ध है।

जिन लोगों को अपने देश का नाम 'भारत' की बजाय 'हिंदुस्तान' या/और 'इंडिया' याद करवाया जा रहा है, उन्हें यह सब पढ़कर अचरज हो रहा होगा, इसलिए हम अपने देश 'भारतवर्ष' और अयोध्या नरेश महाराज भरत के इस पारस्परिक संबंध को ठीक से और प्रामाणिक तरीके से जानने के लिए 'भागवत पुराण' का वह अंश (स्कंध-5, अध्याय-4, श्लोक-8-9) पढ़ने की सलाह दे रहे हैं, जिसका काव्यमय विवरण वेदव्यास ने पाँच हजार साल पहले दे दिया

था। वह अंश अक्षरश: इस तरह से है। भागवत पुराण के अनुसार : अथ ह भगवान् ऋषभदेवः स्ववर्षं कर्मक्षेत्रमनुमन्यमानः···आत्मजानां आत्मसमानानां शतं जनयामास। (भगवान् ऋषभदेव ने अपने देश को कर्मभूमि मानकर···अपने ही समान गुणवाले सौ पुत्र उत्पन्न किए, गद्यश्लोक संख्या-8)। तेषां खलु महायोगी भरतो ज्येष्ठः श्रेष्ठगुण आसीत् येनेदं वर्षं भारतमिति व्यपदिशन्ति। (उनमें महायोगी भरत सबसे बड़े और सबसे अधिक गुणवान् थे। उन्हीं के नाम से लोग इस देश को (इस वर्ष को) 'भारत वर्ष' कहने लगे (गद्य श्लोक संख्या 9)। दो अध्याय बाद इसी बात को फिर से दोहराया गया है (भागवत पुराण, स्कंध-5, अध्याय संख्या-6-7 : एतद् वर्षं भारतमिति यत आरभ्य व्यपदिशन्ति) अर्थात् तब से, महाराज भरत के समय से ही उस देश को 'भारत' नाम से कहते और जानते हैं।

क्रांतदर्शी महर्षि वेदव्यास, जो स्वयं आज की परिभाषाओं के हिसाब से दलित थे, हम जैसे सामान्य कोटि के व्यक्ति नहीं थे, अपितु महाव्यक्तित्व थे, उन्हें अपने देश भारत के नामकरण का यह पूरा इतिहास बताने में कोई और किसी तरह की राजनीति करने की कोई जरूरत नहीं थी। पाँच हजार साल पहले जब वेदव्यास ने अपने ग्रंथ 'भागवत महापुराण' में यह सारा इतिहास दिया था, वे तब कोई नई स्थापना नहीं कर रहे थे, अपितु भारत के अपने इतिहास का ही पुनरवलोकन कर रहे थे, जो इतिहास भारत का अपना इतिहास रहा था, दस हजार साल से था और आज तक अनवरत चलता चला जा रहा है।

इसलिए जब हम कहते हैं कि भारत अपना देश है, पिछले दस हजार वर्ष से है, ऐसे भारत देश को लेकर जो लोग द्रोह से भरी बातें करते हैं, उन्हें हम भारत-द्रोही के अलावा और कह ही क्या सकते हैं? भारत-द्रोह यानी भारत नामक अपने ही देश से द्रोह। तो भारत-द्रोह को हम देशद्रोह ही तो कहेंगे और भारत-द्रोहियों को देशद्रोही ही कहेंगे, फिर चाहे भारत के संविधान के हिसाब से देशद्रोह की परिभाषा कुछ भी हो।

ऐसे भारत-द्रोह से भरे विचार का एक प्रकटीकरण तब हुआ था, जब भारत के ही अपने वनों और पर्वतों में रहनेवालों को 'आदिवासी' कहा गया। 'आदिवासी' शब्द 'aborigins' इस अंग्रेजी शब्द का हिंदी रूपांतर है। इस हिंदी रूपांतर 'आदिवासी' का शाब्दिक अर्थ है वे लोग, जो शुरू से, आदिकाल से वहाँ रह रहे हैं। इन दिनों देश में एक नया शब्द चला है—'मूलनिवासी'। बात एक ही है। 'मूलनिवासी' कहें या 'आदिवासी' कहें, अर्थ एक ही है। भारत के कुछ खुराफाती लोगों ने भारत के अपने ही लोगों के दिमाग में यह विध्वंसकारी थ्योरी

भर दी कि भारत के लोग आर्य थे, जो भारत से बाहर से आए थे और जो पहले ही वहाँ रह रहे थे, वे हुए 'आदिवासी' और जिन्हें अब नया नाम दिया जा रहा है 'मूलनिवासी'। भारत के लोग 'आर्य' थे और वे बाहर से आए थे, यह थ्योरी इन पश्चिमी विद्वानों ने दी थी, जिनका अपना इतिहास ईसा से सात सौ/आठ सौ साल से पहले का मिलता ही नहीं था, व्यापार करने के नाम पर आने के बाद भारत का शासक बन जाने के बाद जब उन्हें समझ में आ गया कि भारत का इतिहास तो हजारों-हजारों साल पुराना है, तो उन्हें यह कूटनीतिक खुराफात सूझी कि भारत के लोगों को 'आदिवासी', 'मूलनिवासी' और 'बाहर से आए', 'आर्य' इन वर्गों में बाँट दिया जाए, कि भारत के 'आर्य' बाहर से यहाँ आए और जिन आर्यों ने भारत पर 'आक्रमण' कर उस पर कब्जा कर लिया, वे हो गए 'आदिवासी' या/और 'मूलनिवासी'।

यह थ्योरी नहीं है, एक खुराफात है, इसे साबित करने के लिए देश के अपने समय के महामनीषी बाबासाहेब डॉ. भीमराव आंबेडकर ने अपने विचार प्रभावपूर्ण तरीके से प्रमाणपूर्वक प्रस्तुत कर दिए हैं, जिनका सार संक्षेप हमने भी अपनी इसी पुस्तक के आलेख संख्या-28 में किया है। यह प्रकृति का एक विचित्र नियम है कि देशों और समाजों को तो हमेशा निर्माण और विकास ही रुचिकर लगता है, पर कुछ ध्वंस-प्रेमी खुराफाती लोग निर्माण को हटाकर विनिर्माण यानी ध्वंस की प्रक्रिया चलाते रहते हैं। प्राचीन काल से ही ऐसे निर्माणकारी/ध्वंसकारी लोगों को सुर/असुर कहा गया और उन्हें धर्म/अधर्म का प्रतिष्ठापक कहा गया। हमारे देश की विचारसारिणी में धर्म रचनात्मकता का, श्रेष्ठताओं का, मनुष्य को हर दृष्टिकोण से ऊँचाई पर ले जाने का, ऐसे श्रेष्ठ आचरण का प्रतीक माना गया है, तो अधर्म हर तरह के उस और वैसे अनाचार का ही प्रतीक माना गया है, जो व्यक्ति, समाज और देश को नीचे गिराता है। इसी को देवयुग के भारत की भाषा में 'सुर' और 'असुर' क्रमशः कहा गया है।

हमारा स्पष्ट मानना है कि जो लोग भारत को 'आर्य' और 'मूलनिवासी' की श्रेणियों में बाँटकर देख रहे हैं, वे न केवल कूटनीति विशारद पश्चिमी विद्वानों द्वारा बो दिए गए अधर्म के विषवृक्ष को कुरुवंशी राजा धृतराष्ट्र की तरह लगातार सींचते चले जा रहे हैं, वे देश और समाज में अधर्म की भी निरंतर स्थापना और पोषण कर रहे हैं, इस माध्यम से देश और समाज में आसुरी तत्त्वों का, असुर प्रवृत्ति का विस्तार कर रहे हैं। डॉ. भीमराव आंबेडकर द्वारा 'आर्य थ्योरी' का संपूर्ण विखंडन कर देने के बाद तो इस थ्योरी पर अब कोई बात ही नहीं होनी चाहिए।

पर जिन लोगों को देश को तोड़ने में ही आनंद आता है, वे फिर आंबेडकर सरीखे महामनीषियों का, महाव्यक्तित्वों का, महर्षि तुल्य नायकों का भी अपमान करने से नहीं कतराते, बाज नहीं आते और भारत की सांस्कृतिक, सामाजिक एकात्मकता की बखिया उधेड़ने में दिन-रात मशगूल रहते हैं। हम जैसे सामान्य शोधकर्ता ने भी अपनी पुस्तकों में स्थापित कर दिया है कि भारत की सभ्यता दस हजार साल पुरानी है। पर जिन्हें आंबेडकर के लिए, उनके द्वारा किए गए अद्‌भुत शोध के लिए सम्मान नहीं है, उन्हें फिर हम जैसों के लिए कोई सुविचार भी दूर-दूर तक कैसे आ सकता है ? आ ही नहीं सकता। इसी को लिखने-पढ़ने की भाषा में दंभ और धृष्टता कहते हैं, जो 'मूल निवासी' थ्योरी चलाए रखने में नजर आ रही है।

जो लोग खुद को मूलनिवासी कहते हैं, वे सचमुच बहुत ही बहादुर लोग माने जाएँगे। दो कारणों से बहादुर माने जाएँगे। एक कारण यह है कि इन तथाकथित मूलनिवासियों को ठीक से पता है कि कौन देश के मूलनिवासी हैं, कौन देश के आर्य हैं। पिछले दस हजार साल से भारत का जो भी रूप बना है, वह संपूर्ण रूप, संपूर्ण आकार, संपूर्ण व्यक्तित्व हम सभी के सामने है। भारत के पश्चिमी क्षेत्रों में रहनेवाले यवन, मध्यदेश में रहनेवाले आर्य, पूर्वी क्षेत्रों में रहनेवाले किरात तथा दक्षिणी प्रदेशों में रहनेवाली द्रमिल जातियों का इस भारतवर्ष में क्रमशः बसेरा हुआ और इतिहास की यात्रा में ये ही वे जातियाँ हैं, जिन्होंने भारत को, अपने भारत देश को, उसके विभिन्न क्षेत्रों-प्रदेशों, इलाकों को क्रमशः आबाद किया, जिसका विवरण भारत के इतिहास के प्राचीनतम संदर्भों में प्राप्त हो जाता है।

इन्हीं सभी जातियों का, जाति समूहों का विस्तार और प्रसार हजारों सालों की यात्रा में क्रमशः गांधार, पारसीक, सौवीर, सिंधु, सप्तसिंधु, कुरु जांगल, उत्तर कुरु, काश्मीर, पंचनद, हर्यरण्य, मारवाड़, राजपूताना, गुर्जरात्र, महाराष्ट्र, कर्णाट, केरल, द्रमिल, आंध्र, तेलंग, कलिंग, प्राग्ज्योतिष, बंग, अंग, मध्यदेश, दंडकारण्य, उत्तराखंड, हिमाचल आदि क्षेत्रों, प्रदेशों व इलाकों में होता चला गया। भारत के विभिन्न क्षेत्रों-प्रदेशों व इलाकों में हम भारतवासियों ने खुद को क्रमशः इस तरह से विकसित किया है, यह तथ्य, भारत के संपूर्ण इतिहास का यह तथ्य तो हम हमेशा से जानते रहे हैं। पर इधर भारत में आए विधर्मी शासकों-गौरांगों से हमें पता पड़ा कि सारा भारत आर्य है या फिर/और बाकी मूल निवासी हैं।

इतिहास तो तथ्यों और घटनाओं का एक बेजान सिलसिला होता है, उसकी रचनात्मक व्याख्याएँ कर उसके सहारे ऊपर चढ़ने की सीढ़ी हम उसे बना सकते हैं तो उसकी अभिशप्त व्याख्याएँ कर उसे गले का फंदा भी हम बना सकते हैं। हमें

हमारे ही इतिहास की 'आर्य थ्योरी', 'मूल निवासी थ्योरी' जैसी ऐसी अभिशप्त व्याख्याएँ सुनाई गईं कि हमारा ही तथाकथित इतिहास हमारी ही गर्दन में फंदा बनाकर बाँध दिया गया है।

यह 'आर्य थ्योरी' यह 'मूलनिवासी' थ्योरी ऐसे ही कुछ फंदे हैं, जिन फंदों को पश्चिमी शोधकर्ता कूटनीतिबाज विद्वानों ने हमारे गलों पर बाँध दिया है। खुद को मूल निवासी मानने वाले बहुत ही बहादुर हैं, ऐसा मानने का दूसरा कारण यह है कि इस तरह के भारत के व्याख्याताओं को यह ठीक से पता चल चुका है कि ये कुछ लोग, कुछ समूह या कुछ वर्ग ऐसे हैं, जो भारत के मूल निवासी हैं और बाकी आर्य हैं। कितना महान् ज्ञान है यह। अर्थात् जो थ्योरी भारत के किसी भी प्राचीन, मध्यकालीन या अर्वाचीन साहित्य में नहीं मिलती, किसी भाषा में कहीं नहीं है, किसी भाषा के किसी मुहावरे में कहीं नहीं है, ऐसी गुमशुदा 'मूल निवासी' थ्योरी को मानने का आधार क्या है, प्रमाण क्या है? किसी को पता नहीं। पश्चिमी शोधकर्ताओं के भारत-विरोधी कूटनीतिक सोच में से उपजी 'आर्य थ्योरी' के अलावा कोई दूसरा और संदर्भ है ही कहाँ? बाबासाहेब आंबेडकर द्वारा संपूर्ण रूप से ध्वस्त कर दिए जाने के बावजूद अगर कुछ तबके 'मूल निवासी' संबंधी विचार विकृति को चलाते रहने का दुराग्रह पाले रहेंगे, तो फिर देश के प्रति ऐसे लोगों और तबकों की प्रतिबद्धता पर गंभीर प्रश्न-चिह्न खड़े होंगे ही और फिर उसके वैसे परिणाम भी सामने आएँगे ही।

इसलिए हम उस 'मूल निवासी' थ्योरी को नहीं मानते और हम चाहते हैं कि सारा भारत और संपूर्ण भारतकामी जनसामान्य, कोटिशः लोग भी इस आधारहीन और विभेदक थ्योरी को गपबाजी के कूड़ेदान में डाल दें। और, अगर कोई कहता है कि वह मूल निवासी है और खुद को दलितों के साथ जोड़कर सामाजिक या राजनीतिक पहचान बनाने की कोशिश करता है सारे देश और संपूर्ण हिंदू समाज को पता रहना चाहिए कि खुद मूल निवासी कुछ भी हों या नहीं हो, वे दलित तो कतई नहीं हैं। क्यों? इसलिए कि ब्राह्मण-क्षत्रिय-वैश्य-दलित इन सुपरिभाषित सामाजिक वर्गों की व्यवस्था का आधार भारत की अपनी ऐतिहासिक 'चातुर्वर्ण्य' थ्योरी ही है, आर्य—मूलनिवासी थ्योरी इस सामाजिक व्यवस्था का आधार कभी नहीं रही है। यह भारत-विरोधी थ्योरी भारत की किसी भी सामाजिक व्यवस्था का, खासकर 'चातुर्वर्ण्य' जैसी अतिप्राचीन व्यवव्था का, जिसमें बीज वैदिक साहित्य में हैं, ऐसी ऐतिहासिक, सामाजिक व्यवस्था का आधार बन भी नहीं सकती। जाहिर है अगर कोई तथाकथित मूलनिवासी है तो वे कुछ भी हों या न हों, पर वे दलित तो कतई नहीं हैं।

□

29

मान्यवर कांशीराम : दलित-विमर्श के 'बहुजन नायक'

भारत के दलित-विमर्श के इतिहास में मान्यवर कांशीराम को अन्य विभिन्न योगदान के साथ-साथ इस बात के लिए खासतौर से याद किया जाएगा कि उन्होंने अपना संदेश देने के लिए तीन नारों का विशेष रूप से प्रयोग किया। ये तीन नारे हैं—'ठाकुर ब्राह्मण बनिया छोड़, बाकी हैं सब डी.एस. फोर', 'वोट हमारा राज तुम्हारा नहीं चलेगा, नहीं चलेगा' और 'जिसकी जितनी साझेदारी, उसकी उतनी भागीदारी'। इन नारों का संदेश साफ है कि कैसे कांशीराम के दलित-विमर्श की दिशा 'नकारात्मक' से 'सकारात्मक' की ओर गई है, जिसके सकारात्मक परिणाम भी फिर देश के दलित-विमर्श को मिले हैं। पहले नारे में समाज को बाँटने का संदेश था। कांशीराम ने पूरे भारतीय समाज को दो हिस्सों में बाँटकर देखना शुरू किया। एक हिस्से में वह समाज आया, जिसे भारत की वर्णव्यवस्था का सवर्ण वर्ग कहा जाता है—ब्राह्मण, यानी ब्राह्मण, ठाकुर, यानी क्षत्रिय और बनिया, यानी वैश्य। इसके अलावा बाकी सभी को काशीराम ने डी.एस.—फोर कह दिया। फोर, यानी चार। ये चार कौन हैं ? ये चार हैं—डी.एस. फोर, डी यानी दलित, एस यानी शोषित, पिछड़ा और मुसलिम। कागज पर यह वर्गीकरण बहुत ही उम्मीद जगाने वाला लगता है। पर थोड़ा ही कुरेदने पर कुछ कड़वी सच्चाइयाँ सामने आने लगती हैं। मसलन, मुसलिम अपने आप में एक विचारधारा ही अलग है, जिनका सारा जोर हिंदुओं को धर्मांतरित करने पर और फिर उसके आधार पर अपना संख्या बल बढ़ाकर भारत को बाँटने का पूरे इतिहास में रहा है। पूरा इतिहास, यानी बलोचिस्तान, अफगानिस्तान, फारस, पाकिस्तान वगैरह का इतिहास और काश्मीर की घाटी का

वर्तमान इतिहास इसी विभाजक इसलामी दृष्टिकोण को ही रेखांकित कर रहा है। डॉ. आंबेडकर इसलिए दलित-मुसलिम वर्गीकरण के प्रति कभी समर्थक नजर नहीं आए, बल्कि विरोधी ही बने रहे। कांशीराम को भी इस सत्य का भान जल्दी हो गया था। फिर जब विश्वनाथ प्रताप सिंह की विभाजक राजनीति के चलते पिछड़ा वर्ग को राजनीतिक और आर्थिक आधार पर संगठित करने और इस समूचे वर्ग को एकजुट करने का संदेह सफलतापूर्वक दे दिया गया तो कांशीराम के मन में वि.प्र. सिंह को लेकर सारा उत्साह ठंडा हो गया।

इन्हीं दो यथार्थवादी, पर कटु अनुभवों को लेकर जब कांशीराम ने 1984 में बहुजन समाज पार्टी की स्थापना की तो, तब तक उन्हें स्पष्ट हो चुका था कि उनका डी.एस. फोर का नारा अर्थहीन हो चुका था, इसलिए फिर वे 'बहुजन' की बात करने लग गए थे और उसी नाम से उन्होंने पार्टी भी बना ली। इसी तरह कांशीराम के एक और नारे को भी आगे चलकर बहन मायावती की नारा राजनीति ने जता दिया कि अगर राजनीति करनी है या रचनात्मक दलित-विमर्श करना है तो 'तिलक, तराजू और तलवार, इनको मारे जूते चार' के रास्ते पर न चलकर 'हाथी नहीं गणेश है, ब्रह्मा-विष्णु-महेश है' का नारा ही श्रेष्ठ परिणाम देगा और वैसा हुआ भी। कांशीराम जिस राजनीतिक सत्ता की बात करते रहे थे, उस सत्ता को प्राप्त किया बहन मायावती ने, पर वहाँ भी सत्य यह है कि मायावती की बहुजन समाज पार्टी की दलित राजनीति तब ही जमी, जब सवर्णों ने उन्हें पूरा समर्थन दिया। बहन मायावती से अधिक और कौन इस सत्य को समझ सकता है कि न तो कोई पिछड़ावादी पार्टी और न ही कोई मुसलिमपरस्त पार्टी उन्हें कभी भविष्य में भी सत्ता तक पहुँचा पाएगी। इसके पीछे का दर्शन भी स्पष्ट है। ब्राह्मणों, यानी सवर्णों को खलनायक बनाकर दलितों को सत्ता में ला पाने का स्वप्न कभी पूरा नहीं होगा। वह सपना उस ऐतिहासिक और समय-समर्थित दलित-ब्राह्मण युति के आधार पर ही पूरा होगा, जिसको लेकर हम पिछले आलेखों में कई तरह से लिख आए हैं।

वर्तमान आलेख के अब तक के विवेचन से यह स्पष्ट है कि मान्यवर कांशीराम अपने सहज व्यक्तित्व और अपनी दलित-प्रतिबद्धता से सामाजिक ही नहीं, राजनीतिक स्तर पर भी बहुत गहराई से जुड़े थे। महात्मा ज्योतिबा फुले ने दलितों को 'शिक्षित बनो' का महामंत्र दिया। इसी मंत्र को आगे बढ़ाते हुए बाबसाहेब आंबेडकर ने दलितों को 'संघर्ष करो' का महामंत्र दिया। इसी संदेश को मानो फलीभूत करने के इरादे से मान्यवर कांशीराम ने दलितों के संपूर्ण विमर्श को राजनीतिक स्वर दे दिया, ताकि दलितों को सत्ता तक लाया-पहुँचाया जा सके।

कांशीराम का यह नारा 'जिसकी जितनी साझेदारी, उसकी उतरी भागीदारी' इसी राजनीतिक स्वर और इसी राजनीतिक संदेश का प्रसार कर रहा था। इसमें कमी सिर्फ इतनी रह गई थी कि मान्यवर कांशीराम ने इस लक्ष्य को पाने के लिए, दलितों को सत्ता में लाने का लक्ष्य पाने के लिए पिछड़ा और मुसलिम समर्थन की तलाश की, पर जल्दी ही उन्हें मालूम पड़ गया कि उनकी यह तलाश व्यर्थ ही जानेवाली है। इसलिए उनकी राजनीतिक उत्तराधिकारी मायावती के नारों का तेवर बदल गया। 2019 के लोकसभा चुनाव के लिए स.पा.-ब.स.पा. गठबंधन के माध्यम से बहन मायावती एक बार फिर से दलितों को सत्ता तक लाने के लिए पिछड़ा-मुसलिम समर्थन तलाश रही थीं। उनकी यह तलाश सफल होती है या कि वे फिर से दलित-ब्राह्मण युति की ओर बढ़ जाती हैं, यह देखना दिलचस्प रहेगा। जब तक यह 'दलित-विमर्श' हमारी पुस्तक पाठकों तक पहुँचेगी, तब तक उम्मीद है कि दलित-पिछड़ा-मुसलिम गठजोड़ की इन नवीनतम कोशिश के परिणाम भी सामने आ चुके होंगे। पर हमारा मानना है कि आज नहीं तो कल, देर-सवेर बहन मायावती को 'दलित ब्राह्मण युति' का सामाजिक मर्म समझ में आ ही जाएगा। दलित-ब्राह्मण युति इस ऐतिहासिक समझदारी का वर्तमान से मतलब है, दलित-सवर्ण युति। खैर यह एक अलग विषय है।

मान्यवर कांशीराम के व्यक्तित्व का सबसे अधिक महत्त्वपूर्ण पक्ष इनके संपूर्ण व्यक्तित्व में से झाँक रही उनकी सहजता है, जिस सहजता ने उन्हें देश का एक बड़ा राजनीतिक व्यक्तित्व बना दिया। कांशीराम पंजाब के थे और बोलचाल के लहजे और दृष्टिकोण में पक्के पंजाबी थे। उनका जन्म 15 मार्च, 1934 को पंजाब के रोपड़ में रामदासी सिख परिवार में हुआ था। एक सामान्य जन से ऊपर उठकर कांशीराम देश की बड़ी और निर्णायक/राजनीतिक ताकत के निर्माता बन गए और अपने समर्थकों-सहयोगियों के बीच 'मान्यवर' बन गए। क्या थी कांशीराम की पहचान? कहते हुए अजीब लग सकता है, पर यह सत्य है कि बनावट से भरे राजनेताओं के हुजूम में मान्यवर कांशीराम की पहचान यह थी कि वे पैंट-शर्ट पहननेवाले नेता हैं। सामान्य से दिखनेवाले वास्तव में बहुजन नायक थे, जिन्हें उनके समर्थकों-सहयोगियों ने हिंदू समाज का मान्यवर बना दिया। 'नवभारत टाइम्स' में अपने पत्रकारीय जीवन के दौरान हमने भी कांशीराम से भेंट की थी, उनसे बातचीत की थी, जो अखबार में छपी भी थी। पर इस सबके बीच हम उनकी इस सादगी से अद्भुत रूप से प्रभावित होकर ही वापस लौटे थे।

एक राजनेता की सादगी का और आपको क्या दृष्टांत चाहिए कि अपनी

विचारधारा और अपनी राजनीतिक पार्टी के लिए जनसमर्थन जुटाने के लिए उन्होंने एक लंबी साइकिल रैली की थी। कोई इसकी कल्पना ही कर सकता है कि कांशीराम ने अपनी इस रैली के दौरान सैकड़ों किलोमीटर तक की यात्रा कर ली, बीसियों जनसभाएँ कर लीं और लगातार सौ दिन तक यह साइकिल रैली कार्यक्रम चलाया। इस पूरे अभियान के दौरान कांशीराम अपने समर्थकों को व जनसामान्य को यही समझाने में व्यस्त रहे कि देश के दलित ही समाज के बहुजन हैं और इनके सर्वांगीण उन्नयन के बिना देश का उन्नयन भी नहीं हो सकता। 1984 में जब मान्यवर कांशीराम ने बहुजन समाज पार्टी की स्थापना की तो तब तक उन्हें स्पष्ट हो चुका था कि देश के पिछड़े वर्ग की राजनीतिक महत्त्वाकांक्षाओं और देश के मुसलिमों की राजनीतिक महत्त्वकांक्षाओं व दलितों की राजनीतिक महत्त्वाकांक्षाओं में कोई तालमेल नहीं है और इसलिए उन्होंने दलितों की राजनीति पर ही पूरा फोकस करते हुए अपनी गतिविधियाँ आगे बढ़ाईं। कांशीराम की राजनीतिक उत्तराधिकारी बहन मायावती ने भी इसीलिए दलित वर्ग को अपनी राजनीतिक गतिविधि में केंद्र में रखा और बहुजन समाज पार्टी के इन दोनों राजनेताओं के परिश्रम का परिणाम है कि आज के दलित देश की तीसरी सबसे बड़ी ताकत बन गए हैं। इस विराट् राजनीतिक ताकत को कौन भटका रहा है, कौन भरमा रहा है, कौन भटका सकता है, कौन भरमा सकता है, उस पर गहराई से विचार करना ब.स.पा. के कर्णधारों का ही दायित्व है।

बहुजन समाज पार्टी चूँकि एक राजनीतिक दल है और उसे भारत की सबसे बड़ी तीसरी राजनीतिक ताकत माना जाता है, इसलिए ब.स.पा. और उसके कर्णधारों पर देश की राजनीतिक दिशा तय करने का दायित्व भी उतना ही बड़ा है। अब तक कुछ बातें तो दलित-शक्ति के सामने स्पष्ट रूप से हो चुकी हैं। एक यह, जिसकी ओर हमने हल्के से संकेत भी किया है कि बहुजन बनने के फेर में दलितों और पिछड़ों का एक वर्ग नहीं बन सकता। क्यों, इसका विमर्श हम तब करेंगे, जब हम कभी पिछड़ा और दलित समुदायों पर विमर्श करेंगे। पर अब तक का इतिहास यही संदेश दे रहा है कि देश के पिछड़ा वर्ग और दलित वर्ग को एक ही साझा समुदाय नहीं माना जा सकता। बाबासाहेब डॉ. आंबेडकर ने अपनी दलित चिंताओं पर जब शोध करना शुरू किया था तो उन्होंने ही एक शब्द दिया था—बैकवर्ड यानी पिछड़ा। वे प्रारंभ में बैकवर्ड कास्ट या बैकवर्ड क्लास की ही बात करते थे और जैसा कि बाबासाहेब का व्यक्तित्व था, वे अपनी बात भी पूरी ईमानदारी से कहते थे और उनकी प्रतिबद्धताओं में हमेशा यही ईमानदारी झलकती थी। इसलिए जल्दी ही

बाबासाहेब को पता चल गया कि जिन्हें परंपरा से 'शूद्र' कहा गया, उनकी समस्याएँ, उनकी चुनौतियाँ और उनकी महत्त्वाकांक्षाएँ अलग हैं और बैकवर्ड यानी पिछड़ा, इस सामान्य नामध्येय में रखकर उनकी समस्याओं, चुनौतियों और महत्त्वाकांक्षाओं को नहीं समझा जा सकता। इसलिए उन्होंने दलितों का बैकवर्ड, यानी पिछड़ा से पृथक् एक अलग वर्ग बनाया और उसे नाम दिया 'डिप्रेस्ड क्लास', जिसे हम अब उसके हिंदी नामकरण 'दलित वर्ग' के नाम से जानते हैं, यानी 'बैकवर्ड' अर्थात् पिछड़ा शब्द से प्रारंभ कर बाबासाहेब को फिर 'डिप्रेस्ड', यानी 'दलित' शब्द तक आना पड़ा, यह छोटी सी पर अतीव महत्त्वपूर्ण यात्रा काफी कुछ बयान कर रही है।

यही संक्षिप्त यात्रा मान्यवर कांशीराम ने भी पूरी की। उन्होंने 1973 में जब बामसेफ की स्थापना की तो उसमें भी पिछड़ों और मुसलिमों को शामिल करके ही वे अपनी दलित-राजनीति को आगे बढ़ा रहे थे, पर जल्दी ही उन्हें भी यथार्थ का आभास हो गया। इसलिए उन्होंने 1984 में बहुजन समाज पार्टी की स्थापना की तो बेशक दलित-पिछड़ा-मुसलिम के हैंगओवर की असरदारी में उन्होंने 'बहुजन' का प्रयोग किया, पर जल्दी ही देश को मालूम पड़ गया और वैसा आज तक मालूम है कि बहुजन समाज पार्टी मुसलिमों व पिछड़ों की पार्टी नहीं है, वह सिर्फ और सिर्फ दलितों की पार्टी है और वैसा होने में न तो कोई संकोच होना चाहिए और न ही कोई हीनभावना होनी चाहिए। महात्मा ज्योतिबाफुले, दलितों के लिए ही समर्पित थे। उनके शिष्यवत् बाबासाहेब आंबेडकर भी दलितों के लिए ही समर्पित थे। इसलिए बहुजन समाज पार्टी बनाने के बावजूद मान्यवर कांशीराम, डॉ. आंबेडकर की परंपरा को आगे बढ़ाने पर गर्व अनुभव करनेवाले मान्यवर कांशीराम भी अगर दलितों को ही अपना केंद्र-बिंदु मानकर चल रहे थे तो इसमें संकोच कैसा? यह तो गर्व का विषय है। वैसे भी जैसे महात्माफुले ने 'शिक्षित बनो' का मंत्र दिया, बाबासाहेब ने 'संघर्ष करो' का मंत्र दिया, वैसे ही मान्यवर कांशीराम ने दलितों को राजनीति के आधार पर सजग और संगठित होने का मंत्र दिया, जिसमें उन्हें अभूतपूर्व सफलता मिली।

इस समय दलित राजनीति का नेतृत्व कांशीराम की उत्तराधिकारी मायावती के पास है। जो चुनौतियाँ महात्मा फुले के समय थीं, बाबासाहेब के आते-आते चुनौतियों की शक्ल थोड़ा बदल गईं। मान्यवर के आते-आते तो और भी बदल गईं। अब अगर दलित राजनीति को आगे बढ़ाने का संकल्प किसी के मन में हो तो उनको भी समझ में आ जाना चाहिए कि अब चुनौतियाँ फिर से बदल गई हैं और लगातार बदलती चली जा रही हैं। एक सदी पहले तक आप ब्राह्मणों को और खासकर सवर्णों को धकियाकर दलित राजनीति कर सकते थे। पर अब देश

में हिंदू चेतना का एक नया और स्वाभाविक युग शुरू हो चुका है। पहले आप हिंदू को गरिया कर कोई भी हिंदू राजनीति कर सकते थे, पर अब वैसी संभावनाएँ लगातार खत्म होती जा रही हैं। अब न दलित-उत्पीड़न की संभावनाएँ शेष हैं और न ही ब्राह्मणों को और सामान्य रूप से हिंदुओं को नकारकर या गरियाकर और धकियाकर कोई दलित-विमर्श या कोई हिंदू राजनीति हो सकती है। हमने संक्षेप में कहा ही है, विस्तार से भी आगे एक आलेख में बताने ही वाले हैं कि दलित-विमर्श को संपूर्ण हिंदू विमर्श के साथ जोड़ने का सही समय आ चुका है।

अगर कोई सोचता हो कि दलित-विमर्श को आप मुसलिम राजनीति से जोड़कर एक कदम भी आगे बढ़ा सकते हैं तो आप बड़ी भारी गलतफहमी में हैं। भारत के मुसलिम नेता इस सत्य को, इस यथार्थ को स्वीकारने में असफल रहे हैं कि उन्हें भारत में ही रहना है और भारत की विराट् बहुसंख्या के साथ मिलकर तालमेल बनाकर ही रहना है। आतंकवाद तो खैर कोई सहायता करेगा ही नहीं। बल्कि उलटे परिणाम ही देगा। अचानक से पाकिस्तान से आयात होकर आ रही 'गज्बा-ए-हिंद' की विचारधारा तो भारत में मुसलिमों के लिए वैचारिक और सामाजिक समस्याएँ ही पैदा करनेवाली है। कोई माने, न माने, भारत के समस्त दलित आपादमस्तक हिंदू ही हैं, और हिंदू के अलावा और कुछ नहीं हैं। थोड़ा सा चेतना प्रवाह होते ही, भारत का संपूर्ण दलित समाज विराट् हिंदू समाज का अभिन्न अंग ही स्वयं को अनुभव करने लगेगा। इसलिए जैसे अन्यान्य कारणों से पिछड़ा और मुसलिम समाज की परस्पर एकजुटता एक हद से आगे नहीं बढ़ सकती, बढ़ भी नहीं पा रही, ठीक उन्हीं अन्यान्य कारणों से दलितों की विराट् हिंदू समाज के साथ एकजुटता एक स्वत: सिद्ध सामाजिक-राजनीतिक यथार्थ है, जिस पर गैर जानकारियों की धूल पड़ी है, जिसे हटाना कठिन नहीं। उसके हटते ही सारा दलित समाज विराट् हिंदू समाज का स्वत: स्फूर्त हिस्सा बना आपको नजर आएगा।

पता नहीं कौन भारत के दलितों को समझा दे कि भारत में कवष ऐलूष सरीखे दलित ऋषि वैदिक मंत्रकार रहे हैं, सत्यकाम जाबाल और श्वेतकेतु सरीखे दलित बुद्धिजीवी उपनिषद्कार रहे हैं, महर्षि वाल्मीकि सरीखे दलित रामकथा लेखक रामायण लिखनेवाले रहे हैं, वेदव्यास सरीखे दलित महर्षि कृष्ण कथा लेखक, महाभारत और भागवत के लिखनेवाले रहे हैं, सूतजी महाराज जैसे दलित महर्षि अठारह महापुराणों के लिखनेवाले रहे हैं, सुबुद्धि शर्मा राक्षस और विष्णु गुप्त चाणक्य सरीखे ब्राह्मण राजनीतिशास्त्रकार चक्रवर्ती दलित साम्राज्यों के महामात्य, परमसहायक और परामर्शदाता-निर्माता रहे हैं। अब सोचिए जिस दिन यह परंपरा

भारत के दलित समुदाय को समझ में आ गई और समझा दी गई और उसके साथ ही उन्हें समझ में आ गया कि यह मैला ढोने और उन्हें अस्पृश्य बनाने की परिस्थितियाँ इसलामी शासकों के द्वारा पैदा की गई थीं, उस दिन देश में दलित सामाजिक क्रांति होने से कौन रोक पाएगा? जाहिर है कि दलित राजनीति करनेवालों को अपना संपूर्ण विमर्श याद रहना चाहए और देश में उभरती हिंदू चेतना का नोटिस ले लेना चाहिए। इससे उनके दलित-विमर्श में श्रेष्ठता और गरिमा का, स्वाभिमान और बड़प्पन का ही भाव उजागर होगा। जैसे यह जाहिर है, वैसे ही यह भी जाहिर है कि पाकिस्तान का 'गज्बा-ए-हिंद' का इसलामी सपना, यानी भारत तोड़क इसलामी सपना भारत के दलित हिंदू जनसमुदाय की महत्त्वाकांक्षा नहीं हो सकता।

इस अवस्था से अब दलित-विमर्श को आगे की दिशा देनी है तो यह दिशा मान्यवर कांशीराम की राजनीतिक चेतना के आह्वान में छिपी है, बाबासाहेब के 'संगठित रहो, संघर्ष करो' के सामाजिक दर्शन में लिखी पड़ी है, महात्मा फुले के 'शिक्षित बनो' के वैचारिक मर्म में छिपी है, कवष ऐलूष-सत्यकाम जाबाल-श्वेतकेतु-महिदास ऐतरेय-अगस्त्य-वाल्मीकि-वेदव्यास-सूतजी महाराज-महात्मा विदुर के सारस्वत प्रदायों में, ग्रंथों में, विचारों में उल्लिखित है। भारत में अब दलित-विमर्श के नए और तेजस्वी अध्याय का लेखन इसी विराट् हिंदू चेतना के साथ जुड़कर होना ही चाहिए। दलित-विमर्श को रास्ते से न भटकने देने की अचूक गारंटी उसी चेतना में छिपी है। यही यथार्थ है। यही सत्य है। इसी में भविष्य की समस्त महत्त्वाकांक्षाओं के पूरा होने का सार तत्त्व है। मित्र और शत्रु में फर्क नहीं किया तो फिर क्या किया?

□

30

फलश्रुति : दलित-विमर्श और नए भारत की समतावादी सोच, विचारधारा

भारत के दलित-विमर्श को हम भारत के संपूर्ण हिंदू-विमर्श के साथ जोड़े बिना देख ही नहीं सकते। इस संपूर्ण विमर्श में से उपजा एक छोटा सा तर्क ही हमारे इस बड़े निष्कर्ष को सही साबित कर देता है। जब आप दलित-विमर्श की बात करते हैं तो आप चातुर्वर्ण्य की बात करते हैं। आप वैदिक संहिताओं के दलित मंत्रकारों की चर्चा करते हैं। आप दलित ब्राह्मण-ग्रंथ रचनाकारों की बात करते हैं, आप ब्राह्मणग्रंथ 'ऐतरेय ब्राह्मण' के रचयिता और प्रवर्तक माहिदास ऐतरेय की बात करते हैं। आप रामायण-महाभारत-पुराण ग्रंथों के रचयिता तीन दलित महर्षियों की अर्थात् वाल्मीकि, वेदव्यास और सूतजी महाराज, इन तीन दलित महर्षियों की बात करते हैं। आप उपनिषद् दर्शन के प्रवक्ता गुरु हारिद्रुमत गौतम और उनके शिष्य सत्यकाम जाबाल की बात करते हैं। आप इसी तरह से भारत की दलित-विमर्श की लंबी परंपरा की बात करते हैं तो जाहिर है कि आप भारत की दस हजार साल पुरानी हिंदू परंपरा की ही बात कर रहे होते हैं। भारत के इस दलित-विमर्श में भारत की क्रिश्चियन लॉबी का कोई संदर्भ नहीं है, और न ही भारत की मुसलिम लॉबी का कोई संदर्भ हैं। कहीं भी नहीं है, है ही नहीं। होना संभव ही नहीं है। जितने भी संदर्भ हैं, वे सभी हिंदू इतिहास से अविभाज्य रूप से जुड़े हिंदू संदर्भ ही हैं। इसलिए स्पष्ट है कि भारत का दलित-विमर्श कुल मिलाकर भारत का हिंदू विमर्श ही है। वह न तो भारत का क्रिश्चियन विमर्श है और न ही कोई मुसलिम विमर्श है। इसलिए जब आज दलित-विमर्श के माध्यम से भारत के हिंदू समाज की व्यापक प्रस्तुति कर रहे होते हैं तो ठीक ही कर रहे होते हैं। पर

जैसे ही आप दलित-मुसलिम की बात करना शुरू करते हैं तो भारत में इसलाम के विभाजनकारी राजनीतिक इतिहास को देखते हुए सभी को चौकन्ना हो जाना पड़ता है कि कहीं यह भारत के और अधिक राजनीतिक विभाजन की पूर्व भूमिका या स्वाभाविक षड्यंत्र तो नहीं है।

इसलिए स्पष्ट है और यह एक स्थापित सत्य है कि भारत का दलित-विमर्श भारत के समग्र हिंदू-विमर्श का ही अविभाज्य हिस्सा है। इसको ठीक से समझ लिया जाए। 1857 के प्रथम स्वातंत्र्य समर के बाद से जितने भी सामाजिक परिवर्तन के आंदोलन हुए हैं, जितने भी सामाजिक परिवर्तन के उपक्रम हुए हैं, जितने भी सामाजिक परिवर्तन पर विचार-विमर्श हुए हैं, उन सभी का संबंध भी हिंदू समाज से है और उन सभी के साथ जो संदर्भ जुड़े हुए हैं, वे सभी हिंदू संदर्भ ही हैं। क्रिश्चियन संदर्भ होने का तो इसलिए भी सवाल नहीं उठता था, क्योंकि 1857 के बाद की और 1947 तक की भारत की गुलामी को हमने अपनी ही एक अन्य पुस्तक 'भारत की राजनीति का उत्तरायण' में भारत की क्रिश्चियन गुलामी माना है, जिस गुलामी का युग भारत की इसलामी गुलामी की करीब छह सदियों के बाद चला था। इसलामी संदर्भों के भारत के विभिन्न आंदोलनों के साथ, दलित-विमर्श के साथ भी जुड़ने की धूमिल सी संभावना हो सकती थी, क्योंकि भारत के मुसलमान, शत-प्रतिशत मुसलमान, धर्मांतरित होकर मुसलिम हो जाने के बावजूद अपने हिंदू पुरखों, पूर्वजों के इतिहास से भावनात्मक आधार पर कहीं-न-कहीं जुड़े हुए थे। इस जुड़ाव को हिंदू मजबूती दे दिया जाना कठिन नहीं था। पर महात्मा गांधी द्वारा 'खलाफत आंदोलन' चलाए जाने के माध्यम से जहाँ एक ओर भारत के मुसलिमों का किसी अज्ञात कुलशील खलीफा के साथ जुड़ाव कर दिया गया, वहाँ दूसरी ओर भारत के संपूर्ण हिंदू समाज के साथ मुसलिमों के जुड़ सकने की संभावनाएँ धूमिल सी हो गई। इस धूमिल वर्तमान में परिवर्तन ला सकने का कोई विराट् राजनीतिक-सामाजिक आंदोलन चले, दूरदृष्टि से चलाए जानेवाला कोई परावर्तन आंदोलन चले, तभी कोई युग परिवतर्नकारी परिवर्तन आने के दरवाजे खुल सकते हैं। पर वह तो अभी आज का हमारा विषय नहीं है। आगे कभी होगा, जब होगा, तो इस पर सर्वांगीण विचार किया ही जाएगा।

इस पृष्ठभूमि में हम भारत के इतिहास सम्मत दलित-विमर्श की बात करते हैं, 1857 के बाद इस विमर्श में आए उठान की विशिष्ट चर्चा करते हैं तो उस चर्चा को हम 1857-परवर्ती हिंदू समाज के नए युग परिवर्तनकारी सोच से जोड़कर ही देख सकते हैं, इससे अलग कर, अलग रखकर देख ही नहीं सकते। इसलिए

यह समझ लिया जाना जरूरी है, अनिवार्य है कि भारत के 1857-परवर्ती संपूर्ण दलित-विमर्श को, जो हमने अभी तक किया है, उसे हम भारत के संपूर्ण हिंदू समाज में आए परिवर्तनों से जुदा रखकर, पृथक् रखकर, अलग रखकर सोच ही नहीं सकते। कोई माने या न माने, पर यह प्रकृति की ओर से प्रदान कर दिया गया एक सार्वकालिक सत्य है, सार्वदेशिक सत्य है, सर्वतोमुखी वैचारिक सत्य है कि भारत का जन हिंदू है, मूलतः हिंदू है और जो उनमें से धर्मांतरित हो गए हैं, वे सभी जन भी मूलतः हिंदू ही रहे हैं, हिंदू के अलावा और कुछ नहीं रहे हैं। इस परिस्थिति का हम विभिन्न कोणों से व्यापक और गहन विवेचन अपनी ही पुस्तक 'भारत की राजनीति का उत्तरायण' में विस्तार से कर आए हैं।

इसलिए यह समझ लिया जाना जरूरी है कि भारत में 1857 परवर्ती दशकों में जिस दलित-विमर्श की हम चर्चा कर रहे हैं, उसका संपूर्ण विमर्श-विश्लेषण हम दो आधारों पर ही कर सकते हैं। इन दशकों में, अर्थात् इस लगभग संपूर्ण सदी-दो सदियों में जितना भी दलित-विमर्श हुआ, उसे हम संपूर्ण भारत में हो रहे दूसरे-दूसरे विमर्शों से जोड़कर ही देख सकते हैं। यह एक आधार है। दूसरा आधार यह है कि हम संपूर्ण विमर्श परंपरा को भारत के विराट् हिंदू समाज के साथ जोड़कर ही देख सकते हैं। कुछ उदाहरण टटोल लिये गए हैं। इस नए भारत में चले कुछ आंदोलनों की और उनके माध्यम से आए क्रांतिकारी परिवर्तनों की बानगी तो देखिए। इन परिवर्तनों को हम उनके सामाजिक और राष्ट्रीय महत्त्व की दृष्टि से कौन अधिक महत्त्वपूर्ण और कौन कम महत्त्वपूर्ण, कौन आगे, कौन पीछे, कौन पहले, कौन बाद में, इस नकली क्रम से नहीं देख रहे हैं। जो परिवर्तन हुए हैं और जो परिवर्तन आ रहे हैं, हम उन्हीं पर समग्र रूप से विचार करने की कोशिश कर रहे हैं।

इसमें विलक्षण बात यह है कि इनमें से अधिकांश परिवर्तन स्त्रियों और कन्याओं को लेकर हुए हैं, दलितों को लेकर हुए हैं, समाज और देश में धर्म-संप्रदायों की परिस्थिति को लेकर हुए हैं, राजनीतिक सत्ता किसके पास जानी चाहिए इन प्रश्नों को लेकर हुए हैं। इसमें कौन परिवर्तन का प्रारंभ किसने किया, यह हमारे लिए महत्त्वपूर्ण नहीं है। किंतु हिंदू समाज में परिवर्तन हुआ, यही सर्वाधिक महत्त्वपूर्ण है। 'सती प्रथा' से शुरू किया जाए। सती नाम पार्वती का है। पार्वती का पूर्व जन्म का नाम सती था। इसलिए पार्वती कहें या सती, व्यक्ति एक ही है। उसके जन्म दो हैं, पहले एक और फिर दूसरा जन्म। दक्ष द्वारा किए गए यज्ञ में दक्ष प्रजापति द्वारा किए गए शिव के अपमान से क्षुब्ध सती ने, शिव पत्नी सती

ने यज्ञाग्नि में कूदकर आत्मदाह कर लिया था। जैसा कि भाषा में शब्दों के अर्थों में संकोच, विस्तार और परिवर्तन आदि होते रहते हैं, ऐसा यहाँ भी हुआ है, और 'सती' इस शब्द का अर्थ विस्तार हुआ है। दक्ष प्रजापति ने जो यज्ञ किया, उसमें शिव का अपमान हुआ, उससे क्रुद्ध सती ने, शिव पत्नी सती ने अपने पिता दक्ष के उसी यज्ञ की अग्नि में अपना दाह कर लिया—सती की कथा कुल मिलाकर इतनी है और फिर शिव ने कैसे अपना विक्षुब्ध रूप दिखाया और फिर सती का पार्वती के रूप में नया जन्म हुआ। फिर से शिव का पार्वती (अर्थात् सती) के साथ विवाह हुआ, सती प्रकरण का यह कथा विस्तार है। पर अपने देश के इतिहास में ऐसा कोई समय, सारे देश के किसी भी भाग में नहीं आया कि 'सती' का प्रचलन एक प्रथा के रूप में स्थापित हो गया हो। यानी पति की मृत्यु के बाद पत्नी को पति के साथ अपना भी अग्निदाह कर लेना है, ऐसी कोई प्रथा बन गई थी, इस पर खोज तो होनी ही चाहिए। अगर ऐसी कोई प्रथा हो गई थी तो फिर देश में विधवा-विवाह की कोई परिस्थितियाँ बन ही नहीं सकती थीं। पर हम सर्वज्ञ तो हैं नहीं। कहीं तो कोई उदाहरण घटित हुए होंगे, तभी तो इनके विरुद्ध हिंदू समाज खड़ा हुआ, उसने संघर्ष किया और सती 'प्रथा' को खत्म किया, यह 1857 परवर्ती भारत के हिंदू समाज में आए युग परिवर्तन का एक सटीक उदाहरण है।

दूसरा उदाहरण भी स्त्रियों को लेकर है, जिसे हम विधवा विवाह के रूप में जानते हैं। विधवा का फिर से विवाह नहीं हो सकता, ऐसी अवधारणा देश में क्यों बनी, इस पर देश ने खूब विचार किया और इस अवधारणा को नकार दिया। अगर 'पुनर्जन्म' (में अखंड विश्वास) ही हिंदू को परिभाषित करता है और इस परिभाषा का अविभाज्य संबंध भारत के कर्मदर्शन से है (जो कर्मदर्शन विश्व को भारत की अद्‌भुत और श्रेष्ठतम देन है) तो एक ही स्त्री-पुरुष युगल बार-बार, कम-से-कम सात जन्मों तक, परस्पर पति-पत्नी के रूप में जन्म लेते हैं, यह हिंदू की परिभाषा और इसके जीवन-दर्शन से अर्थात् कर्म-कर्मफल आधारित जीवन-दर्शन से तो कोई तार्किक मेल रखता नहीं है। इसलिए अगर स्त्री या पुरुष का, अपने जीवन साथी की मृत्यु के बाद, फिर से विवाह होना चाहिए, इसका संबंध व्यक्तिगत, पारिवारिक, सामाजिक परिस्थितियों पर ही ज्यादा निर्भर करता है और अब यह सोच हिंदू समाज का मुख्यधारा सोच बन गया है। यह भारत का हिंदू सोच है। यह हिंदू सोच है, इसलिए भारत का सोच भी यही है। 'तीन तलाक' को लेकर जो मुसलिम सोच है, वह मुसलिम सोच तो माना जा रहा है, उसे भारत का सोच नहीं माना जा रहा, इसी से स्पष्ट है कि भारत हिंदू देश है, हिंदू सोचवाला देश है,

ठीक से कहें तो भारत हिंदू राष्ट्र है, क्रिश्चियन और इसलाम भारत के धर्म नहीं हैं, विधर्म हैं, विधर्मी होने के कारण भारत की मुख्यधारा नहीं है, और यही भारत की राष्ट्रवादी सोच की परिभाषा तय कर देता है।

तीसरा उदाहरण भी स्त्रियों को लेकर है। क्या स्त्री को संपत्ति में अधिकार है? यकीनन है। न होता तो 'स्त्रीधन' का कोई विचार ही देश को नहीं आता और 'स्त्रीधन' को लेकर कानूनी जामा तो उसे कभी पहनाया ही नहीं जाता। पर मुसलिम गुलामी की सदियों में, जहाँ देश में कई तरह से अन्य सामाजिक-वैचारिक स्तरों पर पतन हुआ, वहीं 'स्त्री को संपत्ति' इस विचारधारा की श्रेष्ठता में भी पतन आया। पर पतन की इन सदियों में भी भारत के हिंदू समाज ने 'स्त्रीधन' की वैधानिक पवित्रता पर आँच न आने देने की भरसक कोशिश की और सफलतापूर्वक की, अर्थात् भारत में 'स्त्रीधन' की वैधानिक पात्रता और वैधानिक पवित्रता अर्थात् वैधानिक आग्रह का दृष्टिकोण हिंदू समाज में था, इसलिए भारत में स्त्री को संपत्ति का अधिकार मिल जाने में कोई खास कठिनाई नहीं आई, उस अधिकार को सामाजिक मान्यता मिल जाने में कोई खास कठिनाई नहीं आई और आज यह हिंदू समाज का, यानी भारत की मुख्यधारा का विधान बना हुआ है।

1857-परवर्ती नए हिंदू समाज के और उसके परिणामस्वरूप नए भारत के स्वरूप में आए, जिस एक और परिवर्तन की बात हम कर रहे हैं, उस परिवर्तन का संबंध भी स्त्रियों से है, विशेष रूप से स्त्री शिक्षा से है। अपनी इसी 'दलित-विमर्श' पुस्तक के एक आलेख में हम बता आए हैं। अनेक स्मृति ग्रंथों की रचना बेशक भारत के प्राचीन विचारकों के नामों पर की गई, मसलन मनुस्मृति, नारद स्मृति, याज्ञवल्क्य स्मृति आदि; पर इन स्मृति-ग्रंथों की रचना तो बहुत बाद की है और भारतरत्न महामहोपाध्याय डॉ. पांडुरंग वामन काणे ने अपने विशालकाय ग्रंथ 'भारतीय धर्मशास्त्र का इतिहास' (चार खंडों) में स्मृतियों का जो रचनाकाल माना है, इसी काल में समाज में यह विकृत अवधारणा बनी कि स्त्रियों की शिक्षा वांछनीय नहीं है। साथ में यह भी जोड़ दिया कि दलितों की शिक्षा भी वांछनीय नहीं है। कह दिया गया कि 'स्त्रीशूद्रौ नाधीयाताम्' यानी स्त्रियों और दलितों को शिक्षा नहीं मिलेगी। हमने देखा ही है कि कैसे इसलामी गुलामी की सदियों में स्त्री और दलित, दोनों को मुसलिम तानाशाही व बर्बरता के कुपरिणामों का सामना करना पड़ा। जाहिर है कि स्त्रियों और दलितों को शिक्षा से वंचित और शिक्षा से विहीन बना दिए जाने की परिस्थितियाँ बनीं और स्त्रियों और दलितों ने उसका अभिशाप भी झेला। महात्मा ज्योतिबा फुले ने एक विचार रखा, 'शिक्षित बनो'

और इसी विचार को बाबासाहेब ने आगे बढ़ाया। देश को इस विचार परंपरा से मिले सुपरिणाम सामने हैं। देश इस बात को भला स्वीकार ही कैसे कर सकता था कि जिस देश में गार्गी, मैत्रेयी, सूर्या, भामती, जैसी विदुषियों और अध्यात्म प्रवीण ऋषि तुल्य स्त्रियों ने अपना ऐतिहासिक योगदान किया हो और जिस देश में दलित व स्त्री ऋषियों ने वैदिक मंत्रों की रचना की हो, उस देश में विदेशी गुलामीजन्य कठिनाइयों के बावजूद दलितों व स्त्रियों को शिक्षा से वंचित रखने की परिस्थितियाँ लंबे समय तक चल ही नहीं सकती थीं, चली भी नहीं।

अभी, इसी दशक में क्या हुआ है? 'बेटी बचाओ' और 'बेटी पढ़ाओ' इन दो प्रकल्पों को देश ने राजनीतिक अभियान के रूप में अपना लिया है। इसका श्रेय अगर हम देश के प्रधानमंत्री नरेंद्र मोदी को नहीं देंगे तो नरेंद्र मोदी से तो अन्याय कर रहे होंगे, देश में चल रहे इस राजनीतिक अभियान से भी अन्याय कर रहे होंगे और स्त्रियों से अन्याय तो कर ही रहे होंगे। आप चाहें तो इस अभियान को, जो वैसे तो देश के संपूर्ण स्त्री समाज को प्रभावित कर सकता है, हम उसे हिंदू समाज के द्वारा अपनाया गया एक युग परिवर्तनकारी विचार इसलिए मान रहे हैं, क्योंकि दूसरी विचारधाराओं वाली सरकारों की तुलना में हिंदू समर्थक भाजपा शासित राज्य सरकारों ने इस कार्यक्रम में कहीं अधिक दिलचस्पी ली है।

भारत के हिंदू समाज में आए इन विविध परिवर्तनों और परिवर्तन ला सकनेवाले अभियानों-आंदोलनों के परिणामस्वरूप देश में जो नया वातावरण बना है, जो नया समाज उभरकर सामने आया है, जो नया हिंदू समाज बना है, उस पृष्ठभूमि ने, इस सर्वांगीण परिप्रेक्ष्य में हिंदू उठान और इसलिए पूरे भारत में आए दलित उठान, उसका मर्म और परिणाम समझ में आना कठिन नहीं। भारत चूँकि हिंदू राष्ट्र है, वह न तो इसलामी देश है और न ही क्रिश्चियन देश है, और भारत कभी इसलामी राष्ट्र या क्रिश्चियन राष्ट्र बन भी नहीं सकता, इसलिए भारत में दलित विमर्श, दलित समाज का स्वरूप और दलितों के उठान में इस अपने हिंदू समाज की, भारत के हिंदू राष्ट्र होने के सत्य की अवहेलना कर ही नहीं सकते। भारत का हिंदू आगे बढ़ेगा तो भारत का दलित भी आगे बढ़ेगा और उसे वैसा लक्ष्य पाने में भारत का हिंदू राष्ट्र होना ही अंततोगत्वा अपनी एक निर्णायक भूमिका निभाएगा।

□

परिशिष्ट-भाग

हमें लगता है कि भारत के संदर्भों को, भारत का इतिहास, भारत का प्राचीन-संस्कृत साहित्य और भारत के ऋषि-महर्षियों द्वारा लिखे गए वेदों, प्रबंधकाव्यों, ब्राह्मण-ग्रंथों व उपनिषदों को आधार बनाकर पहली बार इतनी गहराई से दलित-विमर्श हमने किया है। जाहिर है कि हमारे पाठकों, दलित-मध्यम-सवर्ण इन सभी जातिवर्गों के पाठकों को संस्कृत भाषा में लिखे इन संदर्भ ग्रंथों को देखने-पढ़ने का भी मन करेगा। कभी उसी आधार पर एक ऐसा संग्रह भविष्य में तैयार भी हो सकता है। पर अभी हम इसी पुस्तक में चार परिशिष्ट संपूर्ण संदर्भ सहित दे रहे हैं—ऋग्वेद, महाभारत (का नीतिशास्त्र), ऐतरेय ब्राह्मण और छांदोग्योपनिषद के अंशों के आधार पर ही दे रहे हैं। उम्मीद है कि सभी समुदायों को विशेषकर दलित युवाओं-छात्रों को इन संदर्भों को पढ़कर आत्मगौरव, आनंद और संतुष्टि की अनुभूति होगी।

परिशिष्ट-क

संदर्भ : दलित वैदिक मंद्धकार कवच ऐलूख का अक्ष सूक्त, ऋग्वेद, 10.34 मानवीय संवेदना की श्रेष्ठ अभिव्यक्ति के कारण अक्षसूक्त को ऋग्वेद के सर्वश्रेष्ठ सूक्तों में माना जाता है।

स्त्रोत : ऋग्वेद संहिता चौखंभा विद्याभवन, वाराणसी, 1999

प्रावेपामाबृहतोमादयन्तिप्रवातेजाइरिणेवर्वृताना:।
सोमस्येवमौजवतस्यभक्षोविभीदकोजागृविर्मह्यमच्छान्॥ 1॥

अर्थ : बड़े-बड़े पासे जिस समय नक्शे (पासा खेलने के स्थान) के ऊपर इधर-उधर चलते हैं, उस समय उन्हें देखकर मुझे बड़ा आनंद होता है। मूजवान् पर्वत पर उत्पन्न उत्तम सोमलता का रस पीकर जैसे प्रसन्नता होती है, वैसे ही बहेरे (वृक्ष) के काठ से बना अक्ष (पासा) मेरे लिए प्रीतिप्रद और उत्साह-दाता है।

नमामिमेथनजिहीळएषाशिवासखिभ्यउतमह्यमासीत्।
अक्षस्याहमेकपरस्यहेतोरनुव्रतामपजायामरोधम्॥ 2॥

अर्थ : मेरी यह रूपवती पत्नी कभी मुझसे उदासीन नहीं हुई, न कभी मुझसे लज्जित हुई। वह पत्नी मेरी और मेरे बंधुओं की विशेष सेवा-शुश्रूषा करती थी। किंतु केवल पासे के कारण मैंने उस परम अनुरागिणी भार्या को छोड़ दिया।

द्वेष्टिश्वश्रूरपजायारुणद्धिननाथितोविन्दतेमर्हितारम्।
अश्वस्येवजरतोवरुयस्यनाहंविन्दामिकितवस्यभोगम्॥ 3॥

अर्थ : जो जुआड़ी (कितव) जुआ खेलता है, उसकी सास उसकी निंदा करती है और उसकी स्त्री उसे छोड़ देती है। जुआड़ी किसी से कुछ माँगता है तो उसे कोई नहीं देता। जैसे बूढ़े घोड़े को कोई नहीं खरीदता, वैसे ही जुआड़ी का कोई आदर नहीं करता।

अन्येजायांपरिमृशन्त्यस्ययस्यागृधद्वेदनेवाज्यक्षः।
पितामाताभ्रातरएनमाहुर्नजानीमोनयताबद्धमेतम्॥ 4॥

अर्थ : पासे का आकर्षण बड़ा कठिन है। यदि किसी के धन के प्रति अक्ष (पासे) की लोभ-दृष्टि हो जाए, तो पासेवाले की पत्नी व्यभिचारिणी हो जाती है। जुआड़ी के माता, पिता और सहोदर भ्राता कहते हैं—"हम इसे नहीं जानते; जुआड़ियो, इसे पकड़कर ले आओ!"

यदादीध्येनदविषाण्येभिःपरादभ्योवहीयेसखिभ्यः।
न्युप्ताश्चबभ्रवोवाचमक्रतँएमीदेषांनिष्कृतंजारिणीव॥ 5॥

अर्थ : जिस समय मैं इच्छा करता हूँ कि मैं अब पासा पासा खेलूँगा, उस समय साथी जुआड़ियों के पास से हट जाता हूँ। किंतु नक्शे पर पीले पासों को दखकर नहीं रहा जाता। जैसे भ्रष्टा नारी उपपति के पास जाती है, वैसे ही मैं भी जुआड़ियों के घर जाता हूँ।

सभामेतिकितवःपृच्छमानोजेष्यामीतितन्वाऽशूशुजानः।
अक्षासोअस्यवितिरन्तिकामंप्रतिदीव्रेदधतआकृतानि॥ 6॥

अर्थ : जुआड़ी अपनी छाती फुलाकर कूदता हुआ जुए के अड्डे पर आता है और कहता है कि "मैं जीतूँगा।" कभी-कभी पासा जुआड़ी की इच्छा पूरी करता है और कभी विपक्ष के जुआड़ी के लिए वह जो कुछ चाहता है, वह सब भी कभी सिद्ध हो जाता है।

अक्षासइदंकुशिनोनितोदिनोनिकृत्वानस्तपनास्तापयिष्णवः।
कुमारदेष्णाजयतःपुनर्हणोमध्वासंपृक्ताःकितवस्यबर्हणा॥ 7॥

अर्थ : किंतु कभी-कभी वही पासा बेहाथ हो जाता है—अंकुश के समान चुभता है, बाण के सदृश छेदता है, छुरे के समान काटता है, तप्त पदार्थ के समान संताप देता है। जो जुआड़ी विजयी होता है, उसके लिए पासा पुत्रजन्म के समान आनंददाता होता है, मधुरिमा से युक्त होता है और मानो मीठे वचनों से संभाषण करता है; किंतु हारे हुए जुआड़ी को तो प्रायः मार ही डालता है।

त्रिपञ्चाशःक्रीळतिव्रातएषांदेवइवसवितासत्यधर्मा।
उग्रस्यचिन्मन्यवेनानमन्तेराजाचिदेभ्योनमइत्कृणोति॥ 8॥

अर्थ : तिरपन पासे नक्शे के ऊपर मिलकर विहार करते हैं—मानो सत्यस्वरूप

सूर्यदेव संसार में विचरण करते हैं। कोई कितना बड़ा उग्र क्यों न हो, परंतु पासा किसी के वश में नहीं आ सकता। राजा तब पासे को नमस्कार करते हैं।

नीचावर्तन्तउपरिस्फुरन्त्यहस्तासोहस्तवन्तंसहन्ते।
दिव्याअङ्गाराइरिणेन्युप्ताःशीताःसन्तोहृदयंनिर्दहन्ति॥ 9॥

अर्थ : पासे कभी नीचे उतरते हैं और कभी ऊपर उठते हैं। इनके हाथ नहीं हैं; परंतु जिनके हाथ हैं, वे इनसे हार जाते हैं। ये श्रीसंपन्न हैं; जलते हुए अंगारे के समान ये नक्शे के ऊपर बैठे हैं। ये छूने में ठंडे हैं; किंतु हृदय को जलाते हैं।

जायातप्यतेकितवस्यहीनामातापुत्रस्यचरतःक्वस्वित्।
ऋणावाबिभ्यद्धनमिच्छमानोन्येषामस्तमुपनक्तमेति॥ 10॥

अर्थ : जुआड़ी की स्त्री दीन-हीन वेश में यातना भोगती रहती है, पुत्र कहाँ-कहाँ घूमा करता है—ऐसा सोचकर जुआड़ी की माता व्याकुल रहा करती है। जो जुआड़ी को उधार देता है, वह इस संदेह में रहता है कि 'मेरा धन फिर मिलेगा या नहीं!' जुआड़ी बेचारा दूसरे के घर में रात काटा करता है।

स्त्रियंदृष्ट्वायकितवंततापान्येषाजायांसुकृतंचयोनिम्।
पूर्वाह्णेअश्वान्युयुजेहिबभ्रून्त्सोअग्नेरन्तेवृषलःपपाद॥ 11॥

अर्थ : अपनी स्त्री की दशा देखकर जुआड़ी का हृदय फटा करता है। अन्यान्य स्त्रियों का सौभाग्य और सुंदर अट्टालिका देखकर जुआड़ी को संताप होता है। जो जुआड़ी प्रातःकाल घोड़े की सवारी कर आता है, वही संध्या-समय, दरिद्र के समान जाड़े से बचने के लिए आग तापता है—शरीर पर वस्त्र भी नहीं रहता।

योवःसेनानीर्महतोगणस्यराजाव्रातस्यप्रथमोबभूव।
तस्मैकृणोमिनधनारुणध्मिदशाहंप्राचीस्तदृतंवदामि॥ 12॥

अर्थ : पासो, तुम्हारे दल में जो प्रधान, सेनापति या राजा के समान है, उसको मैं अपनी दसों उँगलियाँ जोड़कर प्रणाम करता हूँ। मैं सच्ची बात कहता हूँ कि मैं तुम लोगों से अर्थ नहीं चाहता।

अक्षैर्मादीव्यःकृषिमित्कृषस्ववित्तेरमस्वबहुमन्यमानः।
तत्रगावःकितवतत्रजायातन्मेविचष्टेसवितायमर्यः॥ 13॥

अर्थ : जुआड़ी, कभी जुआ नहीं खेलना; खेती करना! कृषि से जो कुछ लाभ

हो, उसी से संतुष्ट रहना—अपने को कृतार्थ समझना! इसी से स्त्री प्राप्त करोगे और अनेक गायें भी पाओगे। प्रभु सूर्यदेव ने मुझसे ऐसा कहा है।

मित्रंकृणुध्वंखलुमृळतानोमानोघोरेणचरताभिधृष्णु।
निवोनुमन्युर्विशतामरातिरन्योबभ्रूणांप्रसितौन्वस्तु॥ 14॥

अर्थ : पासो (अक्षो), हमें बंधु जानो; हमारा कल्याण करो। हमारे ऊपर अपने दुर्धर्ष प्रभाव का प्रयोग नहीं करना। हमारा शत्रु ही तुम्हारी कोप-दृष्टि में गिरे। दूसरे तुम में फँसे रहें।

□

परिशिष्ट-ख

संदर्भ : दलित शास्त्रकार महात्माविदुर का लिखा नीतिशास्त्र, जिसे व्यासदेव ने अपने प्रबंधकाव्य महाभारत के उद्योग पर्व, अध्याय 33-40, अर्थात् आठ अध्यायों में संकलित किया है। उसी का पहला अर्थात् विदुरनीति प्रसंग का 33वाँ अध्याय।

स्त्रोत : महाभारत (तृतीय खंड), गीताप्रेसगोरखपुर, गोरखपुर, संवत् 2044

त्रयस्त्रिंशोऽध्यायः*

धृतराष्ट्र-विदुर-संवाद

वैशम्पायन उवाच

द्वाःस्थं प्राह महाप्राज्ञो धृतराष्ट्रो महीपतिः।
विदुरं द्रष्टुमिच्छामि तमिहानय मा चिरम्॥ 1॥

वैशंपायनजी कहते हैं—जनमेजय! [संजय के चले जाने पर] महाबुद्धिमान् राजा धृतराष्ट्र ने द्वारपाल से कहा, ''मैं विदुर से मिलना चाहता हूँ। उन्हें यहाँ शीघ्र बुला लाओ।''

प्रहितो धृतराष्ट्रेण दूतः क्षत्तारमब्रवीत्।
ईश्वरस्त्वां महाराजो महाप्राज्ञ दिदृक्षति॥ 2॥

धृतराष्ट्र का भेजा हुआ वह दूत जाकर विदुर से बोला, ''महामते! हमारे स्वामी महाराज धृतराष्ट्र आपसे मिलना चाहते हैं।''

---

* इस 33वें अध्याय से प्रारंभ होकर 40वें अध्याय तक 'विदुरनीति' है।

एवमुक्तस्तु विदुरः प्राप्य राजनिवेशनम्।
अब्रवीद् धृतराष्ट्राय द्वाःस्थ मां प्रतिवेदय॥ 3॥

उसके ऐसा कहने पर विदुरजी राजमहल के पास जाकर बोले, ''द्वारपाल! धृतराष्ट्र को मेरे आने की सूचना दे दो!''

द्वाःस्थ उवाच

विदुरोऽयमनुप्राप्तो राजेन्द्र तव शासनात्।
द्रष्टुमिच्छति ते पादौ किं करोतु प्रशाधिमाम्॥ 4॥

द्वारपाल ने जाकर कहा, ''महाराज! आपकी आज्ञा से विदुरजी यहाँ आ पहुँचे हैं, वे आपके चरणों का दर्शन करना चाहते हैं। मुझे आज्ञा दीजिए, उन्हें क्या कार्य बताया जाए!''

धृतराष्ट्र उवाच

प्रवेशय महाप्राज्ञं विदुरं दीर्घदर्शिनम्।
अहं हि विदुरस्यास्य नाकल्पो जातु दर्शने॥ 5॥

धृतराष्ट्र ने कहा, ''महाबुद्धिमान्, दूरदर्शी विदुर को भीतर ले आओ, मुझे इस विदुर से मिलने में कभी भी अड़चन नहीं है।''

द्वाःस्थ उवाच

प्रविशान्तःपुरं क्षत्तर्महाराजस्य धीमतः।
नहि ते दर्शनेऽकल्पो जातु राजाब्रवीद्धि माम्॥6॥

द्वरपाल विदुर के पास आकर बोला, ''विदुरजी! आप बुद्धिमान्, महाराज धृतराष्ट्र के अंतःपुर में प्रवेश कीजिए। महाराज ने मुझसे कहा है कि मुझे विदुर से मिलने में कभी अड़चन नहीं है।''

वैशम्पायन उवाच

ततः प्रविश्य विदुरो धृतराष्ट्रनिवेशनम्।
अब्रवीत्प्राञ्जलिर्वाक्यंचिन्तयानंनराधिपम्॥7॥

वैशंपायनजी कहते हैं, ''राजन्! तदनंतर विदुर धृतराष्ट्र के महल के भीतर जाकर चिंता में डूबे हुए राजा से हाथ जोड़कर बोले—

विदुरोऽहं महाप्राज्ञ सम्प्राप्तस्तव शासनात्।
यदि किंचन कर्तव्यमयमस्मि प्रशाधि माम्॥ 8॥

'महाप्राज्ञ! मैं विदुर हूँ, आपकी आज्ञा से यहाँ आया हूँ। यदि मेरे करने योग्य कुछ काम हो तो मैं उपस्थित हूँ, मुझे आज्ञा दीजिए।'"

धृतराष्ट्र उवाच

संजयो विदुर प्राज्ञो गर्हयित्वा च मां गतः।
अजातशत्रोःश्वो वाक्यं सभामध्ये स वक्ष्यति॥ 9॥

धृतराष्ट्र ने कहा—विदुर! बुद्धिमान् संजय आया था, वह मुझे बुरा-भला कहकर चला गया है। कल सभा में वह अजातशत्रु युधिष्ठिर के वचन सुनाएगा।

तस्याद्य कुरुवीरस्य न विज्ञातं वचो मया।
तन्मे दहति गात्राणि तदकार्षीत् प्रजागरम्॥ 10॥

आज मैं उस कुरुवीर युधिष्ठिर की बात न जान सका, यही मेरे अंगों को जला रहा है और इसी ने मुझे अब तक जगा रखा है।

जाग्रतो दह्यमानस्य श्रेयो यदनुपश्यसि।
तद् ब्रूहि त्वं हि नस्तात धर्मार्थकुशलो ह्यसि॥ 11॥

तात! मैं चिंता से जलता हुआ अभी तक जाग रहा हूँ। मेरे लिए जो कल्याण की बात समझो, वह कहो; क्योंकि हम लोगों में तुम्हीं धर्म और अर्थ के ज्ञान में निपुण हो।

यतः प्राप्तः संजयः पाण्डवेभ्यो
न मे यथावन्मनसः प्रशान्तिः।
सर्वेन्द्रियाण्यप्रकृतिं गतानि
किं वक्ष्यतीत्येव मेऽद्य प्रचिन्ता॥ 12॥

संजय जब से पांडवों के यहाँ से लौटकर आया है, तब से मेरे मन को पूर्ण शांति नहीं मिलती। सभी इंद्रियाँ विकल हो रही हैं। कल वह क्या कहेगा, इसी बात की मुझे इस समय बड़ी भारी चिंता हो रही है।

विदुर उवाच

अभियुक्तं बलवता दुर्बलं हीनसाधनम्।
हृतस्वं कामिनं चोरमाविशन्ति प्रजागराः॥ 13॥

विदुरजी बोले—राजन्! बलवान् के साथ जिसकी शत्रुता हो गई हो, उस साधनहीन दुर्बल मनुष्य को, जिसका सबकुछ हर लिया गया है, उसको कामी को तथा चोर को रात में नींद नहीं आती।

कच्चिदेतैर्महादोषैर्न स्पृष्टोऽसि नराधिप।
कच्चिच्च परवित्तेषु गृध्यन् न परितप्यसे॥ 14॥

नरेंद्र! कहीं आपका भी इन महान् दोषों से संपर्क तो नहीं हो गया है? कहीं पराए धन के लोभ से तो आप कष्ट नहीं पा रहे हैं?

धृतराष्ट्र उवाच

श्रोतुमिच्छामि ते धर्म्यं परं नैःश्रेयसं वचः।
अस्मिन् राजर्षिवंशे हि त्वमेकः प्राज्ञसम्मतः॥ 15॥

धृतराष्ट्र ने कहा—विदुर! मैं तुम्हारे धर्मयुक्त तथा कल्याण करनेवाले सुंदर वचन सुनना चाहता हूँ; क्योंकि इस राजर्षिवंश में केवल तुम्हीं विद्वानों के लिए भी माननीय हो।

विदुर उवाच

(राजा लक्षणसम्पन्नस्त्रैलोक्यस्याधिपो भवेत्।
प्रेष्यस्ते प्रेषितश्चैव धृतराष्ट्र युधिष्ठिरः॥

विदुरजी बोले, ''महाराज धृतराष्ट्र! श्रेष्ठ लक्षणों से संपन्न राजा युधिष्ठिर तीनों लोकों के स्वामी हो सकते हैं। वे आपके आज्ञाकारी थे, पर आपने उन्हें वन में भेज दिया।

विपरीततरश्च त्वं भागधेये न सम्मतः।
अर्चिषां प्रक्षयाच्चैव धर्मात्मा धर्मकोविदः॥

आप धर्मात्मा और धर्म के जानकार होते हुए भी आँखों की ज्योति से हीन होने के कारण उन्हें पहचान न सके, इसी से उनके अत्यंत विपरीत हो गए तथा उन्हें राज्य का भाग देने में आपकी सम्मति नहीं हुई।

आनृशंस्यादनुक्रोशाद् धर्मात् सत्यात् पराक्रमात्।
गुरुत्वात् त्वयि सम्प्रेक्ष्य बहून् क्लेशांस्तितिक्षते॥

युधिष्ठिर में क्रूरता का अभाव, दया, धर्म, सत्य तथा पराक्रम है। वे आप

में श्रद्धा रखते हैं। इन्हीं सद्‌गुणों के कारण वे सोच-विचारकर चुपचाप बहुत से क्लेश सह रहे हैं।

दुर्योधने सौबले च कर्णे दुःशासने तथा।
एतेष्वैश्वर्यमाधाय कथं त्वं भूतिमिच्छसि॥

"आप दुर्योधन, शकुनि, कर्ण तथा दुःशासन जैसे अयोग्य व्यक्तियों पर राज्य का भार रखकर कैसे कल्याण चाहते हैं ?

आत्मज्ञानं समारम्भस्तितिक्षा धर्मनित्यता।
यमर्थान्नापकर्षन्ति स वै पण्डित उच्यते॥)

अपने वास्तविक स्वरूप का ज्ञान, उद्योग, दुःख सहने की शक्ति और धर्म में स्थिरता—ये गुण जिस मनुष्य को पुरुषार्थ से च्युत नहीं करते। वे ही पंडित कहलाते हैं।"

निषेवते प्रशस्तानि निन्दितानि न सेवने।
अनास्तिकः श्रद्दधान एतत् पण्डितलक्षणम्॥ 16॥

जो अच्छे कर्मों का सेवन करता है और बुरे कर्मों से दूर रहता है, साथ ही जो आस्तिक व श्रद्धालु है, उसके वे सद्‌गुण पंडित होने के लक्षण हैं।

क्रोधोहर्षश्चदर्पश्चह्रीःस्तम्भोमान्यमानिता।
यमर्थान्नापकर्षन्ति स वै पण्डित उच्यते॥ 17॥

क्रोध, हर्ष, गर्व, लज्जा उद्‌दंडता तथा स्वयं को पूज्य समझना—ये भाव जिसको पुरुषार्थ से भ्रष्ट नहीं करते, वही पंडित कहलाता है।

यस्य कृत्यं न जानन्ति मन्त्रं वा मन्त्रितं परे।
कृतमेवास्य जानन्ति स वै पण्डित उच्यते॥ 18॥

दूसरे लोग, जिसके कर्तव्य, सलाह और पहले से किए हुए विचार को नहीं जानते, बल्कि काम पूरा होने पर ही जानते हैं, वही पंडित कहलाता है।

यस्य कृत्यं न विघ्नन्ति शीतमुष्णं भयं रतिः।
समृद्धिरसमृद्धिर्वा स वै पण्डित उच्यते॥ 19॥

सर्दी-गरमी, भय-अनुराग, संपत्ति अथवा दरिद्रता—ये जिसके कार्य में विघ्न नहीं डालते, वही पंडित कहलाता है।

यस्य संसारिणी प्रज्ञा धर्मार्थावनुवर्तते।
कामादर्थं वृणीते यः स वै पण्डित उच्यते॥ 20॥

जिसकी लौकिक बुद्धि धर्म व अर्थ का ही अनुसरण करती है और जो भोग को छोड़कर पुरुषार्थ का ही वरण करता है, वही पंडित कहलाता है।

यथाशक्ति चिकीर्षन्ति यथाशक्ति च कुर्वते।
न किंचिदवमन्यन्ते नराः पण्डितबुद्धयः॥ 21॥

विवेकपूर्ण बुद्धिवाले पुरुष शक्ति के अनुसार काम करने की इच्छा रखते हैं और करते भी हैं तथा किसी वस्तु को तुच्छ समझकर उसकी अवहेलना नहीं करते।

क्षिप्रं विजानाति चिरं शृणोति
विज्ञाय चार्थं भजते न कामात्।
नासम्पृष्टो व्युपयुङ्क्ते परार्थे
तत् प्रज्ञानं प्रथमं पण्डितस्य॥ 22॥

विद्वान् पुरुष किसी विषय को देर तक सुनता है; किंतु शीघ्र ही समझ लेता है, समझकर कर्तव्य-बुद्धि से पुरुषार्थ में प्रवृत्त होता है, कामना से नहीं। बिना पूछे दूसरे के विषय में व्यर्थ कोई बात नहीं कहता है। उसका यह स्वभाव पंडित की मुख्य पहचान है।

नाप्राप्यमभिवाञ्छन्ति नष्टं नेच्छन्ति शोचितुम्।
आपत्सु च न मुह्यन्ति नराः पण्डितबुद्धयः॥ 23॥

पंडितों की-सी बुद्धि रखनेवाले मनुष्य दुर्लभ वस्तु की कामना नहीं करते, खोई हुई वस्तु के विषय में शोक करना नहीं चाहते और विपत्ति में पड़कर घबराते नहीं हैं।

निश्चित्य यः प्रक्रमते नान्तर्वसति कर्मणः।
अवन्ध्यकालोवश्यात्मासवैपण्डितउच्यते॥24॥

जो पहले निश्चय करके फिर कार्य का आरंभ करता है, कार्य के बीच में नहीं रुकता, समय को व्यर्थ नहीं जाने देता और चित्त को वश में रखता है, वही पंडित कहलाता है।

आर्यकर्मणि रज्यन्ते भूतिकर्माणि कुर्वते।
हितं च नाभ्यसूयन्ति पण्डिता भरतर्षभ॥ 25॥

भरत कुलभूषण! पंडितजन श्रेष्ठ कर्म में रुचि रखते हैं, उन्नति के कार्य करते हैं तथा भलाई करनेवालों में दोष नहीं निकालते।

न हृष्यत्यात्मसम्माने नावमानेन तृष्यते।
गाङ्गो ह्रद इवाक्षोभ्यो यः स पण्डित उच्यते॥ 26॥

जो अपना आदर होने पर हर्ष के मारे फूल नहीं उठता; अनादर से संतप्त नहीं होता तथा गंगाजी के ह्रद (गहरे गर्त) के समान जिसके चित्त को क्षोभ नहीं होता, वही पंडित कहलाता है।

तत्त्वज्ञः सर्वभूतानां योगज्ञः सर्वकर्मणाम्।
उपायज्ञो मनुष्याणां नरः पण्डित उच्यते॥ 27॥

जो संपूर्ण भौतिक पदार्थों की असलियत का ज्ञान रखनेवाला सब कार्यों के करने का ढंग जाननेवाला तथा मनुष्यों में सबसे बढ़कर उपाय का जानकार है, वह मनुष्य पंडित कहलाता है।

प्रवृत्तवाक् चित्रकथ ऊहवान् प्रतिभानवान्।
आशु ग्रन्थस्य वक्ता च यः स पण्डित उच्यते॥ 28॥

जिसकी वाणी कहीं रुकती नहीं, जो विचित्र ढंग से बातचीत करता है, तर्क में निपुण और प्रतिभाशाली है तथा जो ग्रंथ के तात्पर्य को शीघ्र बता सकता है, वह पंडित कहलाता है।

श्रुतं प्रज्ञानुगं यस्य प्रज्ञा चैव श्रुतानुगा।
असम्भिन्नार्यमर्यादः पण्डिताख्यां लभेत सः॥ 29॥

जिसकी विद्या बुद्धि का अनुसरण करती है और बुद्धि विद्या का तथा जो शिष्ट पुरुषों की मर्यादा का उल्लंघन नहीं करता, वही पंडित की संज्ञा पा सकता है।

अश्रुतश्च समुन्नद्धो दरिद्रश्च महामनाः।
अर्थांश्चाकर्मणा प्रेप्सुर्मूढ इत्युच्यते बुधैः॥ 30॥

बिना पढ़े ही गर्व करनेवाले, दरिद्र होकर भी बड़े-बड़े मनोरथ करनेवाले और बिना काम किए ही धन पाने की इच्छा रखनेवाले मनुष्य को पंडित लोग मूर्ख कहते हैं।

स्वमर्थं यः परित्यज्य परार्थमनुतिष्ठति।
मिथ्या चरति मित्रार्थे यश्च मूढः स उच्यते॥ 31॥

जो अपना कर्तव्य छोड़कर दूसरे के कर्तव्य का पालन करता है तथा मित्र के साथ असत् आचरण करता है, वह मूर्ख कहलाता है।

अकामान् कामयति यः कामयानान् परित्यजेत्।
बलवन्तं च यो द्वेष्टि तमाहुर्मूढचेतसम्॥ 32॥

जो न चाहनेवालों को चाहता है और चाहनेवालों को त्याग देता है तथा जो अपने से बलवान् के साथ वैर बाँधता है, उसे मूढ़ विचार का मनुष्य कहते हैं।

अमित्रं कुरुते मित्रं मित्रं द्वेष्टि हिनस्ति च।
कर्म चारभते दुष्टं तमाहुर्मूढचेतसम्॥ 33॥

जो शत्रु को मित्र बनाता और मित्र से द्वेष करते हुए उसे कष्ट पहुँचाता है तथा सदा बुरे कर्मों का आरंभ किया करता है, उसे मूढ़ चित्तवाला कहते हैं।

संसारयति कृत्यानि सर्वत्र विचिकित्सते।
चिरं करोति क्षिप्रार्थे स मूढो भरतर्षभ॥ 34॥

भरतश्रेष्ठ! जो अपने कामों को व्यर्थ ही फैलाता है, सर्वत्र संदेह करता है तथा शीघ्र होने वाले काम में भी देर लगाता है, वह मूढ है।

श्राद्धं पितृभ्यो न ददाति दैवतानि न चार्चति।
सुहृन्मित्रं न लभते तमाहुर्मूढचेतसम्॥ 35॥

जो पितरों का श्राद्ध और देवताओं का पूजन नहीं करता तथा जिसे सुहृद् मित्र नहीं मिलता, उसे मूढ चित्तवाला कहते हैं।

अनाहूतः प्रविशति अपृष्टो बहु भाषते।
अविश्वस्ते विश्वसिति मूढचेता नराधमः॥ 36॥

मूढ चित्तवाला अधम मनुष्य बिना बुलाए ही भीतर चला आता है, बिना पूछे ही बहुत बोलता है तथा अविश्वसनीय मनुष्य पर विश्वास करता है।

परं क्षिपति दोषेण वर्तमानः स्वयं तथा।
यश्च क्रुध्यत्यनीशानः स च मूढतमो नरः॥ 37॥

स्वयं दोषयुक्त बरताव करते हुए भी जो दूसरे पर उसके दोष बताकर आक्षेप करता है तथा जो असमर्थ होते हुए भी व्यर्थ का क्रोध करता है, वह मनुष्य महामूर्ख है।

आत्मनो बलमज्ञाय धर्मार्थपरिवर्जितम्।
अलभ्यमिच्छन् नैष्कर्म्यान्मूढबुद्धिरिहोच्यते॥ 38॥

जो अपने बल को न समझकर बिना काम किए ही धर्म और अर्थ से विरुद्ध तथा न पाने योग्य वस्तु की इच्छा करता है, वह पुरुष इस संसार में मूढबुद्धि कहलाता है।

अशिष्यं शास्ति यो राजन् यश्च शून्यमुपासते।
कदर्यं भजते यश्च तमाहुर्मूढचेतसम्॥ 39॥

राजन्! जो अनधिकारी को उपदेश देता और शून्य की उपासना करता है तथा जो कृपण का आश्रय लेता है, उसे मूढ चित्तवाला कहते हैं।

अर्थं महान्तमासाद्य विद्यामैश्वर्यमेव वा।
विचरत्यसमुन्नद्धो यः स पण्डित उच्यते॥ 40॥

जो बहुत धन, विद्या तथा ऐश्वर्य को पाकर भी उद्दंडतापूर्वक नहीं चलता, वह पंडित कहलाता है।

एकः सम्पन्नमश्नाति वस्ते वासश्च शोभनम्।
योऽसंविभज्य भृत्येभ्यः को नृशंसतरस्ततः[1]॥ 41॥

जो अपने द्वारा भरण-पोषण के योग्य व्यक्तियों को बाँटे बिना अकेले ही उत्तम भोजन करता और अच्छा वस्त्र पहनता है, उससे बढ़कर क्रूर कौन होगा?

एकः पापानि कुरुते फलं भुङ्क्ते महाजनः।
भोक्तारो विप्रमुच्यन्ते कर्ता दोषेण लिप्यते॥ 42॥

मनुष्य अकेला पाप कर (के धन कमाता) है और (उस धन का) उपभोग बहुत से लोग करते हैं। उपभोग करनेवाले तो दोष से छूट जाते हैं, पर उसका कर्ता दोष का भागी होता है।

एकं हन्यान्न वा हन्यादिषुर्मुक्तो धनुष्मता।
बुद्धिर्बुद्धिमतोत्सृष्टा हन्याद् राष्ट्रं सराजकम्॥ 43॥

किसी धनुर्धर वीर के द्वारा छोड़ा हुआ बाण संभव है, एक को भी मारे या न मारे। परंतु बुद्धिमान् द्वारा प्रयुक्त की हुई बुद्धि राजा के साथ-साथ संपूर्ण राष्ट्र का विनाश कर सकती है।

---

1. यहाँ 'उपास्ते' के स्थान पर 'उपासते' यह प्रयोग आर्ष समझना चाहिए।

एकया द्वे विनिश्चित्य त्रींश्चतुर्भिर्वशे कुरु।
पञ्च जित्वा विदित्वा षट् सप्त हित्वा सुखी भव॥ 44॥

एक (बुद्धि) से दो (कर्तव्य और अकर्तव्य) का निश्चय करके चार (साम, दाम, भेद, दंड) से तीन (शत्रु, मित्र तथा उदासीन) को वश में कीजिए। पाँच (इंद्रियों) को जीतकर छह (संधि, विग्रह, यान, आसन, द्वैधीभाव और सामश्रय रूप) गुणों को जानकर तथा सात (स्त्री, जूआ, मृगया, मद्य, कठोर वचन, दंड की कठोरता और अन्याय से धनोपार्जन) को छोड़कर सुखी हो जाइए।

एकं विषरसो हन्ति शस्त्रेणैकश्च बध्यते।
सराष्ट्रं सप्रजं हन्ति राजानं मन्त्रविप्लवः॥ 45॥

विष का रस एक (पीनेवाले) को ही मारता है, शस्त्र से एक का ही वध होता है; किंतु (गुप्त) मंत्रणा का प्रकाशित होना राष्ट्र और प्रजा के साथ ही राजा का भी विनाश कर डालता है।

एकः स्वादु न भुञ्जीत एकश्चार्थान् न चिन्तयेत्।
एको न गच्छेदध्वानं नैकः सुप्तेषु जागृयात्॥ 46॥

अकेले स्वादिष्ट भोजन न करें, अकेला किसी विषय का निश्चय न करें, अकेला रास्ता न चलें और बहुत से लोग सोए हों तो उनमें अकेला न जागते रहें।

एकमेवाद्वितीयं तद् यद् राजन् नावबुध्यसे।
सत्यं स्वर्गस्य सोपानं पारावारस्य नौरिव॥ 47॥

राजन्! जैसे समुद्र के पार जाने के लिए नाव ही एकमात्र साधन है, उसी प्रकार स्वर्ग के लिए सत्य ही एकमात्र सोपान है, दूसरा नहीं; किंतु आप इसे नहीं समझ रहे हैं।

एकः क्षमावतां दोषो द्वितीयो नोपपद्यते।
यदेनं क्षमया युक्तमशक्तं मन्यते जनः॥ 48॥

क्षमाशील पुरुषों में एक ही दोष का आरोप होता है, दूसरे की तो संभावना ही नहीं है। वह दोष यह है कि क्षमाशील मनुष्य को लोग असमर्थ समझ लेते हैं।

सोऽस्य दोषो न मन्तव्यः क्षमा हि परमं बलम्।
क्षमा गुणो ह्यशक्तानां शक्तानां भूषणं क्षमा॥ 49॥

किंतु क्षमाशील पुरुष का वह दोष नहीं मानना चाहिए; क्योंकि क्षमा बहुत बड़ा बल है। क्षमा असमर्थ मनुष्यों का गुण तथा समर्थों का भूषण है।

क्षमा वशीकृतिलोके क्षमया किं न साध्यते।
शान्तिखड्गः करे यस्य किं करिष्यति दुर्जनः॥ 50॥

इस जगत् में क्षमा वशीकरण रूप है। भला, क्षमा से क्या सिद्ध नहीं होता? जिसके हाथ में शांतिरूपी तलवार है, उसका दुष्ट पुरुष क्या कर लेंगे?

अतृणे पतितो वह्निः स्वयमेवोपशाम्यति।
अक्षमावान् परं दोषैरात्मानं चैव योजयेत्॥ 51॥

तृणरहित स्थान में गिरी हुई आग अपने-आप बुझ जाती है। क्षमाहीन पुरुष अपने को तथा दूसरे को भी दोष का भागी बना लेता है।

एको धर्मः परं श्रेयः क्षमैका शान्तिरुत्तमा।
विद्यैका परमा तृप्तिरहिंसैका सुखावहा॥ 52॥

केवल धर्म ही परम कल्याणकारक है, एकमात्र क्षमा ही शांति का सर्वश्रेष्ठ उपाय है। एक विद्या ही परम संतोष देनेवाली है और एकमात्र अहिंसा ही सुख देनेवाली है।

(पृथिव्यां सागरान्तायां द्वायिमौ पुरुषाधमौ।
गृहस्थश्च निरारम्भः सारम्भश्चैव भिक्षुकः॥)

समुद्र पर्यंत इस सारी पृथ्वी में ये दो प्रकार के अपात्र पुरुष हैं—अकर्मण्य गृहस्थ और कर्मों में लगा हुआ संन्यासी।

द्वाविमौ प्रसते भूमिः सर्पो विलशयानिव।
राजानं चाविरोद्धारं ब्राह्मणं चाप्रवासिनम्॥ 53॥

बिल में रहनेवाले जीवों को जैसे साँप खा जाता है, उसी प्रकार यह पृथ्वी शत्रु से विरोध न करनेवाले राजा और परदेश सेवन न करनेवाले ब्राह्मण—इन दोनों को खा जाती है।

द्वे कर्मणी नरः कुर्वन्नस्मिँल्लोके विरोचते।
अब्रुवन् परुषं किंचिदसतोऽनर्चयंस्तथा॥ 54॥

जरा भी कठोर न बोलना और दुष्ट पुरुषों का आदर न करना—इन दो कर्मों

को करनेवाला मनुष्य इस लोक में विशेष शोभा पाता है।

द्वाविमौ पुरुषव्याघ्र परप्रत्ययकारिणौ।
स्त्रियः कामितकामिन्यो लोकः पूजितपूजकः॥ 55॥

दूसरी स्त्री द्वारा चाहे गए पुरुष की कामना करनेवाली स्त्रियाँ तथा दूसरों के द्वारा पूजित मनुष्य का आदर करनेवाले पुरुष—ये दो प्रकार के लोग दूसरों पर विश्वास करके चलनेवाले होते हैं।

द्वाविमौ कण्टकौ तीक्ष्णौ शरीरपरिशोषिणौ।
यश्चाधनः कामयते यश्च कुप्यत्यनीश्वरः॥ 56॥

जो निर्धन होकर भी बहुमूल्य वस्तु की इच्छा रखता है और असमर्थ होकर भी क्रोध करता है—ये दोनों ही अपने लिए तीक्ष्ण काँटों के समान हैं एवं अपने शरीर को सुखानेवाले हैं।

द्वावेव न विराजेते विपरीतेन कर्मणा।
गृहस्थश्चनिरारम्भः कार्यवांश्चैवभिक्षुकः॥ 57॥

दो ही अपने विपरीत कर्म के कारण शोभा नहीं पाते—अकर्मण्य गृहस्थ और प्रपश्च में लगा हुआ संन्यासी।

द्वाविमौ पुरुषौ राजन् स्वर्गस्योपरि तिष्ठतः।
प्रभुश्च क्षमया युक्तो दरिद्रश्च प्रदानवान्॥ 58॥

राजन्! ये दो प्रकार के पुरुष स्वर्ग के भी ऊपर स्थान पाते हैं—शक्तिशाली होने पर भी क्षमा करनेवाला और निर्धन होने पर भी दान देनेवाला।

न्यायागतस्य द्रव्यस्य बोद्धव्यौ द्वावतिक्रमौ।
अपात्रे प्रतिपत्तिश्च पात्रे चाप्रतिपादनम्॥ 59॥

न्यायपूर्वक उपार्जित किए हुए धन के दो ही दुरुपयोग समझने चाहिए—अपात्र को देना और सत्पात्र को न देना।

द्वावम्भसि निवेष्टव्यौ गले बद्ध्वा दृढां शिलाम्।
धनवन्तमदातारं दरिद्रं चातपस्विनम्॥ 60॥

जो धनी होने पर भी दान न दे और दरिद्र होने पर भी कष्ट सहन न कर सके—इन दो प्रकार के मनुष्यों को गले में मजबूत पत्थर बाँधकर पानी में डुबा देना चाहिए।

द्वाविमौ पुरुषव्याघ्र सूर्यमण्डलभेदिनौ।
परिव्राड् योगयुक्तश्च रणे चाभिमुखो हतः ॥61॥

पुरुषश्रेष्ठ! ये दो प्रकार के पुरुष सूर्यमंडल को भेदकर ऊर्ध्वगति को प्राप्त होते हैं—योगयुक्त संन्यासी और संग्राम में शत्रुओं के सम्मुख युद्ध करके मारा गया योद्धा।

त्रयो न्याया मनुष्याणां श्रूयन्ते भरतर्षभ।
कनीयान् मध्यमः श्रेष्ठ इति वेदविदो विदुः ॥ 62 ॥

भरतश्रेष्ठ! मनुष्यों की कार्यसिद्धि के लिए उत्तम, मध्यम और अधम—ये तीन प्रकार के न्यायानुकूल उपाय सुने जाते हैं, ऐसा वेदवेत्ता विद्वान् जानते हैं।

त्रिविधाः पुरुषा राजन्नुत्तमाधममध्यमाः।
नियोजयेद् यथावत् तांस्त्रिविधेष्वेव कर्मसु ॥ 63 ॥

राजन्! उत्तम, मध्यम और अधम—ये तीन प्रकार के पुरुष होते हैं। इनको यथायोग्य तीन ही प्रकार के कर्मों में लगाना चाहिए।

त्रय एवाधना राजन् भार्या दासस्तथा सुतः।
यत् ते समधिगच्छन्ति यस्य ते तस्य तद् धनम् ॥ 64 ॥

राजन्! तीन ही धन के अधिकारी नहीं माने जाते—स्त्री, पुत्र तथा दास। ये जो कुछ कमाते हैं, वह धन उसी का होता है, जिसके अधीन ये रहते हैं।

हरणं च परस्वानां परदाराभिमर्शनम्।
सुहृदश्च परित्यागस्त्रयो दोषाः क्षयावहाः ॥ 65 ॥

दूसरे के धन का हरण, दूसरे की स्त्री का संसर्ग तथा सुहृद् मित्र का परित्याग—ये तीनों ही दोष (मनुष्य के आयु, धर्म तथा कीर्ति का) क्षय करनेवाले होते हैं।

त्रिविधं नरकस्येदं द्वारं नाशनमात्मनः।
कामः क्रोधस्तथा लोभस्तस्मादेतत् त्रयं त्यजेत् ॥ 66 ॥

काम, क्रोध और लोभ—ये आत्मा का नाश करनेवाले नरक के तीन दरवाजे हैं। अतः इन तीनों को त्याग देना चाहिए।

वरप्रदानं राज्यं च पुत्रजन्म च भारत।
शत्रोश्च मोक्षणं कृच्छ्रान् त्रीणि चैकं च तत्समम् ॥ 67 ॥

भारत! वरदान पाना, राज्य की प्राप्ति और पुत्र का जन्म—ये तीन एक ओर और शत्रु के कष्ट से छूटना—यह एक ओर; वे तीन और यह एक बराबर ही है।

भक्तं च भजमानं च तवास्मीति च वादिनम्।
त्रीनेतांश्छरणं प्राप्तान् विषमेऽपि न संत्यजेत्॥ 68॥

भक्त, सेवक तथा मैं आपका ही हूँ, ऐसा कहनेवाले—इन तीन प्रकार के शरणागत मनुष्यों को संकट पड़ने पर भी नहीं छोड़ना चाहिए।

चत्वारि राज्ञा तु महाबलेन
वर्ज्यान्याहुः पण्डितस्तानि विद्यात्।
अल्पप्रज्ञैः सह मन्त्रं न कुर्यान्न
दीर्घसूत्रै रभसैश्चारणैश्च॥ 69॥

थोड़ी बुद्धिवाले, दीर्घसूत्री, जल्दबाज और स्तुति करनेवाले लोगों के साथ गुप्त सलाह नहीं करनी चाहिए। ये चारों महाबली राजा के लिए त्यागने योग्य बताए गए हैं। विद्वान् पुरुष ऐसे लोगों को पहचान ले।

चत्वारि ते तात गृहे वसन्तु
श्रियाभिजुष्टस्य गृहस्थधर्मे।
वृद्धो ज्ञातिरवसन्नः कुलीनः
सदा दरिद्रो भगिनी चानपत्या॥ 70॥

तात! गृहस्थ धर्म में स्थित आप लक्ष्मीवान् के घर में चार प्रकार के मनुष्यों को सदा रहना चाहिए—अपने कुटुंब का बूढ़ा, संकट में पड़ा हुआ उच्च कुल का मनुष्य, धनहीन मित्र और बिना संतान की बहिन।

चत्वार्याह महाराज सद्यस्कानि बृहस्पतिः।
पृच्छते त्रिदशेन्द्राय तानीमानि निबोध मे॥ 71॥

महाराज! इंद्र के पूछने पर उनसे बृहस्पतिजी ने जिन चारों को तत्काल फल देनेवाला बताया था, उन्हें आप मुझसे सुनिए।

देवतानां च संकल्पमनुभावं च धीमताम्।
विनयं कृतविद्यानां विनाशं पापकर्मणाम्॥ 72॥

देवताओं का संकल्प, बुद्धिमानों का प्रभाव, विद्वानों की नम्रता और पापियों का विनाश।

चत्वारि कर्माण्यभयंकराणि
भयं प्रयच्छन्त्ययथाकृतानि।
मानाग्निहोत्रमुत मानमौनं
मानेनाधीतमुत मानयज्ञः॥ 73॥

चार कर्म भय को दूर करनेवाले हैं; किंतु वे ही यदि ठीक तरह से संपादित न हों, तो भय प्रदान करते हैं। वे कर्म हैं—आदर के साथ अग्निहोत्र, आदरपूर्वक मौन का पालन, आदरपूर्वक स्वाध्याय और आदर के साथ यज्ञ का अनुष्ठान।

पञ्चाग्नयो मनुष्येण परिचर्याः प्रयत्नतः।
पिता माताग्निरात्मा च गुरुश्च भरतर्षभ॥ 74॥

भरतश्रेष्ठ! पिता, माता, अग्नि, आत्मा और गुरु—मनुष्य को इन पाँच अग्नियों की बड़े यत्न से सेवा करनी चाहिए।

पंचैव पूजयँल्लोके यशः प्राप्नोति केवलम्।
देवान् पितृन् मनुष्यांश्च भिक्षूनतिथिपश्चमान्॥ 75॥

देवता, पितर, मनुष्य, संन्यासी और अतिथि—इन पाँचों की पूजा करनेवाला मनुष्य शुद्ध यश प्राप्त करता है।

पंच त्वानुगमिष्यन्ति यत्र यत्र गमिष्यसि।
मित्राण्यमित्रा मध्यस्था उपजीव्योपजीविनः॥ 76॥

राजन्! आप जहाँ-जहाँ जाएँगे, वहाँ-वहाँ मित्र, शत्रु, उदासीन, आश्रय देनेवाले तथा आश्रय पानेवाले—ये पाँच आपके पीछे लगे रहेंगे।

पंचेन्द्रियस्य मर्त्यस्यच्छिद्रं चेदेकमिन्द्रियम्।
ततोऽस्य स्त्रवति प्रज्ञा दृतेः पात्रादिवोदकम्॥ 77॥

पाँच ज्ञानेंद्रियोंवाले पुरुष की यदि एक भी इंद्रिय छिद्र (दोष) युक्त हो जाए तो उससे उसकी बुद्धि इस प्रकार बाहर निकल जाती है, जैसे मशक के छेद से पानी।

षड् दोषाः पुरुषेणेह हातव्या भूतिमिच्छता।
निद्रा तन्द्रा भयं क्रोध आलस्यं दीर्घसूत्रता॥ 78॥

ऐश्वर्य या उन्नति चाहनेवाले पुरुषों को नींद, तंद्रा (ऊँघना), डर, क्रोध, आलस्य तथा दीर्घसूत्रता (जल्दी हो जानेवाले काम में अधिक देर लगाने की आदत)—इन छह दुर्गुणों को त्याग देना चाहिए।

षडिमान् पुरुषो जह्याद् भिन्नां नावमिवार्णवे।
अप्रवक्तारमाचार्यमनधीयानमृत्विजम् ॥ 79 ॥
अरक्षितारं राजानं भार्यां चाप्रियवादिनीम्।
ग्रामकामं च गोपालं वनकामं च नापितम् ॥ 80 ॥

उपदेश न देनेवाले आचार्य, मंत्रोचारण न करनेवाले होता, रक्षा करने में असमर्थ राजा, कटु वचन बोलनेवाली स्त्री, ग्राम में रहने की इच्छावाले ग्वाले तथा वन में रहने की इच्छावाले नाई—इन छह को उसी भाँति छोड़ दें, जैसे समुद्र की सैर करनेवाला मनुष्य छिद्रयुक्त नाव का परित्याग कर देता है।

षडेव तु गुणाः पुंसा न हातव्याः कदाचन।
सत्यं दानमनालस्यमनसूया क्षमा धृतिः ॥ 81 ॥

मनुष्य को कभी भी सत्य, दान, कर्मण्यता, अनसूया (गुणों में दोष दिखाने की प्रवृत्ति का अभाव), क्षमा तथा धैर्य—इन छह गुणों का त्याग नहीं करना चाहिए।

अर्थागमो नित्यमरोगिता च
प्रिया च भार्या प्रियवादिनी च।
वश्यश्च पुत्रोऽर्थकरी च विद्या
षड् जीवलोकस्य सुखानि राजन् ॥ 82 ॥

राजन्! धन की प्राप्ति, नित्य नीरोग रहना, स्त्री का अनुकूल तथा प्रियवादिनी होना, पुत्र का आज्ञा के अंदर रहना तथा धन पैदा कराने वाली विद्या का ज्ञान—ये छह बातें इस मनुष्य लोक में सुखदायिनी होती हैं।

षण्णामात्मनि नित्यानामैश्वर्ययोऽधिगच्छति।
न स पापैः कुतोऽनर्थैर्युज्यते विजितेन्द्रियः ॥ 83 ॥

मन में नित्य रहनेवाले छह शत्रु—(काम, क्रोध, लोभ, मोह, मद तथा मात्सर्य) को जो वश में कर लेता है, वह जितेंद्रिय पुरुष पापों से ही लिप्त नहीं होता, फिर उनसे उत्पन्न होनेवाले अनर्थों से युक्त होने की तो बात ही क्या है।[1]

षडिमे षट्सु जीवन्ति सप्तमो नोपलभ्यते।
चौराः प्रमत्ते जीवन्ति व्याधितेषु चिकित्सकाः ॥ 84 ॥
प्रमदाः काममानेषु यजमानेषु याजकाः।
राजा विवदमानेषु नित्यं मूर्खेषु पण्डिताः ॥ 85 ॥

---

1. 'मुहूर्त' शब्द का अर्थ दो घड़ी होता है। एक घड़ी 24 मिनट की मानी जाती है।

निम्नांकित छह प्रकार के मनुष्य छह प्रकार के लोगों से अपनी जीविका चलाते हैं, सातवें की उपलब्धि नहीं होती। चोर असावधान पुरुष से, वैद्य रोगी से, कामोन्मत्त स्त्रियाँ कामियों से, पुरोहित यजमानों से, राजा झगड़ने वालों से तथा विद्वान् पुरुष मूर्खों से अपनी जीविका चलाते हैं।

षडिमानि विनश्यन्ति मुहूर्तमनवेक्षणात्।
गावः सेवा कृषिर्भार्या विद्या वृषलसंगतिः ॥ 86 ॥

मुहूर्त भर भी देख-रेख न करने से गौ, सेवा, खेती, स्त्री, विद्या तथा शूद्रों से मेल—ये छह चीजें नष्ट हो जाती हैं।

षडेते ह्यवमन्यन्ते नित्यं पूर्वोपकारिणम्।
आचार्यं शिक्षिताः शिष्याः कृतदाराश्च मातरम् ॥ 87 ॥
नारीं विगतकामास्तु कृतार्थाश्च प्रयोजकम्।
नावं निस्तीर्णकान्तारा आतुराश्च चिकित्सकम् ॥ 88 ॥

ये छह प्रायः सदा अपने पूर्व उपकारी का सम्मान नहीं करते हैं—शिक्षा समाप्त हो जाने पर शिष्य आचार्य का, विवाहित बेटे माता का, कामवासना की शांति हो जाने पर पुरुष स्त्री का, कृतकार्य मनुष्य सहायक का, नदी की दुर्गम धारा पार कर लेने वाले पुरुष नाव का तथा रोगी पुरुष रोग छूटने के बाद वैद्य का।

आरोग्यमानृण्यमविप्रवासः
सद्भिर्मनुष्यैः सह सम्प्रयोगः।
स्वप्रत्यया वृत्तिरभीतवासः
षड् जीवलोकस्य सुखानि राजन् ॥ 89 ॥

राजन्! नीरोग रहना, ऋणी न होना, परेदश में न रहना, अच्छे लोगों के साथ मेल होना, अपनी वृत्ति से जीविका चलाना और निर्भय होकर रहना—ये छह मनुष्यलोक के सुख हैं।

ईर्ष्यी घृणी नसंतुष्टः क्रोधनो नित्यशङ्कितः।
परभाग्योपजीवी न षडेते नित्यदुःखिताः ॥ 90 ॥

ईर्ष्या करनेवाला, घृणा करनेवाला, असंतोषी, क्रोधी, सदा शंकित रहनेवाला और दूसरे के भाग्य पर जीवन-निर्वाह करनेवाला—ये छह सदा दुःखी रहते हैं।

सप्त दोषाः सदा राज्ञा हातव्या व्यसनोदयाः।
प्रायशो यैर्विनश्यन्ति कृतमूला अपीश्वराः ॥ 91 ॥

स्त्रियोऽक्षामृगयापानंवाक्पारुष्यंचपश्चमम्।
महश्च दण्डपारुष्यमर्थदूवणमेव च॥ 92॥

स्त्री विषयक आसक्ति, जूआ, शिकार, मद्यपान, वचन की कठोरता, अत्यंत कठोर दंड देना और धन का दुरुपयोग करना—ये सात दुःखदायी दोष राजा को सदा त्याग देने चाहिए। इनसे दृढ़मूल राजा भी प्रायः नष्ट हो जाते हैं।

अष्टौ पूर्वनिमित्तानि नरस्य विनशिष्यतः।
ब्राह्मणान् प्रथमं द्वेष्टि ब्राह्मणैश्च विरुध्यते॥ 93॥
ब्राह्मणस्वानि चादत्ते ब्राह्मणांश्च जिघांसति।
रमते निन्दया चैषां प्रशंसां नाभिनन्दति॥ 94॥
नैनान् स्मरति कृत्येषु याचितश्चाभ्यसूयति।
एतान्दोषान्नरःप्राज्ञोबुध्येद्बुद्ध्वाविसर्जयेत्॥95॥

विनाश के मुख में पड़ने वाले मनुष्य के आठ पूर्वचिह्न हैं—प्रथम तो वह ब्राह्मणों से द्वेष करता है, फिर उनके विरोध का पात्र बनता है, ब्राह्मणों का धन हड़प लेता है, उनको मारना चाहता है, ब्राह्मणों की निंदा में आनंद मानता है, उनकी प्रशंसा सुनना नहीं चाहता, यज्ञ-यागादि में उनका स्मरण नहीं करता तथा कुछ माँगने पर उनमें दोष निकालने लगता है। इन सब दोषों को बुद्धिमान् मनुष्य समझें और समझकर त्याग दें।

अष्टाविमानि हर्षस्य नवनीतानि भारत।
वर्तमानानि दृश्यन्ते तान्येव स्वसुखान्यपि॥ 96॥
समागमश्च सखिभिर्महांश्चैव धनागमः।
पुत्रेण च परिष्वंङ्गः संनिपातश्च मैथुने॥ 97॥
समये च प्रियालापः स्वयूथ्ययेषु समुन्नतिः।
अभिप्रेतस्य लाभश्च पूजा च जनसंसदि॥ 98॥

भारत! मित्रों से समागम, अधिक धन की प्राप्ति, पुत्र का आलिंगन, मैथुन में संलग्न होना, समय पर प्रिय वचन बोलना, अपने वर्ग के लोगों में उन्नति, अभीष्ट वस्तु की प्राप्ति और जनसमाज में सम्मान—ये आठ हर्ष के सार दिखाई देते हैं और ये ही अपने लौकिक सुख के भी साधन होते हैं।

अष्टौ गुणाः पुरुषं दीपयन्ति
प्रज्ञा च कौल्यं च दमः श्रुतं च।

पराक्रमश्चाबहुभाषिता च
दानं यथाशक्ति कृतज्ञता च॥ 99॥

बुद्धि, कुलीनता, इंद्रियनिग्रह, शास्त्रज्ञान, पराक्रम, अधिक न बोलना, शक्ति के अनुसार दान और कृतज्ञता—ये आठ गुण पुरुष की ख्याति बढ़ा देते हैं।

नवद्वारमिदं वेश्म त्रिस्थूणं पंचसाक्षिकम्।
क्षेत्रज्ञाधिष्ठितं विद्वान् यो वेद स परः कविः॥ 100॥

जो विद्वान् पुरुष [आँख, कान आदि] नौ दरवाजेवाले तीन (सत्त्व, रज तथा तमरूपी) खंभोंवाले, पाँच (ज्ञानेंद्रिय रूप) साक्षीवले, आत्मा के निवास-स्थान इस शरीररूपी गृह को तत्त्व से जानता है, वह बहुत बड़ा ज्ञानी है।

दश धर्मं न जानन्ति धृतराष्ट्र निबोध तान्।
मत्तः प्रमत्त उन्मत्तः श्रान्तः क्रुद्धो बुभुक्षितः॥ 101॥
त्वरमाणश्च लुब्धश्च भीतः कामी च ते दश।
तस्मादेतेषु सर्वेषु न प्रसज्जेत पण्डितः॥ 102॥

महाराज धृतराष्ट्र! दस प्रकार के लोग धर्म के तत्त्व को नहीं जानते, उनके नाम सुनो। नशे में मतवाला, असावधान, पागल, थका हुआ, क्रोधी, भूखा, जल्दबाज, लोभी, भयभीत और कामी—ये दस हैं। अतः इन सब लोगों में विद्वान् पुरुष आसक्त न होवें।

अत्रैवोदाहरन्तीममितिहासं पुरातनम्।
पुत्रार्थमसुरेन्द्रेण गीतं चैव सुधन्वना॥ 103॥

इसी विषय में असुरों के राजा प्रह्लाद ने सुधन्वा के साथ अपने पुत्र के प्रति कुछ उपदेश दिया था। नीतिज्ञ लोग उस पुरातन इतिहास का उदाहरण देते हैं।

यः काममन्यू प्रजहाति राजा
पात्रे प्रतिष्ठापयते धनं च।
विशेषविच्छ्रुतवान् क्षिप्रकारी
तं सर्वलोकः कुरुते प्रमाणम्॥ 104॥

जो राजा काम और क्रोध का त्याग करता है एवं सुपात्र को धन देता है, विशेषज्ञ है, शास्त्रों का ज्ञाता तथा कर्तव्य को शीघ्र पूरा करनेवाला है, उस (के व्यवहार और वचनों) को सब लोग प्रमाण मानते हैं।

जानाति विश्वासयितुं मनुष्यान्
विक्षातदोषेषु दधाति दण्डम्।
जानाति मात्रां च तथा क्षमां च
तं तादृशं श्रीर्जुषते समग्रा ॥ 105 ॥

जो मनुष्यों में विश्वास उत्पन्न करना जानता है, जिनका अपराध प्रमाणित हो गया है, उन्हीं को जो दंड देता है, जो दंड देने की न्यूनाधिक मात्रा तथा क्षमा का उपयोग जानता है, उस राजा की सेवा में संपूर्ण संपत्ति चली आती है।

सुदुर्बलं नावजानाति कंचिद्
युक्तो रिपुं सेवते बुद्धिपूर्वम्।
न विग्रहं रोचयते बलस्थैः
काले च यो विक्रमते स धीरः ॥ 106 ॥

जो किसी दुर्बल का अपमान नहीं करता, सदा सावधान रहकर शत्रु के साथ बुद्धिपूर्वक व्यवहार करता है, बलवानों के साथ युद्ध पसंद नहीं करता तथा समय आने पर पराक्रम दिखाता है, वही धीर है।

प्राप्यापदं न व्यधते कदाचि-
दुद्योगमन्विच्छति चाप्रमत्तः।
दुःखं च काले सहते महात्मा
धुरन्धरस्तस्य जिताः सपत्नाः ॥ 107 ॥

जो धुरंधर महापुरुष आपत्ति पड़ने पर कभी दुःखी नहीं होता, बल्कि सावधानी के साथ उद्योग का आश्रय लेता है तथा समय पर दुःख सहता है, उसके शत्रु तो पराजित ही हैं।

अनर्थकं विप्रवासं गृहेभ्यः
पापैः सन्धिं परदारभिमर्शम्।
दम्भं स्तैन्यं पैशुनं मद्यपानं
न सेवते यश्च सुखी सदैव ॥ 108 ॥

जो घर छोड़कर निरर्थक विदेशवास, पापियों से मेल, पर स्त्री-गमन, पाखंड, चोरी, चुगलखोरी तथा मदिरापान—इन सबका सेवन नहीं करता, वह सदा सुखी रहता है।

न संरम्भेणारभते त्रिवर्ग-
माकारितः शंसति तत्त्वमेव।
न मित्रार्थे रोचयते विवादं
नापूजितः कुप्यति चाप्यमूढः ॥ 109 ॥
न योऽभ्यसूयत्यनुकम्पते च
न दुर्बलः प्रातिभाव्यं करोति।
नात्याह किंचित् क्षमते विवादं
सर्वत्र तादृग् लभते प्रशंसाम् ॥ 110 ॥

जो क्रोध या उतावली के साथ धर्म, अर्थ तथा काम का आरंभ नहीं करता, पूछने पर यथार्थ बात ही बतलाता है, मित्र के लिए झगड़ा नहीं पसंद करता, आदर न पाने पर क्रुद्ध नहीं होता, विवेक नहीं खो बैठता, दूसरों के दोष नहीं देखता, सब पर दया करता है, असमर्थ होते हुए किसी की जमानत नहीं देता, बढ़कर नहीं बोलता तथा विवाद को सह लेता है, ऐसा मनुष्य सब जगह प्रशंसा पाता है।

यो नोद्धतं कुरुते जातु वेषं
न पौरुषेणापि विकत्थतेऽन्यान्।
न मूर्च्छितः कटुकान्याह किंचित्
प्रियं सदा तं कुरुते जनो हि ॥ 111 ॥

जो कभी उद्दंडता-सा वेश नहीं बनाता, दूसरों के सामने अपने पराक्रम की श्लाघा भी नहीं करता, क्रोध से व्याकुल होने पर भी कटु वचन नहीं बोलता, उस मनुष्य को लोग सदा ही प्यारा बना लेते हैं।

न वैरमुद्दीपयति प्रशान्तं
न दर्पमारोहति नास्तमेति।
न दुर्गतोऽस्मीति करोत्यकार्यं
तमार्यशीलं परमाहुरार्याः ॥ 112 ॥

जो शांत हुई वैर की आग को फिर प्रज्वलित नहीं करता, गर्व नहीं करता, हीनता नहीं दिखाता तथा 'मैं विपत्ति में पड़ा हूँ' ऐसा सोचकर अनुचित काम नहीं करता, उस उत्तम आचरणवाले पुरुष को आर्यजन सर्वश्रेष्ठ कहते हैं।

न स्वे सुखे वै कुरुते प्रहर्षं
नान्यस्य दुःखे भवति प्रहृष्टः।

दत्त्वा न पश्चात् कुरुतेऽनुतापं
स कथ्यते सत्पुरुषार्यशीलः॥ 113॥

जो अपने सुख में प्रसन्न नहीं होता, दूसरे के दुःख के समय हर्ष नहीं मानता और दान देकर पश्चात्ताप नहीं करता, वह सज्जनों में सदाचारी कहलाता है।

देशचारान् समयञ्जातिधर्मान्
बुभूषते यः स परावरज्ञः।
स यत्र तत्राभिगतः सदैव
महाजनस्याधिपत्यं करोति॥ 114॥

जो मनुष्य देश के व्यवहार, अवसर तथा जातियों के धर्मों को तत्त्व से जानना चाहता है, उसे उत्तम-अधमका विवेक हो जाता है। वह जहाँ कहीं भी जाता है, सदा महान् जनसमूह पर अपनी प्रभुता स्थापित कर लेता है।

दम्भं मोहं मत्सरं पापकृत्यं
राजद्विष्टं पैशुनं पूगवैरम्।
मत्तोन्मत्तैर्दुर्जनैश्चापि वादं
यः प्रज्ञावान् वर्जयेत् स प्रधानः॥ 115॥

जो बुद्धिमान् दम्भ, मोह, मात्सर्य, पापकर्म, राजद्रोह, चुगलखोरी, समूह से वैर और मतवाले, पागल तथा दुर्जनों से विवाद छोड़ देता है, वह श्रेष्ठ है।

दानं होमं देवतं संगलानि
प्रायश्चित्तान् विविधाँल्लोकवादान्।
एतानि यः कुरुते नैत्यकानि
तस्योत्थानं देवता राधयन्ति॥ 116॥

जो दान, होम, देवपूजन, मांगलिक कर्म, प्रायश्चित्त तथा अनेक प्रकार के लौकिक आचार—इन नित्य किए जाने योग्य कर्मों को करता है, देवता लोग उसके अभ्युदय की सिद्धि करते हैं।

समैर्विवाहं कुरुते न हीनैः
समैः सख्यं व्यवहारं कथां च।
गुणैर्विशिष्टांश्च पुरो दधाति
विपश्चितस्तस्य नयाः सुनीताः॥ 117॥

जो अपने बराबर वालों के साथ विवाह, मित्रता, व्यवहार तथा बातचीत करता है, हीन पुरुषों के साथ नहीं; और गुणों में बढ़े-चढ़े पुरुषों को सदा आगे रखता है, उस विद्वान् की नीति श्रेष्ठ है।

मितं भुङ्क्ते संविभज्याश्रितेभ्यो
मितं स्वपित्यमितं कर्म कृत्वा।
ददात्यमित्रेष्वपि याचितः सन्
तमात्मवन्तं प्रजहत्यनर्थाः ॥ 118 ॥

जो अपने आश्रित जनों को बाँटकर थोड़ा ही भोजन करता है, बहुत अधिक काम करके भी थोड़ा सोता है तथा माँगने पर जो मित्र नहीं है, उन्हें भी धन देता है, उस मनस्वी पुरुष को सारे अनर्थ दूर से ही छोड़ देते हैं।

चिकीर्षितं विप्रकृतं च यस्य
नान्ये जनाः कर्म जानन्ति किंचित्।
मन्त्रे गुप्ते सम्यगनुष्ठिते च
नाल्पोऽप्यस्य च्यवते कश्चिदर्थः ॥ 119 ॥

जिसके अपनी इच्छा के अनुकूल और दूसरों की इच्छा के विरुद्ध कार्य को दूसरे लोग कुछ भी नहीं जान पाते। मंत्र गुप्त रहने और अभीष्ट कार्य का ठीक-ठीक संपादन होने के कारण उसका थोड़ा भी काम बिगड़ने नहीं पाता।

यः सर्वभूतप्रशमे निविष्टः
सत्यो मृदुर्मानकृच्छुद्धभावः।
अतीव स ज्ञायते ज्ञातिमध्ये
महामणिर्जात्य इव प्रसन्नः ॥ 120 ॥

जो मनुष्य संपूर्ण भूतों को शांति प्रदान करने में तत्पर, सत्यवादी, कोमल, दूसरों को आदर देनेवाला तथा पवित्र विचारवाला होता है, वह अच्छी खान से निकले और चमकते हुए श्रेष्ठ रत्न की भाँति अपनी जातिवालों में अधिक प्रसिद्धि पाता है।

य आत्मनापत्रपते भृशं नरः
स सर्वलोकस्य गुरुर्भवत्युत।
अनन्ततेजाः सुमनाः समाहितः
स तेजसा सूर्य इवावभासते ॥ 121 ॥

जो स्वयं ही अधिक लज्जाशील है, वह सब लोगों में श्रेष्ठ समझा जाता है। वह अपने अनंत तेज, शुद्ध हृदय एवं एकाग्रता से युक्त होने के कारण क्रांति में सूर्य के समान शोभा पाता है।

वने जाताः शापदग्धस्य राज्ञः
पाण्डोः पुत्राः पञ्च पञ्चेन्द्रकल्पाः।
स्वयैव बाला वर्धिताः शिक्षिताश्च
तवादेशं पालयन्त्याम्बिकेय॥ 122॥

अंबिकानंदन! (मृगरूपधारी किंदम ऋषि के) शाप से दग्ध राजा पांडु के जो पाँच पुत्र वन में उत्पन्न हुए, वे पाँच इंद्रों के समान शक्तिशाली हैं, उन्हें आपने ही बचपन से पाला और शिक्षा दी है; वे भी आपकी आज्ञा का पालन करते रहते हैं।

प्रदायैषामुचितं तात राज्यं
सुखी पुत्रैः सहितो मोदमानः।
न देवानां नापि च मानुषाणां
भविष्यसि त्वं तर्कणीयो नरेन्द्र॥ 123॥

तात! उन्हें उनका न्यायोचित राज्यभाग देकर आप अपने पुत्रों के साथ आनंदित होते हुए सुख भोगिए। नरेंद्र! ऐसा करने पर आप देवताओं तथा मनुष्यों की आलोचना के विषय नहीं रह पाएँगे।

इति श्रीमहाभारते उद्योगपर्वणि प्रजागरपर्वणि विदुनरनीतिवाक्ये त्रयस्त्रिंशोऽध्यायः॥ 33॥

इस प्रकार श्री महाभारत उद्योगपर्व के अंतर्गत प्रजागर पर्व में विदुरजी के नीतिवाक्य-विषयक तैंतीसवाँ अध्याय पूरा हुआ॥ 33॥

□

परिशिष्ट-ग

संदर्भ : दलित ऋषि मतिदास ऐतरेव द्वारा रचित ऐतरेय ब्राह्मण, पंचिका-7, अध्याय-3 (शुनः शेष प्रसंग)

स्रोत : ऋग्वेद ऐतरेय ब्राह्मण, चौखंबा विद्यावन, वाराणसी, 2016

अथ सप्तमपञ्चिकायां तृतीयोऽध्यायः

तदेतदुपाख्यानं दर्शयति—

हरिश्चन्द्रो ह वैधस ऐक्ष्वाको राजाऽपुत्र आस, तस्य ह शतं जाया बभूवुस्तासु पुत्रं न लेभे, तस्य ह पर्वतनारदौ गृह ऊषतुः, स ह नारदं पप्रच्छ ॥ 1 ॥

हिंदी—(शुनःशेपोपाख्यान अथवा हरिश्चंद्रोपाख्यान को कह रहे हैं—) **ऐक्ष्वाकः वैधसः हरिश्चद्रः ह राजा** इक्ष्वाकु वंश में उत्पन्न वेधस के पुत्र हरिश्चंद्र (नामक) राजा **अपुत्रः आस** पुत्रविहीन थे। **तस्य** उस (हरिश्चंद्र राजा) की **शतं जायाः बभूवुः** सौ पत्नियाँ थीं। तासु उन पत्नियों में किसी से भी **पुत्रं न लेभे** पुत्र को नहीं प्राप्त किया (अर्थात् उनमें से किसी को भी पुत्र नहीं हुआ)। **पर्वतनारदौ** पर्वत और नारद (नामक ऋषि) **तस्य गृहे** उस (राजा हरिश्चंद्र) के घर **ऊषतुः** (किसी समय) निवास किए। **सः ह** उस (राजा हरिश्चंद्र) ने **नारदं पप्रच्छ** (निम्नलिखित गाथा के द्वारा) नारद (ऋषि) से पूछा— ॥

(पुत्रप्राप्तिफलकथनम्)

यं न्विमं पुत्रमिच्छन्ति, ये विजानन्ति, ये च न।
किंस्विद् पुत्रेण विन्दते, तन्म आचक्ष्व नारदेति ॥ 2 ॥

हिंदी—(उस गाथा को दिखला रहे हैं—) ये जो (देव, मनुष्यादि)

विजानन्ति विवेकज्ञान से संपन्न हैं, **ये च न** और जो (पश्वादि विवेकज्ञान से संपन्न) नहीं हैं, (वे सभी) यं नु इमं पुत्रम् जिस इस पुत्र की **इच्छन्ति** अभिलाषा करते हैं, **पुत्रेण** (तो उस) पुत्र से **किंस्विद् विन्दते** कौन-सा (लाभ) प्राप्त करते हैं। **नारद** हे नारद! **तद् मे आचक्ष्व** उस (फल) को मुझसे कहो।

तस्योत्तरमवतारयति—

स एकया पृष्टो दशभिः प्रत्युवाच॥ 3॥

हिंदी—(उस प्रश्न के उत्तर की अवतारणा कर रहे हैं—) **सः** उस (नारद) ने **एकया** एक गाथा द्वारा **पृष्टः** पूछे गए (प्रश्न) को **दशभिः** दश (गाथाओं) द्वारा **प्रत्युवाच** प्रत्युत्तर दिया।

तत्र प्रथमां गाथामाह—

ऋणमस्मिन् संनयत्यमृतत्वं च गच्छति।
पिता पुत्रस्य जातस्य, पश्येच्चेज्जीवतो मुखम्॥ 4॥

हिंदी—(प्रथम गाथा—) **जीवतः पिता चेत्** यदि जीवित रहते हुए पिता **जातस्य पुत्रस्य** उत्पन्न हुए पुत्र के **मुखं पश्चेत्** मुख को देख ले (तो वह) **अस्मिन्** इस (पुत्र) पर **ऋणं संनयति** (अपने वैदिक और लौकिक) ऋण को सम्यक् रूप से स्थापित कर देता है **अमृतत्वं च** और (अपने वैदिक और लौकिक कर्तव्य को पुत्र को समर्पित करके) अमरता को प्राप्त कर लेता है।

द्वितीयां गाथामाह—

यावन्तः पृथिव्यां भोगा, यावन्तो जातवेदसि।
यावन्तो अप्सु प्राणिनां, भूयान्पुत्रे पितुस्ततः॥ 5॥

हिंदी—(द्वितीया गाथा—) **प्राणिनाम्** प्राणियों के **पृथिव्याम्** पृथिवी पर **यावन्तः भोगाः** जितने (अन्न, निवास इत्यादि) भोग हैं, **यावन्तः जातवेदसि** जितने भी जातवेदस (अग्नि) में (दहन, पचन इत्यादि भोग) हैं, **यावन्तः अप्सु** और जितने जल में (स्नान, पान इत्यादि भोग) हैं **ततः भूयान्** उन (सभी भोगों) से अधिक **पितुः** पिता के लिए **पुत्रे** पुत्र में (निहित भोग) है।

तृतीयां गाथामाह—

शश्वत् पुत्रेण पितरोऽत्यायन् बहुलं तमः।
आत्मा हि जज्ञ आत्मनः स इरावत्यतितारिणी॥6॥

हिंदी—(तृतीया गाथा—) **पितरः** माता और पिता **पुत्रेण** पुत्र के द्वारा **शश्वत्**

निरंतर **बहुलं तमः** अत्यधिक (ऐहिक और आमुष्मिक) अंधकार (दुःख) को **अत्यायन्** अतिक्रमित कहते हैं **हि** क्योंकि **आत्मनः आत्मा जज्ञे** (पिता पुत्र रूप में) अपने से ही अपने को उत्पन्न करता है। अतः सः वह (पुत्र) **इरावती अतितारिणी** अन्न से संपन्न (संसार सागर को) पार करने वाली विस्तृत नौका के समान होता है।

चतुर्थीं गाथामाह—

किं तु मलं, किमजिनं, किमु श्मश्रूणि, किं तपः।
पुत्रं ब्रह्माण इच्छध्वं, स वै लोकोऽवदावदः॥ 7॥

हिंदी—(चतुर्थी गाथा—) **मलं किं नु** मल (गृहस्थाश्रम) कौन-सा सुख देगा (अर्थात् कोई नहीं), **किम् अजिनम्** अजिन (को धारण करने वाला ब्रह्मचर्याश्रम) कौन-सा सुख देगा (अर्थात् कोई नहीं), **किमु श्मश्रूणि** दाढ़ी, मूँछ (बढ़ाने वाला वानप्रस्थाश्रम) कौन-सा सुख देगा (अर्थात् कोई नहीं) और **किं तपः** तपस्या (करने वाला संन्यासाश्रम) कौन-सा सुख देगा (अर्थात् कोई नहीं)। अतः **ब्रह्माण** हे द्विज! **पुत्रम् इच्छध्वम्** पुत्र उत्पन्न करने की कामना करो। **सः वै** क्योंकि वह (पुत्र) ही **अवदावदः लोकः** अवाचनीय (अनिंदनीय) लोक है।

पञ्चमीं गाथामाह—

अन्नं ह प्राणः, शरणं ह वासो, रूपं हिरण्यं, पशवो विवाहाः।
सखा ह जाया, कृपणं ह दुहिता, ज्योतिर्ह पुत्रः परमे व्योमन्॥ 8॥

हिंदी—(पंचमी गाथा—) **अन्नं ह प्राणः** (प्राणों की रक्षा करने के कारण) अन्न ही प्राण है। **शरणं ह वासः** (गरमी आदि से रक्षा करने के कारण) वस्त्र ही आश्रय है। **रूपं हिरण्यम्** (सौंदर्य-वृद्धि करने के कारण) सुवर्ण ही रूप है। **पशवः विवाहाः** पशु ही विशेष रूप से निर्वाहक हैं। **सखा ह जाया** (सर्वदा सुख-दुःख में साथ देने के कारण) पत्नी ही सखा है। **कृपणं ह दुहिता** (केवल दुःख देने के कारण) पुत्री ही दीनता है। **ज्योतिर्ह पुत्रः** पुत्र तो ज्योतिस्वरूप है, जो **परमे व्योमन्** (पिता को) उत्कृष्ट आकाश में (स्थापित करता है)।

षष्ठीं गाथामाह—

पतिर्जायां प्रविशति, गर्भो भूत्वा स मातरम्।
तस्यां पुनर्नवो भूत्वा, दशमे मासि जायते॥ 9॥

हिंदी—(षष्ठी गाथा—) **पतिः जायां प्रविशति** पति (वीर्य रूप से) पत्नी

में प्रवेश करता है। सः वह (पति) **गर्भः भूत्वा** गर्भ होकर **मातरम्** (पत्नी रूप) माता को प्राप्त करता है। **तस्याम्** उस (पत्नी) रूप माता के गर्भ में **पुनः नवः भूत्वा** पुनः नया होकर **दशमे मासि जायते** दशवें महीने में उत्पन्न होता है।

सप्तमीं गाथामाह—

तज्जाया जाया भवति, यदस्यां जायते पुनः।
आभूतिरेषा भूतिर्बीजमेतन्निधीयते॥ 10॥

हिंदी—(सप्तमी गाथा—) **यत्** जिस कारण से **अस्याम्** इस (गर्भधारण करने वाली पत्नी के गर्भ) में **पुनः जायते** (पति पुत्र के रूप में) पुनः उत्पन्न होता है, **तत्** उसी कारण से **जाया जाया भवति** जाया (पत्नी) जाया (उत्पन्न करने वाली) होती है। **एषा** यह (पत्नी) **भूतिः** (इसमें पुत्र रूप में पति के होने के कारण) भूति और **आभूतिः** इससे पुत्र रूप से पति के उत्पन्न होने के कारण आभूति है अतः **एतद् बीजं निधीयते** इस (पत्नी) में बीज (रूप रेत) को धारण कराया जाता है। इत्यादि।

□

परिशिष्ट-घ

संदर्भ : दलित उपनिषद्कार सत्यकाम जाबाल का गुरु हारिद्रुमत गौतम के साथ संवाद (छान्दोग्योपनिषद् 4.4)

स्रोत : छान्दोग्योपनिषद्, गीताप्रेस गोरखपुर, गोरखपुर, संवत् 2055

सत्यकामका ब्रह्मचर्य-पालन और वन में जाकर गो चराना

सत्यकामो ह जाबालो जबालां मातरमामन्त्रयाञ्चक्रे ब्रह्मचर्यं भवति विवत्स्यामि किंगोत्रो न्वहमस्मीति॥ 1॥

जबाला के पुत्र सत्यकाम ने अपनी माता जबाला को संबोधित करके निवेदन किया—'हे पूज्ये! मैं ब्रह्मचर्यपूर्वक [गुरुकुल में] निवास करना चाहता हूँ; [बता] मैं किस गोत्रवाला हूँ?'

सा हैनमुवाच नाहमेतद्वेद तात यग्दोत्रस्त्वमसि बह्वहं चरन्ती परिचारिणी यौवनेत्वामलभे साहमेतन्न वेद यद्गोत्रस्त्वमसि जबाला तु नामाहमस्मि सत्यकामो नाम त्वमसि स सत्यकाम एव जाबालो ब्रुवीथा इति॥ 2॥

उसने उससे कहा—'हे तात! तू जिस गोत्रवाला है, उसे मैं नहीं जानती। पहले मैं पति के घर आए हुए बहुत से अतिथियों की सेवा-टहल करनेवाली परिचारिका थी। [परिचर्या में संलग्न होने से गोत्र आदि की ओर मेरा ध्यान नहीं था] उन्हीं दिनों युवावस्था में जब मैंने तुझे प्राप्त किया [तुम्हारे पिता परलोकवासी हो गए, अत: उनसे भी पूछ न सकी], इसलिए मैं यह नहीं जानती कि तू किस गोत्रवाला है? मैं तो जबाला नामवाली हूँ और तू सत्यकाम नामवाला है। अत: तू अपने को 'सत्यकाम जाबाल' बतला देना'॥ 2॥

स ह हारिद्रुमतं गौतममेत्योवाच ब्रह्मचर्यं भगवति वत्स्याम्युपेयां भगवन्तमिति॥ 3॥

उसने हारिद्रुतम गौतम के पास जाकर कहा, 'मैं पूज्य श्रीमान के यहाँ ब्रह्मचर्यपूर्वक वास करूँगा; इसी से आपकी सन्निधि में आया हूँ।'

तं होवाच किंगोत्रो नु सोम्यासीति स होवाच नाहमेतद्वेद भो यग्दोत्रोऽहमस्म्यपृच्छं मातं सा मा प्रत्यब्रवीद्बह्वहं चरन्ती परिचारिणी यौवने त्वामलभे साहमेतन्न वेद यग्दोत्रस्त्वमसि जबाला तु नामाहमस्मि सत्यकामो नाम त्वमसीति सोऽहंसत्यकामो जाबालोऽस्मि भो इति॥ 4॥

उससे [गौतम ने] कहा, 'हे सोम्य! तू किस गोत्रवाला है?' उसने कहा, 'भगवन्! मैं जिस गोत्रवाला हूँ, उसे नहीं जानता। मैंने माता से पूछा था। उसने मुझे यह उत्तर दिया कि पहले मैं पति के घर आए हुए बहुत से अतिथियों की सेवा-टहल करनेवाली परिचारिका थी [परिचर्या में संलग्न होने से ही गोत्र आदि की ओर मेरा ध्यान नहीं रहा]। उन्हीं दिनों युवावस्था में जब मैंने तुझे प्राप्त किया [तुम्हारे पिता परलोकवासी हो गए, अतः उनसे भी न पूछ सकी], इसलिए मैं यह नहीं जानती कि तू किस गोत्रवाला है? मैं जबाला नामवाली हूँ और तू सत्यकाम नामवाला है।' अतः हे गुरो! मैं सत्यकाम जाबाल हूँ।

तं होवाच नैतदब्राह्मणो विवक्तुमर्हति समिधं सोम्याहरोप त्वा नेष्ये न सत्यादगा इति तमुपनीय कृशानामबलानां चतुःशता गा निराकृत्योवाचेमाः सोम्यानुसंव्रजेति ता अभिप्रस्थापयन्नुवाच नासहस्त्रेणावर्तेयेति स ह वर्षगणं प्रोवास ता यदा सहस्त्रं संपेदुः॥ 5॥

उससे गौतम ने कहा, 'ऐसा स्पष्ट भाषण कोई ब्राह्मणेतर नहीं कर सकता। अतः हे सोम्य! तू समिधा ले आ, मैं तेरा उपनयन कर दूँगा; क्योंकि तूने सत्य का त्याग नहीं किया।' तब उसका उपनयन कर चार सौ कृश और दुर्बल गौएँ अलग निकालकर उससे कहा, 'सोम्य! तू इन गौओं के पीछे जा।' उन्हें ले जाते समय उसने कहा, 'इनकी इस सहस्त्र गाएँ हुए बिना मैं नहीं लौटूँगा।' जब तक कि वे एक सहस्त्र हुईं, वह बहुत वर्षों तक वन में ही रहा।

□□□